天
Borderless
下

A GUIDE TO LEGAL CLASSICS

法学名著导读

张志铭　于浩——主编

法律出版社
LAW PRESS · CHINA
北京

图书在版编目（CIP）数据

法学名著导读 / 张志铭, 于浩主编. -- 北京 : 法律出版社， 2023（2024.9重印）
ISBN 978-7-5197-7965-8

Ⅰ. ①法… Ⅱ. ①张… ②于… Ⅲ. ①法学－名著－介绍－世界 Ⅳ. ①D90

中国国家版本馆CIP数据核字（2023）第095098号

法学名著导读
FAXUE MINGZHU DAODU

主　　编：张志铭　于　浩
责任编辑：黄倩倩　杨悦芊
装帧设计：李　瞻
出版发行：法律出版社
编辑统筹：学术·对外出版分社
责任校对：张翼羽
责任印制：胡晓雅　宋万春
经　　销：新华书店
开　　本：A5
印　　张：14
字　　数：374千
版　　本：2023年10月第1版
印　　次：2024年9月第2次印刷
印　　刷：北京中科印刷有限公司
书　　号：ISBN 978-7-5197-7965-8
定　　价：69.00元

销售电话：010-83938349　客服电话：010-83938350　咨询电话：010-63939796
地　　址：北京市丰台区莲花池西里7号(100073)
网　　址：www.lawpress.com.cn
投稿邮箱：info@lawpress.com.cn
举报盗版邮箱：jbwq@lawpress.com.cn
凡购买本社图书，如有印装错误，我社负责退换。电话：010-83938349

法学名著导读
编 委 会

主　　编　张志铭　于　浩

编写人员（按章节顺序排序）

朱明哲　姜　峰　陈肇新　张志铭

张卓明　丁　轶　杨天江　孙海波

张书友　于　浩　沈宏彬　陈洪杰

刘　磊　李德嘉

总　序

华东师范大学法学学科距今已有20多年的办学历史，但华东师范大学法学院是一所年轻的学院，我们是2016年撤法律系建法学院的。这些年，我们锐意进取，已经有了健全的学科布局、完整的人才培养架构。作为特色办学，我们率先设立了教育法学二级学科硕士点，成立了全国高校首家企业合规研究中心，积极打造了“长三角一体化法治研究院”“未成年人学校保护研究中心”“上海企业合规检察研究基地”等一批理论研究高地和学术交流平台，为沪上前瞻性法律问题的研究提供了强有力的智识支持。

法学院始终坚持立德树人、德法兼修，恪守“奉法守正，知行合一”的院训，以知识、能力、素质并重为原则，致力于培养“有关怀、识时务、讲方法”的卓越法治人才。为进一步满足法学教育发展的需求、体现我们教学改革的最新成果和特色，华东师范大学法学院决定立足于本科与研究生教学的既有成果和实践需求，集中力量编写出版“师大法学讲义”。

“师大法学讲义”具有以下三个方面的特色：

一是讲义编写贯穿育人理念。师范类大学的法学教育应当是法学专业人才建设理念与“教育者”的人文关怀相统一的典范。法学注重规范秩序，其本色是人文精神。法科生要有终极关怀，关心人类命运，关心人类生存的地球，关心地球所在的星空宇宙，重视培育学生不以物喜、不以己悲的大格局。法治是一种生活方式，要引导学生信仰法治，对法律规范编织的世界悉心维护。同时，法律人也最讲方法、最重逻辑，具有职业精神,学生应当通过修炼方法来传承法学的知识传统与讲好中国法学的宏大叙事。

二是讲义在内容和体例方面凸显严谨性和前瞻性。在内容上,讲义将立足中国法学研究通说,同时吸收多元理论观点,导入法学研究最新成果,追踪国际法学理论与实践发展新动向,力求全面反映当代中国法学研究的整体面貌。在编写体例上,讲义紧扣教学需求、结合学生学习特点,将法学理论教学、案例分析教学、经典法学文化教育以及课程思政建设等结合起来,特别是注重运用经典案例、著名故事、巨匠生平等素材,使之与理论教学和思想政治教育相映成趣;追求讲义语言表达的简明流畅与专业精致的有机统一,既能适应学生学习需要,便利学生进入教学语境,又能发挥讲义的"润物细无声"效应,引导学生领略"法言法语"和法学思维的精巧与趣味。

三是注重讲义的覆盖面。按照设想,"师大法学讲义"系列将涵盖法学核心课程、法学各研究领域、案例选粹与案例分析以及法学通识教育课程四大类,既作为"马工程"系列教材的有益补充,也可以作为学科重点建设课程、跨专业大类平台课程、通识教育课程与经典法学名著导读课程等学校与学院特色课程的授课材料。

目前,《师大法学》学术集刊和"师大法学文库"已初步成形并获得业界广泛好评。有理由相信,"师大法学讲义"将进一步使"师大法学"的学术旗帜成为充分彰显华东师范大学在国内法学界地位跃升和发展前景、扩大学术声誉和社会影响力的闪亮招牌。我们期盼,法科生能够从"师大法学讲义"中获得充足的学理知识与必要的职业技能,并最终反哺我国法治化实践,使我们作为法律人的人生富有质感,使我们的生活充满智慧,使我们的工作体现专业、显示悠长,最终通向优雅、通达、幸福、成功。

张志铭
华东师范大学文科资深教授、法学院院长

前　言

法学教育与法学研究离不开经典，经典一般是对特定时代的重大问题的深刻思考和集中表达，这种思考和表达因其承载着对人类社会生活的普适性关怀而流传于世，经久不衰。阅读经典可以拓宽我们认识世界的视野，加深我们对于社会现实的理解。华东师范大学法理学学科积极响应学校强化通识教育、思维训练的教学要求，积极加强“法学导论”“《家庭、私有制和国家的起源》导读”“法理学”等课程建设，并积极探索融贯通识性课程与基础性课程建设的新路径。在教学的过程中，我们发现，有必要编写一本关于法学名著的导读讲义，以帮助本科生和研究生较快地掌握法学学科中的一些经典文献。一方面，这样的导读讲义能够帮助学生较为快速地掌握法学名著的基本内容；另一方面，它也能够帮助学生了解那些频繁出现于法学课程中的概念。为此，我们以华东师范大学法学院法理学学科团队为基础，同时邀请相关领域的优秀学者，共同编写出《法学名著导读》。

全书遵循先总后分、先普遍后特殊、先理论基础后具体实践的总体思路，共分为“法学基础”“法的概念与法的方法”“中国的法与社会”三个板块，分别介绍了《利维坦》《联邦党人文集》《家庭、私有制和国家的起源》《人和国家》《民主与不信任：司法审查的一个理论》《道德原则与政治义务》《论法律》《法理学的范围》《纯粹法理论》《法律的概念》《法律帝国》《法社会学》《乡土中国》《中国法律与中国社会》共14本法学经典著作。

“法学基础”作为第一板块，主要包括对《利维坦》《联邦党人文集》《家庭、私有制和国家的起源》《人和国家》《民主与不信任：司法审查的一个理论》《道德原则与政治义务》6 本著作的导读。它们共同关注法学的基本问题与基本概念，同时也密切关注法律、国家与具体的政治制度和政治理念的关系。《利维坦》的研究内容与法学和政治哲学上的社会契约论这一主题有关。《联邦党人文集》和《民主与不信任：司法审查的一个理论》则以美国的政治制度和政治实验为基础推进法律与权利、民主等基本概念的理论关切。《家庭、私有制和国家的起源》关注法律、国家与家庭和私有制之间的关系，从而深化对马克思主义法学的理解。《人和国家》在现代自然法复兴的背景下重新提出国家、社会与个人的关系问题，有助于理解现代人权哲学和自然法中的诸多新见解。《道德原则与政治义务》则主要从政治哲学角度关注政治义务与道德原则之间的关系，这个问题本身也是法哲学上有关“恶法非法”与“恶法亦法”命题争执的体现，也是深度涉及公共权力合法性的根本问题。

“法的概念与法的方法”作为第二板块，主要包括对《论法律》《法理学的范围》《纯粹法理论》《法律的概念》《法律帝国》《法社会学》6 本著作的导读。《论法律》是中世纪经院法学家阿奎那的重要著作。《法理学的范围》《纯粹法理论》《法律的概念》都是法律实证主义的代表作，其中《法理学的范围》是英国法学家约翰·奥斯丁的代表作，这本书宣告法律实证主义的诞生。《纯粹法理论》和《法律的概念》分别是现代分析实证法学的两大人物汉斯·凯尔森和哈特的代表作，他们共同开启了 20 世纪下半叶法律实证主义的复兴。《法律帝国》是美国法学家罗纳德·德沃金的代表作，它系统批判了分析法实证主义，并提出了一种与之并驾齐驱的、针对法律的“建构性诠释”理论。《法社会学》是德国著名社会学家尼克拉斯·卢曼的早期代表作，这本书从功能结构理论出发分析了法律在社会中的功能，探讨了法律系统和社会系统之间的关系。

“中国的法与社会”作为第三板块，包含对《乡土中国》和《中国法律与中国社会》这两本著作的导读。《乡土中国》是我国著名社会学家费孝通先生的代表作，这本书对于传统中国社会形态的分析堪称经典。

《中国法律与中国社会》是著名法学家瞿同祖先生的代表作，这本书对于传统中国的法律以及与之相匹配的社会分析，对于了解传统中国法律文化和法律制度，至今仍然具有重要价值。

本书由华东师范大学法学院院长张志铭教授和华东师范大学法律教育与法律职业研究院执行院长于浩教授联合主编。

本书具体分工如下（以撰写章节先后为序）：

朱明哲（中国政法大学比较法学研究院）：第一讲

姜　峰（华东师范大学法学院）：第二讲

陈肇新（华东师范大学法学院）：第三讲

张志铭（华东师范大学法学院）：第四讲

张卓明（华东政法大学法律学院）：第五讲

丁　轶（中国海洋大学法学院）：第六讲

杨天江（西南政法大学行政法学院）：第七讲

孙海波（中国政法大学比较法学研究院）：第八讲

张书友（西北政法大学法治学院）：第九讲

于　浩（华东师范大学法学院）：第十讲

沈宏彬（华东政法大学法律学院）：第十一讲

陈洪杰（上海政法学院上海司法研究所）：第十二讲

刘　磊（西南财经大学法学院）：第十三讲

李德嘉（北京师范大学法学院）：第十四讲

目 录

第一讲

《利维坦》导读

本导读以商务印书馆《利维坦》中文版为依据。[英]霍布斯:《利维坦》,黎思复、黎廷弼译,商务印书馆 1985 年版。英文版参见 Hobbes T. & Curley E. M., *Leviathan: With Selected Variants from the Latin Edition of* 1668, Hackett Pub, Co., 1994。

一、霍布斯生平和成书背景

霍布斯生于 1588 年,去世于 1678 年,享年 90 岁。1588 年霍布斯出生时,英国和西班牙之间正好爆发格瑞福兰海战,英国和荷兰自此开始取代西班牙成为海上霸主。但在战争爆发的时候,英国人对“无敌舰队”的来袭是非常恐惧的。据说霍布斯就是因为母亲紧张过度而早产的。因而霍布斯在他的《自传》里写道:“我的母亲生下了一对双胞胎:我和恐惧。”[1]1603 年,只有 15 岁的霍布斯来到牛津大学念书。显然,16、17 世纪时人们上学的年龄和现代人不一样。人类历史上有很多“大器早成”的天才。比如密尔在很小的时候就学会了拉丁语和希腊语,再如韦伯在 14 岁时就撰写了《十四世纪地中海的贸易》的著名论文。霍布斯与他们很像,但霍布斯的生活较为坎坷,是一位早熟而晚成的哲学家。

---

① A. P. Martinich, *Hobbes: A Biography*, Cambridge University Press, 1999, p. 2.

1610 年,22 岁的霍布斯成为贵族子女的家庭教师。他有一个很重要的任务:跟着这些贵族子女到欧洲大陆去旅游,并充当他们的导游。当时英国是一个新兴国家,在 16 世纪的学术版图上,牛津大学并未占据非常显赫的位置。法国有巴黎大学、奥尔良大学,意大利有博罗尼亚大学、米兰大学、帕多瓦大学,它们才是欧洲学术的中心。所以,英国的新贵们就要去壮游(grand tour)一番,积累文化资本。在欧洲大陆的壮游,除了看文学艺术作品、拜访伽利略这样的文化名人以外,他们还要去扩大自己的社交圈,最好可以嫁入欧洲的豪门,或者说娶欧洲豪门特别是没落贵族的女儿,这样钱和地位、经济资本和文化资本就能非常好地结合在一起。霍布斯在做导游的过程当中认识了很多欧洲大陆重要的哲学家和科学家,比如笛卡尔、伽利略,他也深受几何学、物理学的吸引,并建立起了科学家的自我身份认同。

1621 年,霍布斯成为培根的秘书。因为培根当时长居欧洲大陆,所以霍布斯很幸运地有了在欧洲大陆居住的机会。1628 年,他还在做培根秘书的时候,英格兰的议会向国王提交了权利请愿书。权利请愿书是权利宪章的前身。它的提交有两个非常重要的意义:一是确定了欧洲和西方法治上的无罪推定、正当程序等一系列重要的法律原则;二是在政治版图上带来了另一个政党,即议会党。这些贵族结成政党,意味着对抗国王的一个势力开始形成,这并不是国王和平民之间的对抗;相反地,是国王、平民和贵族这三种力量的对抗和斗争。顺便说一下,霍布斯的作品时常会让我们想到《麦克白》和《李尔王》中一些比较黑暗的段落,霍布斯的语言风格和莎士比亚的语言风格也非常像,所以一直有人怀疑霍布斯和莎士比亚相识。虽然现在没有直接的证据表明霍布斯和莎士比亚认识,但可以确定的是培根和莎士比亚认识,所以有一种猜测是霍布斯在培根家见过莎士比亚。

1637 年,霍布斯回到了英国,他这时候已经接近 50 岁了。此前,霍布斯主要居住在法国巴黎。当时路易十四治下的法国正从比较分散的封建社会走向中央集权的皇权社会。我们现在所知道的中央集权制的国家形式,很大程度上诞生于霍布斯在巴黎的那段时间。回国以后,他写了一本书叫《法律原论》。他知道这本书很具有煽动性和颠覆性，所以没有把它拿出去出版，但他又很希望跟友人分享自己的研究心得，因此把手稿交给几个好朋友传阅，而他的好朋友没有经过他的同意就把手稿出版了。出版以后，国王大怒，议会党也大怒，这是霍布斯人生中第一次陷入比较大的政治争议，于是他只能流亡巴黎。

1640 年，身在巴黎的霍布斯出版了《利维坦》的前身《论公民》（*De Cive*）。在他流亡巴黎这段时间，英国爆发了三次内战，并且最终处决了国王。国内有一些持有自由主义立场的学者十分推崇英国光荣革命的“不流血革命”模式，反感以暴力和处决国王的方式来进行革命。但英国光荣革命之所以是“不流血革命”，很大程度上是因为英国在内战时就已经“流血”了。在这一方面，法国的情况跟英国是截然不同的。

1651 年，霍布斯与当时的克伦威尔政府达成了协议，克伦威尔政府允许霍布斯回国，但要求他在回国以后不许再出版那些煽动性的言论。所以，霍布斯在 63 岁出版《利维坦》后返回英国，此后基本上没有出版重要的政治作品，直到以 90 岁的高龄去世。我们读《利维坦》时，要时刻想到霍布斯写作本书时已经是一个 63 岁的老人了。17 世纪时，全世界人口的预期寿命差不多是 35 岁，所以在当时，60 多岁已经是很大的年纪了。从这个角度来说，霍布斯是把《利维坦》作为自己哲学的一个句号、一个封笔之作来写的。

二、霍布斯论人

（一）视觉策略

14 世纪以来人文主义的修辞艺术，不但要告诉人们这个事情的原本面貌，而且也要努力让读者或听众看见这个事情是如何发生的。比如，相比于“全副武装的敌人已经向我们进军了”这样的表达，“武装到牙齿的敌人已经站在我们门口了”肯定会给人们更强烈的紧迫感。一个敌人连牙齿都武装起来了，岂不是十分恶毒？又已经站在我们的门口了，情况岂不十分紧迫？马基雅维利的一句名言也是如此：“君主既然必须懂得善于运用野兽的方法,他就应当同时效法狐狸与狮子。”[①]马基雅维利想表达的是君主既要有威严,又要有智慧。但即便他不再进一步解释,我们也知道他的意思。所以,要理解《利维坦》这本书,千万不能错过霍布斯在封面版画和序言中运用的视觉艺术(见图1－1)。

图1－1 《论公民》和《利维坦》的封面版画

如果我们比较《论公民》和《利维坦》的封面版画,会发现它们都有相同的结构:在画面中央画出一个十字,将画面分为左右部分和上下部分。在《论公民》的封面中,上面是一个神界的、属灵的一个成分,左边这一块是天使们祥和的状态,右边是恶魔在地狱受苦的一个状态,中间有宗教隔着,下面则是一个俗世的状态。而在《利维坦》的封面中,左边的第一栏是城堡,右边第一栏是教堂,左边的第二栏是国王的王冠,右边第二栏是教皇的帽子。左边最下方的图代表着世俗国家的战争,右边是教士的辩论,代表世俗和教会在目前阶段是两立的情况。而在一切纷争的上方是利维坦,他站在海里,一手拿着象征着王权的宝剑,一手拿着象征教权的仪仗,代表着王权和教权的统一。在《论公民》的时代,霍布斯

① [意]尼科洛·马基雅维里:《君主论》,潘汉典译,商务印书馆1985年版,第83页。

仍然接受中世纪的“双剑理论”，也就是“属于恺撒的归恺撒，属于上帝的归上帝”。而在《利维坦》的时代，属灵的世界就不再存在了，一切只有利维坦，一切只有国家，在国家之外什么都没有。这就是一个非常重要的区别，也是霍布斯思想发展的重要的、晚期的一个特征。

在《论公民》的版画上有两个雕像，一个基座上写着“统治”，另一个基座上则写着“自由”。作者仿佛在发问：你是要选择统治还是要选择自由？你是要选择服从某一个人的统治，还是选择没有人服从任何人的自由的状态？如果你服从统治的话，那么后果很简单：只要祥和地劳作，就可以有稳定的生活；如果选择自由的话，并非不可以，只不过那样使每一个人都身陷一切人针对一切人的战争中。

另一个有意思的现象是，《论公民》的版画上描绘了一个想象的美洲印第安社会，并把它作为“自由”状态的代表。霍布斯的时代正好也是欧洲征服美洲的时代，当时有文学题材自称“美洲文学”，讲的就是美洲的所谓“原始部落”的当地原住民生活。其中有一个污名化的说法是当地原住民吃人。其实，食人很少变成一种日常的形态，更多是一种祖先祭祀行为。[①] 但是，欧洲人把这一点无限放大，用以说明美洲的野蛮，从而为对美洲的殖民征服背书。所以欧洲哲学当中的美洲形象是一个非常有意思的话题。当时的研究中最有代表性的文本是维多利亚的《论美洲印第安人问题》，其讨论的主题是：出于传教的目的而杀死印第安人是否被认为是犯罪。首先，杀人当然是犯罪，但维多利亚却说：需要先讨论一下印第安人算不算人，如果他们不算人的话，杀死他们并不会有什么问题。后来也有立场认为，虽然印第安人算人，但为拯救他们的灵魂而消灭他们的肉体也是一个可以接受的做法。

直到20世纪，欧洲人仍把食人与否作为文野之别。然而，谁才更野蛮呢？第一次世界大战时，人类学家马林诺斯基困在一个太平洋小岛上，整天跟食人族打交道。在一次闲聊中，从当地殖民官员和传教士处

---

① 参见[法]克劳德·列维－斯特劳斯：《我们都是食人族》，廖惠瑛译，上海人民出版社2016年版，第134页。

获知第一次世界大战局势的原住民领袖问马林诺斯基："你们欧洲人胃口那么好，每天杀几万人，都吃得完吗?"马林诺斯基说："我们欧洲人很文明，不吃人肉。"原住民长老带着深深的恐惧看着马林诺斯基："你们到底是多可怕的野蛮人啊，竟然不为了任何真正的目的去杀人?"[①]

在《论公民》和《利维坦》的版画中，霍布斯试图告诉我们：如果没有一个强有力的政治权威来维持和平，那么世俗世界必有战争，宗教界必有混战，一切都将非常混乱。于是，利维坦就成了一种必然。利维坦的头顶是《约伯记》里面的一句话："地上没有谁比他更大。"在利维坦的下方是一个城市，在拉丁语里是 Civitas，也就是国家的代名词。城市里面有一些小人，而城市外没有人。言下之意是，在国家之外没有人能够生存，生存的唯一办法是进入一个国家，而进入国家的前提是把所有的一切都交给主权者。主权者手中的权杖和宝剑形成了一个三角形，所有的权力都掌握在主权者一个人的手里，没有不同权力的区别，也没有教会和世俗权力的二分。所有人都看向利维坦。再仔细看，这些人的装束代表着不同的职业，有商人，有农民，有家庭主妇。这是一个非常精美的版画，也是政治哲学史上一幅重要的作品，直到今天仍在激发人们的想象和讨论。如果不是其中呈现出如此丰富的细节，人们不至于在 400 年后还对这幅画如此着迷。一个趣闻是：这幅画的作者是当时一位著名的版画家，霍布斯为了聘请他绘制图书封面，花费了不少金钱。

（二）照人画国

盖尤斯曾经说过："完美的东西是组成这个东西所有部分的总和，但是开始的部分永远比其他部分要更重要。"[②]这句话非常具有指导意义，它可以教会我们如何看书。大家拿到一本书，尤其是《利维坦》这样很

---

① Malinowski B., *Anthropology is the Science of the Sense of Humour: An Introduction to Julius Lips' The Savage Hits Back, or the White Man Through Native Eyes*, Hau Journal of Ethnographic Theory, Vol. 5:3, p. 301 – 303(2015).

② *Digeste*, 1, 2, 1. See Dario Mantovani, *Droit, Culture et Société de La Rome Antique*, *Annuaire du Collège de France* 2018 – 2019, p. 491.

厚的著作,应该首先看看它的开头是怎么写的。大家应该认真理解《利维坦》的序言和开篇。

这是《利维坦》英文原版序言的头两段:

> Nature (the art whereby God hath made and governs the world) is by the *art* of man, as in many other things, so in this also imitated, that it can make an artificial animal. For seeing life is but a motion of limbs, the beginning whereof is in some principal part within, why may we not say that all *automata* (engines that move themselves by springs and wheels as doth a watch) have an artificial life? For what is the *heart*, but a *spring*; and the *nerves*, but so many *strings*; and the *joints*, but so many *wheels*, giving motion to the whole body, such as was intended by the artificer? *Art* goes yet further, imitating that rational and most excellent work of nature, *man*. ①

第一句话就体现了典型的巴洛克时代风格。nature 是上帝制造用来管理世界的,而它对应的是 art。art 是一种技艺。如果上帝创造了自然,那么是人创造了技艺。当然霍布斯使用的人是 man,而不是我们现在所说的 human,因为在他的术语里,“男人”和“人”是相等的。人的技艺要去模仿(imitate)自然,人只有在模仿自然的过程当中才能够获得好的技艺。于是上帝创造了自然,也在自然当中创造了人,那么当人去模仿自然的时候可以创造出一个 artificial animal,也就是“人造的动物”。

于是这本书的主旨就已经很清楚了:我们要模仿 natural animal 去创造一个 artificial animal。Natural animal 就是人。所以我们在看《利维坦》的时候,就像在镜中看到了自己一样。这样我们就可以理解霍布斯

---

① Hobbes T. & Curley E. M., *Leviathan: With Selected Variants from the Latin Edition of 1668*, Hackett Pub, Co., 1994, p. 3.

写作《利维坦》前10章的缘由了。霍布斯要把国家画出来,既然要让我们看见国家,那么第一步就是先让人看清自己。

紧接着,《利维坦》开篇的第二段阐述了关于人的一种机械论观念:

> For seeing life is but a motion of limbs, the beginning whereof is in some principal part within; why may we not say that all automata (engines that move themselves by springs and wheels as both a watch) have an artificial life?

这里的automata就是"自动机器人"或者说"自动人",也就是由齿轮和一个能源装置连接的机械的系统。钟表其实就是这种"自动人"的变形。15世纪的时候,有一个瑞士的工匠曾经做了一个由齿轮和其他部件构成的、会自己走路的人偶献给教皇,教皇最后判令说,这个人偶肯定是由魔鬼制造的,不然它怎么会自己运动?

通过这句话,霍布斯否定了经院哲学关于人类灵魂的说法。灵魂是没有形体的,而霍布斯认为没有形体的东西是不会存在的。他同时认为人不可能想象无限,也不可能想象虚空。一个与之相关的故事是,《利维坦与空气泵》这本书讲述了波义耳和霍布斯之间的核心争议:虚空到底存不存在,能不能从无到有,能不能无中生有?霍布斯认为不行,而波义耳认为行。为了证明真空的可能性,波义耳设计了一连串的实验。他同时在实验报告里面列举了许多证人,并且花费很大篇幅论证这些证人都是品行端正的绅士,是值得信任的人,这些值得信任的人共同见证了我们把真空创造出来的过程。波义耳说,我们应该相信这些人,所以我们应该相信这个实验的结果。换言之,作为实验物理学家,波义耳把自己的实验结果的可靠性维系在所谓的社会精英的可信性上。反观霍布斯,作为一个数学的狂热爱好者,他还是不怎么相信实验科学。霍布斯认为,从逻辑上来说,真空和无限都是不可能的,所有的东西必须有实体,"无体的东西"本身就自相矛盾,所以灵魂也是不存在的。除去了灵魂的人,和automata也就没什么不同了,所以人就是一个人造人。后来,雪莱夫人写了《弗兰肯斯坦》,讲了一个拼凑起来的"人"的故事:他是一个会思考、会感受,但没有灵魂的人造人。人们经常把霍布斯和悲观主义联系在一起。其中一个论据是霍布斯曾经说过一句话:人对人是狼。① 那么到底人是狼比较可怕,还是人是机器人比较可怕?人是机器和人是狼,哪一个处境对于我们来说更加悲哀?人没有灵魂和人没有善恶之分,哪个更惨?

接下来,我们解释一下下面这句话的含义。"automata have an artificial life"是指"人像机器一样"或者说"人其实不过是机器而已"。所以当我们去看机械人的时候,我们就像是在看自己一样;由于人没有灵魂,我们要研究的只是物理上的一些运动而已。"For what is the heart, but a spring; and the nerves, but so many strings"这句话就是把人又分解成机器:你看,前面有一个机器人,此时,所谓的heart,只不过是一些流动的东西而已,而所谓的神经只是牵的线而已。之所以我们会感到紧张,是因为有一根物理的线在我们身体中运动。"and the Joints, but so many wheels"这句话的意思是说,你的关节只不过是一些齿轮而已,而人体的运动只不过是 artificer 即"制造机器人的人"想要机器人去运作的一种模式而已。这里我们看到 artificer 对应的是 automata。简单来说就是:人是由自然造出来的,自然创造了人,现在人要再去模仿自然去创造国家了。

接下来这句话"Art goes yet further, imitating that rational and most excellent work of nature, man"是说:人的技艺继续往前,当人的技艺超越人造机器人这么一个工艺的时候,他就要去模仿自然中最完美和最理性的创造物,那就是人。人是自然界当中最理性和最完美的造物。这里又回到霍布斯对人和动物的一个对比。这是霍布斯运用的比较常见的修辞手法。比如说,为什么人必须去建立国家而动物不需要?为什么最具理性、最完美的造物——人非要去建立一个国家,然后让自己服从主权者的意志?霍布斯在《论语言》等章节已经说明,因为语言可以说明一

① 参见[英]霍布斯:《论公民》,应星、冯克利译,贵州人民出版社 2004 年版,第 2 页。

些事情,但也可以欺骗别人,没有语言的生物反而不会彼此欺骗。[①] 霍布斯也说,一些动物(如蜜蜂)也可以群居,却不需要有一个正式的国家的组织形式,但人就需要,因为人会有很多幻想,人会觉得自己比别人强。[②] 这么一对比,就会发现人还不如动物。所以霍布斯的悲观主义思想,在他把人和动物、人和机器进行对比时体现得淋漓尽致。甚至可以认为,"人对人是狼"这句话简直是霍布斯对人的一个高度赞扬和褒奖。

等读完整本书再回过头来看序言,我们会发现这一段话其实是对全书前 10 章的一个总结。然后,霍布斯跳过了关于自然状态和缔约的论述,直接转到了全书的第二部分。

> For by art is created that great LEVIATHAN called a COMMON-WEALTH, or STATE, (in Latin CIVITAS) which is but an artificial man; though of greater stature and strength than the natural, for whose protection and defence it was intended; and in which, the sovereignty is an artificial soul, as giving life and motion to the whole body; the magistrates... artificial joints; reward and punishment... are the nerves, that do the same in the body natural... equity and laws, an artificial reason and will; concord, health; sedition, sickness; and civil war, death. [③]

需要注意的是"For by art is created that great LEVIATHAN called a COMMON-WEALTH, or STATE, (in Latin CIVITAS) which is but an Artificial Man"这句话。大写标出的这几个单词之间是并列关系,是一个同位语,所以利维坦就是 COMMON-WEALTH。common-wealth 是当时英语里面"国家"的常用说法,而 state 更多是源于欧洲大陆的用法,因

---

① 参见[英]霍布斯:《利维坦》,黎思复、黎廷弼译,商务印书馆 1985 年版,第 18 ~ 26 页。

② 参见[英]霍布斯:《利维坦》,黎思复、黎廷弼译,商务印书馆 1985 年版,第 128 ~ 132 页。

③ Hobbes T. & Curley E. M., *Leviathan: With Selected Variants from the Latin Edition of 1668*, Hackett Pub, Co., 1994, p. 3.

为法语是 État，翻译成英文的时候就是 state。

各种方式所称呼的“国家”，不过就是 artificial man——人造的人。所以，国家的所有东西和人身体上所有东西都是一一对应的。接下来，霍布斯开始讲述这个对应关系。the nature 实际上是 the natural man 的意思，artificial man 是 natural man 的一个对应。国家看上去只是比人更大一点，但国家跟人是同构的。这里可以比较中西哲学的相关理念。中国说的是“家国同构”，一个国家的结构和一个家族的结构是相同的。当代法上的“家庭”，在传统中国的观念中是基本不存在的。但是在霍布斯的哲学当中，国家和人是同构的。这也是一种个人主义思想的表现：研究的最小的单位都是个体，而这个国家只不过是一个更大的个体而已。然后下一句话“for whose protection and defence it was intended”非常重要，这句话说：造出一个人造人是为了保护自然人，是为了维持自然人之间的和平状态。反过来说，一旦一个国家没有办法保护受它保护的这些人的和平，那它就瓦解了。它是一个 mortal god，也就是“可朽的神”或者说“会死的神”，当我们尊重它的时候，它就是一个神；当它不能够维持和平的时候，它就朽了。最后，当内战出现的时候，一个国家就迈向了它的终结。

下面又继续对应：把人的心脏、人的神经、人的关节、人的身体的运动都转化成物理的部件、机器人身上部件的运动。这里也是进一步把国家的公权机关全都比拟为人身上的一些器官。在该书中，人的一生和国家的一生也就是如此一一对应起来的。

> Lastly, the pacts and covenants, by which the parts of this body politique were at first made, set together, and united, resemble that Fiat, or the Let Us Make Man, pronounced by God in the *creation*.
>
> First the matter thereof, and the artificer; both which is man.
>
> Secondly, how, and by what covenants it is made; what are the rights and just power or authority of a sovereign; and what it

is that preserveth and dissolveth it. [1]

这段话一开始的部分是认识论的内容：我们要怎样去阅读自己，我们要怎样通过理解自己来了解我们将要去形成的一个国家。在"by which the parts of this body politique were at first made, set together, and united"这句话中，made, set together, united 这三个词还是同位语的关系。我们实际上是把 Body Politique 给拼凑起来了。Body Politique 是指一个政治体，也就是一个主权者、一个国家、一个利维坦，它的身体是由个体的人、自然界当中的人组成的。

这里有一个词 Creation，引文中用斜体表示。在《创世纪》当中，上帝说了这样的一句话：Let us make man。那些决定要进入国家状态的个人通过构建契约和圣约，实际上在模仿、代行上帝的功能。Let us make man，制造出来的既是一个人造人，又是一个可朽的神。这也是西方政治哲学当中少有的，可能是第一次将人拔高到上帝的高度：人可以去造人，正如上帝可以造人一样，人甚至可以去造一个神，造出一个他自己必须服从的神。但这样的一个神不是凭空出来的，它是由人创造出来的。在这个意义上，霍布斯的哲学有它非常激进和革命性的一面。

接下来是非常重要的一句话："First the matter thereof, and the artificer; both which is man."在这句话里，matter 是制料，artificer 是制造者，制造国家的制料和制造者都是人。我们要区分"主位观点"和"客位观点"。人只能从一个视角看问题，但是霍布斯明确地宣示要从两个视角去看问题。视角上的这种位移，成为西方政治哲学在未来 400 年中非常具有诱惑力的问题。整个社会科学的发展也和这样的视角位移分不开。社会科学研究的是人的事物，而与此同时我们又参与在人的事物之中，所以社会科学永远不可能实现所谓自然科学的客观性。所有对客体的描述都会改变客体的行为。比如说，经济学提出"理性人假说"，认为

---

① Hobbes T. & Curley E. M., *Leviathan: With Selected Variants from the Latin Edition of 1668*, Hackett Pub, Co., 1994, p. 3 - 4.

人们每一次行动都在算计怎样能让自己的利益最大化。而行为方式最符合“理性人假说”的恰恰是经济学教授。[①] 可以发现,这就是一个规范性的假设,并不是说人真的会这样行事,只是说经济学教授们能够把这个假说内化于心。所有的社会科学都很难提出一个完全价值无涉的、完全客观的结论,很大程度上是因为人们提出来的结论会改变人的行为。

接下来的一句话是“Secondly, how, and by what covenants it is made; what are the rights and just power or authority of a sovereign; and what it is that preserveth and dissolveth it”。人造人是通过一个圣约——或者用不那么具有宗教色彩的词“契约”——而产生的。这样的一个契约会决定每个人的权利、正当权力或者正当权威。正当的“权力”或者“权威”又是两个同位语。需要说明,如果认为存在“正当的权威”,那么就不可能存在“不正当的权威”,因为“不正当的权威”就和“平静的风暴”一样,是不可能存在的事情,它不符合背反律。Right 和 just Power 都是属于主权者的,臣民有的只是主权者所给的那些权利而已。于是,我们要决定的是主权者的权力和权威,而不需要知道臣民的权利是什么,因为它将由主权者来决定。

(三)知识与权力

培根说,“Knowledge is power”,我们经常把它翻译成“知识就是力量”。这样的翻译在现代中文里有点曲解培根的意思,更好的译法应该是“知识就是权力”。在培根所处时代的哲学中,“力量”和“权力”是一回事,因为“力量”和“权力”都是让别人去做一件事情的能力。但是在笛卡尔关于心灵与肉体的二分这种哲学观念下,“知识就是力量”的译法似乎强调的是知识上的能力能够像肉体的强壮一样让人们做一些事情。其实,培根这句话的本意是强调知识能让别人做事情。在《利维坦》中,霍布斯说知识就是权力,但它又是一种很小的权力。[②] 这句话比

① 参见[美]曼昆:《经济学原理》,梁小民译,机械工业出版社 2003 年版,第 18 页。
② 参见[英]霍布斯:《利维坦》,黎思复、黎廷弼译,商务印书馆 1985 年版,第 64 页。

较让人费解,值得我们专门探讨。

知识是对事情因果的一种了解。对因果关系的了解让人们知道,如果下一次还想获得和这一次的行为相同的结果,那就应该做相同的事情。同样,如果想获得与现在不一样的结果,那么就应该换一种方式。这种理解跟经验没有太大的区别,也没有把知识与经验区分开来。对行为因果关系的了解来自经验,历史无非是别人的经验。同样,理性无非来自作为劳作的学习。霍布斯之所以说知识这种权力很微小,是因为获得知识很困难,需要劳作。而且他所说的"知识"是通过研究自然界而学习到的一种知识。但霍布斯所说的"自然界"又不同于波义耳主张的那种通过实验来证明的自然界,甚至不同于生物学意义上的自然界。霍布斯所说的"自然科学"指的是几何学和物理学,指代从公理推导定理、从定理推导结论的过程。霍布斯这种对自然和自然科学的理解,和我们现在把实验和观察视作自然科学方法的理解很不一样。这也反映出 17 世纪的思想和人们现在所理解的思想之间存在的鸿沟。

三、进入国家

(一)放弃作为人的自然权利

《利维坦》代表了一种契约论的传统,缔约是该书的重点内容。在第一部分的最后一章,霍布斯讨论了人缔约和授权的方式,其中最为重要的就是如何让一个没有生命的东西以自己的名义行动。[①] 在第二部分,他开始用一个已经规划好的步骤去建立国家。参与缔约的人必须是所有在战争状态中的人,而不能是一部分人,因为如果只有一小部分人决定通过建立国家来走出战争状态,同时其他人不同意,那么国家是无法建立起来的。缔约的过程也就是一种放弃权利的过程,所有人都必须同时放弃自己的权利,并知道他人也放弃权利。接下来的问题是:人们到底放弃了什么?在这里,人们只放弃了一样东西,那就是自然权利。而人的自然权利其实只有一个,那就是为了保证自己的生命而对世间一

① 参见[英]霍布斯:《利维坦》,黎思复、黎廷弼译,商务印书馆 1985 年版,第 123 ~ 127 页。

切的物,甚至是对其他人的人身和自由做一切事情的权利。换言之,只要人能活着,对他来说,其他人将处于何种情况都是无所谓的,其他人对他来说只是一个物而已。如果说杀人能让他活着,那他就应该义无反顾地杀人。反过来,如果杀人对其他人来说也是一个最好的选择,那么其他人也必须杀人。这不仅仅是一种权利,而且可以说是一种义务,因为人没有放弃自己生命的权利。为了活下来,人们彼此缔约,建立了一个国家,这是从无到有的过程。[①]

(二)自然状态

这种依约建立的国家,就是在自然状态当中,在一场针对所有人的战争当中、由每一个人对所有人的承诺建立起来的国家。[②] 需要说明的是,“自然状态”“社会契约”等,都不是真实的历史事实,霍布斯也不关心历史上是否真的出现过这种缔约的过程。所以用历史证据来反对社会契约,是对契约论传统最没有意义的一种批评。社会契约只是一个思维游戏而已,其重点在于想象一个理想状态。契约论者的当代代表罗尔斯也继续了这种思维游戏,“无知之幕”就是罗尔斯想象出来的理想状态:虽然现实中的每个人都知道自己的样貌、身高、体重、家产、血缘关系等,但是罗尔斯说,“无知之幕”就是在假想人们对这些信息一无所知,然后观察人们会认为什么才是合适的分配方案。

“自然状态”的构思是霍布斯理论当中非常具有革命性的一点。只有在自然状态之中,人与人的平等才能够想象。在17世纪中叶,英国是一个高度等级化的社会,屠夫和铁匠的儿子之间都能够区分出等级来。在这样的一个社会,人与人之间的平等根本无法想象。但是,在设计了一个所有人都可以相互为敌的自然状态之后,霍布斯让人可以平等地在一起进行一场无休止的斗争,也开始一场无休止的一切人对一切人的竞争。这个平等的场景把所有人都拉到了一个很低的档次上,消解了现实

---

① 参见[英]霍布斯:《利维坦》,黎思复、黎廷弼译,商务印书馆1985年版,第128~132页。
② 参见[英]霍布斯:《利维坦》,黎思复、黎廷弼译,商务印书馆1985年版,第128~132页。

政治社会当中一切关于人们品行、等级、贵贱的描述。要想在这种自然状态之下存活,所有人都只能靠两条:要么靠体力,要么靠脑力。而就脑力、体力而言,无论是谁的儿子,无论是高高在上的贵族还是低低在下的马夫,都没有太大的区别。[①] 现在的政治哲学史研究者认为,这个自然状态就是现代资本主义市场的隐喻。在市场中,一切身份和地位的差别都被抹平了,所有人都必须在永不休止的竞争中谋生存。结果这个世界就像霍布斯所想的那样发展,竞争越来越白热化,越来越变成一场一切人对一切人的竞争。

(三)从国家诞生开始就预测国家的死亡

在放弃权利的那一刻,或者说当我对你承诺,你也对我承诺,我对所有人承诺,所有人也对我承诺,所有人也对所有人承诺完了以后,国家也就因此诞生了。霍布斯说,"This done, the multitude so united in one person, is called a common-wealth, in latin civitas. This is the generation of that great leviathan, or rather (to speak more reverently) of that mortal God, to which we owe, under the immortal God, our peace and dcfence"[②],这句话描述了国家从无到有的过程。人造出 mortal God,中文翻译为"可朽的神",而所有有生命的东西都是会死的,所以有生命的上帝也是一个会死的上帝、一个可朽的上帝。在一个永生的上帝之下,我们服从可朽的上帝。于是国家从诞生的开始就预测到了它的死亡。

关于国家诞生的这句话,是连接《利维坦》前两个部分的重要转折点。霍布斯用了大量篇幅讨论国家如何失败,如主权者必须明智地利用自己的权力,否则很容易会面临亡国的命运。所以,《利维坦》第二部分的内容同时具有政治哲学和政治科学两方面的意义。政治哲学探讨权力的正当性,政治科学则探讨怎样行使政治权力才能保持权力。霍布斯似乎是在说,主权是一种无限的权力,任何有限制的权力都不再叫作主

① 参见[英]霍布斯:《利维坦》,黎思复、黎廷弼译,商务印书馆 1985 年版,第 92 ~97 页。

② Hobbes T. & Curley E. M., *Leviathan: With Selected Variants from the Latin Edition of 1668*, Hackett Pub, Co., 1994, p. 109.

权。可他在谈论这些具体权力行使的时候，又不断提醒读者注意：虽然这个权力好像是无限大的，但是稍不注意就会把这个权力给丢掉。[①]

从无到有制造出国家后，霍布斯紧接着说"we owe our peace and defence"，意思是说人民所能享有的内部和平和对外安全都来自国家。保证内部和平和外部安全这样的公共服务就是对主权的极大限制。一旦国家无法提供这种服务，国家也就失败了。

（四）合众为一

国家要建立，所有的人必须通过所有人向所有人承诺放弃权利的方式来合成一个人格。人们是没有办法自行形成一个人格的，只有通过缔造国家这种唯一的方式，才能形成一个统一的人格。统一的人格一旦形成，就立刻落到主权者的身上。[②] 所以国家、人民和主权实际上是一件事物的三个方面，而不是三个不同的事物。主权要建立，群众就必须合众为一，拉丁文的表达是"E pluribus unum"。

从"合众为一"这个观念可以看出《利维坦》对美洲革命的影响。当北美殖民地的人民决定脱离与另一个政治共同体的联系的时候，第一个浮现在他们脑海当中的作家可能是霍布斯。后来成为美国联邦最高法院大法官的马歇尔曾经说："我作为一个弗吉尼亚人去参加战争，战争结束的时候，我就成为一个美国人。"换言之，当殖民地百姓脱离英国统治时，他们并不必然形成一个新的国家，而只有当他们订立契约的时候，他们才正式成为"人民"，"人民"又形成国家，产生新的主权。霍布斯当然没有办法预计到这样一个通过缔约而形成的国家的情况，但恰恰是美洲革命把霍布斯的预言变成现实。

《美国宪法》序言第一句是"We the people of the United States of America"。最早的抄本有三份，其中一份保存在美国的国会图书馆。据考证，最早的版本中，people 里的"p"其实原来写的是"s"，因为起草的人

---

① 参见［英］霍布斯：《利维坦》，黎思复、黎廷弼译，商务印书馆 1985 年版，第 249～277 页。
② 参见［英］霍布斯：《利维坦》，黎思复、黎廷弼译，商务印书馆 1985 年版，第 123～132 页。

一下笔的时候写的是 subject,也就是“臣民”。写完“s”发现不对劲,擦掉重写了,改成了 people。这位起草者当时其实意识到了自己在做一件人类历史上非常具有革命性意义的工作。从此人不再是一个臣民了,而是形成一群独特的人民,人民直接和国家发生关系,人民直接和主权者发生关系,不再是君主和他的臣民的关系,不再是一种人身依附性的关系。

(五)国家权力问题的数学解决

霍布斯认为有必要区分“依约建立的国家”和“继承而来的国家”,以及“受征服而建立的国家”。对于霍布斯来说,这是一个数学题,也是所有契约论传统最引人入胜的一点。他把一个看上去很难解决的问题分解成一个可以在思维中实现的头脑风暴。关键的政治哲学问题是:什么是正当的国家权力?回答这个问题有很多种方法,一个常见的方法是经验考察。比如说我们看到古代罗马人的国家享有这样的权力、希腊人的国家享有那样的权力、现在意大利的共和国享受这样的权力,然后把它们都放在一起并从中选择,这就是正当国家权力的清单。列举法最大的问题在于难以穷尽。霍布斯则选择了一条不一样的路,他决定用几何方式来解决这个问题。他提出一个思想游戏:假想一个理想的国家,观察理想的国家享受什么权力,然后再观察现有的国家和这个理想的国家在享有权力方面是否存在不同。所以霍布斯要解决的其实不是依约建立的国家到底有何种权力,他对此也并不关心,因为世界上不存在这样一个国家。他关心的是真正的国家——也就是人们眼前看得见的这些国家——到底有什么权力。但是想象一个理想的状态——依约建立的国家——能够帮助我们思考现实的国家应该享有什么权力。①

人们在建国的过程中放弃了自然权利,此外还放弃了另一个非常重要的东西。自然权利是一个人为了生存,而对其他的一切东西和其他的一切人可以做任何事的权利,是一种做事情的权利。在承诺放弃自然权

① 参见[英]霍布斯:《利维坦》,黎思复、黎廷弼译,商务印书馆 1985 年版,第 142 ~ 152 页。

利、服从一个共同的权威的同时,人们不但放弃了去做事的权利,还放弃了判断力。我们从此用主权者的判断替代了自己的判断。这里的判断首先是指善恶的判断,即"何者为是""何者为非"的判断,进而则是"什么与自身利益相符"的判断。① 这样的权威观也成了现代国家成立的前提,同样可以在拉兹等当代法哲学家的论著中找到回音。

在书中,霍布斯赞扬了君主制。实际上,君主制在17世纪开始其自身的转型。17世纪以前的君主,无论是休息的地方、使用的器具、还是穿的衣服,都相当普通。一个平民穿麻布衣服,一个贵族穿染色了的麻布衣服,仅此而已。到了霍布斯的时代,装饰艺术开始兴起,建筑开始变得富丽堂皇,这是君主制的整体转型的结果。同时,印刷术的发展也让更多的人能看到君主和贵族的形象。君主不但拥有权力、行使权力,更要让人们能够看见权力,这是霍布斯对现代政治的贡献。在一个平等的社会、一个每个人能力和智力差不多平等的社会,为了让人民尊重君主、尊重那些实际上掌握权力的人,最好的办法就是把这个权力向人们展示出来。于是我们会看到,贵族的装饰越来越奢华,越来越精美,也越来越不具有实际效用。这也从侧面说明,"奢侈"实际上是一种最简单的维持自己权力的方式。对君主来说,与其维持一支庞大的常备军,时刻准备去镇压各地层出不穷的起义,还不如通过展示权力的方式让民众敬畏。

四、国家的维持

(一)对主权者的反抗

霍布斯以及其他的西方政治思想家十分偏爱"战争"。战争的反面即是和平,至于如何维护和平,霍布斯认为,当每个国家的实力都差不多,且每个国家对邻国都抱有相同的敌意,而邻国也可以感受到这种相同的敌意的时候,就可以维持一种均势的和平。② 比如说,现实世界常常爆发局部战争,但人们很难想象有核国家之间发生核战争。这可以说是

---

① 参见[英]霍布斯:《利维坦》,黎思复、黎廷弼译,商务印书馆1985年版,第97~108页。

② 参见[英]霍布斯:《利维坦》,黎思复、黎廷弼译,商务印书馆1985年版,第95~96页。

在有核国家之间达成了一种均势的状态,也就是在知道对方有能力反击之后,产生走向谈判桌的非常强的动机。有一句很重要的拉丁文的格言:Si vis pacem,para bellum,翻译过来就是“若想和平,必先备战”。如果想得到和平,必须先准备好进入一场战争。[①]

霍布斯认为,战争是人们建立国家的一个重要动机。而要去建立国家,人们在战争状态当中还必须要具备一个心理上的因素,那就是恐惧,或者说对死亡的恐惧。[②] 死亡像一个巨大的第三者,笼罩在整个西方政治哲学的发展脉络当中。如果说建立一个国家,这个国家却没有办法帮助人们摆脱对死亡的恐惧,此时就已经回到了一种自然状态,人们当然没有必要再去服从国家。关于这点,霍布斯在该部分的头几章里面提出了一些很分散的论证,包括国家能判处人死刑,但是国家不能命令人们接受死刑。[③] 换言之,霍布斯认为虽然主权者有权判臣民死刑,但是臣民此时没有义务服从这种命令。于是,命令的权力和服从的义务并非绝对对等。他进一步说,主权者判处臣民死刑后,臣民还有自由去逃跑。[④] 霍布斯认为,在建国的时候人民放弃了自己的自然权利,也放弃了自己的判断能力,但是没有放弃在自己生命堪忧的时候的自保权利。可以说,这是自然权利最后的残余。[⑤]

那么,我们在何种意义上可以说自己仍然保留着这种自然权利呢?这是霍布斯的思想当中看起来有些矛盾的地方:在建国时,人们不是已经把自然权利放弃了吗?一个可能的解释是,当主权没有办法保证一个人的性命的时候,这个人本身似乎又回到了自然状态之中。此时,主权者对他来说已经是形同陌路了,没有必要再服从命令。霍布斯接着说,主权者在威胁要杀臣民的时候,不能要求臣民不跑。不仅如此,打仗的

---

① 后来,拿破仑把这句话翻转过来,说“汝欲战争,必先预备和平”。

② 参见[英]霍布斯:《利维坦》,黎思复、黎廷弼译,商务印书馆1985年版,第97页。

③ 参见[英]霍布斯:《利维坦》,黎思复、黎廷弼译,商务印书馆1985年版,第133~142页。

④ 参见[英]霍布斯:《利维坦》,黎思复、黎廷弼译,商务印书馆1985年版,第169~173页。

⑤ 参见[英]霍布斯:《利维坦》,黎思复、黎廷弼译,商务印书馆1985年版,第97~105页。

时候甚至不能要求士兵不当逃兵。[1] 对现代人来说,这是一个看起来相当难以接受的说法。如果大家都接受了霍布斯的说法,那么现代军队是没有办法组织起来的。在战争中,很多时候为了整体的胜利,决策者必须要承担一些局部的失败,甚至是有意造成这种失败,以便迷惑对手。但霍布斯说这种情况不可接受,既然主权者不能强迫人去赴死,那么也不能强迫他们在战争当中送命。

为了论证这一点,霍布斯说不但女人有胆怯的女性气质,有些男性也有女性的气质,所以男性胆怯也是很正常的。[2] 这种男性和女性的区分,实际上也是霍布斯时代的哲学家非常喜欢用的对立,特别是霍布斯代表的所谓共和主义的政治哲学,很大程度上认为公共领域是属于男性的。在新古典主义绘画中就有不少表现共和精神的作品,画面明显区分成两个区域:一个区域属于家庭,里边全是姑娘;另一个区域指代公共生活,里边基本上都是男性。每一个姑娘的表情要么是哭,要么是忧愁,因为自己的亲人要上战场了;每一个男性则都是一副苦大仇深的表情,时刻准备为祖国献身。这种区分在霍布斯那个年代已经十分流行。贞提利在《战争法三论》里讨论能不能在战争当中使用暗杀和投毒等手段的时候,第一句话就说:匕首和毒药是女人的武器,而男性必须钢铁对钢铁、血肉对血肉地在战场上拼杀,最后把每一场战争都变成比拼金钱的斗争才行。这种性别主义的论证方式似乎也成为当今战争变成一种经济力量之竞争的思想根源之一。

有意思的是,霍布斯接下来又提出一个观点,“在战争中大家没有必要去送死”这样的规则存在一个例外,即“如果大家不去送死,这个国家就将灭亡”[3]。如果所有可以持有武器的人都不去打仗送死,那么国家就会覆灭,只有当这样的前提条件成立时,人们才具备在战争当中争先恐后去送死的义务。现代战争动员中随处可见这种话语,甚至在一国主

---

① 参见[英]霍布斯:《利维坦》,黎思复、黎廷弼译,商务印书馆 1985 年版,第 169 ~ 170 页。
② 参见[英]霍布斯:《利维坦》,黎思复、黎廷弼译,商务印书馆 1985 年版,第 170 页。
③ [英]霍布斯:《利维坦》,黎思复、黎廷弼译,商务印书馆 1985 年版,第 172 页。

动侵略其他国家的时候，战争宣传也会强调如果不进行“预防性的反击”，灭种亡国就将不可避免。霍布斯的这个观点，在现代政治发展当中变得非常极端。至少在这个问题上，霍布斯是一个非常中庸的作家，认为只有在不进入全面战争国家就不保的情况下，人民才有在战争中送死的义务。然而，这个国家没了，总会有一个新的国家，人们还能再加入一个新的国家；个体虽然不再是这个国家的臣民，但仍然会是那个国家的臣民，总之是会有一个主权者来保护人们的生命和财产安全。

对外战争如此，那么臣民在对内的事务上有没有权利去反抗君主的命令呢？霍布斯说人们并没有这种权利。① 然而，他同时说：“但如果有一大群人已经不义地反抗了主权者或犯了死罪、人人自知必将因此而丧生，那么这时他们是不是有自由联合起来互相协助、互相防卫呢？当然有，因为他们只是保卫自己的生命，这一点不论有罪没罪的人都可以做。”②人们认为霍布斯和洛克政治哲学理论的一个重要区分就在于是否承认反抗权。洛克认为公民有反抗权，是因为他认为在建立社会契约当中，不仅所有公民参与，而且国家和公民之间也存在缔约行为，所以国家有可能违背契约。在洛克政治哲学当中，国家的权力是有限的，那么既然是一个有限国家，自然就有可能超越自己的权限行为。在国家的权力超越到某个限度的时候，人们就可以反抗国家。霍布斯坚决否认人民有反抗权，而且霍布斯认为主权是无限的，既然主权无限，主权也不可能以一种不义的方式行使。对于霍布斯来说，不义的主权应该是一个矛盾的概念，要么是正义的主权，要么就不是主权。当主权者行不义的时候，他其实不是在行使主权。当然霍布斯对“不义”这个概念定义得非常狭窄，只有当主权者不能够对内保持和平、对外抵抗外侮的时候，主权才是在行不义。③

与此同时，霍布斯认为，人民不管主权是怎么行使的，个人只要看到

---

① 参见[英]霍布斯：《利维坦》，黎思复、黎廷弼译，商务印书馆 1985 年版，第 178 页。

② [英]霍布斯：《利维坦》，黎思复、黎廷弼译，商务印书馆 1985 年版，第 170 ~ 171 页。

③ 参见[英]霍布斯：《利维坦》，黎思复、黎廷弼译，商务印书馆 1985 年版，第 109 ~ 115 页。

有人已经开始谋划反抗主权者,那么他就可以加入其中。换句话说,如果开始有人反抗,那么所有人就可以反抗,至于为什么反抗,是无关紧要的。[①] 可能霍布斯认为,人们见到有人开始反抗主权者,就只能认为此时已经回到自然状态,说明主权者至少在这个时刻没有办法维持国内的安宁了。中国有句俗语,叫“离乱人不如太平狗”,一旦回到自然状态,所有人就都已经是“离乱人”了,既然是“离乱人”,那么保护自己性命的自由就回到了个人手上。这是一个相当低的门槛,这个门槛比洛克所说的“主权者侵犯个人的自然权利”的门槛要低得多。在 17 世纪的欧洲,800 人规模的军事行动就足以颠覆一个国家。所以对于霍布斯来说,缺乏统治魄力和政治品质的君主导致国家倾覆的事例并不罕见。霍布斯想象的一个状态其实是人民可以比较容易就把主权者拉下马的一个状态,至少在当时的欧洲,贵族政变、贵族起义、贵族反抗是一件很简单的事情,甚至一般老百姓也可以做到这一点。欧洲的历史上有过多个二三十人规模的盗贼团体,这些团体可以存在十几二十年,都没有被封建领主消灭掉。可想而知,当时的“国家”以及国家的行政能力和我们现在所想象的国家和国家的行政能力不可同日而语。

还需要说明的是,有很多人说美洲革命受到洛克反抗权的理论支持,因为美国的国父们大量援引了洛克的著作。但是,他们采取武装起义来建国的想法,真的就没有受到霍布斯的一丝启发吗?可以认为,霍布斯的理论很大程度上至少影响了美国国父之一的杰弗逊,因为他在美国建国以后曾经领导过几次起义,想要推翻他自己建立的政府。而且杰弗逊有一个名言:自由之花需要经常用爱国者和暴君的鲜血来浇灌。

霍布斯第二个非常具有革命色彩的地方,是对国家脆弱性的论述。《利维坦》第二卷和第一卷相比是一个相反的结构。第一卷先把个人从小到大给勾勒出来以后,最后说他有什么自由。第二卷的结构恰好相反,先把国家建立起来以后,再说国家的权力,然后讨论人民有什么权利,一步一步分解下去,最后到国家的每一个机体、每一个器官是怎么样

---

① 参见[英]霍布斯:《利维坦》,黎思复、黎廷弼译,商务印书馆 1985 年版,第 170 ~ 171 页。

使用的。所有关于国家权力在实际当中运行和设置的想法,都必须以国家很脆弱这个大前提作为原点。可以想象,一个初登大宝的人在看完《利维坦》第二十一章后,应该会觉得背后发冷汗。一方面,老百姓可以动不动来反对你;另一方面,政权还非常脆弱,动不动就可以被人推翻,所以必须小心翼翼地使用《利维坦》第二十章给君主承诺的那种至高权力。至于怎么使用,接下来《利维坦》第二十二章、第二十三章就讨论国家的这些机构应该怎样运行,国家的财务应怎样分配的问题。

(二)霍布斯的经济政策

财务的分配涉及霍布斯所关注的平等问题。霍布斯想象的社会是一个由平等的人构成的社会,这样的想法在17世纪的英格兰显然是非常不合时宜的。放下手中的《利维坦》,抬头看到的不是一个平等的社会,而是等级社会。霍布斯的解决办法就是把贵族的头衔全都脱掉,每一个人赤裸裸地站在自然状态当中,每个人都非常脆弱,动不动就被别人杀死,但是杀死别人也很容易。从自然状态走出来之后,每个人都可以摆脱这样的危险。[①] 剩下来的问题是,政治国家是否可以变成一个等级社会?我们认为,国家有必要保持臣民之间的平等。至少每个人在面对主权者的时候,都必须平等地弱、平等地一无所有。每个人在面对主权者时一无所有的状态甚至是主权得以维系的前提条件。自然状态就是没有一个让所有人畏惧的共同的权力的状态。主权要想维持下去,必须要让每一个人在面对它的时候都感到畏惧。换句话说,当有一个人认为自己可以平视利维坦的时候,如果不改变这个人的看法,那么国家是没有办法维持的。

那么,是只要求权利的平等,还是必须实现物质意义上的平等?也就是说,是否当出现每个人享有的权利和负担的义务都一样的情况时,国家就已经可以对臣民形成威慑?相比于权利的平等,恐怕霍布斯更关心的是现实当中人到底会怎样考虑自己和别人的地位的问题。霍布斯

---

① 参见[英]霍布斯:《利维坦》,黎思复、黎廷弼译,商务印书馆1985年版,第92~97页。

认为人是很容易误判的,而人的误判总会体现在认为自己比别人高一等上。[①] 在一定程度上,霍布斯的观点是:如果国家想要延续下来,前提条件就是主权者有能力保证每个人都不产生自己比别人高一等这样的误判,也就是不允许出现这样的想法:认为自己比别人要优秀,认为自己可以和主权者并驾齐驱,幻想可以取而代之。霍布斯似乎在暗示:如果主权者纵容某一些人觉得自己比别人要优秀的话,那么国家也就岌岌可危了。[②]

霍布斯同意国家必须积极干预社会上财富的分配,以至于不会出现过大的贫富差距。唯一的贫富差距应该是主权者和人民之间的差距。霍布斯可能认为“在主权者面前人人平等”的情况不能仅仅出现在权利义务的对等和平衡上面,还必须在物质意义上也就是财富的分配意义上,至少有必要实现一定程度的平等。经济上平均主义的好处是至少能够保证每一个臣民不依附于其他的臣民,而只依附于主权者。[③] 在讲政治实体的时候,霍布斯明确地否认可以同时对两个人效忠,也就是不能既忠诚于教皇又忠诚于皇帝,也不能既忠诚于雇主又忠诚于国王。对雇主的义务是在遵守法律的前提下的一种暂时的义务,而对主权者的义务是无限的、永恒的义务。[④] 从这个角度来看,霍布斯其实发展了近似于社会主义的观念,主张国家必须有能力对财富进行分配,否则社会可能会分裂。对于霍布斯来说,分裂的下一步就是内乱了,也就是国家死亡的原因。

对霍布斯来说,一个国家里面出现党派或者派别,是一件很糟糕的事情。[⑤] 事实上,当代西方国家比霍布斯所描述的情况要更加糟糕。现在美国大选暴露出来的社会巨大割裂,就是掌握了经济资本的人同时掌

---

① 参见[英]霍布斯:《利维坦》,黎思复、黎廷弼译,商务印书馆 1985 年版,第 93 页。

② 参见[英]霍布斯:《利维坦》,黎思复、黎廷弼译,商务印书馆 1985 年版,第 94 页。

③ 参见[英]霍布斯:《利维坦》,黎思复、黎廷弼译,商务印书馆 1985 年版,第 191 ~ 197 页。

④ 参见[英]霍布斯:《利维坦》,黎思复、黎廷弼译,商务印书馆 1985 年版,第 133 ~ 134 页、第 152 ~ 162 页。

⑤ 参见[英]霍布斯:《利维坦》,黎思复、黎廷弼译,商务印书馆 1985 年版,第 174 ~ 186 页。

握了大量的文化资本,还掌握了大量的政治资本。精英学校毕业的政客垄断着设置议题的能力,人口中的大多数失去了参与政治的机会。在霍布斯看来,这就是一种分裂,这种分裂必然导致国家的解体。之所以落到如此境地,是因为国家没有让干预的手发挥更大的作用。我们可以认为,虽然霍布斯身处的是一个等级社会,但是当时人与人之间贫富的差距相对来说是比较小的。现在,人们则处在人类社会上贫富差距最大的一个年代。例如,在美国建国的时候,如果按照当时的口径把奴隶排除人口统计之外,美国的整体收入是相对平等的。1871 年巴黎公社成立的时候,在巴黎的美国观察家说:法国这个国家经历了巨大的社会不平等,社会不平等是导致巴黎工人起义、巴黎公社成立的原因,他们认为美国不存在这样的情况。相比之下,现在的美国就是用一个以中产阶级为主的社会制度来治理一个贫富差距极大的社会,其背后的贫富差距问题以及带来的社会危机可想而知。

(三)语言的运用

《利维坦》第二十五章有关君主咨商的研究写得非常精彩,提出了很多被现代哲学加以发展的东西。在书中,霍布斯只是说了一两句,这些句子后来演进出了一些很重要的哲学支脉。比如,霍布斯说了这样一句话:"建议和命令的区别是:建议是说可听可不听,而且是为了你的利益而做的;命令是你不能不听,而且是为了我的利益而做的。"①这一区别承接自苏格拉底和色拉叙马霍斯的一个对话。苏格拉底去找色拉叙马霍斯说:我不知道法律是什么。然后色拉叙马霍斯说:法律就是强者的意志,而且是为了统治者的利益。于是苏格拉底就开始寻找他话里的矛盾之处:你看医生和病人之间谁是强者?色拉叙马霍斯说:当然是医生了。苏格拉底接着问:医生给病人开药是为了自己的利益还是为了病人的利益?色拉叙马霍斯一下子说不上话来。其实按照霍布斯的观点,这个问题很好解决,因为你给他的不叫命令,而应该叫建议。霍布斯这

---

① [英]霍布斯:《利维坦》,黎思复、黎廷弼译,商务印书馆 1985 年版,第 198 页。

个观点下启马克思和后面一系列实证主义的传统,也就是认为法律就是主权者的命令。马克思还特意强调了法律是统治阶级利益的体现。

接下来霍布斯的一句话更重要:“有些话可能听起来又像建议又像命令,但是当我们知道它出现的具体场景,知道说这句话的人和听这句话的人的时候,这句话到底是命令还是建议立刻就明白无误了。”这句话下启约翰·奥斯丁的话语行动理论,也就是本章此前所说的方法论。霍布斯接着说,在进行咨商的时候不能巧言令色,巧言令色的叫作怂恿。[①] 咨商和怂恿有一个巨大的区别,就是人们到底可以诉诸什么。“咨商”诉诸理性,而“怂恿”不但可以诉诸人的情感,而且必须这样做,因为它的目的是让人们跟着自己去做或者不要做一些事情。

霍布斯意识到,语言虽然可以澄清人们的想法,但是危险在于其无用。[②] 语言是让人去做一件事情,它不一定要以祈使句的形式出现。语言的力量很强大,霍布斯也意识到了这一点。所以他说:我们必须要通过语言让这些人追随我们的行动。这个时候修辞就很有必要了。[③] 当然,如果将这样的观点反射到霍布斯自己的作品当中,我们就又回到了剑桥学派一个经典的说法:霍布斯通过理论的写作,用哲学的作品来实现政治参与。霍布斯的政治理论具有非常大的现实效益。可以说,没有霍布斯就没有现代的国家组织形式,只不过霍布斯可能没有想到,后来的国家组织形式比他想象的利维坦更具组织和动员能力。这是 19 世纪民族主义兴起以后的事情。利维坦没有办法让人民去自愿做的事情,民族主义都做到了,这是霍布斯可能始料未及的。

五、《利维坦》中的法律观

《利维坦》最后几章阐述了霍布斯对法律与惩罚的观点,对后世影响很大。最典型的例子就是他启发了后来所有的实证主义者和反实证

---

① 参见[英]霍布斯:《利维坦》,黎思复、黎廷弼译,商务印书馆 1985 年版,第 203 ~ 204 页。

② 参见[英]霍布斯:《利维坦》,黎思复、黎廷弼译,商务印书馆 1985 年版,第 108 页。

③ 参见[英]霍布斯:《利维坦》,黎思复、黎廷弼译,商务印书馆 1985 年版,第 18 ~ 27 页。

主义者。比如,他对后来实证主义者的最大启发就是定义了法律的概念:法律是主权者的命令。[①] 约翰·奥斯丁扬名立万的《法理学的范围》一书最伟大的贡献,恐怕就是在霍布斯的这句话后面增补了若干要素,将法律定义为"用惩罚来强制实施的主权者的命令"。不过霍布斯可能觉得,这样的补充没有太大的必要,只要确定法律是主权者的命令即可,如何来保证法律实施,或许不太重要。

前文说到,命令和建议有几个很重要的区别,其中一个是到底是为谁的利益而提出来的。[②] 命令是为提供命令的人的利益,所以主权者的命令必然是为主权者的利益服务。法律必然是为主权者的利益服务的。而主权者除了让国家得以维系之外就没有别的利益了。当然这个唯一的利益下面有很多小的分项。初读《利维坦》这本书第二部分的前几章时,其可能会给人一种错觉,认为主权者的工作轻松舒服,只需要保证内部平安、外部无战事就可以拥有绝对的、毫无限制的主权。但看到后面才会发现,主权者也会有那么多的烦心事。而由于和平和安全同时也符合臣民的利益,霍布斯就通过为主权者和臣民找到一个理论上共同的利益,解决了苏格拉底和色拉叙马霍斯的问题。

除了亚里士多德以外,霍布斯在该章里还点名批评了爱德华·柯克。[③] 柯克最著名的事迹是和詹姆斯国王之间的争论。詹姆斯是英国历史上一位非常聪明的国王,柯克是他手下的大法官。有一次詹姆斯国王让柯克把手上的案子交给自己来审理,柯克拒绝了,认为国王审不了案子。国王十分生气,认为自己天纵英才,怎么会有无法审理的案子。柯克告诉国王,法律是一种手艺,需要专门学习后才能够掌握。国王在自然理性上当然没问题,但是法律讲究的是技艺这个意义上的理性,它是一种创造出来的东西,没有经年累月对法律的学习便无法掌握。

霍布斯要反对的就是法律作为一种人工理性的观点,其背后涉及立

---

① 参见[英]霍布斯:《利维坦》,黎思复、黎廷弼译,商务印书馆 1985 年版,第 206 ~ 207 页。
② 参见[英]霍布斯:《利维坦》,黎思复、黎廷弼译,商务印书馆 1985 年版,第 198 页。
③ 参见[英]霍布斯:《利维坦》,黎思复、黎廷弼译,商务印书馆 1985 年版,第 210 页。

法和习惯的问题。在 17 世纪时,英格兰的普通法大多是习惯法。诺曼大公从法国跨过英吉利海峡,统一英格兰全境。他当时决定不去改变当地的习惯和风俗。所谓的“普通法”就是 law of the commons,也就是“属于普通人的法”。对于来到英格兰的法国贵族,普通法不适用于他们。普通法的一个重要特点就在于其由习惯来决定。作为一个启蒙思想家,霍布斯认为习惯充满着矛盾,而且有很多不合理性的地方,以习惯作为法律依据太荒谬了。他认为真正让法律能够得到服从的是主权者的意志,而不是时间的流逝。[①] 在反对法律作为人工理性时,他要解释的正是为什么应该废除所有的习惯。此外,他还要废除法学家法。他认为,那些主张法学家的观点、意志能够成为法律的想法都是错的。主权者采纳法学家意见的时候,他可以把法学家的想法变成法律,但无论如何,真正能够立法的人只有一个,那就是主权者。[②]

此外,政治和法律理论上还有一个重要问题,那就是主权者是否受到习惯的约束。霍布斯的很多论战对手说,作为外来征服者的诺曼大公决定不去扰动本地的习惯法,因此主张共和派也必须受到过去普通法的约束。这种观念实际上也是当代法治的先声。但霍布斯并不买账,反驳说这个历史事实并不能说明主权者受约束,相反,诺曼大公只是用这样的一个主权的决断来选择不去干扰当地的习惯法,却并不意味着他不能去干扰和改变习惯。后来,与此相关的一场争论发生在 1837 年的德国。恩斯特·奥古斯特一世于 1837 年 11 月 1 日登基后,宣布废弃汉诺威王国由前任国王威廉四世钦定的宪法,从而引发了政治争论。争议的核心就是新国王是否有权力改变过去的宪法?按照霍布斯的观点,国王当然有权这么做,但是当时的很多德国法学家就反对这样的观点,其中包括非常著名的两个人——格林兄弟。格林兄弟和另外几个哥廷根大学教授因为反对国王的做法而提交了一份抗议信,国王为此解除了七名教授的教职,史称“哥廷根七君子”事件。

---

① 参见[英]霍布斯:《利维坦》,黎思复、黎廷弼译,商务印书馆 1985 年版,第 208 ~ 209 页。

② 参见[英]霍布斯:《利维坦》,黎思复、黎廷弼译,商务印书馆 1985 年版,第 208 ~ 221 页。

现在回头看,是否存在某些连主权者也无法改变的法律规则的争议,从 17 世纪一直延续到 19 世纪,甚至延续到了现在。在很大程度上,第二次世界大战之后关于人权法的讨论,就是对霍布斯一个遥远的回应。例如,《德国基本法》规定,人的尊严的条款是任何人都不能修订的,甚至无法通过修宪程序来更改。

霍布斯还讨论了立法者和解释者的关系。法律解释是专用词,所有中文翻译成解释的其他词都不能用在法律解释上面。适用法律进行决策、裁判的人是法律的解释者,而且只有在个案当中才存在法律的解释。所以霍布斯所指的法律解释仅仅是司法官在个案当中对法律意思的确定。霍布斯认为,司法官员只能由主权者任命,而且他在谈论法官的时候,在法官前面经常加“下属”这个词,表明法官是从属于主权者的。也可以认为,霍布斯其实设计了一种新的司法形式。[①] 在当时看来,这是一个非常具有挑战性和颠覆意义的观点,大部分人恐怕不会认同霍布斯的观念。在霍布斯看来,当时的教士和法官特别腐朽、堕落,主权者应当任命他最信任的法官来执行这些法律。这个观点后来启发了很多人,包括孟德斯鸠。孟德斯鸠曾说过一句非常著名的话:法官是法律的嘴巴。也就是说,法官不需要有大脑,法官也不需要有灵魂,不需要有心,他们只要说出法律的要求就可以了。这与霍布斯的观点没什么区别。在这个意义上还是要说,《利维坦》这本书之所以后来引发了这么多争议,主要还是因为这本书写得太早、观点太过于超前了。

结　语

对霍布斯的研究是门槛相当高的研究。其中一个原因是霍布斯在很多地方表达了类似的观点。如果一个作者每次都新写一本书,而且新书里没有太多展示自己此前的作品,我们可能会发现这些作品当中或多或少存在一些自相矛盾的地方。对此,我们只要认真讨论这些自相矛盾的地方是如何而来,就可以了。甚至说,我们可以简单地认为,作者的观

---

① 参见[英]霍布斯:《利维坦》,黎思复、黎廷弼译,商务印书馆 1985 年版,第 213 ~ 220 页。

念都存在从年轻到成熟的变化。但霍布斯不一样,霍布斯在复述自己以前写过的话的时候,不同的版本都会有微小的不同,这不得不让他的研究者花费很多精力去研究为什么会出现这种微小的不同。其中一个典型的例子就是《利维坦》的英文版和拉丁文版在一些用词上的区别。另一个原因是,霍布斯确实是很值得研究的人。在近 400 年的时间里,有很多人写了关于霍布斯的评论,奥克肖特就是在研究霍布斯时无法绕过的一个作家。此外,还有德国的卡尔·施密特、意大利的帕特罗;以及法国的特里科,他是用毕生精力去研究霍布斯的。这些人都是用自己国家的语言进行研究和写作的。如果我们研究尼采,可能只需要懂德文和法文就行了,但研究霍布斯会更困难,即使掌握了五门外语,可能也才刚刚迈过门槛。

在《利维坦》所勾勒的世界当中,主权者有无限大的权力,但是他却不能拥有比他维持生命更多的财产。这样的社会当然好。而且主权者要小心地教化万民,因为民众一旦稍有不满,稍微动员一下力量,就可以推翻主权者,回到自然状态。特别是在《利维坦》第 29 章末尾,在关于主权是如何丧失的这个问题上,霍布斯非常令人惊讶地提出,一场战争的失利就可以让人们看到主权者不能再保护他们的安全。[①] 当人们认识到这一点之后,主权也就不再存在了。所以主权只是一个想象出来的东西,是维系人民的一种集体想象甚至是幻想。克伦威尔就曾说过,按照这句话,一场战争的失利就足以导致一个国家的毁灭,那么战争的代价和风险就太高了,和平也将成为常态。而且,主权者必须压制豪强,财产收回国有,发展公营事业、修建学校。于是,没有任何一个人会明显比其他人好,也没有一个人会明显比其他人差。刑罚也必须温和行使。总而言之,当我们真正读了霍布斯的作品后,我们应该意识到霍布斯所描绘的世界是一个非常值得憧憬、非常值得为之奋斗的一个世界。

---

① 参见[英]霍布斯:《利维坦》,黎思复、黎廷弼译,商务印书馆 1985 年版,第 249 ~ 260 页。

思 考 题

1. 霍布斯如何阐述知识与权力之间的关系？

2. 霍布斯所描述的“自然状态”有什么特征？自然状态中的人们为何希望通过建立国家摆脱自然状态？

3. 霍布斯认为在自然状态中的人们具有何种权利？他是如何论证这些权利的？

4. 霍布斯如何论证“授权”(authorisation)？他使用的语言有何特色？

5. 霍布斯笔下的主权者拥有哪些权力？这些权力是臣民所拥有的权利的扩展吗？

6. 为何霍布斯认为有必要区分依据契约建立的国家和通过继承建立的国家？

7. 臣民所拥有的自由受到什么限制？霍布斯认为臣民享有反抗主权者的自由吗？

8. 霍布斯如何论证主权者惩罚其臣民的权力？他的论证使人信服吗？

9. 主权者的惩罚权有界限吗？霍布斯对“犯罪”的理解和我们现在有何明显区别？

10. 在霍布斯看来，自然法、作为主权者命令的民约法和作为法官解释的普通法之间存在什么关系？

拓 展 阅 读

1. Thomas Hobbes, *Leviathan*, Richard Tuck ed., Cambridge University Press, 1996.

2. *The Cambridge Companion to Hobbes's Leviathan*, Cambridge

University Press, 2007.

3.［法］雨果:《悲惨世界》,李丹、方于译,人民文学出版社 2015 年版。

4.［美］史蒂文·夏平、［美］西蒙·谢弗:《利维坦与空气泵》,蔡佩君等译,上海人民出版社 2008 年版。

第二讲

《联邦党人文集》导读

本导读以商务印书馆《联邦党人文集》中文版为依据。[美]汉密尔顿、[美]杰伊、[美]麦迪逊:《联邦党人文集》,程逢如、在汉、舒逊译,商务印书馆1980年版。英文版参见Alexander Hamilton, James Madison & John Jay, *The Federalist*, edited by Terence Ball, Cambridge University Press, 2003。

一、《联邦党人文集》的作者及其成书背景

1787年5月,美洲殖民地12个州(罗得岛州未参加)的55名代表齐聚费城,秘而不宣,历时三月,制定了一部新的联邦宪法草案。新宪法赋予联邦政府广泛的权力,并建立起了一套分权制衡的政治体制。费城制宪会议后的一年,各州就是否批准新宪法展开了激烈的公共辩论。赞同新宪法的通常被称为"联邦党人"(federalist),反对者通常被称为"反联邦党人"(anti-federalist)。宪法最终被十三州全部批准。

1787年10月至1788年8月,约翰·杰伊、亚历山大·汉密尔顿、詹姆斯·麦迪逊三人,以"普布利乌斯"(Publius)为笔名在纽约州报纸上发表85篇文论,为新宪法辩护,这些文章后被辑为《联邦党人文集》(以下简称《文集》)。在古希腊作家普鲁塔克的笔下,普布利乌斯是一位挽救了共和国的英雄,是共和主义的坚定信徒。人们称他为"普布利科

拉”,意即“人民敬爱的人”。《文集》的三位作者以“普布利乌斯”作笔名,意味深长,他们希望效法这位罗马英雄,以自己的勇敢、智慧和美德,说服人民接受新宪法,建立一个伟大的共和国。汉密尔顿撰写了其中的51篇(第1、6—9、11—13、15—17、21—36、59—61、65—85篇),麦迪逊写了其中的29篇(第10、14、18—20、37—58、62、63篇),杰伊写了其中的5篇(第2—5、64篇)。[①]

三位作者的身份引人注目,他们都集政治家与政治理论家的身份于一身。杰伊是一位出色的外交家,1770年纽约州宪法起草人,联邦成立后任最高法院首席大法官。汉密尔顿在独立战争期间曾任华盛顿的副官,后来担任新政府的财政部长;麦迪逊长期担任弗吉尼亚州和联邦的议员,在杰弗逊总统任内做国务卿,后来成为第四任总统。这种集政治家与理论家于一身的情况,在当时的美国司空见惯,约翰·亚当斯、托马斯·杰弗逊、乔治·华盛顿等,都是这样的人物,但这在世界范围和历史上并不多见。托克维尔也发现了,与美国的情况不同,法国革命时政治思想家和革命者是分开的:“有些人负责领导事务;另一些人负责指导思想。”[②]他将法国革命异常的血腥暴力部分地归因于这种政治实践和政治思想的分离。反之,我们可以说,美国革命较少暴力色彩,或许可以部分地归因于革命者同时又是思想家这一特征。其中的道理,或许在于作为政治家的思想家更加务实,而作为思想家的政治家更加睿智的缘故。

《文集》对宪法的批准起到了很大的作用。纽约州批准宪法的时间是1788年7月26日,此前,包括弗吉尼亚在内的10个州已经批准宪法。弗吉尼亚和纽约被认为是两个关键州,除非它们批准,否则宪法的成功仍存在变数。但是,也许《文集》在当时的影响不宜被过高估计。麦克斯·法兰德(Max Farrand)认为其“很难说有多少直接影响”[③]。《文集》

---

① See Kenneth T. Jackson, *The Encyclopedia of New York City: The New York Historical Society*, Yale University Press, 1995, p. 194.

② [法]托克维尔:《旧制度与大革命》,冯棠译,商务印书馆1992年版,第181页。

③ Max Farrand, *The Fathers of the Constitution: A Chronicle of the Establishment of the Union*, Yale University Press, 1921, p. 157.

的历史地位主要来自思想本身的价值,而不是对当时公众的影响。它所受到的赞誉可以说不胜枚举。华盛顿曾对汉密尔顿说,这本书"值得后代人关注"①。宪法付诸实施之后的1790年5月30日,杰弗逊在写给他的一位亲戚的信中,谈到政治教育问题时赞扬了《文集》:"在政治经济学领域,我认为斯密的《国富论》是现有的最好著作;在政府学领域,应该推荐孟德斯鸠的《论法的精神》……但在把理论应用到实践方面,则没有比《联邦党人文集》更好的书了。"②

20世纪的历史学家查尔斯·比尔德,尽管对建国者的政治思想提出了批评,也仍然视《文集》为"对政治学的新解释,其完美和对称只能慢慢为人所知"③。在另一个场合,比尔德评价说,"现在或不远的将来,在为发展世界联邦政治的所有方面进行解说时,最有权威的引用资料仍然是《文集》"④。戈登·伍德(Gordon Wood)将《文集》视为支持一种思想和意识形态的"巧妙阐述"。⑤ 马丁·戴蒙德说,《文集》"使最迫切的政治问题的讨论与理论问题的探讨这两者之间发生联系"⑥。文森特·奥斯特罗姆(Vincent Ostrom)说,"它富有公理性的断言和假设性的命题,其所具有的一般意义多于过眼烟云的紧急时刻的政治辩论"⑦,"在我看来,它是美国人对世界政治理论的重大贡献"⑧。

---

① See Edmund C. Burnett, *The Writing of George Washington*, John C. Fitzpatrick ed., Government Printing Office, Vol. XXX, p. 66 (1931).

② Thomas Jefferson, *The Writings of Thomas Jefferson*, in Andrew Adgate Lipscomb & Albert Ellery Bergh eds., Thomas Jefferson Memorial Association, Vol. Ⅷ, p. 31–32 (1903).

③ Charles Beard, *An Economic Interpretation of the Constitution*, Macmillan, 1913. 该书有中译本。

④ 出自查尔斯·比尔德选编的《永远的联邦党人》一书的序言。See Gordon, Wood, *The Enduring Federalist*, Doubleday & Company, 1948.

⑤ See Gordon Wood, The *Creation of the American Republic*, Norton., 1969.

⑥ [美]列奥·施特劳斯、[美]约瑟夫·克罗波西主编:《政治哲学史》,李天然等译,河北人民出版社1993年版,第763页。

⑦ [美]文森特·奥斯特罗姆:《复合共和制的政治理论》,毛寿龙译,上海三联书店1999年版,第1页。

⑧ [美]文森特·奥斯特罗姆:《复合共和制的政治理论》,毛寿龙译,上海三联书店1999年版,第4页。

美国联邦法官解释宪法时，在涉及联邦权力、对外事务、州际贸易等多个方面，频繁引用《文集》，他们视之为建国者对宪法原意的经典说明。追求原旨主义的法官喜读这本书。例如，斯卡利亚大法官推崇该书和其他一些这类的杰出著作，因为它们体现了对宪法原意的理解。[①] 有人统计过那些引用频率最高的篇章情况。截至 2000 年，最高法院的判决中引用《文集》达 291 次。[②] 引用最多的五篇分别是：麦迪逊的第 42 篇，33 个判决引用；汉密尔顿的第 78 篇，30 个判决引用；汉密尔顿的第 81 篇，27 个判决引用；麦迪逊的第 51 篇，26 个判决引用；汉密尔顿的第 32 篇，25 个判决引用。[③]

二、《文集》的主旨

《文集》的目的既然是呼吁人民支持联邦宪法，那么其要解决的问题也就直接与美国当时面临的困难有关。为克服邦联体制的缺陷，它支持建立一个强力的联邦政府；为消除人民对强大联邦政府的恐惧，它要说明受到民主约束的公共权力与自由是协调的。也正因此，与抽象地阐述政治学说的思想家们不同，联邦党人的政治理论寓于对具体问题的讨论之中。既然是论战性的作品，他们必得直奔主题，速战速决，这可能使作者无法从容地交代那些重要的理论前提，或者营建抽象而庞大的系统学说。

然而，面临的问题虽是具体的，但使用的理论却是普遍的，《文集》提供了超越特定历史的启示。他们所思考的政治与立宪过程中的重大主题，何种不是各时代都曾遇到的呢？个人与集体、私利与公益、自由与

---

① See Antonin Scalia, *A Matter of Interpretation : Federal Courts and the Law*, Princeton University Press, 1997, p. 23.

② See Ron Chernow, *Alexander Hamilton*, Penguin Books, 2004, p. 260.

③ See Ira C. Lupu, *The Most-Cited Federalist Papers*, Constitutional Commentary, Vol. 15, 1998, p. 403 – 405. 关于《文集》为联邦最高法院的引用情况，还可以参见 Michael J. Mano, *Contemporary Visions of the Early Federalist Ideology of James Madison: An Analysis of the United States Supreme Court's Treatment of the Federalist No.* 39, 16 Washington University Journal of Law & Policy (2004)。

权力、激情与理性，它们之间的紧张和协调是人类制度史的永恒主题。就此而言，只有不同的回答，没有不同的问题。通过对自己时代问题的讨论，联邦党人在这些基本理论问题上也展现了自己的立场。

联邦党人吸引我们的，不是他们讨论问题的结论，而是讨论问题的方式。毕竟作为为宪法辩护的著作，宪法的条文就是结论。我们应关心他们讨论问题时隐含的态度、微妙的前提和细致的推理，而宪法条文本身并不提供这些。在《文集》中，由于辩论的需要，这些内容在很多地方都未曾专门述及，这就需要根据思想本身的逻辑作出梳理。恰恰是这些内容体现了联邦党人思想中最根本的方面，它们有的隐而未现，有的则形似箴言警句，简约中蕴意深刻，发人深省的洞见与智慧随处可见。它们就像不时发出光芒的美玉一样，吸引读者的眼睛，让人不时为之心动。

联邦党人思想中的共和主义成分是明显的：眷恋国家的伟大和荣耀，赞扬公民美德，厌恶派系私见，追求公共利益。他们的理论也深深地刻上了时代的烙印。联邦党人所处的18世纪的美国，与古罗马共和国的环境已大为不同，正如历史学家戈登·伍德所说的，“在18世纪80年代，革命领袖们已经瞥见了未来的美国社会，它将是一个由普通劳动人民的各种金钱利益占主导地位的你争我夺的商业社会”[①]。在这种环境下，联邦党人不得不把流行的自然权利观念同古典共和主义的追求融合起来。其间，智慧经受了考验，他们要根据新的历史条件，运用新的政治理论，来协调自由与权力这对政治生活的永恒主题。

美国当时所面临的问题，不仅在于缺乏一个有力的全国性政府，而且在于新兴的大众民主制的泛滥，以及政治过程缺乏保障深思熟虑的机制。立宪不仅要通过强化联邦政府的权力来克服危机，而且要在新政府中应用一种新的政治理论。这种政治理论试图赋予民主概念新的理解，目的是在保证政府权威、民主控制的同时，促进政治过程的深思熟虑。康马杰评价说：“他们在解决政治领域中这个最古老又最麻烦的问题

---

① [美]戈登·伍德：《美国革命的激进主义》，傅国英译，北京大学出版社1997年版，第258页。

上——自由与秩序的协调——已经走过了一段很远的路程。”[1]当人类历史上大多数革命以屠杀和专制告终时,美国革命和立宪理论却表明,即使是为了应对危机,仍有可能建立一个永久性的、不以仇恨和清算为特征的政治交流体制。正像阿克顿所评论的那样,美国革命让“古老的欧洲敞开心扉记住两个崭新的观念——破坏性不大的革命可以是正义的。大范围内的民主可以是很安全的”[2]。

汉密尔顿说:“一个好的政府应该做到两点:一,信守政权的宗旨,亦即人民的幸福;二,了解实现其宗旨之最佳途径。”[3]这句话可以大致地概括联邦党人政治理论的两个方面,第一,什么样的政府是好政府?第二,如何实现这样一个好政府?

关于第一个问题,即什么样的政府是好政府,可以用两种观念来解释。[4] 古典观念强调对政治权力的限制,“新”观念关注政治过程在形成良好的决策方面的意义。《文集》是古典观念的一个典型体现,但我们也发现,1787 年制定的美国宪法所体现的立宪思想,已然超越了古典观念,为现代学者所强调的所谓“新”观念,在联邦党人那里已有明确的体现。首先,麦迪逊和汉密尔顿一再宣称的美国共和政体,不仅以代议制为特征,而且着力追求超越于私人利益之上的“公共利益”,政治不像现代多元主义论者所说的那样,是一个偏好汇集机器。其次,对于何谓“好政府”,联邦党人也没有摆出价值中立的姿态,而是对政体的优劣有明确的判断标准。最后,在联邦党人眼中,宪法不仅是一个驯服政府不得作恶的律令,也建设性地谋求一个能动的、负责任的好政府。对政治价值的明确立场,使得联邦党人与现代的价值中立态度区别开来,他们更像古典共和主义思想家的传人。

---

① [美]H. S. 康马杰:《美国精神》,南木等译,光明日报出版社 1988 年版,第 454 ~ 455 页。

② [英]阿克顿:《自由史论》,胡传胜等译,译林出版社 2001 年版,第 71 页。

③ [美]汉密尔顿、[美]杰伊、[美]麦迪逊:《联邦党人文集》,程逢如、在汉、舒逊译,商务印书馆 1980 年版,第 316 页。

④ 参见[美]斯蒂芬·L. 埃尔金、[美]卡罗尔·爱德华·索乌坦编:《为美好的社会设计政治制度》,周叶谦译,生活·读书·新知三联书店 1997 年版,“编者导论”。

关于第二个问题，即如何实现这样一个好政府，联邦党人与乌托邦主义者不同，他们把立宪设计建立在对政治生活基本特征的深刻洞察之上。他们没有愤世嫉俗地把政治理论建立在单一的人性善或者人性恶之上，而是在制度设计中显示了一种远为冷峻的政治科学立场："正视人类天性，不扩大其美德、不夸张其瑕垢。"[①]麦迪逊对暴政的定义是形式主义的："立法、行政和司法权置于同一人手中，不论是一个人、少数人或许多人，不论是世袭的、自己任命的或选举的，均可公正地断定是虐政。"[②]对大众民主内含的"多数人暴政"的揭示，使他的政治科学立场更为彻底和不妥协。正是在这一点上，联邦党人揭示了近代以来立宪主义的一个核心特征：宪法是反对政治垄断的文件，它是政治生活中的反托拉斯法。

在政治秩序的变革方式上，联邦党人令人信服地排除了那种将暴力、自然等级秩序作为政治秩序形成方式的正当性，相信每一代人都有能力通过"深思熟虑和自由选择"来追求自由的政治秩序。他们相信制度的意义，认为良好的规则设计可以约束人性的偏私，张扬人性的美德：责任、公益感以及理性精神，他们相信良好的制度约束能够"使各人的私人利益可以成为公众权利的保护者"[③]，由此他们提出了一系列立宪设计的规范性原则：不能做自己案件的法官；以野心对抗野心；控制和利用党争；减少制度挑战良心的机会；限制政治决策的范围；等等。

联邦党人提出了对民主的新理解。他们一方面坚持对政府进行民主控制的重要性，强调这是共和政体的根本特征；另一方面又像托克维尔所说的那样，致力于"洁化民主的风尚""规制民主的行动"，以求"以对民主的真正利益的认识取代其盲目的本能"[④]。他们既尊重个人的私

---

① [美]汉密尔顿、[美]杰伊、[美]麦迪逊：《联邦党人文集》，程逢如、在汉、舒逊译，商务印书馆1980年版，第385页。

② [美]汉密尔顿、[美]杰伊、[美]麦迪逊：《联邦党人文集》，程逢如、在汉、舒逊译，商务印书馆1980年版，第246页。

③ [美]汉密尔顿、[美]杰伊、[美]麦迪逊：《联邦党人文集》，程逢如、在汉、舒逊译，商务印书馆1980年版，第265页。

④ [法]托克维尔：《论美国的民主》(上卷)，董果良译，商务印书馆1988年版，第8页。

利，也谨慎地防护着那些为国家长治久安所必需的价值：克制、审慎、公正和公共利益。联邦党人没有把政治过程当成选民偏好的汇集机器，而是努力设计为深思熟虑、追求公益的协商对话机制，从这一意义上说，联邦党人是“审议性民主”观的早期奠基人。所有这些，都同当代占主流地位的多元主义政治理论形成了某种对峙和紧张，也为在新的历史条件下复兴共和主义提供了思想资源。

三、制度主义立场

很多（即便不是大多数）制度变迁几乎不具有“设计”这一特点，它们通常是对短期需要的一种反应。美国立宪者们则关心如何设计一种政府形式以满足他们为共和制定的长期目标。汉密尔顿在《文集》第1篇提出了一个重要问题：“人类社会是否真正能够通过深思熟虑和自由选择来建立一个良好的政府，还是他们永远注定要靠机遇和强力来决定他们的政治组织。”①这意味着汉密尔顿认为美国是“设计”的典型。要理解联邦党人的宪法和政治科学，应该结合这一立场来进行。他们重视理性在制度变迁中的作用，比之于历史决定论、文化决定论、暴力决定论者，联邦党人更关心制度设定的条件与行为结果之间的关系，因此尤其相信“深思熟虑和自由选择”对于形成长治久安的宪法秩序的意义。

联邦党人认为制度的形成取决于对政治规律及其应用的强调，这就意味着政治科学是重要的。在《文集》第9篇，汉密尔顿列举了一些政治学原理：

> 政治学和其他大多数学科一样，已大有进步。各种原理的效果，现在可以了解得清清楚楚，但对古代人②说来，不是全不了解，就是一知半解。把权力均匀地分配到不同部门；采用立

① [美]汉密尔顿、[美]杰伊、[美]麦迪逊：《联邦党人文集》，程逢如、在汉、舒逊译，商务印书馆1980年版，第3页。

② 此处“古代人”（the ancients）一词，中译本译为“老年人”，似不妥。

> 法上的平衡和约束;设立由法官组成的法院,法官在忠实履行职责的条件下才能任职;人民自己选举代表参加议会——凡此种种,完全是崭新的发现,或者是在现代趋向完善方面取得的主要进步。这些都是手段,而且是有力的手段,通过这些手段,共和政体的优点得以保留,缺点可以减少或避免。[①]

汉密尔顿认为,政治学、伦理学和几何学的原理有相似的地方。“在各种讨论中,都有一定的基本真理或首要原理,它们必然作为以后一切推论的根据。这些真理含有一种内在的证据,它能先于一切思考或组合得到人们的赞同。”[②]联邦党人强调立宪选择过程和技术的重要性,正像文森特·奥斯特罗姆所说的:“任何政治分析的关键在于估价规则对所做的选择以及由此导致的后果的影响。哪里规则引起了负面的激励,哪里人类就会以有害于各方的方式去作为,现在出现的问题是规则变革是否能够产生不同的选择,从而使人们能够以更富有建设性的方式处理相互之间的关系。”[③]这一点并未超越古典政治理论的追求,柏拉图、亚里士多德、马基雅维里、洛克、卢梭和霍布斯等都关心何种制度能够造就最好的社会和社会成员。《政治学》和《理想国》在很大程度上就是不同政体形式的比较,这种比较暗示了制度的重要性。

不过,与古典思想家侧重探究宏观政体理论不同,联邦党人注重对制度细节的斟酌。他们强调规则设定的条件和行动后果之间的微妙联系,相信人的行为是规则约束的结果。他们是制度主义者,不是因为他们忽视政策和行为,而是因为他们将政治的因素主要看作制度上结构的产物,他们的遗产是关于公共选择和制度设计的研究,他们笃信细微的

① [美]汉密尔顿、[美]杰伊、[美]麦迪逊:《联邦党人文集》,程逢如、在汉、舒逊译,商务印书馆1980年版,第41页。

② [美]汉密尔顿、[美]杰伊、[美]麦迪逊:《联邦党人文集》,程逢如、在汉、舒逊译,商务印书馆1980年版,第150页。

③ [美]文森特·奥斯特罗姆:《复合共和制的政治理论》,毛寿龙译,上海三联书店1999年版,第55页。

制度性细节是重要的这样一个立场,忠于用制度上推理的动机来解释政治行为,忠于政策决定分析以及制度性设置内不同利益间的平衡。[①]

联邦党人对可选择规则之间的斟酌甚至到了不厌其烦的程度。从第52篇开始讨论众议院的宪法设计开始,对各机关的不同任期、选任方式、资格、机构规模、权力清单和权力强度等的讨论,极为精密细致。在考察备选制度时,联邦党人反复权衡各自的比较优势。例如,职位的较长任期比较短任期更能诱使官员在见解上保持独立;权力越不受到外部约束,越容易使掌权者滥用权力;薪俸的高低和财政独立程度决定性地影响官员的独立性;等等。联邦党人强调对人的约束性和诱导性,即使是同一个人,在不同的制度规则约束下也会有不同的行为方式,是规则决定了个人行为的边际效用。这一认识主导了联邦党人的立宪选择观念。

我们无须把这种对制度的看重当成那个时代科学思潮的影响,[②]那样既忽视了联邦党人所承认的政治科学与自然科学的差别,也贬低了他们对政治理论的独特贡献。相反,应当把他们看成是现代制度主义的先驱。[③] 当代的见解印证了联邦党人的看法。罗尔斯的观点是,正义是社会制度的首要价值,正义的制度产生组织良好的社会。[④] 很明显,这一点与古典政治理论中关于制度的观点是一致的:制度不仅是"游戏规则",它也影响到一个社会接受什么样的价值,也就是我们所谓的公正、集体

---

① See Thomas Schwartz, *Publius and Public Choice*, in Bernard Gronfman and Donald Wittmen eds., The Federalist Paper and the New Institutionalism, Agathon Press,1989, p.38. 不过,也需要注意到联邦党人同当代公共选择理论家之间的差别,他们更强调政治的审议性特征,而不是偏好的聚合。

② 康马杰认为,联邦党人的这种态度,带有他们所身处的那个时代的思想特征。"元老们所赞许的和19世纪所继承的政治理论乃是牛顿学说。在他们看来,宇宙是一部设计得很完善的机械,而人类的职责是把一切合乎人道的制度——其中包括政府和法律——同这部机械预先定的运转程序联系起来。"[美]H.S.康马杰:《美国精神》,南木等译,光明日报出版社1988年版,第456页。

③ See Bernard Grofman & Donald A. Wittman, *The Federalist Paper and the New Institutionalism*, Agathon Press,1989, p.31-39.

④ 参见[美]罗尔斯:《正义论》,何怀宏等译,中国社会科学出版社1988年版,第1~3页。

认同、财产信任和团结。[①] 公共选择理论家布伦南和布坎南也注意到,对规则的重视并不是现代经济分析提出的一个新问题,古典经济学已经在使用了,"至少自从18世纪以来,尤其是自亚当·斯密以来,人们已经认识到了规则(斯密的字眼是'法律和制度')对于社会结果的影响,这种关系为脱胎于古典基础的经济学和政治经济学的一个核心论点提供了基础"。

四、立宪的人性假定

在联邦党人的时代,一个以政治、宗教、伦理和经济利益多元化为特征的商业社会已经初具规模。面对邦联体制的缺陷,当时已有人公开声称:"不幸的是,残酷而不近人情的战争一旦结束,奢侈和腐化开始在国内蔓延,节俭、朴素和勤奋,这些在战争中表现出来的美德则烟消云散。"[②]麦迪逊敏锐地注意到了这给政治制度带来的挑战:"有产者和无产者在社会上总会形成不同的利益集团。债权人和债务人也有同样的区别。土地占有者集团、制造业集团、商人集团、金融业集团和许多较小的集团,在文明国家里必然会形成,从而使他们划分为不同的阶级,受到不同情感和见解的支配。"[③]党派私见的泛滥,已然成为困扰政治制度的一个问题,"对各种财产征税的分配,是一条看来需要极其公平的法令,然而恐怕没有一条法令能为居于统治地位的党派提供更大的机会和诱惑来践踏正义的准则了。它们每使处于劣势的派别多负担一个先令,就给他们自己的腰包里节省一个先令"[④]。基于此,麦迪逊不得不承认,管

---

① 参见[美]罗伯特·古丁、[美]汉斯-迪特尔·克林格曼主编:《政治科学新手册》(上册),钟开斌等译,生活·读书·新知三联书店2006年版,第203~204页。

② Jonathan Elliot, *The Debates of the State Conventions: On the Adoption of the Federal Constitution*, J B. Lippin Cott Company, 1836, p. 240.

③ [美]汉密尔顿、[美]杰伊、[美]麦迪逊:《联邦党人文集》,程逢如、在汉、舒逊译,商务印书馆1980年版,第47页。

④ [美]汉密尔顿、[美]杰伊、[美]麦迪逊:《联邦党人文集》,程逢如、在汉、舒逊译,商务印书馆1980年版,第47页。

理各种各样、又互不相容的利益集团,必然成为“现代立法的主要任务”①。

立宪设计需要面对自利这一事实。本杰明·富兰克林在费城制宪会议上说:世上有两种激情,总是对人间事务产生强有力的影响,这两种激情就是野心和贪婪:爱权和爱钱。② 在制宪会议上,麦迪逊也屡次借用休谟的著名观点:每个人都应被假定为是一个恶棍。他在《文集》第51篇提出的论断是:“政府本身若不是对人性的最大耻辱,又是什么呢?如果人都是天使,就不需要任何政府了。如果是天使统治人,就不需要对政府有任何外来的或内在的控制了。”③“党争”这一“共和病”,也是自利带来的,它“深植于人性之中”④。

自利既表现为当政者纵权谋私,也表现为公民滥用自由,正如汉密尔顿指出的,“滥用自由与滥用权力一样,都可能危及自由”⑤,但是,公开承认人的自利本性,目的是要提醒人们去防备,而不是纵容它。因此,人性自利这一普遍特征非但不是要使社会“原子化”,恰恰是要防止弱肉强食。自利是最强的人类行为动机,因此也最能用来对抗他人。⑥ 这也正如18世纪思想家特伦查德和戈登评论的那样,“所有对于人性中的不诚实和腐化的揭露和抱怨,并非恶意剪断联结社会的纽带,恰恰相反,它想指出的是,由于自利是人的最强烈的偏私,每个人都应可以用来对

---

① [美]汉密尔顿、[美]杰伊、[美]麦迪逊:《联邦党人文集》,程逢如、在汉、舒逊译,商务印书馆1980年版,第47页。

② 参见[美]麦迪逊:《辩论:美国制宪会议记录》(上),尹宣译,辽宁教育出版社2003年版,第42页。

③ [美]汉密尔顿、[美]杰伊、[美]麦迪逊:《联邦党人文集》,程逢如、在汉、舒逊译,商务印书馆1980年版,第264页。

④ [美]汉密尔顿、[美]杰伊、[美]麦迪逊:《联邦党人文集》,程逢如、在汉、舒逊译,商务印书馆1980年版,第46页。

⑤ [美]汉密尔顿、[美]杰伊、[美]麦迪逊:《联邦党人文集》,程逢如、在汉、舒逊译,商务印书馆1980年版,第324页。

⑥ See Stephen Homes, *Passions and Constraint: On the Theory of Liberal Democracy*, University of Chicago Press, 1995, p. 65.

抗他人,以免使自己成为他人的猎物”①。基于此,自由主义思想家并不是要通过承认自利鼓励自私,而是要通过法律约束遏制自私的影响。立基于人性的自利天性,可以进一步确立进行立宪设计的规范性原则,诸如:使私利服务于公益、防止做自己案件的法官、以野心对抗野心、控制和利用党争、减少制度挑战良心的机会,等等。

例如,麦迪逊认为立宪设计不是要消极地接受自利原则,而是要对党争进行积极的、建设性的利用。《文集》第10篇关于治疗党争危害的论述,显示了自利、差异对于维护政治自由的意义。麦迪逊提出,党争既然来自对个人利益的承认,那么其危害后果也可以通过个人利益的对抗来加以遏制。有两种克服党争的办法可供选择:一是消除党争赖以存在的原因;二是控制党争的后果。消除党争原因也有两种方法:一是消除其存在所必不可少的自由;二是给予每个公民同样的主张、同样的热情和同样的利益。第一种方式“比这种弊病本身更坏”,因为“自由于党争,如同空气于火,是一种离开它就会立刻窒息的养料。但是因为自由会助长党争而废除政治生活不可缺少的自由,这同因为空气给火以破坏力而希望消灭动物生命必不可少的空气是同样的愚蠢”②。而第二种办法是做不到的,如同第一种办法是愚蠢的一样。“只要人类的理智继续发生错误,而且人们可以自由运用理智,就会形成不同意见。”③在麦迪逊看来,自利、差异、政治自由乃是一回事,保护自利和差异就是在保护政治自由。这一道理让我们想起了伏尔泰对维护宗教自由的看法,他在《哲学书简》中说:“假使英国只有一种宗教,那我们就要害怕专制主义,假使有两种,它们之间会相互残杀;但是如有三十种,他们却

---

① John Trenchard & Thomas Gordon, *Cato's Letters*, Ronald Hamowy ed., Da Capo Press, Vol. 2, p. 53 (1971).

② [美]汉密尔顿、[美]杰伊、[美]麦迪逊:《联邦党人文集》,程逢如、在汉、舒逊译,商务印书馆1980年版,第46页。

③ [美]汉密尔顿、[美]杰伊、[美]麦迪逊:《联邦党人文集》,程逢如、在汉、舒逊译,商务印书馆1980年版,第46页。

都和平相处。”①

进一步来看,差异与自利的确可能是自私与邪恶的源泉,但若离开它,社会生活中的美德也将不复存在。亚里士多德认为,基于财产私有而导致的差异,恰是美德(如仁慈、慷慨)的根源,“人们在施舍的时候,对朋友、宾客或伙伴有所资助后,会感到无上的欣悦;而这只有在财产私有的体系中才能发扬这种乐善的仁心”。宽宏慷慨的品德,都是在财物方面表现出来的,因为宽宏必须有财产可以运用,相反,在一切公有的城邦中,人们没法做出慷慨的行为,谁都不再表现施济的善心。② 霍布斯有同样的看法:“在所有各类事物中,美德一般说来就是以出类拔萃而见贵之物,存在于比较之中。因为如果所有的人的一切都轩轾不分,那就没有可贵的东西了。”③联邦党人也持同样的看法。汉密尔顿曾在制宪会议上提醒人们,财产的不平等与公民自由必然是共存的,前者是后者的自然结果。④ 基于此,联邦党人拒绝通过政治权力的平等分配来消除差异,以达到最后的情感、见解、利益上的平等,因为那意味着一个丧失美德的社会的来临。

联邦党人对人性自利原则的利用,并非仅仅是对共和美德衰落之后的一种无奈反应和策略性选择,像许多17、18 世纪的经典自由主义理论家们一样,他们也注意到了自利、差异、党争在政治和道德上的正当性。根据他们的看法,自利与平等主义和民主思想存在内在的联系,同美德一样,它是现代共和主义思想的要素。立宪设计以人性自利为前提,并非承认人性的邪恶,联邦党人一贯的“正视人类天性、不扩大其美德、不夸张其瑕垢”的中性立场,在我们理解其立宪设计的自利假定时是必要的,因为只有承认这一点,才能把政治秩序的变革建立在对制度和规则

① Voltair, *Lettres Philosphiques*, Garnier-Flammarion, 1964, p. 47. 转引自[美]戈登·伍德:《美国革命的激进主义》,傅国英译,北京大学出版社 1997 年版,第 6 页。

② 参见[古希腊]亚里士多德:《政治学》,吴寿彭译,商务印书馆 1965 年版,第 55 ~ 56 页。

③ [英]霍布斯:《利维坦》,黎思复、黎廷弼译,商务印书馆 1985 年版,第 49 页。

④ 参见[美]麦迪逊:《辩论:美国制宪会议记录》(上),尹宣译,辽宁教育出版社 2003 年版,第 214 页。

的“深思熟虑和自由选择”之上。否则,如果“人们没有充分的德行可以实行自治,只有专制政治的锁链才能阻止他们互相残杀”①。

五、汇集民意的立法机关

在麦迪逊看来,代议制的功能绝不是简单地把选民的不同偏好带到议会中来,而是实质性地改善政治决策的品质,这意味着议会决策过程可能是建设性的,而不只是消极地反映既存的社会意见结构,这与现代多元主义政治观和公共选择理论划清了界限。与此相应,立宪者在议员的才智、独立性、任期、议会规模和院制构成等方面,都持有一套独特的看法。

第一,在设计立法机关时是看重议员的才智还是看重他们对选民的忠诚?在反联邦党人看来,议员对选民的忠诚远比其自身的才智更为重要。署名“加图”(Cato)的反联邦党人说:“并不存在像一些人虽然没有却假装有的那样一些为政府所必需的伟大天才。诚实的情感以及共同的限制就足够了……伟大的才能常常不仅总是被用来误导那些诚实却无防备之心的大众,它还引导民众离开公共美德和公共善好的平坦道路。”②而在联邦党人看来,相比于人民直接参政,由代表组成的议会应该能够“使公众意见得到提炼和扩大”③。要达到这一目的,议员对选民的忠诚就可能退居次要地位,而应强调其个人的才智特征。麦迪逊说,“每部政治宪法的目的就是,或者说应该是,首先为统治者获得具有最高智慧来辨别和最高道德来追求社会公益的人。”④选拔才智出众的人任

---

① [美]汉密尔顿、[美]杰伊、[美]麦迪逊:《联邦党人文集》,程逢如、在汉、舒逊译,商务印书馆1980年版,第286页。

② Cato's Letters I,177-178,Friend 给 Republic 的信中有引用。转引自[美]赫伯特·J.斯托林:《反联邦党人赞成什么——宪法反对者的政治思想》,汪庆华译,北京大学出版社2006年版,第30~31页。

③ [美]汉密尔顿、[美]杰伊、[美]麦迪逊:《联邦党人文集》,程逢如、在汉、舒逊译,商务印书馆1980年版,第49页。

④ [美]汉密尔顿、[美]杰伊、[美]麦迪逊:《联邦党人文集》,程逢如、在汉、舒逊译,商务印书馆1980年版,第290页。

职,正是促成大的联邦共和国一个优点所在。

第二,议员相对于人民应有独立性吗？在联邦党人看来,“多数人暴政”可能正是由于代表过度忠实于选民导致的,他们没有对选民的不当激情起到过滤作用。就这一点而言,小共和国即使实行了代议制,也难以避免纯粹民主政体那样的弊病。联邦党人有意削弱代表与选民之间的联系。当反联邦党人强调民主仅适用于小国寡民时,联邦党人也在利用这一理论,当反联邦党人为广土众民会层层削弱代表与选民之间的同心同德而担心时,联邦党人却视之为难得的机会,他们担心的正是民众的激情会借助这种同心同德传导至政治决策程序中去,他们认为只有增强代表的独立性,才能尽可能克服普通公民个人在公共选择时的信息缺陷和责任感的不足。否则,来自选民的过多约束就妨碍代表的独立性,构造深思熟虑的条件就会被削弱。对独立性的看法也体现于议员与选民团体的职业身份是否必须一致这一问题上。汉密尔顿认为,某个职业阶层的利益不必像反联邦党人所希望的那样由从事该职业的人来代表。行业内部的差异不一定比行业之间差异更小,因此谋求代表与选民的职业一致是徒劳的。例如,手工业内部之间的冲突,并不比和商业以及其他行业之间的冲突更少。联邦党人关于代表不必与选民职业身份一致的看法,从理论上回应了后来的职业代表制理论。

第三,联邦党人看重任期在宪法设计中的作用。宪法为政府各个部门规定了不同的任期:众议院任期两年,参议院六年,行政首脑四年,联邦法官只要行为正当即可终身任职。在参议院内部,每次选举更换其三分之一的议员。任期的长短服务于不同的目的,在其他条件不变的情况下,较短的任期有助于保持议员对选民的政治联系,而较长的任期有助于增强代表的独立性。“任期越长,保持个人坚定这一优点的可能性也就越大。”①任期长短带来的政治责任与独立性也是一个问题的两面。议员同选民的政治联系越密切,其独立性越弱。因此,如何确定任期,取

---

① [美]汉密尔顿、[美]杰伊、[美]麦迪逊:《联邦党人文集》,程逢如、在汉、舒逊译,商务印书馆 1980 年版,第 363 页。

决于不同机构的功能属性。就议会的两院来说,相比而言众议院更应体现对选民的依赖,故任期宜短,参议院为体现各州整体利益而更应体现独立性,为了将参议院建成一个“精选而稳定的组织”,其任期应当较长。

第四,在议会的规模问题上,联邦党人的态度也十分明确:较小的规模更具优越性。在规模设置上,审议性特征与对选民的代表能力是相互竞争的两项价值。汉密尔顿认为,代议制的意义并不是建立在巨型议会基础之上的,人数众多反而妨碍议会审议功能的发挥,一个规模庞大的议会将同时损害这两个目标。他说:“在所有人数众多的议会里,不管是由什么人组成,感情必定会夺取理智的至高权威。即使每个雅典公民都是苏格拉底,每次雅典议会都是乌合之众。”①汉密尔顿洞察到的规模悖论是发人深思的:代表人数众多,可能赋予了议会更民主的外观,但“所有立法会议,组成的人数越多,实际上指导会议进行的人就越少”②。因此规模庞大的议会反而可能增大专制的风险。罗伯特·达尔有类似的见解,他提出了一个“时间与人数定律”:一个民主的单位中,公民人数越多,公民对政府的直接参与就越少,他们也就越有必要把权力委托给别人。③

第五,代议机关采用一院制还是两院制?在邦联时期,大多数州拥有两院制立法机关,只有宾夕法尼亚州和佐治亚州采用一院制。一院制的缺点比较明显,以至于在制宪会议上没有进行实质性辩论。但是,人们对两院制的怀疑态度仍然存在。宪法最终采用两院制在很大程度上是联邦制原则的一个体现:众议院按照人口比例选出代表组成,它意味着个人的联合;参议院按照各州平等的原则组成,无论大小,每州均有两名代表,它体现州的联合。但是,审议性考虑更为重要,这事实上构成了

---

① [美]汉密尔顿、[美]杰伊、[美]麦迪逊:《联邦党人文集》,程逢如、在汉、舒逊译,商务印书馆1980年版,第283页。

② [美]汉密尔顿、[美]杰伊、[美]麦迪逊:《联邦党人文集》,程逢如、在汉、舒逊译,商务印书馆1980年版,第298页。

③ 参见[美]罗伯特·达尔:《论民主》,李柏光、林猛译,商务印书馆1999年版,第118页。

制宪会议接受两院制的重要原因。麦迪逊在会上说,立法机关中必须有某种机制“保护人民不受转瞬即逝的思想的诱惑,这类思想的诱惑,有时是很难抵制的”[①]。“一切一院制而人数众多的议会,都容易为突发的强烈感情冲动所左右,或者受帮派头子所操纵,而通过过分的和有害的决议;这也足以说明设置参议院的必要性。”[②]宪法刻意要使参议院成为议会中“精选而稳定的组成部分”[③]。作为立法机关的一个议会院,参议院的功能并非仅仅多了一道审议程序,也在于它的行动原则不同于众议院。

六、强有力的行政首脑

一人制行政首脑在当代已经成为一项原则,但在 1787 年的美国,这是一个极富争议的选择,它要么与委员会制作比较,被认为缺乏明确的责任归属,要么容易让人联想到君主的专断,被认为缺少自由特征。按照新宪法的设计,行政首脑归属于一人,既不由全国性立法机关或其中的一院选举,也不是由人民直接选举,他产生于一种结合了国家性和联邦性两方面特征的选举方式:由各州人民按照在联邦参议院和众议院的议员总数先选出总统选举人,再由他们投票选出总统和副总统;总统任期四年,没有连任限制;为了强化政府的效能,宪法赋予总统远比邦联首脑广泛得多的权力,他是合众国所有荣誉的授予者,联邦军的总司令,拥有缔约和赦免之权,并且除非两院 2/3 坚持再次通过,并以署名表示赞成与反对方式表决,他能够否决所有国会法案。备选方案——单独的委员会制,或者一人制行政首脑与一个行政委员会结合的行政部门设计,由于容易导致总统有名无实——均遭否决。

尽管如此,“一人制”首脑面临的反对意见也最多。它触动了人们

---

① [美]麦迪逊:《辩论:美国制宪会议记录》(上),尹宣译,辽宁教育出版社 2003 年版,第 210 页。

② [美]汉密尔顿、[美]杰伊、[美]麦迪逊:《联邦党人文集》,程逢如、在汉、舒逊译,商务印书馆 1980 年版,第 316 页。

③ [美]汉密尔顿、[美]杰伊、[美]麦迪逊:《联邦党人文集》,程逢如、在汉、舒逊译,商务印书馆 1980 年版,第 319 页。

的敏感神经——对行政权的不信任。在许多人看来,总统被赋予如此之大的权力实为危险之举,巨大的权力和长久的任期会诱使他野心膨胀,随心所欲,而且总统竟然可以一再重复当选而不用轮换,这违背了责任制这一基本的共和原则,也被认为与美国独立的目标相悖。一位署名"老辉格党人"的反联邦党人说,总统根本就是一个"选举产生的君主"。[①] 在制宪会议上,伦道夫就曾坚决反对把行政权集于一人,认为这是"君主制的胚胎"。[②] 联邦派的詹姆斯·威尔逊反驳说,强有力的行政首脑不仅与君主制带来的恐惧无关,反而是"防止暴政的最佳安全保证"。[③] 将总统等同于君主的看法是吹毛求疵和挑衅性的。

一人制行政首脑的安全性本质上在于他既向人民负责,又向国会负责。如果他不能使人民满意,将不能再次当选;如果他犯下罪行,将受到国会弹劾。[④] 汉密尔顿提醒人们,自由政府与"坏政府"可能只有一步之遥,但这是关键的一步。立宪的目的是要建立一个强有力的"全国性政府",以克服松散的邦联体制下的软弱无力。相比于委员会制,一人制在改善决策效能方面有明显的优势,权力集中于一人最有利于明智审慎,最足以取信于人民,最足以保障人民的权益。统一才有力量,这是不容争议的。"一人行事,在决断、灵活、保密、及时等方面,无不较之多人行事优越得多;而人数越多,这些好处就越少。"[⑤]

选举人团制度是行政首脑产生方式中最令人瞩目的内容,它显示了立宪者们在维护自由和确保政府效能的平衡上是何等的处心积虑。立宪者假定,任何长期稳定任职的机构都存在结党营私的风险,从而扭曲

---

① See *An Old Whig's* essay from The New-York Journal of December 11,1787.

② 参见[美]麦迪逊:《辩论:美国制宪会议记录》(上),尹宣译,辽宁教育出版社 2003 年版,第 35 页。

③ 参见[美]麦迪逊:《辩论:美国制宪会议记录》(上),尹宣译,辽宁教育出版社 2003 年版,第 36 页。

④ 参见[美]汉密尔顿、[美]杰伊、[美]麦迪逊:《联邦党人文集》,程逢如、在汉、舒逊译,商务印书馆 1980 年版,第 357 页。

⑤ [美]汉密尔顿、[美]杰伊、[美]麦迪逊:《联邦党人文集》,程逢如、在汉、舒逊译,商务印书馆 1980 年版,第 357 页。

公共决策的理性特征。因此,选举人身份是暂时的,只服务于选举总统,以此来避免常设性国会固有的派系偏见。从人性的一般情况来看,临时性、履行选举总统之职带来的新鲜感也凸显了选举人的责任感。选举人是分散的,被刻意安排在本州投票而不是聚集到联邦首府投票,这也就减少了形成派系不当联合的机会。就当时通信条件和大众传媒影响力有限这一事实而言,此一安排具有重大意义。同理,由于选举人团的临时特征,总统在职期间除了人民本身之外不受任何团体控制。如果选举人团是常设性的,则总统必将依附于其意志,牺牲自身职责。总之,立宪者精心设计的选举人团制度,目的是让选举结果更多地基于候选人的个人品质而不是派系身份。

关于行政首脑的另一个重要宪法安排,是其有权针对国会法案提出反对意见并予驳回,除非立法机关各以 2/3 的多数批准,否则不能成为法律。否决权不仅仅是防御性的,而且还能够创造一种立法和行政机关的对话机会,有助于法案在差异性视角下得到审议,从而有利于改善决策质量。否决权“可以成为对立法机关的有益牵制,使社会免受多数议员的一时偏见、轻率、意气用事的有害影响”①。这样,政府权威就增加了一个新的基础,亦即它并非仅仅基于令行禁止和说一不二,而是兼具改善决策质量的可能,这里强调的不再是暴力因素,而是智性特征。这种“制衡”并不以行政部门的优势地位和更佳德行为前提,它依赖于自身的独立。行政首脑对立法的否决权既不假定总统之德行高于立法机关,也不是为了刻意制造紧张关系以无原则地阻止立法权力。汉密尔顿解释说,否决权并非着眼于总统之智慧与品德的高超,而是立法机关不能全然无过。这种过错也并非因为人民代表在德行上的缺陷,而是容易产生于派系利益的驱动。恰恰是竞争性民主制度所容忍的派别偏见的支配,可能将立法引入歧途。受人民“意志”驱动的代表同样会为民众的“激情”提供机会。而其不良后果也将伤及人民自身的长远利益。

---

① [美]汉密尔顿、[美]杰伊、[美]麦迪逊:《联邦党人文集》,程逢如、在汉、舒逊译,商务印书馆 1980 年版,第 374 页。

另一个有趣的问题是：为什么是相对否决权而不是绝对否决权？被总统驳回的法案如果经过审议复由两院2/3多数通过，即成为法律。这一点既是构建两个机构之间政治对话的需要，也体现了对行政首脑之制度设计的一个政治心理学假定。在这里，对总统个人坚定性的假定并不强烈，这是制度性的，因为在自由政体中，立法机关的权力及影响均较优越，总统怯于与之较量的心理可以保证他在使用否决权时一般将异常审慎，“此项权力的运用，在总统方面失之于过于怯懦将甚于其失之于鲁莽”①。因此有限否决权的目的是“具有常人毅力的总统亦将运用宪法授予的权力保障，恪尽职责”②。

总之，强有力的一人制行政首脑体制，既维护了政府的自由性质，也使宪法带有某种硬朗的特征，它“加强权威而削弱官吏，使社会永远秩序井然而又保持自由”③。这反映了联邦党人对自由与专制、政府权威与决策效能之间微妙关系的洞见。

七、专业的法院

现代美国宪法实践中那种强势的司法审查权，并非《1787年宪法》所明确授予的。就当时的情况来看，对法院的那些严格保障措施——终身任职、稳定的薪俸、禁止非自愿性调职等，都是防御性的考虑，法院的宪法设计首先在于“自保”，以免于雄心勃勃的立法部门的控制。法院在联邦党人眼中是“危险最小的部门”。立法机关则是“最危险的部门”，其理由如麦迪逊在《文集》第63篇所说，“自由政府的民选机构，因有人民为其后盾，必然具有不可抗拒的力量”④。强化行政部门的方式，是赋予其强大的权力和独立于国会的合法性来源的必要安排；强化司法

① ［美］汉密尔顿、［美］杰伊、［美］麦迪逊：《联邦党人文集》，程逢如、在汉、舒逊译，商务印书馆1980年版，第374页。

② ［美］汉密尔顿、［美］杰伊、［美］麦迪逊：《联邦党人文集》，程逢如、在汉、舒逊译，商务印书馆1980年版，第375页。

③ ［法］托克维尔：《论美国的民主》（上卷），董果良译，商务印书馆1988年版，第79页。

④ ［美］汉密尔顿、［美］杰伊、［美］麦迪逊：《联邦党人文集》，程逢如、在汉、舒逊译，商务印书馆1980年版，第325页。

部门的方式主要是组织意义上的。这同立宪者对代议制民主的新理解密切相关。

麦迪逊接受孟德斯鸠关于任何权力都易被滥用的判断,但同时他拒绝把防止腐败的希望寄托于杰弗逊所说的“不时求助于人民”,因为担心那样会削弱新政府的权威,而这同立宪的目的不一致。他转而求助于政府体制内部的制衡。其思想可以从孟德斯鸠那里找到源头,但是强烈的制衡观念却是联邦党人的独特贡献,并体现了美国在“国情”和经验上的特殊性。进而,当立法机关在一个民主政体下具有天然优势时,核心的关注就转移到设法强化行政和司法部门来同它抗衡的方面。法院的特殊性是“限权宪法”的必要组成部分,它对其他政府部门的约束不在于其拥有更不容置疑的“意志”和“强力”,而在于拥有独特的“判断”性。当立法和行政部门由于受到周期性选举的约束而被偏私的派系利益、狭隘的决策视角约束时,法院可以从更为开阔时间和地域视角来表达对于议题的看法。为了确保法院的公正“判断”不被强大的立法机关挫败,宪法在法官的任职期限、薪俸、稳定性方面给予了严格的保障。

第一,关于为什么要使联邦法官任职终身,汉密尔顿的论证简洁有力:“坚定、一贯尊重宪法所授之权与人权,乃司法所必具的品质,绝非临时任命的司法人员所能具备。短期任职的法官,不论如何任命或由谁任命,均将在一些方面使其独立精神受到影响。如任命权在行政,或在立法机关,则使法官有俯首听命于拥有任命权的某一部门的危险。如由双方任命,则可产生不愿触犯任何一方的情绪;如由人民选举法官,或由人民选出的专门选举人任命,则可产生法官过于迁就民意,影响其唯以宪法与法律的规定为准则、执法不阿的态度。”①可以看出,最重要的是如何使法官免受强大民意的制度性干预。任职之稳定也体现在法官只要行为正当即可持续任职。这需要超越常识判断。

例如,在撤换法官的条件上,一个引人注目的论辩是可否因法官无

① [美]汉密尔顿、[美]杰伊、[美]麦迪逊:《联邦党人文集》,程逢如、在汉、舒逊译,商务印书馆 1980 年版,第 395 页。

能而予撤换。联邦党人明确反对,他所预设的不是法官不可能无能,而是“无能”这一理由“为人所滥用”导致的威胁更值得警惕。换言之,联邦党人认为宁可使无能之法官保有其职务,也不能在制度上授予撤换法官的口实,这意味着法官将不会因为特立独行而面临失业之虞。此外,与一般公职以年龄为退休标准的做法不同,联邦党人认为“没有任何其他职务比法官这个职务更不宜应用此限制”①。他指出,凡年龄达到60之人,思维鉴别能力仍可以持续很久,故而没有作年龄限制的必要。这一点连同上面的理由,在制度上排除了法官非正常离职的可能,使其职位拥有了与古典时代贵族身份几乎同样的稳定性。

第二,以稳定的高薪保障法官的体面生活。当时所有州的立法机构均保留规定法官薪俸的权限,这就必然将法官置于立法机构的直接影响之下。法官的独立,亦需要在物质上有充分保障。在考虑为什么法官的薪水应当“稳中有升”时,与总统的薪俸进行了细致的对照:“前者(总统)为既不得增加,亦不得减少;后者只规定不得削减。此一区别可能系由二者任期之长短不同产生。因选举总统之任期不超过四年,在其任期开始时确定的薪俸,很少可能在任期终了时已不适用;而法官如行为正当可以终身任职,极有可能在法官就任时确定的薪俸,特别值此政府成立的早期,在其继续任职的年限内变得甚为微薄。”②

这种考虑,的确像汉密尔顿自己所说的,是“深思熟虑的结果”。尽管联邦党人对法官的独立品格寄予厚望,但他们只是竭力把保护法官独立的制度设计得尽可能细致精微,而并未一厢情愿地寄望于法官“是特殊材料制成的”。给予法官高薪的一个前提性判断,仍是联邦党人对人性的惯常理解——“就人类天性之一般情况而言,对某人的生活有控制

---

① [美]汉密尔顿、[美]杰伊、[美]麦迪逊:《联邦党人文集》,程逢如、在汉、舒逊译,商务印书馆1980年版,第398页。

② [美]汉密尔顿、[美]杰伊、[美]麦迪逊:《联邦党人文集》,程逢如、在汉、舒逊译,商务印书馆1980年版,第397页。

权,等于对其意志有控制权。”[①]如果法官收入微薄,他们也可能如常人一样趋向腐败。在这里,对脆弱与幽暗人性的假定一如其他公职人员,只是联邦党人仍然乐观地认为“各人的私人利益可以成为公众权利的保护者”[②]。正因法官与普通人有同样的弱点,制度保护才成为必要。

第三,对司法知识、经验的特殊要求。在立法、行政、司法等公职人员中,联邦党人唯独要求法官有特殊的知识和正直品性。“浩瀚之法典乃是关系自由政府优点的必然现象。为防止法庭武断,必有严格的法典与先例加以限制,以详细规定法官在各种案情中所应采取的判断;由此易见,由人类天生弱点所产生的问题,种类繁多,案例浩如烟海,必长期刻苦钻研者始能窥其堂奥。所以,社会上只能有少数人具有足够的法律知识,可以成为合格的法官。”[③]对法官专业精神的独特要求,使得他们成为独立于大众的精英群体。后来托克维尔对此评论说,美国的法官“因其职位的终身性而酷爱安宁。他们的法学知识,早已保证他们可以在同胞中出人头地”[④]。当然最为重要的是,除了知识对他们权威的增进以外,宪法赋予法官对争议的裁决权力,使得法官成为民主社会中独一无二的特权者。这种特定的要求,不仅是司法活动自身的专业性决定的,而且同这种活动所必需的公共责任感或曰共和主义思想家们所强调的“美德”相关。在古典时代,贵族最能担当此任,在民主时代,则非法官莫属。在这里,我们能够领会到联邦党人对贵族制传统的眷恋。

应该强调的是,为使法院这一“危险最小的部门”能够自保的诸多设计,并不以赋予其地位、品德、知识的绝对优越为条件。

首先,司法审查并不需要审查者的地位最高。一种反对意见认为,联邦法院的特殊性将使其高踞于立法机关之上,其按照宪法精神解释法

---

① [美]汉密尔顿、[美]杰伊、[美]麦迪逊:《联邦党人文集》,程逢如、在汉、舒逊译,商务印书馆 1980 年版,第 396 页。

② [美]汉密尔顿、[美]杰伊、[美]麦迪逊:《联邦党人文集》,程逢如、在汉、舒逊译,商务印书馆 1980 年版,第 265 页。

③ [美]汉密尔顿、[美]杰伊、[美]麦迪逊:《联邦党人文集》,程逢如、在汉、舒逊译,商务印书馆 1980 年版,第 395 ~ 396 页。

④ [法]托克维尔:《论美国的民主》,董果良译,商务印书馆 1988 年版,第 309 页。

律的权力,将“使其随心所欲塑造法律的面貌,尤其是,它的判决将不受立法机关的控制,此乃既无先例亦甚危险的作法”[①]。汉密尔顿指出,这一判断暗含了一个错误的假定:“有宣布另一部门的行为无效的机构,其地位必然高于原来提出此一行为的单位。”[②]即使审查机关的地位并不高于被审查机关,审查仍然是可能的,纠正错误的人不必然在地位上高于犯错误的人。汉密尔顿的论证策略是,“人民”与“人民的代表”不同,前者的地位在后者之上,而人民制定的“宪法”高于人民代表(立法机关)制定的“普通法律”,因此,“服从法律是一回事,从属于立法部门则是另一回事”[③]。

这种论证回应了后来人们经常提出的所谓“反多数难题”——非民选的法院为什么可以否决民选机关制定的法律?按照汉密尔顿的逻辑,既然法律是“人民代表”而不是“人民”制定的,那么,法院的违宪审查就不是在“反多数”而是在“反少数(代表)”。因此,必要条件不在于“地位最高”,这正如一人纠正他人错误并不预设其地位优越一样。是地位平等的特殊性确保司法部门有同其他机关“对话”的可能。这一安排同时认为立法在受到审查之后仍然有辩护的权力——它可以通过重新通过法案来坚持己见。两个机关的地位平等,创设了一个双方可以反复博弈的制度格局。而对司法部门维护宪法过程中的危险性,麦迪逊显然不以为然,司法权的“判断”属性使得“最高法院不可能长期沉溺于一种篡权的职业,以反对立法机构确立起来的意见和政策”[④]。

其次,司法审查不需要审查者拥有更高的智慧。爱德华·柯克关于司法是一门“技艺理性”的比喻,构造了一种严格的法律形式主义,但是

---

① [美]汉密尔顿、[美]杰伊、[美]麦迪逊:《联邦党人文集》,程逢如、在汉、舒逊译,商务印书馆1980年版,第405页。

② [美]汉密尔顿、[美]杰伊、[美]麦迪逊:《联邦党人文集》,程逢如、在汉、舒逊译,商务印书馆1980年版,第392页。

③ [美]汉密尔顿、[美]杰伊、[美]麦迪逊:《联邦党人文集》,程逢如、在汉、舒逊译,商务印书馆1980年版,第365页。

④ See *James Madison to Judge Roane*, *May* 6, 1821, The Papers of James Madison, University of Virginia Press, 2013, p. 317 – 321.

不能高估联邦党人对专业知识的看重。虽然汉密尔顿认为浩瀚之法典“必长期刻苦钻研者始能窥其堂奥”，但这只是出于保持法官群体稳定性的考虑提出的，其目的是以稳定的高薪增强法院对法律专业人士的吸引，而无关乎司法审查权力行使，而且，他认为专业知识“与其他方面比较尚属次要的考虑”[①]。结合对立法机关固有的不信任态度可以判定，汉密尔顿可能认为司法审查的性质主要是政治性的——以人民“意志”(will)为后盾的立法机关由于容易受党争支配，其犯错的原因主要是“情感”胜过“理智”，而非知识性的缺陷。因此，审查活动不必然需要精深的专业素养，而最需要纠正错误的勇气，这种勇气主要依赖独立和坚定。独立比“技艺理性”更加重要，这意味着法院的政治功能比其司法功能更重要。党派利益支配下的国会立法可能同宪法不一致，因此法院的功能在于为受到忽视的利益提供法律救济，这是单纯的法律形式主义色彩浓厚的“技艺理性”所无能为力的。

汉密尔顿虽然指出法院有解释宪法的权力，但没有强调法院可以独占这一权力。事实上，最高法院对宪法解释的至上性，是在长期的司法审查实践中逐步建立起来的。汉密尔顿既相信法院有权解释宪法，也为“部门主义”观点留下了余地。部门主义承认各个机关都可以从自己的角度理解宪法，因此“技艺理性”并不是专属于法官的神秘之物。“技艺理性”有一种不容忍对宪法存在二解的专业性自信。但如果政治性地理解宪法，承认宪法是一个表达不同诉求的政治程序，则能够接受对宪法的不同解释。“限权宪法”和制衡安排也不可能容许法院垄断宪法解释来对立法机关进行常规性干预，否则，法院会不满足于外在约束而渐趋于“司法专制”。

最后，虽然可以寄望于法院成为宪法的看护人，但这无须以法官品德超人为先决条件。法官不是特殊材料制成的，在《文集》第 79 篇开篇部分，汉密尔顿关于人类天性之一般情况的脆弱假定暗示，在同等外部

---

① ［美］汉密尔顿、［美］杰伊、［美］麦迪逊：《联邦党人文集》，程逢如、在汉、舒逊译，商务印书馆 1980 年版，第 396 页。

约束条件下,法官的意志不会比常人更坚定。尽管法官的个人品德是重要的,但对公共事务的良心不能寄望于此,司法权的公正行使不能同时是对法官个人良心的严峻挑战。否则,司法公正可能就变成了一种带有偶然性的情形,因为不是所有法官都一定是公正的,一个法官也可能在任职期间因为诱惑而腐化。公正应该是立宪设计的结果,而不是前提。这一认识是制度主义的,它激励着立宪者从制度层面奠定法官坚定性的基础,这有助于我们理解,为什么终身任职、稳定的薪俸的宪法规定在联邦党人看来是必要的。诚然,汉密尔顿对于法官比对于人民代表整体有更多的信任,即承认解释宪法的权力在法院,而“任意歪曲立法机关制宪的原意”的可能是存在的,但这一可能“无足轻重”,因为它系职责使然,即使公正的判决也有可能被视为歪曲宪法。而且,即便法院存在曲解立法机关原意的可能,也比立法机关的权力不受约束造成的危险小得多。

结　语

《文集》虽然写于两百多年以前,但仍能够回应当代政治和宪法理论中的一些重要论争,并可提供十分有益的启示。现代立宪主义的观念是从联邦党人那里开始的。他们关于宪法的两个最为重要的认识是:第一,宪法不仅仅是政府权力的合法性根据,而且是对政府权力的限制。在现代,宪法的“控权”特征通常被理解为控制所有的公共权力。但《文集》留给我们的深刻印象是,美国宪法的那些关键性安排——两院制、行政否决权、司法审查权、《权利法案》——都主要是为了限制立法权力的,这是美国特殊历史背景的产物。第二,宪法是政治生活中的“反托拉斯法”,它防止任何部门、个人、团体垄断对人民的代表权、对真理的解释权和对政治生活的控制权,这是防止政治专制和改善决策质量的双重需要。宪法的这种反托拉斯性质以承认政治异议和多元竞争来保障。宪法制度在本质上是一种将异议合法化的机制。

联邦党人回答了自由主义国家理论中的一个重要问题:自由与权威的关系是零和博弈吗?通过历史地解决美国立宪面临的三个问题,联邦党人提供的一般性启示是,通过改善政府的民主品质和内在关系,赋予政府有效的权威是安全的和建设性的。政府的权力必须源于人民，只有一个受到民意约束的政府，才能对人民的诉求保持高度的敏感；政府的权力也必须是强有力的，否则不能适应一个庞大而多样化的社会对秩序、安宁和自由的要求。联邦党人对这一关系的强调，揭示了自由主义国家理论一个常被忽视的命题：自由与权力并非已经狭路相逢，二者是可以协调的。

如果政府只是一个“必要的恶”，问题就容易化约为如何尽可能减少公共权力的影响。如果经验告诉我们权力是如此必要而无法与自由的诉求相协调，那就可能为追求秩序而牺牲自由，这是非此即彼的危险选择。在实践中，现代社会的复杂性已经迫使各国政府权力在广度和深度上不可避免地扩张，这种状况让自由主义者感到迷茫，如果不能在原则上作出说明，则公共权力的扩张固然有着强有力的现实需求，却有可能在专制与无政府之间迷失方向。注意到自由与权力的相互依赖这一简单的见解，可以使我们以新视角看待老问题。这一讨论也有希望引发一连串的问题，从关注公共权力的强度大小问题开始，还可以进一步讨论诸如由谁授予权力、授予谁权力、对谁行使权力以及如何行使权力的问题，与之相关的原则、价值也将被论及，而思考可能会逐步深化。

虽然“审议性民主”概念是当代的成果，但联邦党人最早提供了对这一概念的一些关键特征的解释。不仅如此，他们对民主的理解综合了强调政府的共和特征和改善决策效能的双重努力。立宪设计中的三个主要部门及其相互关系，都贯彻了这一理论。就立法机关而言，与当代多元主义强调把政治过程视为偏好的简单汇集不同，联邦党人既尊重新兴的自然权利观念，又心怀对古典共和美德和公共利益的追求。就这一问题而言，联邦党人在融汇自由主义与共和主义两大政治传统上做出了有益的努力。当然，这一努力也可以从宪法对政府体制的整体安排上来理解。关于行政部门，在如何既确保政府的行动能力，又保证政府对于公民自由的安全这一关键性困难上，联邦党人也作出了有益的解释，并为现代总统制提供了值得借鉴的模式。在司法机关的设计上，联邦党人令人信服地阐明了宪法至上的原则，而在此基础上建立的司法审查制度,能够为不同的价值诉求提供制度性对话机会,它促进而非消解民主价值。

从立宪设计的方法论原则来看,联邦党人可谓当代制度主义的先驱。他们强调理性的作用,相信制度在很大程度上是可以“深思熟虑和自由选择”的。对于形形色色的政治现实主义、文化传统决定论而言,他们对制度的独立意义的强调有助于克服当前危险的犬儒主义心态。他们关于人性之“美德”和“瑕垢”双重属性的认识,超越了政治理论中狭隘的人性善恶论,也为制度选择留下了广阔的空间。尤其具有特殊意义的一点是,他们没有把民主制中的“多数派专制”归因于人民道德和才智的低下,而是从个人进行公共选择时面临的普遍困境中寻找原因,这一看法对现代公共选择理论有着重要的启示。

可以说,《文集》是一本“伟大的旧书”。

思 考 题

1. 立法机关的制度设计考虑了哪些因素?

2. 美国宪法对于总统对国会立法的否决权有何理论考虑?

3. 汉密尔顿关于司法部门的论述如何帮助我们理解“反多数难题”?

拓展阅读

1. [美]麦迪逊:《辩论:美国制宪会议记录》,尹宣译,辽宁教育出版社 2003 年版。

2. 姜峰、毕竞悦编译:《联邦党人与反联邦党人:在宪法批准过程中的辩论》,中国政法大学出版社 2013 年版。

3. [美]赫伯特·J. 斯托林:《反联邦党人赞成什么》,汪庆华译,北京大学出版社 2006 年版。

4. [美]文森特·奥斯特罗姆:《复合共和制的政治理论》,毛寿龙译,上海三联书店 1999 年版。

5. [法]托克维尔:《论美国的民主》,董果良译,商务印书馆 1988 年版。

6. [美]苏珊·邓恩:《姊妹革命:美国革命与法国革命启示录》,杨小刚译,上海文艺出版社 2003 年版。

7. [美]马克斯·法伦德:《设计宪法》,董成美译,上海三联书店 2006 年版。

第三讲

《家庭、私有制和国家的起源：就路易斯·亨·摩尔根的研究成果而作》导读

本导读以人民出版社《家庭、私有制和国家的起源》中文版为依据。［德］恩格斯：《家庭、私有制和国家的起源》，人民出版社 2018 年版。

《家庭、私有制和国家的起源：就路易斯·亨·摩尔根的研究成果而作》（*The Origin of the Family, Private Property and the State: in the Light of the Researches of Lewis H. Morgan*，德文名为 *Der Ursprung der Familie, des Privateigenthums und des Staats. Im Anschluss an Lewis H. Morgan's Forschungen*）（以下简称《起源》）是恩格斯在 1884 年 3 月底至 5 月 26 日，为进一步完善和发展历史唯物主义尤其是马克思主义发展观和国家学说而写就的重要著作，也是恩格斯最重要的著作之一。在《起源》中，恩格斯运用辩证唯物主义和历史唯物主义的观点，展示了史前社会即原始社会的血缘和氏族制度、生产资料基本制度和社会组织形态，阐述了原始社会的发展与消亡的轨迹，揭示了家庭、私有、私有制和国家产生的原因，继而论证阶级社会与国家的本质以及国家终将消亡的历史必然性，阐明了人类社会发展的客观规律，从而奠定了唯物史观在解释史前社会发展规律上的科学基础。《起源》最终证明：生产力的发展是使得作为事实的“私有”与作为制度的“私有制”生成的关键因素，也是

人类社会从母系社会向父系社会转变的原因,还是原始氏族解体、阶级和国家相继出现的根本动力。因此,旨在消灭私有制和取消阶级的共产主义社会实现的同时,也是国家、家庭和私有制全部消亡的时刻。1919年7月11日,列宁在斯维尔德洛夫大学主讲国家问题时曾建议:“我希望你们在研究国家问题的时候看看恩格斯的著作《家庭、私有制和国家的起源》。这是现代社会主义的基本著作之一,其中每一句话都是可以相信的,每一句话都不是凭空说的,而是根据大量的史料和政治材料写成的。……我之所以提到这部著作,是因为它在这方面提供了正确观察问题的方法。”①

一、恩格斯生平

马克思主义创始人之一的弗里德里希·恩格斯(Friedrich Engels;1820年11月28日—1895年8月5日),被列宁誉为在卡尔·马克思之后“无产阶级的伟大战士和导师”②。

1820年11月28日,恩格斯生于普鲁士王国莱茵省的巴门(Barmen)。他的父亲是虔敬派基督徒,带有普鲁士贵族血统,在巴门以及英国的曼彻斯特都拥有大型棉纺织厂;他的母亲遵守礼教,喜爱文学和历史,这样的家庭背景使得恩格斯从小养成了热爱文学、艺术的品性。但同时,他也对当时的资本主义生产生活所带来的经济繁荣和普罗大众的精神与物质穷困有着直观且敏感的认识。这首先取决于他青少年所生活的具体环境。巴门所在的莱茵省不仅拥有丰富的煤和其他矿产资源,而且地理位置得天独厚,它在陆地上与法国接壤,同时又可以借助可通航的莱茵河贯通英国,这使得莱茵省比德意志其他地区更早地出现了大规模的工业发展,出现了新兴的反抗传统封建统治的资产阶级,同时也出现了与资产阶级相对立的、阶级意识正在逐步呈现出来的无产阶

---

① [俄]列宁:《论国家(在斯维尔德洛夫大学的讲演)》,载《列宁专题文集(论辩证唯物主义和历史唯物主义)》,人民出版社2009年版,第284页。

② [俄]列宁:《弗里德里希·恩格斯》,载《列宁全集》(第2卷),人民出版社1984年版,第12页。

级。此外，由于莱茵省接壤法国，它还持续地受到法国大革命的影响，甚至部分地区还曾经直接被法国占领而成为法国的领土，这样的情况使得法国大革命以及《法国民法典》所确立和宣扬的自由和启蒙的观念，持续地对莱茵省产生影响。

正是在这种家庭与社会背景的影响下，青年恩格斯希望能够在大学学习经济学，因此他在巴门的一所注重教授物理学和化学等自然科学的实科中学毕业后，随即进入埃尔伯费尔德的文理中学学习。但在中学毕业考试前一年的 1838 年，恩格斯不得不因父亲的要求而放弃学业，前往不来梅一家商号当办事员。在不来梅的时候，恩格斯开始真正从事文学创作，于 1838 年 9 月在《不来梅对话报》第 40 期上发表了题为《贝都因人》的诗，这是他的第一部作品。此时，恩格斯开始自发地反思资本主义的工业化所带来的一系列社会弊端。1839 年 3 月，即将 19 岁的恩格斯便开始在《德意志电讯报》(Telegraph für Deutschland)上连载《乌培河谷来信》(*Letter from Wuppertal*)，对巴门当地繁荣的纺织业、现代资本主义生产方式所带来的环境污染以及资本主义生产导致的纺织工人困苦的物质生活与彷徨、迷惘的精神生活进行了充分的描述，揭示了德国资产阶级和宗教界的蒙昧和虚伪。这预示着恩格斯始终支持以深描的、经验的、实证的视角去观察工人的日常生活，并且已经流露出对纺织工人困苦生活的同情。恩格斯也因此跟巴门一家持有保守立场的《爱北斐特日报》的编辑马丁·龙克尔展开了一系列论战。[①]

与此同时，恩格斯开始阅读黑格尔的哲学著作，并逐渐受到黑格尔学说的影响。在当时，德国古典哲学正处于兴盛时期，并且正在引领激进的思想革命。这种思想上的哲学革命与英国在经济层面推进的工业革命和法国在上层建筑领域推进的政治革命形成了鲜明对比。[②] 1841 年 9 月，恩格斯前往柏林服兵役，并在业余时间前往柏林大学旁听哲学

---

① 参见[德]恩格斯：《给龙克尔博士的公开信》，载《马克思恩格斯全集》(第 41 卷)，人民出版社 2016 年版，第 9～10 页。

② 参见[英]戴维·麦克莱伦：《恩格斯传》，臧峰宇译，中国人民大学出版社 2017 年版，第 7 页。

课程,他很快成为青年黑格尔学派中的一员。青年恩格斯立志以诗歌和文学来启迪民众的理念,在柏林从军与在柏林大学学习黑格尔哲学和批判谢林的神秘主义的经历,使得他逐渐成为一名民族主义和民主主义者。

1842 年,恩格斯前往英国曼彻斯特的"欧门—恩格斯纺织厂"当总经理。在曼彻斯特这个英国宪章运动的策源地,恩格斯开始真正深入地了解工人阶级的生活现状,并很快把他的研究转向了对工人阶级生活现状及其成因的深刻观察。在 1845 年出版的《英国工人阶级状况》中,恩格斯对工人的感情认同随着他日渐成熟的经验研究达到了一个新的高度。他在这本书中提出社会主义和工人运动相结合的观点,第一次阐明科学社会主义的本质。[①] 但是,正如恩格斯在 1892 年《英国工人阶级状况》英文版序言中所提到的,这本书的缺陷在于未能全部做到从阶级和阶级斗争的角度来思考社会革命和全人类解放的问题:"本书很强调这样一个论点:共产主义不是一种单纯的工人阶级的党派性学说,而是一种目的在于把连同资本家阶级在内的整个社会从现存关系的狭小范围中解放出来的理论。这个论断在抽象的意义上是正确的,然而在实践中却是绝对无益的,有时还要更坏。既然有产阶级不但自己不感到有任何解放的需要,而且全力反对工人阶级的自我解放,所以工人阶级就应当单独地准备和实现社会革命。"[②]

使恩格斯真正地全部从阶级和阶级斗争,也就是纯粹从历史唯物主义的角度来理解工人阶级的革命性的,应该说是他和马克思的伟大友谊。在曼彻斯特期间,恩格斯初次认识了当时主编《莱茵报》的马克思,双方于 1844 年重新在巴黎会面后正式开启了终生亲密无间的友谊。在组织工人运动、促进工人和各国共产主义者团结与联合的过程中,恩格斯与马克思在指导国际共产主义运动上的分工也逐渐明晰起来:马克思

---

① 参见[英]戴维·麦克莱伦:《恩格斯传》,臧峰宇译,中国人民大学出版社 2017 年版,第 31 页。

② [德]恩格斯:《"英国工人阶级状况"1892 年英国版序言》,载《马克思恩格斯全集》(第 22 卷),人民出版社 2016 年版,第 316 页。

继续在政治和经济领域全面而系统地阐述和发展他与恩格斯共同发现的理论，而恩格斯则更多地借助这样的理论来研究指导无产阶级争取权利和夺取政权的具体方法和步骤，并且对反对者予以驳斥。[①]

可以发现，恩格斯更关注如何将马克思主义和国际共产主义运动相结合，并用以指导各国工人的革命实践。这首先得益于恩格斯自青年以来形成的实践习惯。在1848年欧洲革命高潮再起时，恩格斯亲自参与了1849年普法尔茨地区的武装起义，与当地民众和工人武装一起对抗试图镇压起义的普鲁士军队。恩格斯参加武装革命的经历，使他非常清楚有组织的工人政党和工人武装所具有的革命性及其在革命中所起到的中坚作用。在1850年革命失败后，恩格斯为了在经济上持续资助马克思从事革命活动而返回曼彻斯特经商，但他同时仍然在坚持研究战争历史和军事科学，并成功地预言当时的欧洲战争尤其是普法战争的结局。与此同时，恩格斯继续投身于他自青年时期就形成的对自然科学和比较语言学的兴趣，这不仅为在欧洲各地普及马克思主义提供了便捷渠道，而且有力地捍卫和发展了马克思主义的科学理论。

1883年马克思逝世后，恩格斯独立地承担起了指导国际共产主义运动的责任，开始积极思考将马克思主义基本原理和各国工人运动特殊性相结合的路径。他还承担起了阐述、发展、使用和捍卫唯物史观的重任，撰写了《反杜林论》《社会主义从空想到科学的发展》《费尔巴哈和德国古典哲学的终结》等著作。同时，恩格斯还继续吸收各个知识领域的前沿成果，坚持他已经开展的、将辩证唯物主义和历史唯物主义运用于历史和自然科学的理论研究。但完成马克思的遗愿是首要的任务。为此，他放下了已经整理10年的有关自然辩证法的研究工作，把全部精力投入《资本论》草稿的整理和出版之中。在他12年的努力下，《资本论》第二、第三卷分别在1885年和1894年出版。1895年8月5日，患有晚期食道癌的恩格斯在泰晤士河边的住所中长眠，享年74岁。三周后，根

① 参见[英]戴维·麦克莱伦：《恩格斯传》，臧峰宇译，中国人民大学出版社2017年版，第57页。

据恩格斯的遗愿,他的骨灰被撒在英格兰的比奇角。

在马克思与恩格斯发现工人阶级的力量时,整个欧洲还处于一片混沌与黑暗之中,所有的“社会主义者”都不认为工人能够实现阶级解放;而在他们离开时,西欧的工人运动(尤其是在德国)已经可以而且正在挑战资本主义的国家政权。德国在劳动法和社会保险法方面的领先,正是马克思主义指导下工人运动的蓬勃发展的见证。列宁在恩格斯逝世后所撰写的纪念文章中指出,对于俄国以至全世界被压迫民族而言,马克思与恩格斯不仅是他们实现自我觉醒与争取民族独立和政治自由的导师,更是帮助他们走上自我革命道路和以科学理论指引革命行动的益友。[①] 无疑,这是对恩格斯这位马克思主义的伟大创始人和“第二提琴手”所能给出的最高赞誉。

二、摩尔根生平与《古代社会》

《起源》的副标题是“就路易斯·亨·摩尔根的研究成果而作”,这是指美国民族学家和人类学家路易斯·亨利·摩尔根(Lewis Henry Morgan,1818 年 11 月 21 日—1881 年 12 月 17 日)在 1877 年出版的著作《古代社会,或人类从蒙昧时代经过野蛮时代到文明时代的发展过程的研究》(*Ancient Society, Or Researches in the Lines of Human Progress from Savagery through Barbarism to Civilization*)(以下简称《古代社会》)。在这里,我们简单说明摩尔根的生平及《古代社会》一书的内容。[②]

摩尔根的主业是律师,同时也参与商业和政界活动,但却始终对民族学和人类学持有浓厚兴趣,并最终成为美国人类学和社会理论领域的开拓者。他主要从事亲属关系和社会结构理论的研究,以易洛魁人(Iroquois)的民族学研究而著称。他创造性地提出人类社会最早以母系氏族而非父权制的家庭为社会团结形态的观点,并对人类社会发展理论

---

① 参见[俄]列宁:《弗里德里希·恩格斯》,载《列宁全集》(第 2 卷),人民出版社 1984 年版,第 12 页。

② 参见[美]摩尔根原著,陈德正、李焕丽导读:《〈古代社会〉导读》,天津人民出版社 2010 年版,“第一章”。

和社会变革的动力机制进行了科学且深刻的阐述,因此引起了马克思、达尔文(Darwin)甚至是西格蒙德·弗洛伊德(Sigmund Freud)的理论关注。

摩尔根是美洲大陆拓荒者詹姆斯·摩尔根(James Morgan)的后裔。根据赫伯特·马歇尔·劳埃德(Herbert Marshall Lloyd)的研究,詹姆斯·摩尔根和他的兄弟迈尔斯·摩尔根(Miles Morgan)创建起了横跨纽约和新英格兰的著名家族,并在美国独立战争中发挥了重要作用。摩尔根的祖父托马斯·摩尔根(Thomas Morgan)曾参加美国独立战争,在战后移居到纽约的手指湖(Finger Lakes)地区。他在那里向易洛魁联盟中的卡尤加人(Cayuga people)购买了土地,并在卡尤加湖岸边办起了一个种植农场。摩尔根的父亲杰迪戴亚·摩尔根(Jedediah Morgan)是一个聪明且经营有道的农场主,经营着一个拥有超过 500 英亩土地、大量牧群和羊群的农庄,并曾任纽约州参议员,任上支持修建伊利运河(Erie Canal),从而极大地便利了纽约州与五大湖地区的商业往来。

杰迪戴亚·摩尔根育有 13 个子女,摩尔根排行老九。得益于殷实的家境,摩尔根能够受到良好的教育。摩尔根一开始在卡尤加学院(Cayuga Academy)学习拉丁语、希腊语、修辞学和数学等古典学科,随后转往位于纽约州斯克内克塔迪(Schenectady)的联合学院(Union College),在 1838—1840 年完成大学学业。1840 年,摩尔根毕业后回到家乡一所律所学习法律,并于 1842 年在纽约州的罗切斯特(Rochester)取得律师资格,最后于 1844 年在罗切斯特开设律师事务所。

在学习法律期间,摩尔根对写作散文产生了兴趣。1841 年元旦,摩尔根和一些来自卡尤加学院的朋友组织了一个名为“戈尔迪乌姆之结”(Gordian knot)的文学社。传说中,戈尔迪乌姆之结是古代弗里吉亚(Phrygia)的国王戈尔迪乌姆在一辆给他带来好运的牛车上用山茱萸树皮绳打下的难解的结,后来亚历山大大帝在弗里吉亚见到这个绳结之后,拿出剑将其劈为两半,解开了这个问题。于是后来的作家将这个事迹记录成以下神谕:解开戈尔迪乌姆之结的人就可当亚细亚(实际是指小亚细亚,即安纳托利亚半岛)之王。后世又把“戈尔迪乌姆之结”作为使用非常规方法解决不可解问题的隐喻。后来,他们对易洛魁人产生了浓厚的兴趣。1841 年或 1842 年,他们重新将社团定名为“易洛魁骑士团”(Order of the Iroquois),随后又在1843 年进一步改名为“易洛魁大骑士团”(Grand Order of the Iroquois)和“新易洛魁联盟”(New Confederacy of the Iroquois)。摩尔根称这次改名是“斩断了戈尔迪乌姆之结”。他们把研究易洛魁人传统文化和复活易洛魁人传统精神作为社团的主要目的,为此,他们大量搜集易洛魁人的历史、传说、习俗和制度资料,努力学习易洛魁人的语言、使用易洛魁人的名字、模仿易洛魁人在夏天围着篝火聚会、穿着易洛魁人的服装在镇上游行,并按照易洛魁部落的历史模式组织自己的团体。在这些活动中,摩尔根逐渐萌发出撰写一部美国民族志的宏伟构思,而易洛魁人的民族志则是他这个构思的重要部分。

19 世纪40 年代,美国一家房地产开发公司根据一份欺诈性的契约,对易洛魁联盟的塞内卡部落(The Seneca people)所拥有的托纳万达保留地(the Tonawanda reservation)提出土地要求。1844 年,双方诉诸法庭。一天,摩尔根在当地的书店里偶遇塞内卡部落代表团的翻译、16 岁的艾利·帕克,他是塞内卡部落酋长的孙子。帕克很快对“新易洛魁联盟”产生了兴趣,并邀请他与代表团会面,摩尔根得以第一次亲身了解到了塞内卡部落的组织形态。摩尔根也邀请帕克加入了他们的社团,并根据调查成果重新塑造了“新易洛魁联盟”的组织架构。后来,“新易洛魁联盟”成为支持塞内卡部落维护土地权利的重要伙伴,摩尔根更是代表当地居民前往纽约州议会进行辩论,最终塞内卡人被允许赎回他们被地产公司诱骗出卖的土地,而托纳万达保留地也被允许保留下来。

摩尔根积极帮助印第安原住民维护权利的举动,为他赢得了当地部落的高度认可,双方结下了深厚的友谊。1847 年 10 月 31 日,摩尔根正式加入塞内卡部落的霍克氏族,并被赐名为“Tayadaowuhkuh”,意为“弥合裂缝”(bridging the gap),寓意着摩尔根是弥合易洛魁人与白人之间的桥梁,也深切地表达着易洛魁人对于这位积极学习他们的文化、支持他们生存和发展权利的白人的由衷期待。

摩尔根进入霍克氏族后,便开始以氏族成员的身份充分了解易洛魁人的生活习俗,也由此对易洛魁人有着更加深刻的了解。1847 年至 1848 年,摩尔根和帕克持续地在乔治·科尔顿(George Colton)主编的《美国辉格评论》(*the American Whig Review*)发表了一系列"易洛魁人的信件",最终促使美国联邦最高法院在 1857 年确认只有联邦政府能够取消塞内卡部落的保留地。1851 年,摩尔根出版了他的第一本著作《易洛魁联盟》,这本书是献给他的合作者帕克的。该书总结了他过去数年间对易洛魁人历史、语言、经济生活、社会组织、家庭婚姻、习俗和宗教等的全方面观察,由此成为美国民族学的奠基之作。也正是在《易洛魁联盟》一书中,他开始流露出对亲属关系的研究兴趣,这也许在某种程度上与他本人的婚姻情况有关。摩尔根在 1851 年与他的表亲玛丽·伊丽莎白·斯蒂尔(Mary Elizabeth Steele)结婚,两人婚后感情深厚,然而他们的长子莱缪尔(Lemuel)却存在智力缺陷的问题,使得他长期受到来自外界的批评,他也因此强烈反对近亲结婚。

1858 年起,摩尔根开始将他的研究范围扩大到易洛魁人之外,从而全面收集和调查有关亲属制度和社会组织的资料。在当时,美国和欧洲学者对于人类起源的研究仍然深刻地受到基督教传统的影响,十分缺乏科学研究和充足调查。摩尔根认为,他可以通过对亚洲和北美部落所使用的亲属关系的术语进行比较研究,来分析人类的起源问题。于是在 1859—1862 年,他对堪萨斯州和内布拉斯加的平原部落以及沿着密苏里河沿岸的印第安部落进行了 4 次实地考察,收集了包括温尼贝戈人(Winnebago)、克罗人(Crow)、扬克顿人(Yankton)、卡瓦人(Kaw)、黑脚人(Blackfeet)、奥马哈人(Omaha)和其他部落在内的共 51 种亲属关系的数据。除此之外,他还首创问卷调查方法,利用这些提前设计好的、格式化的调查问卷,摩尔根广泛地与世界各地的学者、传教士、美国印第安人代理人、殖民地代理人和军官进行了通信,以便他能以标准化的方式收集数据。[①] 这些素材促使他在 1871 年出版了《人类家庭的血亲和姻亲

① 参见[美]摩尔根原著,陈德正、李焕丽导读:《〈古代社会〉导读》,天津人民出版社 2010 年版,第 22 ~ 23 页。

制度》(*Systems of Consanguinity and Affinity of the Human Family*)。摩尔根在该书中指出,所有的人类社会都有一套基于近亲(血缘关系)和亲缘关系(婚姻关系)而组成社会组织的基本原则,进而认为,在所有的人类社会中,家庭和社会的结构都是按照特定的顺序发展和变化的,从而为社会进化理论提供了实证素材。这本书也因此成为人类学学科特别是人类亲属关系研究的基础。

1877 年,摩尔根完成了他最重要的著作《古代社会》。在这本书中,摩尔根首先提出,氏族是原始社会基本单位的命题。其次,摩尔根阐述了他所主张的社会进化理论,尤其是论述了社会进步与技术进步和生产力发展之间的重要联系。他将人类社会分为三个发展阶段,即蒙昧时代、野蛮时代和文明时代,这三个时代分别因不同的技术发明而获得区分。例如,蒙昧时代的人们使用火、弓和陶器;野蛮时代的人们开始驯化动物、从事种植业和金属加工;文明时代的人们开始使用字母和文字。最后,摩尔根强调在人类社会发展过程中社会组织形态、家庭以及财产关系的变迁,尤其是注重把家庭和财产关系放在社会进化的中心地位,继而把技术进步、家庭关系、财产关系以及整体的社会结构的变迁串联起来。

1881 年 12 月,摩尔根去世。按照他的遗嘱,他的全部遗产最终将用作建设罗切斯特大学的女子学院,一方面是为了体现男女平等理念,另一方面则是作为对女儿的纪念。

除了学术活动,摩尔根也曾积极寻求与印第安人事务有关的政治职务。他在 1861 年成为共和党纽约州议员之后,就曾积极寻求当时的共和党总统候选人亚伯拉罕·林肯支持他出任新成立的印第安事务局(BIA)专员,但这一努力未能实现。在美国南北战争中,帕克成功跻身美国联邦政府的高层,他也因此成为印第安人因被美国社会“同化”而成为“美国人”的典型。摩尔根于是希望与帕克一起,影响当时的美国总统格兰特对印第安人采取“同化政策”,然而这样的政策既无法让印第安人满意,也无法让当时的美国政府满意,最终归于失败。同时,摩尔根本人虽然支持印第安人维护自身的权利,但他也并非多元文化的倡导者，相反，他时常告诫印第安人，应该通过彻底的白人教育和信仰基督教的方式来融入白人社会，以便“重新获得文明”。当然，这并不妨碍《古代社会》在研究上的科学性与革命性。

三、《起源》的成书背景

在1883年马克思逝世后，恩格斯投入了全部精力用来整理和出版《资本论》，并于1885年首先出版《资本论》第二卷，而《起源》则是在1884年完成的。可见，《起源》一书的撰写是在恩格斯全力整理《资本论》的同时进行的，这充分说明了《起源》的重要性。具体来说，恩格斯写作《起源》的主要动机，可以归纳为以下内容。

（一）完成马克思的遗愿

实现马克思的遗愿，是恩格斯写作《起源》的直接动机。在《起源》1884年第一版序言中，恩格斯动情地写道：“以下各章，在某种程度上是实现遗愿。不是别人，正是卡尔·马克思曾打算联系他的——在某种限度内我可以说是我们两人的——唯物主义的历史研究所得出的结论来阐述摩尔根的研究成果，并且只是这样来阐明这些成果的全部意义。……我这本书，只能稍稍补偿我的亡友未能完成的工作。”[①]

（二）深化唯物史观和史前史研究的理论需要

马克思与恩格斯在1848年出版《共产党宣言》，其开篇是这样一句话：“至今所有一切社会的历史都是阶级斗争的历史。”[②]在《共产党宣言》1883年德文版序言中，恩格斯已经开始明确阶级斗争的历史是“从原始土地公有制解体以来”的全部历史。到了《共产党宣言》1888年英文版序言中，恩格斯在这句话下面增加了如下的注释：“即有文字可考的全部历史。在1847年的时候，关于社会的史前形态，即关于全部成文史

---

① ［德］恩格斯：《家庭、私有制和国家的起源》，人民出版社2018年版，第3页。

② ［德］马克思、［德］恩格斯：《共产党宣言》，载《马克思恩格斯全集》（第4卷），人民出版社2016年版，第465页。

以前的社会组织,几乎还完全没有人知道。后来,哈克斯特豪森发现了俄国的公社土地所有制,毛勒证明了这种所有制是一切日耳曼部落的历史发展所由肇源的社会基础,从而逐渐搞清楚,土地公有的村社乃是或者曾经是从印度起到爱尔兰止各地社会的原始形态。最后,摩尔根发现了氏族的真正的本质及其在部落中的地位,才把这个原始共产社会的典型的内部结构弄明白了。随着这种原始公社的解体,社会开始分裂为各个独特的、终于彼此对抗的阶级。关于这个解体过程,我试图在《家庭、私有制和国家的起源》(1886 年斯图加特第 2 版)一书中加以探讨。"[①]

从内容上看,这个注释是对 1848 年《共产党宣言》相关内容的补充,但这个注释首先反映了马克思与恩格斯在 1848 年写作《共产党宣言》时,整个欧洲社会并未真正了解人类的史前史即成文史之前的社会形态。摩尔根的研究也从侧面证实,在摩尔根开启美国民族学研究的时候,整个欧洲对于史前史的研究仍然停留在对于基督教经典传说的故事演绎和经院哲学式的研究和论证的层面,而并未发现真正科学的人类起源例证,也没有采取现代科学意义上的研究方法。直到 19 世纪 50 年代以后,真正的现代意义上的地质学、考古学、人类学和民族学等学科才相继建立起来。欧洲学者也才真正开始对印度、希腊、俄国、古代日耳曼、爱尔兰、美洲和太平洋诸多群岛所存留的各种原始社会的习俗、社会组织形态和经济制度等展开科学研究,诸如古希腊神话中的特洛伊战争也得到了证实。一些重要的开创性研究纷纷涌现,其中涉及婚姻、氏族和家庭等亲属关系的研究也出现了许多重要成果,如瑞士法学家、历史学家巴霍芬(J. J. Bachofen)在 1861 年出版的《母权论》,这本书第一次提出了史前社会是母系社会的观点;英国法学家、历史学家麦克伦南(J. F. Meclennan)(1827—1881 年)在 1865 年发表了《原始婚姻》,对于氏族婚姻的具体形态进行了设想。[②] 在这些研究中,又以摩尔根在 1871 年的

---

① [德]马克思、[德]恩格斯:《共产党宣言》,载《马克思恩格斯全集》(第 4 卷),人民出版社 2016 年版,第 466 页。

② 参见吴铎:《〈家庭、私有制和国家的起源〉读书札记》,华东师范大学出版社 1984 年版,第 4 页。

《人类家庭的血亲和婚姻制度》以及1877年的《古代社会》为典范，而后者更是对史前史研究具有划时代的意义。

可见，马克思和恩格斯对《共产党宣言》的补充，正是注意到这些在《共产党宣言》发表后、科学社会主义理论创建之后新涌现出的史前史研究成果，并敏锐地意识到这些史前史的科学研究成果将极大地有助于说明唯物史观的科学性和革命性。在逻辑上，唯物史观与唯心史观的根本区别，在于对人类社会发展根本动力机制的不同理解。一则，唯物史观主张从客观事实和物质实践当中去寻找人类社会历史发展规律，同时也要找到各种能够检验人类社会发展规律的证据，这一点与唯心史观单纯从观念、概念、范畴和未经证实的学说故事中找寻所谓“客观规律”有着天壤之别。马克思和恩格斯在《德意志意识形态》中就曾指出：“过去的一切历史观不是完全忽视了历史的这一现实基础，就是把它仅仅看成与历史过程没有任何联系的附带因素。”①二则，也是更为重要的是，在马克思和恩格斯所处的年代，确立唯物史观的理论作业十分不易，如作为唯物主义者的路德维希·费尔巴哈（Ludwig Feuerbach）在社会历史领域也无法坚持到底，以至于马克思说：“当费尔巴哈是一个唯物主义者的时候，历史在他的视野之外；当他去探讨历史的时候，他绝不是一个唯物主义者。在他那里，唯物主义和历史是彼此完全脱离的。”②在事实上，唯物史观自创立开始，就一直受到来自唯心史观的“围剿”，这种历史观上的不同立场最后演变为阶级斗争的重要理论战场。无论是马克思和恩格斯所处的19世纪，还是弗朗西斯·福山（Francis Fukuyama）在东欧剧变、苏联解体后提出的“历史终结论”，本质上都是利用唯心史观来鼓吹资本主义生产方式的绝对性、宣扬资本主义制度的“永恒性”，从而达到取消唯物史观、为资本主义制度辩护的目的。

---

① ［德］马克思、［德］恩格斯：《德意志意识形态》，载《马克思恩格斯全集》（第3卷），人民出版社2016年版，第44页。马克思和恩格斯在这里提到的“历史的这一现实基础”是指社会领域的物质资料生产规律。

② ［德］马克思、［德］恩格斯：《德意志意识形态》，载《马克思恩格斯全集》（第3卷），人民出版社2016年版，第51页。

为了反对唯心史观,科学说明人类社会的发展规律以及人类社会发展的物质资料生产基础,马克思和恩格斯将人类社会发展规律的探索作为建立科学社会主义理论的中心任务之一。然而客观来说,受限于史前史研究的客观局限,在马克思和恩格斯开展上述研究的时候,唯物史观对史前社会的判断仍然是基于唯物辩证法而推导出的假说,尤其是如何从无阶级的原始共产主义社会过渡到以私有制为基础的阶级社会的过程,仍然缺乏相当程度的事实验证。因此,对史前史的研究将具有双重意义:其一,能够从根本上检验唯物辩证法在社会历史领域的科学性,也就是对未来的共产主义社会是原始共产主义社会“在更高程度上的复归”理论的检验;其二,对史前史的研究能够驳斥资产阶级有关资本主义绝对性、永恒性的唯心史观。在马克思和恩格斯所处的时代,历史学研究的整体局限就是把文明史与人类社会的所有历史相捆绑,同时不加批判地将宗教传统和神话传说作为人类社会的“起源”,从而试图取消史前史研究的必要性。在现代社会学和进化论开始兴起之后,这种唯心史观又成为他们反对进化论的堡垒。同时,这些传统的历史学研究者又顽固地把历史研究与信史研究机械地等同起来。可见,无论是从出于检验唯物辩证法的科学性和唯物史观的革命性,还是从破除历史学研究的局限性考虑,都有必要强化史前史的科学研究。

在这个意义上,不难看出摩尔根的《古代社会》对于马克思和恩格斯研究的意义。根据现有的研究,马克思是在从俄国学者马·柯瓦列夫斯基那里得到《古代社会》一书的,由于当时坚持家长制理论的欧洲人类学者故意不提这本书,这本书在当时的欧洲很少为人所知。[①] 马克思在1880年年底至1881年年初对《古代社会》做了详细的读书笔记,后来这个读书笔记被命名为《路易斯·亨·摩尔根〈古代社会〉一书摘要》(以下简称《摘要》)。这个读书笔记的一大特色,就是马克思对《古代社会》的结构进行了调整。《古代社会》一书的第一编“各种发明和发现所

---

① 参见[德]卡尔·马克思:《马克思古代社会史笔记》,人民出版社1996年版,第553~554页,注释72。

体现的智力发展”,主要记录了人类社会的发展阶段以及各阶段的代表性物质生产内容;第二编“政治观念的发展”,主要是记录氏族和部落的社会和政治习俗及其演变;第三编“家族观念的发展”,主要记录婚姻和家庭的类型及其发展;第四编“财产观念的发展”,主要是记录人类社会发展过程中财产权尤其是继承关系的发展。但在马克思的《摘要》中,《古代社会》中论述家庭和财产发展的第三编和第四编被放在了第二编“政治观念的发展”之前,也就是遵循“生产技术的发展—家庭和婚姻制度的发展—财产观念的发展—氏族和国家的发展”的顺序。这个逻辑链条突出了生产技术对人类社会发展的意义,从而打通生产力—婚姻—家庭—氏族和国家的脉络,使得整个体系变得更加清晰,也满足了唯物史观的要求。此外,马克思还将其他涉及希腊、罗马的历史著作直接摘录在《摘要》中,从而进一步深化了摩尔根对史前社会的研究。

马克思原本打算系统通读包括《古代社会》在内的一系列文献,继而撰写一篇探索人类古代史尤其是史前史的著作,但他最后未能完成这个任务。恩格斯在整理马克思的遗稿时发现了《摘要》,他确信《摘要》在证实唯物史观和深化史前史研究方面所具有的重要意义。1884 年 2 月 16 日,恩格斯在写给卡尔 · 考茨基(Karl Kautsky)的信中说:

> 在论述社会的原始状况方面,现在有一本象达尔文学说对于生物学那样具有决定意义的书,这本书当然也是被马克思发现的,这就是摩尔根的《古代社会》(1877 年版)。马克思曾经谈到过这本书,但是,当时我正在思考别的事情,而以后他也没有再回头研究;看来,他是很想回头再研究的,因为根据他从该书中所做的十分详细的摘录中可以看出,他自己曾打算把该书介绍给德国读者。摩尔根在他自己的研究领域内独立地重新发现了马克思的唯物主义历史观,并且最后还对现代社会提出了直接的共产主义的要求。他根据蒙昧人的、尤其是美洲印第安人的氏族组织,第一次充分地阐明了罗马人和希腊人的氏族,从而为上古史奠定了牢固的基础。假如我有时间,我倒想

> 利用马克思的札记来把这些材料加加工……。泰罗、拉伯克及其同伙所搞的整个骗局，不管是族内婚、族外婚，还是其他各种荒诞无稽之谈，现在都被彻底揭穿了。[①]

在《起源》1884年第一版序言中，恩格斯则说得更为清楚，也更充分表明了《起源》对于深化唯物史观和破除史前史研究的诸多枷锁的双重意义：

> 摩尔根在美国，以他自己的方式，重新发现了40年前马克思所发现的唯物主义历史观，并且以此为指导，在把野蛮时代和文明时代加以对比的时候，在主要点上得出了与马克思相同的结果。正如德国的职业经济学家多年来热心地抄袭《资本论》同时又顽强地抹杀它一样，英国"史前史"科学的代表对摩尔根的《古代社会》，也用了同样的办法。……他在主要特点上发现和恢复了我们成文史的这种史前的基础，并且在北美印第安人的血族团体中找到了一把解开希腊、罗马和德意志上古史上那些极为重要而至今尚未解决的哑谜的钥匙。[②]

此外，恩格斯在自然科学和历史学方面的深厚研究素养也确保了《起源》的科学性。在研究自然辩证法的同时，恩格斯本人广泛阅读了文化人类学著作，而且在1881—1882年发表了《论日耳曼人的古代历史》《法兰克时代》《马尔克》[③]等多部著作。这种学术素养，可以从《起源》1884年的第一版导言中看出："在关于希腊和罗马历史的章节中，我没有局限于摩尔根的例证，而是补充了我所掌握的材料。关于凯尔特人和德意志人的章节，基本上是属于我的；在这里，摩尔根所掌握的差不多

---

① ［德］恩格斯：《恩格斯致卡尔·考茨基》，载《马克思恩格斯全集》（第36卷），人民出版社2016年版，第112～113页。

② ［德］恩格斯：《家庭、私有制和国家的起源》，人民出版社2018年版，第3～4页。

③ 这三部著作均收录于《马克思恩格斯全集》（第19卷），人民出版社2016年版。

只是第二手的材料,而关于德意志人的章节——除了塔西佗以外——还只是弗里曼先生的不高明的自由主义的赝品。经济方面的论证,对摩尔根的目的来说已经很充分了,对我的目的来说就完全不够,所以我把它全部重新改写过了。最后,凡是没有明确引证摩尔根而作出的结论,当然都由我来负责。"[①]另外,恩格斯很早就开始对婚姻和亲属关系等内容做过研究。例如,他在 1883 年 2 月 10 日和考茨基的通信中就驳斥了考茨基在婚姻和家庭领域所持有的唯心主义立场。在《婚姻和家庭的起源》(*Die Entstehung der Ehe und Familie*)一书中,考茨基主张人天生具有"嫉妒心理",所以一夫一妻制是婚姻的天然形态,"共妻"是少量因"性的共有制以男性对女性的压迫为基础"而引发的"派生现象"。与此相联系,人类自古以来就以"个人占有"为基础,共有制是从"个人占有"派生而来的,因此原始社会的财产共有制度也是一种"派生现象"。对此,恩格斯援引加利福尼亚半岛的印第安人部落,以及腓尼基人、巴比伦人、印度人、斯拉夫人、克尔特人等地存在的松散的夫妻关系和婚姻制度,表明所谓的嫉妒心理并不足以支持自古以来就以一夫一妻制为天然的婚姻制度的论点。[②]

在 1883 年 3 月 2 日致考茨基的信中,恩格斯的观点则更加清晰:

> 凡有共有制的地方——不管是土地的、或者妻子的、或者任何东西的共有制——共有制就必定是原始的、来源于动物界的。后来的全部发展就是这种原始共有制的逐渐**消亡**的过程;无论何时何地,我们都找不到一个例子能证明,共有制是作为派生现象从最初的个人占有发展来的。我认为这个论点是如此无可辩驳,如此有普遍意义,即使您能给我指出一些似是而非的例外,不管这些例外乍看起来是多么振振有词,我也认为

---

① [德]恩格斯:《家庭、私有制和国家的起源》,人民出版社 2018 年版,第 5 页。

② 参见[德]恩格斯:《恩格斯致卡尔·考茨基》,载《马克思恩格斯全集》(第 35 卷),人民出版社 2016 年版,第 432~433 页。

它们不能作为否定这一论点的证据,而只不过是一个尚待解决的问题而已。……我坚信,您如果继续研究这个问题或者经过若干时间再来研究它,那就会得出完全不同的结果,也许您会惋惜您在这个极其困难的领域竟采取了如此仓促的态度。您读了很多这方面的书,但是结论做得太匆忙了,而且太看重了所谓人类学家的意见,这些人我看全都患有一种讲坛社会主义的斜眼症。①

(三)捍卫和发展马克思主义家庭与国家学说

《起源》的另一项成书背景,就是对当时盛行的家庭和国家起源学说的批判。在理论上,国家学说是不同阶级对国家形态以及国家权力组织结构的理论体现。例如,讨论国家起源和赋予国家政权合法性的社会契约论,就是强调国家是由抽象的公民基于同意(consent)而订立社会契约即宪法而形成的,并且在形成社会契约的过程中,财产权利和人身安全的权利是国家政权首要考虑的内容。这个理论看似美好,但问题在于,这个理论蕴含着私有和私有制与生俱来的前提,而且取消了国家的阶级属性:它试图通过强调抽象的人格平等来掩盖现实中的人与人之间因财产、禀赋或阶级因素而天然存在的不平等,通过强调对财产权的保障来取消并未占有生产资料的无产阶级在政治议题上的参与权,通过强调对人身安全的保护来取消无产阶级的阶级斗争和革命的权利。又如,黑格尔把国家定义为统一家庭和市民社会的伦理共同体,认为国家是整合全体公民的至高无上权威。这些针对家庭、私有制和国家的学说对工人运动造成了不小的思想混乱。19 世纪 70 年代初德国社会民主工党(爱森纳赫派)与全德工人联合会(拉萨尔派)为谋求两党合并而指定的《哥达纲领》就对生产资料私有制作为剥削根源避而不谈,以拉萨尔"铁

---

① [德]恩格斯:《恩格斯致卡尔·考茨基》,载《马克思恩格斯全集》(第 35 卷),人民出版社 2016 年版,第 448 ~ 450 页。

的工资规律”论点掩盖资本家剥削工人的秘密;并认为既有的国家机器是工人阶级获得解放的必要工具,主张通过合法手段并“依靠国家帮助”来实现“争取自由国家和社会主义社会”的目的等内容,不仅彻底颠倒了阶级斗争与国家政权之间的因果关系,而且还取消了消灭私有制对于实现无产阶级解放所具有的根本性。因此,从科学维度论证私有制的起源及其与阶级社会和国家之间的关联,将关系无产阶级能否依靠科学理论实现革命和自我解放的根本问题。

当这种理论批判与当时风起云涌的阶级斗争相关联时,《起源》的出版就显得格外重要。19 世纪下半叶,巴黎公社的伟大实践探索了无产阶级彻底打碎旧的国家机器、组建新的无产阶级国家机器的组织结构,而欧洲各国工人阶级政党通过合法斗争取得了越来越多民众的支持,资产阶级政权对工人阶级政党的打压也越来越普遍,如何利用合法斗争和武装斗争相结合的方法来夺取政权,以及夺取政权之后应当如何建设工人阶级国家的问题,已经迫在眉睫。1878 年 10 月 21 日,德国俾斯麦政府在帝国国会以多数支持通过《反社会党人非常法》,该法令宣布德国社会民主党非法,党的一切组织以及群众性的工人组织和宣扬社会主义的报刊都被查禁,且该法令的有效期每两至三年将延长一次。对此,恩格斯在 1884 年 4 月 26 日写给考茨基的信中说:“我……要作弄一下俾斯麦,写一篇他绝对无法查禁的东西(摩尔根)。愿望虽好,但是做不到。关于一夫一妻制那一章,以及关于私有制是阶级矛盾的根源和破坏古老公社的杠杆的那最后一章,我根本不可能写得适合反社会党人法的要求。”同时,恩格斯也指出:“如果只是‘客观地’叙述摩尔根的著作,对它不作批判的探讨,不利用新得出的成果,不同我们的观点和已经得出的结论联系起来阐述,那就没有意义了。这对我们的工人不会有什么帮助。……我想,这篇东西对于我们共同的观点,将有特殊的重要性。摩尔根使我们能够树立崭新的观点,因为他通过史前史为我们提供了前所未有的事实根据。不管你对上古史和‘蒙昧时代’的某些事实还有什么怀疑,氏族基本上把问题解决了,并且阐明了上古史。因此,这篇东西要认真加工,仔细推敲,从总体上作周密思考,但是在写作时不应当顾虑反社会党人法。”[①]由此可见《起源》在宣扬马克思主义学说和清理无产阶级战线上的思想混乱的重要性。

四、《起源》的序言

《起源》全书共两个序言,9个章节正文和一个附录,讨论了家庭起源和历史演变,氏族起源和特征,私有制的起源和发展,阶级的起源和历史趋势,国家的实质、起源与消亡等5个方面的内容。全书自身的逻辑非常清晰,阅读难点反而是全书的背景知识及其理论意义。接下来,我们将对《起源》的主要内容进行梳理。

(一)第一版序言

《起源》的第一版序言写于1884年,其主要目的是说明本书的写作意图、基础理论以及摩尔根《古代社会》的研究意义。除了上面已经提到的关于摩尔根《古代社会》的积极评价外,第一版序言最重要的是重申了马克思的“两种生产理论”,表明《起源》意在探索“两种生产理论”的起点。

“两种生产理论”最早出现于《德意志意识形态》。马克思和恩格斯指出,人类生存的第一个前提是通过劳动实现的物质生活生产,第二个前提是通过家庭和生育实现的人自身的生产,而且这两种生产方式一体两面,兼顾自然关系和社会关系的属性,并构成人类生活生产和历史的基础。[②] 恩格斯指出:“根据唯物主义观点,历史中的决定性因素,归根结底是直接生活的生产和再生产。但是,生产本身又有两种。一方面是生活资料即食物、衣服、住房以及为此所必需的工具的生产;另一方面是人自身的生产,即种的繁衍。一定历史时代和一定地区内的人们生活于其下的社会制度,受着两种生产的制约:一方面受劳动的发展阶段的制

---

① [德]恩格斯:《恩格斯致卡尔·考茨基》,载《马克思恩格斯全集》(第36卷),人民出版社2016年版,第143~144页。

② 参见[德]马克思、[德]恩格斯:《德意志意识形态》,载《马克思恩格斯全集》(第3卷),人民出版社2016年版,第31~33页。

约,另一方面受家庭的发展阶段的制约。劳动越不发展,劳动产品的数量、从而社会的财富越受限制,社会制度就越在较大程度上受血族关系的支配。”①

在此基础上,恩格斯通过说明人类社会初期的两种生产之间的关系,总括了家庭、私有制、阶级和国家的起源问题:

> 在以血族关系为基础的这种社会结构中,劳动生产率日益发展起来;与此同时,私有制和交换、财产差别、使用他人劳动力的可能性,从而阶级对立的基础等等新的社会成分,也日益发展起来;这些新的社会成分在几个世代中竭力使旧的社会制度适应新的条件,直到两者的不相容性最后导致一个彻底的变革为止。以血族团体为基础的旧社会,由于新形成的各社会阶级的冲突而被炸毁;代之而起的是组成为国家的新社会,而国家的基层单位已经不是血族团体,而是地区团体了。在这种社会中,家庭制度完全受所有制的支配,阶级对立和阶级斗争从此自由开展起来,这种阶级对立和阶级斗争构成了直到今日的全部成文史的内容。②

由此可见,“两种生产理论”在人与物和人与人的关系层面重新强调了社会基本矛盾运动规律。有学者指出,在人类社会发展的不同历史时期,“两种生产理论”会有不同的组合情况。例如,在人类社会初期,物质资料的生产依赖人的再生产所形成的社会关系,也就是人的生存发展依赖于他所在的以血缘为纽带所形成的自然共同体。在人类社会发展的第二个阶段也就是阶级社会中,人为了追求物质而把人视为工具,此时人的再生产所形成的社会关系反过来会依赖于物质资料的生产,而这也造成人的物化和人与物之间的异化;而只有在未来的共产主义社会

---

① [德]恩格斯:《家庭、私有制和国家的起源》,人民出版社2018年版,第4页。

② [德]恩格斯:《家庭、私有制和国家的起源》,人民出版社2018年版,第4页。

中,人的生产和物质资料的生产才能真正实现统一。[①] 我们可以看到,产业革命造成生产力快速发展,同时也加剧了阶级对立,而这种阶级对立所造成的自发的阶级斗争,就是围绕着人与物之间的关系进行的,如在第一次产业革命中,工人认为纺织机器导致他们失业,所以他们就把砸毁纺织机器视为他们的斗争方式。从这个意义上说,当代人类社会生产机制的关键问题,是重构以人的再生产为核心的物质资料生产机制和社会生产模式。

对"两种生产理论"的强调,也恰好驳斥了把马克思主义尤其是科学社会主义理论简单化、片面化为"经济决定论"的观点。恩格斯在1890年9月21—22日致约瑟夫·布洛赫的信中就说过:

> 根据唯物史观,历史过程中的决定性因素**归根到底**是现实生活的生产和再生产。无论马克思或我都从来没有肯定过比这更多的东西。如果有人在这里加以歪曲,说经济因素是**唯一**决定性的因素,那末他就是把这个命题变成毫无内容的、抽象的、荒诞无稽的空话。经济状况是基础,但是对历史斗争的进程发生影响并且在许多情况下主要是决定着这一斗争的**形式**的,还有上层建筑的各种因素:阶级斗争的各种政治形式和这个斗争的成果——由胜利了的阶级在获胜以后建立的宪法等等,各种法权形式以及所有这些实际斗争在参加者头脑中的反映,政治的、法律的和哲学的理论,宗教的观点以及它们向教义体系的进一步发展。这里表现出这一切因素间的交互作用,而在这种交互作用中归根到底是经济运动作为必然的东西通过无穷无尽的偶然事件(即这样一些事物,它们的内部联系是如此疏远或者是如此难于确定,以致我们可以忘掉这种联系,认为这种联系并不存在)向前发展。否则把理论应用于任何历史

① 参见隽鸿飞:《马克思的两种生产理论及其当代意义》,载《哲学研究》2004年第10期。

时期,就会比解一个最简单的一次方程式更容易了。[①]

(二)第四版序言

在1884年《起源》第一版出版后,有关原始社会的亲属制度研究有了新的发展。据此,恩格斯在1891年《起源》第四版出版前撰写了一篇新的序言,并以《关于原始家庭的历史(巴霍芬、麦克伦南、摩尔根)》为题先行发表。该篇序言的核心内容是针对巴霍芬(Bachofen)、麦克伦南、摩尔根三位人类学者的研究进行评述。

首先是对巴霍芬所著的《母权论:对古代世界母权制宗教性和法权性的探究》(*Mother Right: An Investigation of the Religious and Juridical Character of Matriarchy in the Ancient World*,以下简称《母权论》)的评述。恩格斯指出,对原始社会家庭史的正式研究,是从1861年巴霍芬出版《母权论》开始的。巴霍芬在《母权论》中的论点可以归纳为以下内容:第一,最初在人们之间存在毫无限制的性关系,他用并不甚恰当的名词"杂婚"来表示这种两性关系;第二,这种关系排除了确切认知父亲的任何可能性,因此,世系只能依女系也就是"母权制"来计算,古代的一切民族起初都是如此;第三,母亲是年轻一代唯一确切知道的亲长,她们因此享有高度的尊敬和威望,甚至达到完全的妇女统治(Gynaikokratie)的程度,具体体现为在原始共产主义社会中,妇女在经济生活中具有领导地位;第四,向一个女子专属于一个男子的个体婚制的过渡,含有对远古宗教戒律的侵犯(实际上就是侵犯其余男子自古享有的可以占有这位女子的权利),这种侵犯要求由女子在一定时期内献身于他人来赎罪或赎买对这种行为的容忍。[②] 这种分析的意义在于,他论证了在原始社会中的确存在母系社会的组织形态;问题在于,巴霍芬更多是从古代经典著作尤其是从希腊神话及其有关的宗教观念中得出"母权制"的观念,

---

① [德]恩格斯:《致约瑟夫·布洛赫》,载《马克思恩格斯全集》(第37卷),人民出版社2016年版,第460~461页。

② 参见[德]恩格斯:《家庭、私有制和国家的起源》,人民出版社2018年版,第8页。

也从中得出从母权制向父权制转变的结论,因此不是人们的现实生活条件的发展,而是这些条件在这些人们头脑中的宗教反映导致了男女两性在社会地位中所发生的历史性变化。恩格斯据此认为,“这种认为宗教具有世界历史的决定性杠杆的观点,归根结底必然导致纯粹的神秘主义”①。

其次是对麦克伦南及其著作的评述。麦克伦南是苏格兰法学家和人类学家,也是被英国官方认定的英国原始历史学派的创始人和领袖,以及被钦定的婚姻和家庭领域的权威,他为《大英百科全书》(第八版)撰写“法律”条目时对斯巴达和罗马的抢劫婚姻仪式产生兴趣,进而在1865年出版了《原始婚姻:关于婚姻仪式中抢劫形式起源的研究》(*Primitive Marriage: An Enquiry into the Origin of the Form of Capture in Marriage Ceremonies*)(以下简称《原始婚姻》)。麦克伦南发现,在某些民族中存在抢劫婚姻的形式,也就是新郎必须一个人或者与其朋友一起,假装用暴力的方式把新娘从她的亲属手里抢过来,他认为,这种习俗应该是人类社会早期的部落男子从其他部落中以暴力抢劫妻子的习俗的遗迹,进而认为,这种抢劫婚姻的习俗要么是由于本部落内杀死女婴而导致的女性缺乏,要么是由于部落内部禁止通婚的缘故;相应地,也必然存在只能在部落内部通婚的习俗,而在这种部落中,也由于女性缺乏而必然存在一妻多夫制,进而形成母系社会。他据此设想出“外婚制集团”和“内婚制集团”两种婚姻类型,并构想出外婚制部落与内婚制部落的尖锐对立。这套理论的意义在于指出了所谓“外婚制”的存在,但问题在于,是否究竟存在“外婚制集团”或“内婚制集团”,以及二者之间是否真正截然对立,都没有证据证实。恩格斯分析认为,麦克伦南所谓的“外婚制集团”,实际上指的是“氏族”而不是“部落”。此时,就会完全存在这样的情况:其一,一个部落内部各氏族之间允许通婚,此时从部落的角度看是内婚,而从部落的各氏族角度看则是外婚,麦克伦南没有正确区分这一点。其二,麦克伦南习惯性地用父权制下的制度术语来“硬

① [德]恩格斯:《家庭、私有制和国家的起源》,人民出版社2018年版,第10页。

套”母权社会,导致了理论分析出现了根本性错误。其三,麦克伦南并没有清楚回应巴霍芬在《母权论》中所提出的“杂婚”或群婚(communal marriage)制度,而只给出了一夫多妻制、一妻多夫制和一夫一妻制三种婚姻制度。因此,他的解释也是软弱的。而且,在摩尔根1871年发表《人类家庭的血亲和姻亲制度》、1877年发表《古代社会》后,麦克伦南尝试为自己的理论辩护,但摩尔根通过“氏族”这一概念打破了麦克伦南所有的立论基础,也就是外婚制“部落”与内婚制“部落”的对立。而麦克伦南及其所代表的学派,也只能通过对摩尔根研究的沉默和吹毛求疵来回避他的理论批判,这更代表着麦克伦南理论的破产。

最后,恩格斯高度评价了摩尔根的研究,尤其是对母权制氏族与父权制氏族之间的关系的论证:

> 确定原始的母权制氏族是一切文明民族的父权制氏族以前的阶段的这个重新发现,对于原始历史所具有的意义,正如达尔文的进化理论对于生物学和马克思的剩余价值理论对于政治经济学的意义一样。它使摩尔根得以首次给出家庭史的略图;这一略图,在目前已知的资料所容许的限度内,至少把典型的发展阶段大体上初步确定下来了。非常清楚,这样就在原始历史的研究方面开辟了一个新时代。母权制氏族成了整个这门科学所围着旋转的轴心;自从它被发现以后,人们才知道,应该朝着什么方向研究和研究什么,以及应该如何去整理所得的结果。……他给原始历史研究所建立的系统,在基本的要点上,今天仍然有效。甚至可以说,越是有人力图隐瞒摩尔根是这一伟大进步的奠基者,他所建立的这个系统就越将获得大家的公认。①

① [德]恩格斯:《家庭、私有制和国家的起源》,人民出版社2018年版,第16~17页、第19页。

五、家庭

(一)家庭的类型

针对亲属制度以及由此衍生出的对于家庭类型的分析,是《起源》的第一个重点内容。根据恩格斯的总结,摩尔根在研究古代社会时,从“杂乱”的性关系原始状态中发展出了以下四种家庭形式,即血缘家庭、普那路亚家庭、对偶制家庭和专偶制家庭(一夫一妻制)。这里需要注意的是,所谓的“杂乱”意思是“现在或较早时期通行的禁规在那时是没有效力的”①,或者说“后来由习俗所规定的那些限制那时还不存在。但是由此决不能说,在日常实践中也必然是一片混乱”②。

首先,所谓“血缘家庭”,是指同一血缘家族内同辈男女间的集团婚,其禁止不同辈分(父母与子女)之间的婚姻关系。恩格斯根据当时夏威夷地区存在的原始的亲属制度,确认血缘家庭曾经确实客观存在。他说:“婚姻集团是按照辈分来划分的:在家庭范围以内的所有祖父和祖母,都互为夫妻;他们的子女,即父亲和母亲,也是如此;同样,后者的子女,构成第三个共同夫妻圈子。而他们的子女,即第一个集团的曾孙子女们,又构成第四个圈子。这样,这一家庭形式中,仅仅排斥了祖先和子孙之间、双亲和子女之间互为夫妻的权利和义务(用现代的说法)。同胞兄弟姊妹、从(表)兄弟姊妹、再从(表)兄弟姊妹和血统更远一些的从(表)兄弟姊妹,都互为兄弟姊妹,正因为如此,也一概互为夫妻。兄弟姊妹的关系,在家庭的这一阶段上,也自然而然地包括相互的性关系。这种家庭的典型形式,应该是一对配偶的子孙中每一代都互为兄弟姊妹,正因为如此,也互为夫妻。”③一般认为,血缘婚姻是最古老的婚姻形态,也早已灭绝,这种婚姻形态也许在人类从猿变为人的过程中存在过。而在文化上,这种婚姻形态也普遍见于东西方的上古神话中,如古希腊

① [德]恩格斯:《家庭、私有制和国家的起源》,人民出版社 2018 年版,第 36 页。
② [德]恩格斯:《家庭、私有制和国家的起源》,人民出版社 2018 年版,第 36 页。
③ [德]恩格斯:《家庭、私有制和国家的起源》,人民出版社 2018 年版,第 37～38 页。

神话中,赫拉是宙斯的姐姐,也是宙斯的第七位妻子;中国远古神话中伏羲和女娲是华胥的后代,他们兄妹结为夫妻而繁衍出众多子嗣。这也可以认为是血缘婚姻的一种体现。

其次,所谓"普那路亚家庭",这一表述源于夏威夷语,意思是指"亲密的朋友"或"亲密的伙伴"。这种家庭的特点是:"若干数目的姊妹——同胞的或血统较远的即从(表)姊妹,再从(表)姊妹或更远一些的姊妹——是她们共同丈夫们的共同的妻子,但是在这些共同丈夫之中,排除了她们的兄弟;这些丈夫彼此已不再互称兄弟,他们也不再必须是兄弟了,而是互称普那路亚,即亲密的同伴……同样,一列兄弟——同胞的或血统较远的——则跟若干数目的女子(只要不是自己的姊妹)共同结婚,这些女子也互称普那路亚。……它的主要特征是一定的家庭范围内相互的共夫和共妻,不过,妻子的兄弟(起初是同胞的,以后更及于血统较远的)被排除在这个家庭范围以外,另一方面也把丈夫的姊妹除外。"[①]在这种家庭形态中,由于存在排除了某种范围的群婚制,因此子女只能依靠自己的母亲来确定身份,而氏族制度也被认为从普那路亚家庭发展而来。恩格斯认为,美洲印第安部落中的亲属等级可以恰好反映出这一特征:"我母亲的姊妹的子女,依然是我母亲的子女,同样,我父亲的兄弟的子女,也依然是我父亲的子女,他们全都是我的兄弟姊妹;但是我母亲的兄弟的子女,现在都是我母亲的内侄和内侄女,我父亲的姊妹的子女,现在都是我父亲的外甥和外甥女,而他们全都是我的表兄弟和表姊妹了。"[②]

再次,所谓"对偶制家庭"是指母系氏族社会中的一种由普那路亚家庭发展而来的家庭形式。恩格斯将这种家庭形态归纳为:"某种或长或短时期内的成对配偶制,在群婚制度下,或者更早的时候,就已经发生了:一个男子在许多妻子中有一个主妻(还不能称为爱妻),而他对于这

---

① [德]恩格斯:《家庭、私有制和国家的起源》,人民出版社2018年版,第40页。

② [德]恩格斯:《家庭、私有制和国家的起源》,人民出版社2018年版,第40页。

个女子来说也是她的许多丈夫中的最主要的丈夫。”①简单来说就是,在对偶家庭中,不同氏族的成年男女双方以女子为中心,在长短不一的时间内组成一夫一妻,然而这种婚姻也并不是因男女双方的感情而缔结;恰恰相反,缔结婚姻并不是当事人本人而是他们的母亲的事情,也就是说,订婚的往往是两个彼此全不相识的人,只是到婚期临近时他们才会被母亲告知订婚的事实。在婚礼之前,新郎赠送“彩礼”给新娘的同氏族亲属即新娘的母方亲属而非父亲或父亲的亲属,算作被出让的女儿的代价。而且,这种婚姻关系并不稳固,可以根据夫妇任何一方的意愿而随时结束,但通常在出现这种婚姻破裂的萌芽时,双方的氏族亲属将会出面调解,只有在调解无效时才离婚,而子女归母亲抚养,双方之后都有重新结婚的自由。不难发现,这种习惯已经跟后来人们所熟悉的婚姻习惯并无太大区别。此外,在对偶制家庭中,子女已经开始既知道母亲也知道父亲,这就为后来的父系氏族和一夫一妻制家庭奠定了基础。

最后,所谓“专偶制家庭”,也就是如今常说的“一夫一妻制家庭”。这种婚姻的典型形态就是一夫一妻紧密地结合在一起组建家庭,并排斥与他人存在婚姻之外的同居行为。这种家庭形态是以父权为基础的,也就是建立在丈夫的位置上的,因此男性在家庭中获得与其经济地位相呼应的支配权;生育也是为了父系的后代繁衍,因为子女是需要继承其父亲及其所在家族的财产的。

(二)私有作为形成一夫一妻制的经济因素

上述四种家庭类型中,血缘家庭、普那路亚家庭和对偶制家庭的形成,在很大程度上都与自然因素相关,也就是逐步将直系亲属和一定范围内的旁系亲属排除出通婚的范围,并逐渐开始通过不同氏族之间的通婚来避免近亲结婚可能导致的生育缺陷。但是,从对偶制家庭到专偶制家庭,也就是从对偶婚到一夫一妻制之间的转变,却是源于经济因素而非自然因素,而这种经济因素就是“私有”的出现。

---

① [德]恩格斯:《家庭、私有制和国家的起源》,人民出版社 2018 年版,第 48 页。

随着生产力的发展,人类开始逐渐掌握圈养动物、发展畜牧业和种植业的技术。在部落战争中获胜的一方,也会把俘获的对方部落成员作为协助他们进行物质资料生产的工具——奴隶。此时,奴隶制以及针对养殖动物的私人占有开始出现了,而且通常是直接归家庭公社的首领所有,这可以认为是最早将氏族所有转移到私人所有的情况。恩格斯指出:"这些财富,一旦转归家庭私有并且迅速增加起来,就给了以对偶婚和母权制氏族为基础的社会一个强有力的打击。对偶婚给家庭添加了一个新的因素。"①这是因为按照当时家庭内部的分工,丈夫的责任是获得食物和掌握必需的劳动工具,从而他也取得了劳动工具的所有权;在离婚时,丈夫就会带走这些劳动工具,而妻子则保留有她的家庭用具。所以,丈夫是食物的新来源即家畜以及新的劳动工具即奴隶的所有者。

丈夫在获取食物与掌握劳动工具方面的地位上升,意味着丈夫对于因其所获得的家庭收益享有了更大的影响力,这种影响力最终体现为对遗产继承问题的挑战。在母系氏族社会,遗产转归母方的血缘亲属所有,子女也会留在母系氏族之中。然而由于私有和私有制开始出现,离婚就会导致丈夫在带走财产时却无法让他的子女成为他财产的继承人。在这种情况下,从母权制转变为父权制,让家庭财产留在男方以及让子女继承丈夫的财产的做法,也就顺理成章了。

可见,一夫一妻制"决不是个人性爱的结果,它同个人性爱绝对没有关系,因为婚姻和以前一样仍然是权衡利害的婚姻。专偶制是不以自然条件为基础,而以经济条件为基础,即以私有制对原始的自然产生的公有制的胜利为基础的第一个家庭形式。……个体婚制在历史上绝不是作为男女之间的和好而出现的,更不是作为这种和好的最高形式而出现的。恰好相反。它是作为女性被男性奴役,作为整个史前时代所未有的两性冲突的宣告而出现的"②。在马克思和恩格斯生活的19世纪,资本主义社会对于女性的压迫是显而易见的。在《唐顿庄园》《泰坦尼克号》

---

① [德]恩格斯:《家庭、私有制和国家的起源》,人民出版社2018年版,第57页。

② [德]恩格斯:《家庭、私有制和国家的起源》,人民出版社2018年版,第69~70页。

等众多影视作品以及《灰姑娘》等童话故事中,随处可见这种妇女受到家庭压迫以及妇女被物化甚至是自我物化的事迹。在很长的一段时间内,妇女的活动范围和生活都必须与家庭画上等号,并且还必须履行忠实于丈夫的义务,尽管丈夫在很长的时间内享有单独解除婚姻和取消家庭忠诚的权利。也正是由于这种原因,恩格斯写道:“在历史上出现的最初的阶级对立,是同个体婚制下夫妻间的对抗的发展同时发生的,而最初的阶级压迫是同男性对女性的压迫同时发生的。个体婚制是一个伟大的历史的进步,但同时它同奴隶制和私有制一起,却开辟了一个一直继续到今天的时代,在这个时代中,任何进步同时也是相对的退步,因为在这种进步中,一些人的幸福和发展是通过另一些人的痛苦和受压抑而实现的。”①

恩格斯指出,真正让妇女挣脱束缚在自身身上枷锁的关键,不在于法律对于男女平等的宣言,而是让妇女真正参与到社会生产之中,而不能让女性成为单纯的家庭女仆。因此,恩格斯旗帜鲜明地指出:“妇女解放的第一个先决条件就是一切女性重新回到公共的事业中去;而要达到这一点,又要求消除个体家庭作为社会的经济单位的属性。”②而欧美国家女性的地位提升,证实了恩格斯的论断。在“一战”期间,欧美国家的男性大量出征前线,女性得以大规模投入到各种民用事业和后勤工作之中。在这种背景下,妇女对于自身权利尤其是选举权的争取才最终有了结果。

也只有到这个时候,一夫一妻制才能够真正纯粹地成为体现男女双方因感情和相互爱慕而结合的象征:“结婚的充分自由,只有在消灭了资本主义生产和它所造成的财产关系,从而把今日对选择配偶还有巨大影响的一切附加的经济考虑消除以后,才能普遍实现。到那时,除了相互的爱慕以外,就再也不会有别的动机了。……这一代男子一生中将永远不会用金钱或其他社会权力手段去买得妇女的献身;而这一代妇女除了

---

① [德]恩格斯:《家庭、私有制和国家的起源》,人民出版社 2018 年版,第 70 页。
② [德]恩格斯:《家庭、私有制和国家的起源》,人民出版社 2018 年版,第 80 页。

真正的爱情以外,也永远不会再出于其他某种考虑而委身于男子,或者由于担心经济后果而拒绝委身于她所爱的男子。”①

六、氏族和国家

《起源》中有关氏族制度的介绍,主要分布在第三章“易洛魁人的氏族”、第四章“希腊人的氏族”、第六章“罗马的氏族和国家”和第七章“克尔特人和德意志人的氏族”。在这些内容中,又以第三章“易洛魁人的氏族”为重点。

(一)易洛魁人的氏族

在定义上,氏族是指“这样的一种血族团体,这种团体自夸有共同的世系(这里指的是出自一个共同的男始祖),并且借某种社会的和宗教的制度而组成一个特殊的公社”②。根据摩尔根的研究,易洛魁人塞内卡部落内有 8 个氏族,分别依据动物名称命名为狼、熊、龟、海狸、鹿、鹬、苍鹭、鹰。他们共同的习俗包括以下内容:

第一,氏族选举一个酋长(平时的首脑)和一个酋帅(军事领袖)。全氏族不分男女老幼都可以参加选举,但选举结果须经其余 7 个氏族确认才有效。酋长在氏族内部的权力是纯粹道义性质的,他没有强制的权力。此外,酋长是塞内卡部落议事会以及全体易洛魁人联盟的议事会的当然成员。酋帅仅仅在出征时才能发号施令。

第二,氏族可以任意罢免酋长和酋帅。此外,部落议事会也可以罢免酋长,甚至可以违反氏族的意志而罢免酋长。

第三,严禁氏族任何成员在内部通婚。

第四,死者的财产转归其余的同氏族人所有,一般由他最近的同氏族亲属分享;男子死时,由他的同胞兄弟、姊妹以及母亲的兄弟分享;妇女死时,由她的子女和同胞姊妹而不是由她的兄弟分享。因此夫妇不能

① [德]恩格斯:《家庭、私有制和国家的起源》,人民出版社 2018 年版,第 88 ~ 89 页。
② [德]恩格斯:《家庭、私有制和国家的起源》,人民出版社 2018 年版,第 92 页。

彼此继承,子女也不得继承父亲。

第五,同氏族人必须互相援助、保护,特别是在受到外族人伤害时,要帮助报仇,易洛魁人普遍承担着绝对的血族复仇义务,但这种复仇也可以代之以接受赎罪献礼。

第六,氏族有固定的人名或几套人名,氏族成员的名字表明了他属于哪一氏族,也因此得以享有氏族的权利。

第七,氏族可以接纳外人入族,并用这个办法吸收他们为整个部落的成员,被接纳的外人从而获得氏族和部落的一切权利。入族仪式在部落议事会的公共集会上举行,实际上已经变为一种宗教仪式。

第八,难以确定氏族内部有无专有的宗教祭祀,但他们的宗教仪式或多或少与氏族有关,如各个氏族的酋长和酋帅都执行祭司的职能。

第九,氏族有着共同的墓地,死者的全氏族都要参加葬礼,建造坟墓,致悼词等。

第十,氏族议事会是氏族的一切成年男女享有平等表决权的民主集会,是氏族的最高权力机关。这种议事会选举、罢免酋长和酋帅;在氏族成员被杀害时,决定是否接受赎罪献礼(杀人赔偿金)抑或实行血族复仇;决定是否收养外人加入氏族。

(二)易洛魁人的胞族

在氏族基础上另有胞族(phratrie),它是每三四个或更多的氏族联合成的特殊集团。胞族的职能部分具有社会性质、部分具有宗教性质:

第一,胞族间互相赛球竞技并以此打赌。

第二,在部落议事会上,每个胞族的酋长和军事领袖坐在一起,两个胞族彼此相对,每个发言者都面对各胞族的代表讲话,把他们当作特别的团体。

第三,如果部落内发生杀人事件,而行凶者与被害者不属于同一个胞族时,被害者的氏族往往诉诸自己的兄弟氏族;于是这些氏族就举行胞族议事会,把对方胞族作为一个整体进行交涉,使对方胞族也召集自己的议事会,以谋求事件的解决。

第四,在重要人物死亡时,对方胞族办理安葬和丧礼,而死者胞族的成员则以死者的近亲服丧人资格参与葬仪。

第五,在选举酋长时,胞族议事会可以参与,兄弟氏族对选举的确认被认为是一种当然的事情;但另一个胞族的氏族可能提出异议。在这种情况下,这个胞族的议事会即召开会议;如果议事会认为异议是正当的,选举就算无效。

第六,胞族内部还可以单独举行一些特殊的宗教神秘仪式。

第七,部分的胞族还可以成为军事单位,在作战时各成一队,各穿自己的制服,有自己的旗帜和自己的首领。

(三)美洲印第安人的部落

美洲印第安人的部落具有以下特点:

第一,有自己的地区和自己的名称。每一部落除自己实际居住的地方以外,还占有相当大的地区供打猎和捕鱼之用。此外,还有一块广阔的中立地带,一直延伸到邻近部落的地区边上;在语言接近的各部落中间,这种中立地带比较狭小,在语言不接近的各部落中间,中立地带比较宽大。这种地带跟德意志人的边境森林、恺撒的苏维汇人在他们地区四周所设的荒地相同;这也跟丹麦人和德意志人之间的 îsarnholt(丹麦语为 jarnved,limes Danicus)、德意志人和斯拉夫人之间的萨克森森林和 branibor(斯拉夫语,意即"防卫林",勃兰登堡这一名称即由此而来)相同。由这种不确定的疆界隔开的地区,乃是部落的公有土地,而为相邻部落所承认,并由部落自己来防卫,以免他人侵占。疆界的不确定,多半仅在人口大量增加的时候,才会在实际上感到不方便。部落的名称,看来多半是偶然发生,而不是有意选择的。随着时间的进展,往往一个部落被邻近各部落取了另外的名称,与该部落自己使用的名称不同,像德意志人的最初的历史上的总称"日耳曼人"是由克尔特人给他们取的一样。

第二,有独特的、仅为这个部落所用的方言。事实上,部落和方言在实质上范围是一致的;因分裂而形成新部落与新方言的事情,不久以前还在美洲发生,及至今日,也未必完全停止。在两个衰落的部落合二为一的地方,有时例外地在同一个部落内说着两种极为相近的方言。美洲各部落的平均人数在2000人以下;但是彻罗基部落却有26,000人,这是在美国说同一方言的数目最多的印第安人。

第三,有隆重委任氏族所选出的酋长和军事领袖的权利。

第四,有罢免他们的权利,甚至可以违反他们氏族的愿望而罢免他们。由于这些酋长和军事领袖都是部落议事会的成员,部落有这种权利是当然的。凡已经组成部落联盟而且一切部落都有代表参加联盟议事会的地方,上述权利便转归联盟议事会了。

第五,有共同的宗教观念(神话)和崇拜仪式。

第六,有管理公共事务的部落议事会。它是由各个氏族的酋长和军事领袖组成的——这些人是氏族的真正代表,因为他们是随时都可以罢免的;议事会公开开会,四周围着其余的部落成员,这些成员有权加入讨论和发表自己的意见;决议则由议事会作出。按照通例,每个出席的人都可以随意发表意见,妇女也可以通过她们所选出的演说人陈述自己的意见。在易洛魁人中间,最后的决定需要一致通过,跟德意志人的马尔克公社在作出某些决定时一样。部落议事会特别负有调整同其他部落的关系的责任;它接待和派遣使者,宣战及媾和。要是发生战争,大多由志愿者去作战。

第七,在有些部落中间,有一个最高的首领,但他的权力很小。他是酋长之一,当需要紧急行动时,他应当在议事会召集会议作出最后决定之前采取临时的措施。这是一种具有执行权力的官员的微弱萌芽,不过它在进一步发展方面多半都没有结果;这种官员,如我们在后面将要看到的,虽不是到处,但在大多数场合,都是由最高军事首长发展来的。

(四)易洛魁联盟

根据摩尔根的研究,易洛魁人的氏族联盟是最接近现代意义上的“民族”的,也是原始社会形态所发展出来的最高阶段的社会治理形态,其具有以下特点:

第一,五个血缘亲属部落以完全平等和在部落的一切内部事务上的独立为基础,结成永世联盟。这种血缘亲属关系是联盟的真实基础。五个部落中有三个称为父亲部落,互为兄弟部落;其余两个称为儿子部落,也互为兄弟部落。有三个氏族——最老的——在五个部落中都还存在着,另外有三个氏族在三个部落中都还存在着;这些氏族中的每一个氏族,其成员在所有五个部落中都被认为是兄弟。仅在方言上有差异的共同语言,便是共同世系的表现和证明。

第二,联盟的机关是联盟议事会,由 50 个地位和威信平等的酋长组成;这个议事会对联盟的一切事务作最后的决定。

第三,这 50 个酋长,在联盟成立时被分配在各部落和氏族中,担任专为联盟目的而设立的新的公职。当出缺时,有关的氏族便重新进行选举,同时有关的氏族也可以随时罢免他们;不过委任权则属于联盟议事会。

第四,联盟的这些酋长们,在他们各自的部落中也是酋长,享有参加部落议事会和表决的权利。

第五,联盟议事会的一切决议,须经全体一致通过。

第六,表决是按部落举行的,这样,每个部落以及每个部落内的议事会全体成员,都必须一致赞成,决议才算有效。

第七,五个部落议事会中每一个都可以召集联盟议事会,但联盟议事会本身不得自行召集。

第八,会议在聚集起来的民众面前公开举行,每个易洛魁人都可以发言;但只有议事会才能作决定。

第九,联盟没有一长制首长,即没有主掌执行权的首脑。

第十,联盟有两个具有平等职能和平等权力的最高军事首长,类似斯巴达人的两"王",和罗马的两执政官。

(五)私有制作为氏族演变为国家的动力

在氏族的组织形态上,希腊人、罗马人、克尔特人和德意志人都与易洛魁人近似,所不同的是希腊人、罗马人和德意志人在氏族的基础上发展出了国家的形态。根据恩格斯的总结,雅典从氏族到国家的发展是最纯粹、最典型的形式:国家直接从氏族社会本身内部发展起来的阶级对立中产生。在罗马,氏族社会最终演变成封闭的贵族制,在贵族制之外则是占人口绝大多数的、没有权利只有义务的平民,他们的胜利炸毁了旧的血族制度,并在它的废墟上面建立了国家。而在战胜了罗马帝国的德意志人中间,国家是直接从征服广大外国领土中产生的,氏族制度无法直接统治这样的领土,但最终通过马尔克制度这种变形而维持着它对所属领土的统治。

总体而言,国家的形成主要是这样的一个过程:首先,国家部分地改造氏族制度的机关、部分地用设置新机关来取代原有的氏族机关,并且最后全部以真正的国家机关来取代它们而发展起来;同时受这些国家机关支配的"公共权力"也代替了保卫氏族、胞族和部落的武装而成为国家机器的统治工具。

需要注意的是,恩格斯强调氏族到国家发展的经济因素,也就是私有制的影响。具体来说,分工以及由此产生的交换和商品生产,是社会发展的主要动力。在希腊和罗马,商品经济和对外贸易的发展导致人口出现流动并引发氏族居民与外来人之间的权利争执。由于地产买卖,农业和手工业、商业、航海业之间的分工的进一步发展,氏族、胞族和部落的成员开始杂居,一些居民虽然也是本民族的同胞,但并不属于这些团体,因而他们在自己的居住地上被看作外人,也因此无法参与当地的政治活动与公共事务,他们的经济权利也无法获得充分保证,由此引发问题。

在这种情况下,因为经济因素所导致的政治改革就迫在眉睫。而希腊和罗马的政治改革步伐是相似的:首先,在部落之上另外设立新的中央管理机关,部分地取消部落对于其内部事务所具有的自治权,所有部落居民都因此在所有任意的部落内享有公民权。其次,按照地域而非血缘来划分中央管理机关的统治区划,部落进一步被削弱为私人和宗教团体,最终走向消亡。最后,按照财产多寡来分配政治权力,其中,某些占有较多财产的群体对于某些公职享有独占权,或者在议事会选举中享有否决权。在这种情况下,公共权力不再按照血缘而是按照财产来进行划分,原来的氏族和部落之间的血缘联系失去了公共意义。此时,因为私有财产制度而形成的不同的阶级之间的对立倾向开始加剧。

在这个意义上,国家不是从外部强加于社会的力量,也不是像黑格尔所说的那样是"伦理观念的现实",而是社会在一定发展阶段上的产物。国家的出现意味着社会陷入经济利益互相冲突且不可调和的阶级对立中,而国家的功能就是为了缓和这种阶级冲突并试着将冲突保持在"秩序"的范围以内,但国家也因此取得了支配社会的地位。同时,由于国家的出现是为了限制阶级对立,因此掌控国家的是在经济上占统治地位的阶级,他们通过国家来获取政治上的统治地位,国家因此成为镇压和剥削被压迫阶级的新手段。也正如此,恩格斯最后总结道:

> 国家并不是从来就有的。曾经有过不需要国家、而且根本不知国家和国家权力为何物的社会。在经济发展到一定阶段而必然使社会分裂为阶级时,国家就由于这种分裂而成为必要了。现在我们正在以迅速的步伐走向这样的生产发展阶段,在这个阶段上,这些阶级的存在不仅不再必要,而且成了生产的真正障碍。阶级不可避免地要消失,正如它们从前不可避免地产生一样。随着阶级的消失,国家也不可避免地要消失。在生产者自由平等的联合体的基础上按新方式来组织生产的社会,将把全部国家机器放到它应该去的地方,即放到古物陈列馆去,同纺车和青铜斧陈列在一起。[①]

---

① [德]恩格斯:《家庭、私有制和国家的起源》,人民出版社2018年版,第192~193页。

思 考 题

阅读以下两段话并回答问题:

引文一:“迄今的一切革命,都是为了保护一种所有制以反对另一种所有制的革命。它们如果不侵犯另一种所有制,便不能保护这一种所有制。……的确,一切所谓政治革命,从头一个起到末一个止,都是为了保护一种财产而实行的,都是通过没收(或者也叫作盗窃)另一种财产而进行的。所以毫无疑问,2500 年来私有财产之所以能保存下来,只是由于侵犯了财产所有权的缘故。”

引文二:“(希腊人)业已出现的对畜群和奢侈品的私人占有,引起了单个人之间的交换,使产品变成了商品。这就包含着随之而来的全部变革的萌芽。当生产者不再直接消费自己的产品,而是通过交换把它转让出去的时候,他们就失去了对自己的产品的支配权力。他们已不再知道产品的结局如何,于是产品有那么一天被用来反对生产者、剥削和压迫生产者的可能性便产生了。因此,不论哪一个社会,只要它不消灭单个人之间的交换,它便不能长久保持对它自己的生产的支配,不能长久保持对自己生产过程的社会效果的控制。”

1. 如何看待引文一与主张消灭私有制的共产主义革命的关系?

2. 结合共产主义革命所主张的建立在公有制之上的社会化生产,谈谈你对引文二的理解。

拓展阅读

1. [英]戴维·麦克莱伦:《恩格斯传》,臧峰宇译,中国人民大学出版社 2017 年版。

2. [美]路易斯·亨利·摩尔根:《古代社会》,杨东莼、马雍、马巨译,中央编译出版社 2007 年版。

3. 吴铎:《〈家庭、私有制和国家的起源〉读书札记》,华东师范大学出版社 1984 年版。

4. 崔立莉编著:《人类早期历史的科学审视:〈家庭、私有制和国家的起源〉解读》,现代出版社 2016 年版。

5. 王阁森、杨雪尘:《〈家庭、私有制和国家的起源〉讲稿》,辽宁教育出版社 1986 年版。

第四讲

《人和国家》导读

本导读以中国法制出版社《人和国家》中文版为依据。[法]马里旦:《人和国家》,沈宗灵译,中国法制出版社 2011 年版。

一、马里旦生平

雅克·马里旦(Jacques Maritain,1882—1973 年)是新托马斯主义的主要代表人物,法国哲学家。马里旦 1882 年出生在巴黎一个高级知识分子家庭,父亲保罗·马里旦(Paul Maritain)是巴黎的著名律师,母亲热内维耶夫·法夫尔(Geneviève Favre)是法国政治家朱尔斯·法夫尔(Jules Favre)的女儿。马里旦在大学求学的时候最早受到斯宾诺莎哲学思想的影响,但当时的大学崇尚科学主义,舍弃对终极命题的讨论,这在马里旦看来简直是不可容忍的事情。他的大学同学、未来的妻子拉伊莎·欧曼索夫(Raïssa Oumansoff)与马里旦有着相同的看法,认为教师们对科学的无限推崇,是一种对真理"丧失信心"的表现。[①] 他们认为知识分子的这种唯科学主义以及由此导致的理性、抽象的思维方式,将会导向极其枯燥无趣的精神生活,这种思潮并不会回答生活的意义,而只是不断在用概念和逻辑的粗线条来掩盖生活与理论的本质。在这种颇

① 参见杨天江:《马里旦:自然法的现代复归》,黑龙江大学出版社 2013 年版,第 6 页。

为激进的思想的支配下，马里旦和拉伊莎一度萌生了以自杀来对抗世界的念头。此时，马里旦的朋友、法国诗人和宗教思想家查尔斯·贝圭(Charles Péguy)建议他们去参加亨利·伯格森(Henri Bergson)在法国学院(Collège de France)的讲座。伯格森的讲座与生命的本质、自由、人格和思想的发展密切相关，为马里旦打开了一扇有别于纯粹科学主义的生命价值理论的窗户，让马里旦成为伯格森生命哲学理论的思想信徒，这也是促成他后来信仰天主教的动机之一。

后来，马里旦受到笔友莱昂·布罗伊(Léon Bloy)的信仰影响，进一步加深了对宗教信仰的认知，认为宗教要比纯粹理性的科学和哲学更能反映生命的本质含义。1906 年，马里旦夫妇在巴黎皈依天主教，这对他们来说有着不小的家庭压力：马里旦的母亲是自由派新教徒，而拉伊莎则出身虔诚的犹太教家庭。1906 年年底，马里旦夫妇到海德堡进行自然科学研究，他的合作导师汉斯·德里施(Hans Driesch)开始重新发掘亚里士多德在研究生物学方面的经验与心得，并导入亚里士多德关于生命哲学的理论主张，这为马里旦开启对托马斯·阿奎那等人的理论研究打开了大门。此时，马里旦所思所想的是如何更充分地调和天主教教义与世俗的伯格森哲学，从而更充分地实现对天主教教义的阐述。然而思考的结果却是，马里旦认为这种理论调和是不可能实现的，他只能明确放弃伯格森哲学。他认为，从信仰的角度来说，只有真切地认知到上帝是无法被人的理性所认知而只能信仰，但上帝可以借助概念和逻辑形式将理性和真理赋予人类。因此人所享有的理性，即便是为世俗生活所运用的理性，本质上也是上帝赐予的。从这个意义上，马里旦已经自发地成为了一位托马斯主义者。后来，马里旦的精神导师、多明我教会修士哈姆波特·克莱里塞克(Humbert Clérissac)向马里旦介绍托马斯·阿奎那的著作《神学大全》，此后，马里旦真正开始成为一名自觉的托马斯主义者。[①] 尽管如此，马里旦仍然在思想的深处受到伯格森哲学的影响，并成为其研究的深层线索。马里旦事实上是通过借鉴 16 世纪的托马斯主

---

① 参见杨天江：《马里旦：自然法的现代复归》，黑龙江大学出版社 2013 年版，第 9～10 页。

义者圣托马斯·约翰(John of St. Thomas)的思想和研究方法来批判性地反思伯格森哲学,并以此开启了他对阿奎那理论研究的通道,终身研究、宣传新托马斯主义并为天主教教义辩护。[①]

1912—1916年,马里旦在斯坦尼斯拉公学任哲学教授。1914年起任巴黎天主教学院现代哲学教授。在20世纪20年代,马里旦开始参与社会公共活动,关注社会议题,并和法国天主教社会运动组织“法兰西行动”(Action Française)产生交集,双方一度交往甚密。“法兰西行动”主张取消政教分离以及鼓吹君主主义。在“一战”后的法国,这一反世俗主义的思潮颇能获得一些法国知识分子的好感。不过当教皇比约十一世(Pius Ⅺ)公开谴责“法兰西行动”的民族主义和反民主思想后,马里旦有意识地开始关注政治哲学与宗教的关系,并试图以其学理研究来缓和“法兰西行动”与教皇之间的紧张关系,意在一方面维护教皇权威,另一方面劝导“法兰西行动”将宗教与世俗的政治活动作出必要的区分。然而事与愿违,他的努力并没有为“法兰西行动”所理解,最终与之脱离。不过也正因这一事件,马里旦开始关注基督教内含的人文主义和自由主义思潮,并借助所受到的现代科学哲学和社会学学术训练,开始发展出一套以教义为基础的自然权利理论。

20世纪30年代后,马里旦逐渐成为天主教教义研究中的知名人物。1933年后,马里旦多次访问美洲特别是拉丁美洲,他的理论在拉丁美洲具有较强影响力。1940年,法国宣布投降,马里旦开始在哥伦比亚大学(1941~1944年)和普林斯顿大学(1941—1942年)任教。1944年法国光复后,马里旦被任命为法国驻梵蒂冈大使直至1948年,其间同罗马教皇交往甚密。他同时也是法国驻联合国教科文组织代表团的成员,参与了《世界人权宣言》(1948年)的宣传和起草工作。“二战”后,马里旦因其对政治哲学、道德哲学、法哲学和国家学的相关研究而被视为“新自然法学”或“神学自然法学”的代表人物之一。1948年后,马里旦移居美

---

① 参见杨天江:《马里旦:自然法的现代复归》,黑龙江大学出版社2013年版,第10~11页。

国,在普林斯顿大学担任哲学教授,直至1970年退休。1973年4月28日,马里旦在法国图卢兹逝世。

二、《人和国家》简介

在新托马斯主义诸代表中,马里旦侧重于制定新托马斯主义的理论体系,著作范围广泛,涉及哲学、社会、政治、法律、伦理、美学等方面,其一生著述颇丰,主要有《哲学导论》(1930年)、《宗教和文化》(1931年)、《现代世界的自由》(1933年)、《人权与自然》(1934年)、《真正的人道主义》(1938年)、《基督教和民主》(1944年)、《个人和共同福利》(1947年)、《人和国家》(1951年)、《论历史哲学》(1957年)和《美国的回顾》(1958年)等。[①] 在这些著作中,最能反映马里旦有关国家、法律、公民或个体关系的思考的,当属1951年出版的《人和国家》。《人和国家》是马里旦政治法律思想的代表作,由其于1949年在美国芝加哥大学为华尔格里恩研究美国制度基金讲座所作六次演说的讲稿汇集而成,1952年由芝加哥大学出版部出版。在我国,《人和国家》最早由沈宗灵教授在1964年译出(署名"霍宗彦"),由商务印书馆作为内部读物出版。全书共7章、38节、14万多字。

《人和国家》的理论基础是一切溯源于上帝的新托马斯主义神学。马里旦明确宣称,"我本人的信仰是罗马天主教的信仰"[②]。从基督教神学出发,在垄断资本主义社会新的历史条件下,他提出了以基督教神学为核心的新人道主义或人格主义的社会、政治思想和工具主义的国家理论。全书按照顺序共分为七章,分别为"人和国家"(第一章)、"主权的概念"(第二章)、"手段的问题"(第三章)、"人权"(第四章)、"民主宪章"(第五章)、"教会和国家"(第六章)以及"世界政府问题"(第七章)。七章可以大致分为以下部分:第一,重新解释了社会与国家的关系,指出社会是由具有完整、独立人格的人组成的,国家的目的是促进人的"共同

① 参见[法]马里旦:《人和国家》,沈宗灵译,中国法制出版社2011年版,第186页。

② [法]马里旦:《人和国家》,沈宗灵译,中国法制出版社2011年版,第126页。

福利”,而人的最终目的是“参与上帝自己的个人生活和永恒极乐”[1]。第二,重新解释了主权学说,认为国家或人民都不握有主权,“只有上帝才握有主权”。第三,同他的神学政治理论密切相关,他提出了作为人权的哲学基础的自然法学说。

三、马里旦论民族、国家和社会

根据上面有关《人和国家》的内容划分,我们首先讨论马里旦关于国家与社会等基本概念的理解。

在《人和国家》开篇的第一章“人民和国家”,马里旦即明确提出在政治哲学领域,必须要理性地辨析“民族”、“政治体(政治社会)”和“国家”三个概念。首先,马里旦区分“共同体”和“社会”的概念关系。他提到,“共同体”和“社会”是伦理和社会层面的客观真实,而不是仅仅停留在生物学或纯粹物质层面上的客观现实。不过,“共同体”倾向于生物现实,也就是先于人的思想和意志而存在的客观事实,它是在特定时空环境下人与人之间确立相互间共同思想或心智的基础要素,如基于地域、种族、语言而形成的集团或阶级;而“社会”由于根据人的理性所创造而与人的思想、精神紧密相关。“社会”是与人类的心智和精神相关的,它强调人与人之间的关系特别是思想关系,商店、工会、科学协会与政治体一样都可以认为是“社会”。因此,塑造“社会”的基础性要素或主要要素就不是人所处的具体环境,而是人的德性、意志以及由此所外化的客观的、理性的因素。[2]

据此,“民族”可以被认为是一个“共同体”而非“社会”。这是因为,“民族”从其发轫而言,与地域、血缘、种族、语言等因素密切相关,但与个人思想、意志和精神之间的关系则相对较弱。[3] 而且,“民族”本身不能将自身转化成为具有政治属性的“政治体”或“政治社会”。马里旦

---

① [法]马里旦:《人和国家》,沈宗灵译,中国法制出版社 2011 年版,第 128 页。
② 参见[法]马里旦:《人和国家》,沈宗灵译,中国法制出版社 2011 年版,第 1 ~ 3 页。
③ 参见[法]马里旦:《人和国家》,沈宗灵译,中国法制出版社 2011 年版,第 5 ~ 8 页。

说:“民族集团不能使自己转变成为一个政治社会:一个政治社会能够在政治职能和共同活动最初混杂在一起的混乱的社会生活里使自己逐渐被分化出来;在民族共同体的内部能产生出政治体的观点;但民族共同体只能是这种开花结果的一片合适的土壤和根据。政治体的观念本来属于另一个更高的秩序。一旦政治体存在,它就不是一个民族共同体了。”[①]在这个意义上,马里旦否定了欧洲近代以来的“民族国家”概念,也为进一步深化有关国家和民族的关系问题提出了新的理论素材。

也正是如此,“政治体”不能被称为“民族”,但可以认为是“社会”甚至是具备最高形式的、最完善的社会。对政治体而言,“正义”是其存在的主要条件,但“友谊”也就是人和人之间基于平等且自由的联合而形成的相互间亲密关系,才是使政治体具备活力的基础要素。基于这种相互信任所形成的对政治体的信仰与忠诚,以及保障此种信仰与忠诚的正义和法律意识,就构成了政治体的“公民意识”。具体来说,“政治体”作为“社会”的一部分,可以被认为是社会的最高形态:政治社会为自然所要求并由理性来完成,是世俗社会中最完善的社会。它是具体而完整的人类的现实,有助于一种具体而完整的人类的福利,即共同福利。它是一个理性创造物,从脱离开本能的理性的不很明显的努力中产生出来,并在实质上意味着一种理性秩序,但它并不比人本身更具纯粹理性。政治体有血肉、本能、情感、反应、不自觉的心理结构和动力,所有这些都受制于(必要时通过法律强制)一种理念和理性决定的命令。[②]

马里旦最后对“政治体”、“国家”和“社会”等概念作出了辨析。首先,“政治体”和“国家”是“社会”的子概念,但它们存在较为细致的区别。马里旦认为:“政治社会为自然所要求并由理性来完成,它是世俗社会中最完善的社会。它是一个具体而完整的人类的现实,有助于一种具体而完整的人类的福利——共同福利。”[③]据此,“政治体”或者说“政治

① [法]马里旦:《人和国家》,沈宗灵译,中国法制出版社2011年版,第6页。
② 参见[法]马里旦:《人和国家》,沈宗灵译,中国法制出版社2011年版,第8~9页。
③ [法]马里旦:《人和国家》,沈宗灵译,中国法制出版社2011年版,第8~9页。

社会”是一个整体性概念。同时马里旦提出,政治体“想达到一个真正人类的和自由的联合”并“依靠人的信仰和他们的自然禀赋而生存”①,因此个人是政治体的组成部分,他们的共同行为或者个别行为都会影响到政治体的整全性。在这个维度上,所有的民族以及由此形成的各种各样的民族共同体都是政治体的有机组成部分。

“国家”是政治体的最高形式,它本质上从属于政治体。具体来说,“国家只是政治体中特别与维持法律、促进共同福利和公共秩序以及管理公共事务有关的那一部分”,或者说是“专从事于整体利益的一个部分”。② 部分不可能替代整体,也不可能高于整体。国家是政治体中的“最高部分”也只是意味着国家高于社会的其他组成部分,而非国家取得了高于政治社会的地位。他进一步说:“国家不过是一个有资格使用权力和强制力、并由公共秩序和福利方面的专家或专门人才所组成的机构,它不过是一个为人服务的工具。人作为一个个体是为政治体服务的,而政治体是为作为一个人的人服务的。但人绝不是为国家服务的,相反国家是为人服务的。”③从这个角度来说,马里旦是从纯粹的工具论角度来理解国家与政治体的关系,认为国家无非是实现政治体某些功能的工具,它本身不具有天然的正当性或者优越地位。这种论述意味着马里旦否定了国家对世俗社会和个人所拥有的那种自在自为和享有优越地位的国家主义或“绝对主义”的立场,从而进一步冲击了欧洲近代以来所形成的主权理论、民族国家观点和国家的自主理性理论。

马里旦尤其强调国家与人的关系:一方面,国家必须要依靠人的脑力和精力,如果没有了人,国家也就不复存在;另一方面,国家是体现理性、不具人格的上层建筑,它更加抽象,更少地受到经验和个性化的偶发因素的影响。④ 在第三章“手段的问题”上,马里旦进一步讨论了人民与国家的关系问题。政治体或者政治社会的最终目的和基本任务是改善

---

① [法]马里旦:《人和国家》,沈宗灵译,中国法制出版社 2011 年版,第 8 页。
② [法]马里旦:《人和国家》,沈宗灵译,中国法制出版社 2011 年版,第 11 页。
③ [法]马里旦:《人和国家》,沈宗灵译,中国法制出版社 2011 年版,第 11 页。
④ 参见[法]马里旦:《人和国家》,沈宗灵译,中国法制出版社 2011 年版,第 11 页。

人类生活本身的条件或是求得大众的共同福利,以便使不仅属于一个特权阶级的而且是全体群众中的每个具体的人都可以真正达到一种独立性的标准,这种独立性的标准是文明生活所固有的,并且同样地为工作和所有权的经济担保,为政治权利、公民道德和智力的培养所保证。据此,政治生活本质上就是一个帮助人们充分舒展以扩充和实现其自由的过程,其目的在于帮助人们塑造符合人性与美德的基本秩序。①

为实现政治生活的目标,就需要使政治生活合理化。马里旦尝试比较两种相互背离的方法孰优孰劣,一种是技术的或"艺术的"方法,另一种则是道德的方法。所谓技术的或"艺术的"方法,主要是指一种纯粹的、去除了政治美德和正义的工具理论,马基雅维利主义就是典型的技术方法代言人。毫无疑问,这种方法见效快、成本低、实施起来容易,但会带来坏的目的,因为良善的政治首要在于符合正义,而不是为了获取权力而消解正义。② 紧接着,马里旦指出,道德的方法尽管实施起来非常艰难甚至是严苛,却代表着人与社会的发展和进步,因为它的关键是通过人的自由和美德来推展政治生活:"承认政治生活基本上合乎人性的目的以及承认政治生活的最深的源泉:正义、法律的相互友好;它也意味着不断地努力使政治体的生命、行动结构和机关都服务于共同福利、人的尊严和博爱感……并且不断地努力使政治活动不以幼稚的贪婪、妒忌、自私、骄傲和欺诈以及对于在最严重关头能决定成败的特权和支配权的要求为根据,而以对人类生活的最深刻的需要、对和平及爱的真正要求和对人的道德和精神努力的成熟的认识为根据。"③他认为,民主制是以法律为基础的种种自由的合理组织,是实现政治生活的道德合理化的唯一方法。④ 以民主制为基础,马里旦论述了人民和国家的关系,重点在于论证人民依靠法律和民主制度来监督国家行为,确保国家始终处在服务于人和政治体的方向上。

---

① 参见[法]马里旦:《人和国家》,沈宗灵译,中国法制出版社 2011 年版,第 46~47 页。
② 参见[法]马里旦:《人和国家》,沈宗灵译,中国法制出版社 2011 年版,第 48 页。
③ [法]马里旦:《人和国家》,沈宗灵译,中国法制出版社 2011 年版,第 50~51 页。
④ 参见[法]马里旦:《人和国家》,沈宗灵译,中国法制出版社 2011 年版,第 51 页。

根据上述分析,马里旦明确:首先,为了实现政治体所追求的共同福利特别是为了实现正义,就必须要明确将最高权力赋予国家;国家存在的目的是实现政治体的共同福利,因此,虽然国家是政治体的最高实现形式,但国家在概念上从属于政治体。其次,由于国家的根本目的被规定为实现政治体的共同福利,因此国家自身所具有的多种功能甚至是维护公共秩序、确保公共利益等作用,都要服务于该根本目的。再次,国家的至善性和权威的最高地位基于人民(经过政治体)的授权而获得,但这种至善性和最高权威应当居于"主权"之下,而这里的"主权者"并非人民,而是上帝。最后,"人民"是个人的集合,人民在正义和法律意识的指引下基于相互友谊和共同福利而有机联合形成政治体。[①] 据此,马里旦对"人民"的理解与卢梭所提到的"众意"有着微妙的联系,马里旦事实上讨论的并非作为抽象性集合的"人民"或"共同体",而是始终从个体的角度来理解"人民"。也正因如此,他主张人民具有由上帝所赋予的自主、自由、自治的自然权利,只是与一般所理解的社会契约理论不同,人民的这种自然权利并非组成国家的基础,因为塑造政治体与国家的关键,是宗教的根本权威。

四、"主权"概念辨析

在政治哲学领域,政治体和国家的关键要素是"主权"概念。"主权"是有关"政治体"和"国家"的核心问题。封建制下的君主专制、现代的君主立宪制和共和制,本质上反映的是"主权在君"还是"主权在民"的"主权者"定义问题。马里旦作为新托马斯主义的理论家,其理论自然要为广义层面的天主教理论辩护,也因此需要论证上帝拥有主权。由于现代主权理论滥觞自法国政治学家博丹,他的理论也成为马里旦首先分析并批判的对象。根据博丹的观点,主权是国家至上的象征,也是国

① 参见[法]马里旦:《人和国家》,沈宗灵译,中国法制出版社 2011 年版,第 37 页。

家力量超越于其他政治和社会力量的体现,其专属于世俗君主行使。[①]根据这一理论,主权是世俗权力的最高体现,在现实的政治生活中有其具象化载体——君主或人民。马里旦据此指出,博丹主权理论的立论基础是“主权”与“国家”相捆绑而与“人民”相分离。“主权”在博丹眼里成为了一个具有独立意志、超然地位和自主人格的客观实在,它能够垄断地统治着现有的“政治体”。但是,博丹的主权理论没有解决“主权者”的权力来源问题,特别是忽视了“君主”“国王”等作为自然权利“受托人”的角色地位。[②] 简言之,君主只是代人民行使其自然权利的代理人或者说人民意志的“受托者”,而绝非排他性地占有人民所享有的自然权利。事实上,人民自始至终都拥有着固有的、不可被剥夺的自然权利,他们并没有如霍布斯笔下的“利维坦”那样因出于秩序和安宁的需要而一次性地将所有自然权利转移到国家手上,也没有如洛克所说的因自我需要而将权利部分地托付给国家行使。马里旦认为,基于“代理”的理论,君主与人民本质上行使相同的自然权利,君主和人民之间之所以存在角色上的差异,无非是在政治体当中的分工不同,而不代表他们天然地分别享有不同的自然权利。马里旦据此认为,国王“是一个国王,但不是一个绝对国王;他是一个君主,但不是一个主权君主”[③]。

在明确具象化的“君主”或者说抽象的“人民”不等于“主权者”的前提下,马里旦进一步辨析“主权”的含义。马里旦以霍布斯在《利维坦》中的论述为基础,重述了“主权”概念的严格和真正的含义:第一,一种享有最高独立性和最高权力的权利,这种权利是一种自然的和不可让与的权利;第二,一种享有某种独立性和某种权力的权利,这种独立性和权力在其固有的范围内是绝对最高的,而不是比较最高的或作为整体中的一个至高无上的部分。据此,主权是一种绝对的和不可分割的所有权,它不能被分享也不容有程度之分,它属于独立于政治整体之外的主权

① 参见[法]让·博丹著、[美]朱利安·H.富兰克林编:《主权论》,李卫海、钱俊文译,北京大学出版社2008年版,第25~28页、第32页。

② 参见[法]马里旦:《人和国家》,沈宗灵译,中国法制出版社2011年版,第29页。

③ [法]马里旦:《人和国家》,沈宗灵译,中国法制出版社2011年版,第30页。

者,作为他自己的一种权利。①

在阐明“主权”的含义后,马里旦分别给出了有关政治体、国家和人民均不构成“主权者”的理由。首先,政治体不具有主权,这是因为政治体虽具有主权的第一个面向即对内独立、最高且不可让与,但它不具备在政治之外的最高地位,因为政治体不可能在非自身能力范围所及的领域施加统治。其次,国家也没有主权,这是因为国家作为政治体的下位概念,本身不满足主权所需要的全部要件。最后,人民也不具有主权。马里旦在这里针对卢梭的《社会契约论》,认为人民不可能脱离自身并实施优越于自身的治理。②

综上所述,马里旦提出“主权”的概念仅仅停留在精神层面而不能落实到世俗的权力层面,因此在政治生活中不存在“主权”;“主权”是上帝对世俗社会中的人、政治体和国家专属的根本权力,上帝不会将“主权”分享给国家。正是这种将“主权”归入精神领域的论证,使教会与国家的关系成为马里旦必须直接回应的现实议题。在《人和国家》第六章“教会和国家”中,马里旦阐述了他对教会与国家之间恒定关系的理解。由于现代社会早已走上了政教分离的道路,因此宗教不可能直接通过自身的组织形式来干预世俗活动,因此马里旦更关注的是宗教如何通过对精神世界的话语权来展示自身的权威。他认为,在现代社会中,宗教对个人和政治体的影响主要体现在思想精神层面,更强调宗教思想在道德和美德层面的潜移默化的影响,并且也是通过此种影响来将宗教的信念渗入法律体系和政治运作过程之中。③ 据此,马里旦提出教会、个人、政治体和国家之间存在以下三个基础性原则:首先,教会具有传播宗教信念的自由,其作用在于实施对个人的灵魂浸润。其次,教会所管辖的精神世界优越于世俗的政治体和国家。最后,教会和政治体与国家之间需要相互合作,包括国家立法确保教会的思想和行为自由、个人和政治体

---

① 参见[法]马里旦:《人和国家》,沈宗灵译,中国法制出版社 2011 年版,第 32 页。

② 参见[法]马里旦:《人和国家》,沈宗灵译,中国法制出版社 2011 年版,第 34 ~ 37 页。

③ 参见[法]马里旦:《人和国家》,沈宗灵译,中国法制出版社 2011 年版,第 127 页。

能够为教会的行动提供充分的物质保障；相应地，教会也会在思想和精神层面维系个人与政治体和国家之间的紧密关系，实现社会的稳定、有序和繁荣。[①]

五、马里旦的自然法思想

19 世纪，否定或怀疑正义、道德等价值准则的意义，强调实在法的实证主义法学，在西方法律实践和法学理论中风靡一时，与之相对，绵延不断的自然法学说则一度衰落。但到了 19 世纪末，特别是 20 世纪第二次世界大战后，随着法西斯暴政的崩溃，人们再度认识到正义、道德、人权等价值准则在国家和社会生活中的意义，主张和强调实在法应服从正义、道德准则的自然法学说，自然法学说在新的条件下东山再起。一时间，新的学派纷纷兴起，有关作品不断出现，形成了西方现代法律思想中的新动向。根据现有的研究，20 世纪自然法的复兴形成了以下三条脉络：一是以美国保守主义政治哲学家列奥·施特劳斯（Leo Strauss）与英国著名自然法学家约翰·菲尼斯（John Finnis）等为代表的“新古典主义理论”（the new classical theory），这一脉络意在复活古希腊和古罗马的以“美德”为核心内容的自然法传统。二是以美国法学家和哲学家朗·富勒（Lon Fuller）、罗纳德·德沃金（Ronald Dworkin）以及哲学家约翰·罗尔斯（John Rawls）等为代表的新自由主义学说，意在充分发掘现代性和启蒙思想所主张的“自由”、“选择”和“权利”来疗愈现代性。三是以马里旦等为代表的新托马斯主义或新经院主义自然法学。[②] 据此，我们可以进一步将新自然法学分为新托马斯主义法学和非宗教神学的新自然法学两派，其中新托马斯主义法学（或新经院主义法学）是在新的历史条件下对中世纪经院哲学家阿奎那神学法律思想的继承和发展。值得一提的是，由于阿奎那的学说在 1879 年被罗马天主教皇利奥十三世

---

① 参见［法］马里旦：《人和国家》，沈宗灵译，中国法制出版社 2011 年版，第 130 页。

② 参见高鸿钧、赵晓力主编：《新编西方法律思想史（现代、当代部分）》，清华大学出版社 2015 年版，第 165 页。

宣称为罗马教廷的最高思想权威,新托马斯主义法学也就成为现代梵蒂冈罗马天主教廷的官方法律思想。

马里旦《人和国家》中的法律思想,是以神学自然法学说为核心的,它在保持同中世纪老托马斯主义法律思想本质一致的同时,结合了当代资本主义社会下的人权、民主、正义等背景,是阿奎那神学法律思想发展的第二阶段,集中反映了梵蒂冈罗马天主教廷官方法律思想的特色。在现代西方哲学思想中,新托马斯主义是一种流传甚广、影响极大的宗教哲学,因此,对新托马斯主义法学的影响也不可等闲视之。

《人和国家》中的自然法是在阐述人权问题时提出来的。马里旦认为,自然法本身是不朽的,应该区分自然法学说和自然法本身。自然法的理论和哲学是多种多样的,自然法本身则只有一个,因此,推翻某种自然法理论和哲学并不意味着推翻自然法本身,司法实证主义在 19 世纪战胜了自然法学说,只是意味着它对古典理性主义自然法的胜利,而 19 世纪末"自然法复兴"的事实则说明了自然法本身的不朽。

那么,在众多的自然法理论和哲学中,到底哪一种更体现了不朽的自然法本身?为此,马里旦追溯了自然法理论的历史,并对各种自然法理论作出了评价。他认为,自然法观念不仅可追溯到格劳秀斯,而且还可以追溯到苏亚里斯和弗朗西斯·德·比托里亚,可以追溯到阿奎那、奥古斯丁、教父们和圣·保罗,直至西塞罗、斯多噶派、古代的大道德家和大诗人。但在这些人中,真正的自然法观念是古希腊和基督教思想的一种遗产。他斥责自格劳秀斯开始的 17、18 世纪理性主义自然法违背了基督教神学宗旨,认为它们使自然法"变形",过分简单和武断地提出自然法,并滥用了它,结果使得上帝只成了自然、理性和自然法这三位一体的、自存的绝对物的一个外加的担保者;即使上帝并不存在,这个绝对物仍然支配着人们。所以最后,人类意志或人类自由在事实上代替上帝成为自然法最高的来源和起因。① 与此同时,他褒扬只有把自然法的本

① 参见[法]马里旦:《人和国家》,沈宗灵译,中国法制出版社 2011 年版,第 71 ~ 72 页。

质归结为上帝意志的阿奎那“才在一种完全一贯的学说中掌握了这一问题”[①],可惜的是阿奎那表达的语言“不够明确”,使得它“最深刻的特点”为人们所忽略和漠视了。这样,在马里旦看来,复兴自然法的任务,就是在摒弃古典理性主义自然法学说的同时,继承中世纪阿奎那的神学自然法学说,并结合20世纪的新情况,将其发扬光大。“新托马斯主义法学”一词的含义,在这里表现得很明确。

在此基础上,马里旦认为,自然法是通过人自身所具有的本能而被认识的,它并不能被化约为纷繁复杂的理性知识,因此可以认为与“自然权利”构成相似的概念范畴。具体来说,自然法是人的意志所能获得的有关事物本质与人自身固有美德的知识即“禀赋知识”,而非如现代科学所揭示的那种基于概念和逻辑推演所获得的知识。这种“禀赋知识”具有某种“可意会不可言传”的特殊性,也就是人们能基于自身的理性而参悟自然法、遵从自然法,却无法以自身的理性表达来外化成为某种抽象的客观知识。因此人们对自然法的参悟,就必须要明晰自然法的本质,并在此基础上认识它。

马里旦进一步从本体论的要素和认识论的要素两方面阐发了自然法的含义。自然法的本体论要素是指自然法的本质和本源问题。马里旦假定,人都有一种共同的人性,并且是一种富有智慧的生物。人的智慧,使他知道自己在做什么,并能决定行动的目的,但同时由于共同的人性,人必然拥有同人性的要求合拍的目的,就像一架钢琴以发出合拍的音调为目的一样。因此,马里旦认为,正是靠着人性的力量,才有这样一种秩序或安排,它们是人的理性所能发现的,并且人的意志为了使它自己同人类基本的和必然的目的合拍就一定要按照它们来行动。[②]

马里旦指出,同人一样,世界上所有生物或事物,如计算器、原子弹、草、马等,都有其自身的自然法,即由于其内在结构所产生的“发生作用的常态”。但不同的是,人具有智慧和自由意志,是“自由行为者”,对自

---

① [法]马里旦:《人和国家》,沈宗灵译,中国法制出版社2011年版,第73页。

② 参见[法]马里旦:《人和国家》,沈宗灵译,中国法制出版社2011年版,第74~75页。

然法的服从与否是自由的而不是必然的:“一般地说自然法是一定存在的发展的理想公式;它可以比之于一条曲线据以在空间发展的一个代数方程式,可是对人类来说,这条曲线必须是自由地符合这一方程式的。”[①]因此,“人的自然法是道德的法则,因为人服从或不服从它是自由的,不是必然的,并且因为人的行为属于一种不能归结为宇宙的一般秩序的特殊的、特别的秩序,并达到一个高出于宇宙的无所不在的共同福利之上的最终目的”[②],也就是参与上帝的生活。所以,作为区别于其他生物和事物的人的自然法,可以解释为“有关人的行动的**理想程序**,是合适和不合适行动,正当和不正当行动的一条**分水岭**,它依靠着人的本性或本质以及根源于这种本性或本质的不变的必然性”[③]。这里所说的“人的本性或本质”,就是人性的首先的和最普遍的目的,就是保持人的自我维持、自我生存与自我存在。[④]

由于本体论的自然法是“以人的本质及其不变的结构和所含有的可以理解的必然性为依据的”,所以马里旦认为,只有“以天使的方式了解人的本质并知道人的一切可能的存在情况的天使”才会知道自然法,而我们是不知道的。但自然法则只有为人们所知并在实践理性的主张里表达出来时,才具有法律效力。为此,他提出了自然法的“认识论的要素”,即已知的因而也就是在实际上衡量人们的实践理性的自然法是人们行为的尺度。[⑤]

马里旦认为,要认识不成文的自然法是比较困难的。“自然法并不是一种成文法。人要知道它是比较困难的,并且在不同程度上要冒到处都犯错误的危险。行善避恶是一切人自然地和毫无差错地作为一个不言而喻的原则而共同具有的唯一实际知识,它是人们依靠有关概念来理智地加以认识的。这是自然法的序言和准则;它并不是自然法本身。自

① [法]马里旦:《人和国家》,沈宗灵译,中国法制出版社 2011 年版,第 76 页。
② [法]马里旦:《人和国家》,沈宗灵译,中国法制出版社 2011 年版,第 75 页。
③ [法]马里旦:《人和国家》,沈宗灵译,中国法制出版社 2011 年版,第 76 页。
④ 参见[法]马里旦:《人和国家》,沈宗灵译,中国法制出版社 2011 年版,第 76 页。
⑤ 参见[法]马里旦:《人和国家》,沈宗灵译,中国法制出版社 2011 年版,第 78 页。

然法是必然地随之而出现的可做和可不做的事情的总和。在决定这些事情时可能产生各种错误和偏差,这不过证明我们的眼力是薄弱的,我们的本性是粗陋的,并且还有无数的意外事故来破坏我们的判断。"[①]

于是,像阿奎那一样,马里旦把"行善避恶"当作自然法的最基本原则,但他并不认为,这就是自然法的一切,自然法是基于这一原则必然地随之出现的可做和可不做事情的总和。那么,如何判断"可做可不做"?这就提出了对自然法的认识问题。马里旦指出,人们对自然法的知识随着人的道德良知的发展而一点点地增加。[②] 人的道德良知起初处于朦胧的状态。只要人类存在,它对自然法的认识就将继续发展并不断精密。但是,"只有等福音渗入到了人体的最深之处,自然法才会开花并达到完善的境地"[③]。同时他强调,人通过理性发现自然法,并不是指人运用理智或理性知识,通过概念和判断去发现自然法,而是指通过像阿奎那所说的人类本性倾向这种"内在旋律"的方式发现自然法。自然法并不是像17、18世纪理性主义自然法学说那样,是随意的概念化的东西。

同以往永恒不变的自然法观念不同,在马里旦看来,人们对自然法的认识是一个"动态方案",他说,"在自然法里,关于事物或从本体论来考虑的法律本身,事实上存在不变性,但关于人们对法律的认识,则存在着进步和相对性"[④]。由于对自然法的认识是同人类在各个历史时期所能获得的道德和社会经验成比例发展的,偏差和谬误就不可避免。如在古代和中世纪,人们更多地注意自然法中的义务而忽视权利,18世纪则是过分地强调了人的权利,而全面的自然法观点应该是权利和义务的一致。但是,认识上的悖谬是无损于不朽的自然法本身的。

《人和国家》在法律分类上,基本沿袭了中世纪神学家的理论,把法律分为永恒法、自然法和实在法,此外还有处于自然法和实在法之间的国际法或万民法。就永恒法同自然法的关系而言,马里旦认为,永恒法

---

① [法]马里旦:《人和国家》,沈宗灵译,中国法制出版社2011年版,第77~78页。
② 参见[法]马里旦:《人和国家》,沈宗灵译,中国法制出版社2011年版,第78页。
③ [法]马里旦:《人和国家》,沈宗灵译,中国法制出版社2011年版,第78页。
④ [法]马里旦:《人和国家》,沈宗灵译,中国法制出版社2011年版,第89页。

是上帝意志的体现，是神圣的理性秩序，处于法律的最高层次；自然法则是对永恒法的一种参与，“其所以是对良知具有约束力的法律，仅仅因为本性和本性的倾向表明了一种理性的秩序，即神圣理性的秩序”①。而就自然法同实在法的关系而言，马里旦认为，自然法是处理各种必然同“行善避恶”这一首要原则相联系的权利与义务的，自然法本身是普遍不变的；实在法是在一个特定社会集团里有效的整套法律（习惯法或制定法），是处理偶然地同首要原则相联系的各种权利与义务的。② 它是自然法的延伸和发展，随社会条件变化而变化。从这也可以看出，马里旦的法律分类是一个神学阶梯，其中自然法成了上帝及其永恒法同尘世社会及其人类法之间的桥梁，因此，他的自然法学说是神权政治论的延伸。

马里旦认为，很难对处于自然法和实在法之间的万民法或国际法下确切的定义。一方面，就产生方式而言，它不像自然法是通过人类本性的内在倾向而认识，而是通过运用理性或者通过理性知识而认识的。因此，它属于实在法，并正式构成一种法律秩序。另一方面，从内容上说，它又具有自然法的因素，因为它不仅包括通过理性推论而来的超出自然法的内容，而且还包括通过人性倾向而认识的属于自然法的内容。另外，马里旦指出，从历史经验的观点看，在自然法、国际法和实在法之间，有着察觉不到的转变，有一种动力促使不成文的自然法在人类法中开出花来，使它更加完善公正。

六、马里旦的人权哲学思想

马里旦对“主权”概念的分析，客观上起到了在政治哲学领域悬置“主权者”和“最高权威”的效果。他利用“自然权利”（natural rights）这一关键概念对“君主”“政治体”“国家”“人民”的分析，事实上解构了原本高高在上的“国家”概念，从而展示出其自由主义的基督教人文主义

① ［法］马里旦：《人和国家》，沈宗灵译，中国法制出版社2011年版，第82页。
② 参见［法］马里旦：《人和国家》，沈宗灵译，中国法制出版社2011年版，第84～85页。

理论底色。在此基础上，马里旦对“自然法”概念的重述，进一步引出了与“自然权利”并驾齐驱的“人权”概念。

马里旦非常注重人权问题，生前曾积极参加制定联合国《世界人权宣言》以及其他国际组织的有关活动，客观上为现代国际人权法的发展做出了独特贡献。他对自然法和人权关系问题的论述，很能反映其代表的新托马斯主义法学的时代特色。

马里旦认为，人权的哲学基础是自然法。没有一个充分的自然法观念，就不能了解人权，因为规定我们最基本的权利和义务的都是自然法。每一创造物都依靠它的本原发生作用。由于自然法是对上帝永恒法的参与，是通过被创造的自然的主要结构和需要传达造物主智慧的产物，[①]所以以自然法为基础的人权，最终依靠的是上帝这个纯粹正义。于是，人权就有了先于并高于成文法和各政府之间协议的地位，并成为社会所必须承认的权利。马里旦指出，只承认事实的实证主义哲学以及唯物主义和唯心主义哲学都不可能作为人权的基础，因为，只承认事实，不相信价值，不承认人的内在价值和尊严，人的自然权利就无从谈起。

从自然法学说出发，马里旦对一般人权做了解释：第一，要区分哪些权利是由自然法规定的，哪些权利是实在法或国际法规定的。自然法（本体论意义）规定的权利，如人的生存、人身自由、追求道德生活的完善等，是普遍不变的，而实在法或国际法规定的，如私有权的具体形态、免于匮乏和恐惧的自由等，则根据不同社会的形式及其经济发展状态而不同。第二，以体现人的本性的自然法为依据的人权是不能让与的，因为自然是增进共同福利的，人权因此也同共同福利有着内在联系，让与就会损害政治社会的共同福利。第三，要区别权利的享有和使用，权利的不可让与是指权利的享有，并不是说权利的行使不受限制，为了共同福利，权利的行使必须服从正义在每一场合下所规定的条件及限制。[②]在此基础上，马里旦讨论了人权能否让与的问题，主张人权需要根据自

---

① 参见［法］马里旦：《人和国家》，沈宗灵译，中国法制出版社 2011 年版，第 68～72 页。

② 参见［法］马里旦：《人和国家》，沈宗灵译，中国法制出版社 2011 年版，第 88 页。

然权利的具体种类来判断能否让与。例如,生存权和追求自由、幸福等的权利是不能让与的,因为这种权利与人的本质息息相关,甚至是作为规定“人”这个概念的基础要件。而言论自由、行为自由等人权,则可以在一定前提下实施让与或者由外界施加限制。不过马里旦也提出,人权“能否让与”与“能否限制”是两个不同的问题,即使是那些不可让与的权利,也存在可以限制甚至是剥夺的情形,如国家依法宣判罪犯死刑的正当性,是罪犯因实施犯罪而在道德上背离了政治体的基本美德,应受到法律惩罚,此时这种法律惩罚就体现为对罪犯行使生命权的限制,尽管罪犯本身仍然享有不可被剥夺的生命权。另外,马里旦还解释了“新”“旧”权利间矛盾的特殊人权问题。所谓“特殊人权”,主要是指“新”权利也就是人们逐渐开始认识到自己所具有的、以往不曾具有的权利。人们开始加以认识的“新”权利同已经认识并倾向于使它们绝对、无限的“旧”权利总是不断斗争,以求得到承认。马里旦认为,这种斗争是可以调和的,因为权利既然是人的,其在行使上就要受限制。换言之,虽然人们在理论上对“人权”概念存在多元认识,但在实践中却可以形成某种行动共识,确立一定的行为标准。①

从马里旦关于自然法和人权的论述中可以发现,他试图将新托马斯主义的自然法思想与现代人权思想相结合,为更充分地增强神学自然法的说服力奠定理论基础。而且值得一提的是,马里旦对自然法和自然权利概念的重述,又使得以道德义务为本位的古典自然法观念与以权利为本位的自然权利观念相互融贯,为重新理解政治体、国家与个人之间的关系提供了新的理论方案。②

七、马里旦人权哲学思想的现实意义

马里旦的人权哲学思想,对现实社会产生了较为广泛的影响。首

---

① 参见[法]马里旦:《人和国家》,沈宗灵译,中国法制出版社 2011 年版,第 89 页。

② 参见高鸿钧、赵晓力主编:《新编西方法律思想史(现代、当代部分)》,清华大学出版社 2015 年版,第 173 页。

先,在当时马里旦出于为新托马斯主义和天主教教义辩护的目的而论证的“宗教掌握主权”观点,客观上要求马里旦提供一套重新阐述宗教与世俗社会相互兼容的理论方案。马里旦与“法兰西行动”分道扬镳的历史,也在敦促着马里旦必须尽快提供宗教理论与自由主义、人文主义相互融贯的具体蓝图。马里旦在《人和国家》第五章“民主宪章”正式讨论这方面的内容。

《人和国家》的理论落脚点是宗教、国家和法律的相融,特别是论证宗教与国家相互支持、相互促进的必要性。马里旦巧妙地利用了西方社会在“二战”后十分重视的“民主”概念,将基于人权而实施的“民主”作为贯穿国家与宗教之间的媒介。首先,马里旦提出,现代社会的特殊性是从政教不分走向政教分离,宗教信仰被世俗信仰所取代,而在现代政治理论中,“民主”以及由此形成的一整套民主制度所依赖的恰是已经世俗化了的信仰体系而非形而上的宗教信仰。然而,真正的民主制包含精神和意志在共同生活基础上的根本一致,它知道自己的原则,并且它必须能够保卫和促进自己关于社会和政治生活的想法,它必须在自身内部具有一种共同的人类信条即自由的信条。[①] 马里旦进一步认为,政治体必须通过教育而非强制来塑造这种共同的信条:“政治体有权利和义务主要通过教育在其公民中间促进民族团结和公民和睦两者所依赖的人类的和世俗的——以及主要是实际的——信条。政治体作为一个单纯世俗的或现世的团体,既然被包围在现代国家享有其自主权力的范围以内,就没有权力将一种信仰的规则或理性的一致性,即把自己当作借以体现人民的共同世俗信仰的实际宪章的唯一可能根据的一种哲学或宗教信条,强加于或要求于公民。对政治体来说,重要的事情是通过哪怕是抱有不同见解的人对这一道德宪章的归依而使民主意识在事实上保持下去。用来实现这种共同归依的方法和根据属于精神和良知自由。”[②]在这里,马里旦以“道德宪章”来定义公民在政治体中的基本命

---

① 参见[法]马里旦:《人和国家》,沈宗灵译,中国法制出版社 2011 年版,第 94 ~ 95 页。

② [法]马里旦:《人和国家》,沈宗灵译,中国法制出版社 2011 年版,第 96 页。

题，如人的权利和自由、政治权利和自由、社会权利和自由、作为家庭社会组成部分的人的权利和义务等。[①]

基于此，马里旦将民主所需要的信仰定义为“民主宪章”。他认为：“第一，政治体（即人民）愈是受基督教信念的影响并了解那使他们感到鼓舞的宗教信仰，他们就愈更加深刻地归依民主宪章的现世信仰；因为事实上，民主宪章在人类历史上是作为福音感召的结果而形成的，这种感召即使在相互对立的和有时为堕落的意识形态所歪曲了的各种精神系统和思想派别的分歧中，也唤醒了一般现世意识中的各种‘天然是基督教的’可能性。第二，政治体（即人民）愈是受基督教信念的影响，事实上基督教哲学对民主宪章所提供的根据就愈加会被承认为最正确的根据——这绝不是任何国家干预的结果，而只是大部分人民事实上会自由地归依基督教信仰和基督教哲学的结果。”[②]这种分析思路实际上并不罕见。马里旦这种将宗教信仰与“民主信仰”相等同的做法，事实上与韦伯在论证新教伦理作为资本主义精神时的方法高度雷同。

现代社会毕竟是一个多元社会，因此在主流价值之外，也必然存在某些持有反对意见的“异端者”。对于这些人，马里旦认为，公民的自由辩论以及国家的强制，足以限制这些“异端者”的政治活动。只是在涉及“异端者”的行为与言论自由的关系问题时，事情才变得比较复杂，并非所有的思想都有在政治体中自由传播的资格。不过，在限制言论自由时，必须要注意行为的尺度，因为这种限制言论自由的做法是确保政治体保护自由、共同宪章和共同道德观方面的权利的最为不利的方式，它本身有违民主社会和良善政治生活的基本理念。[③] 正因如此，马里旦一方面强调应当尊重言论自由，另一方面也指出需要从服务于政治体的整体利益的维度来形成干预言论和思想自由的边界，防止国家逾越其从属

① 参见［法］马里旦：《人和国家》，沈宗灵译，中国法制出版社2011年版，第96～97页。
② ［法］马里旦：《人和国家》，沈宗灵译，中国法制出版社2011年版，第97～98页。
③ 参见［法］马里旦：《人和国家》，沈宗灵译，中国法制出版社2011年版，第99～101页。

于政治体的地位。更何况，国家未必就会更好地处理思想问题，因为事关道德和价值判断的问题通常更适合由学校或者教会来解决，加强教育甚至是捍卫民主宪章的首要条件。是故，积极地、建设性地而非单纯地通过限制自由来捍卫民主宪章，对政治体而言更具意义："公民集团和联盟可以致力于民主哲学的发展、对人民关于共同宪章的启发，以及对叛离正道的政治潮流进行思想斗争。国家本身可以使人民知道某一个被公认为道德上政治的有才智的人所组成的特殊团体对于反民主的意识形态所作的判断。"①而在民主国家里，"自由、法律和人类的尊严是基本的教义"②，"法律的最终目标是使人们在道德上善良"③，法律要使自己适应各种道德信条所认可的各种生活方式，使道德法则充分实现。值得注意的是，由于国家不具备优越于政治体的条件，因此在捍卫民主宪章时，还需要重新回应权威的问题。马里旦提出，"权力"和"权威"是两回事：权力指可以用来强迫别人服从的力量；权威是指挥和命令别人，使别人服从的权利。不具有权威的权力就是暴政。据此，马里旦提出了法律与权威、正义的关系：人们中间的权威关系是来自自然法的，非正义的权威不是权威，就像非正义的法律不是法律。④

思 考 题

1. 如何理解"人权的哲学基础是自然法"的观点？
2. 如何理解"人权"和"主权"的关系？
3. 马里旦对"人权"的理解和定义有何局限？

① [法]马里旦：《人和国家》，沈宗灵译，中国法制出版社2011年版，第102页。
② [法]马里旦：《人和国家》，沈宗灵译，中国法制出版社2011年版，第56页。
③ [法]马里旦：《人和国家》，沈宗灵译，中国法制出版社2011年版，第146页。
④ 参见[法]马里旦：《人和国家》，沈宗灵译，中国法制出版社2011年版，第108～109页。

拓展阅读

1. [法]雅克·马里旦著,[加]威廉·斯威特编:《自然法:理论与实践的反思》,鞠成伟译,中国法制出版社2009年版。

2. [法]让·多雅:《马利丹》,许崇山译,中国社会科学出版社1992年版。

3. 张志铭:《梵蒂冈天主教廷官方法律思想的反映——马里旦〈人和国家〉中的法律思想》,载周旺生等:《西方法学名著评介》,辽宁人民出版社1986年版。

4. 徐卫翔:《超越现代:马利坦对现代世界的批判》,同济大学出版社2004年版。

第五讲

《民主与不信任:司法审查的一个理论》导读

本导读以法律出版社《民主与不信任:司法审查的一个理论》中文版为依据。[美]约翰·哈特·伊利:《民主与不信任:司法审查的一个理论》,张卓明译,法律出版社2018年版。英文版参见John Hart Ely, *Democracy and Distrust: A Theory of Judicial Review*, Harvard University Press,1980。

图5-1 哈佛大学法学院收藏的伊利照片

一、伊利生平

约翰·哈特·伊利(John Hart Ely),美国著名宪法学者,1938 年 12 月 3 日出生于纽约市,2003 年 10 月 25 日死于癌症,享年 65 岁(伊利照片见图 5-1)。他本科就读于普林斯顿大学,主修哲学,曾作为富布赖特学者在英国伦敦政治经济学院学习,1960 年毕业,获文学士学位(A. B.)。1963 年毕业于耶鲁大学法学院,获法律专业学位(LL. B.)。伊利在美国部队服过兵役,曾是 1963 年成立的“肯尼迪总统遇刺事件特别调查委员会(沃伦委员会)”中最年轻的工作成员,1964 年至 1965 年担任首席大法官沃伦的法律助手,做过刑事辩护律师和美国交通部总法律顾问。1968 年伊利任耶鲁大学法学院教授,1973 年转任哈佛大学法学院教授,1982 年至 1987 年担任斯坦福大学法学院院长,1996 年因热爱潜水转任迈阿密大学法学院教授。1981 年 5 月 16 日,伊利被遴选为美国人文与科学院院士。2003 年 5 月 26 日,为表彰他对宪法学作出的杰出贡献,耶鲁大学法学院授予其名誉法学博士学位。颁奖词中有一句:“你的作品是我们这一代宪法学研究的标杆。”除影响最大的《民主与不信任:司法审查的一个理论》(以下简称《民主与不信任》)外,他还著有《战争与责任》(普林斯顿大学出版社 1993 年版)、《以宪法为根据》(普林斯顿大学出版社 1996 年版)等。

在哥伦比亚大学法学院亨利·莫纳罕教授的眼中,伊利机智风趣,幽默感很强;对人对事,非常公正,平心静气,从不贬损他人;伊利忠于朋友,珍视友情;在法律之外,有着广泛的兴趣爱好,从哲学、文学、音乐和芭蕾舞,到潜水等运动,不胜枚举;他也没有因为自己在学术上取得的成就而变得傲慢。[①] 从斯坦福大学法学院苏利文教授的回忆文章中,我们可以得知,伊利在事业上取得了成功后,仍然会害羞。他是一个素食主义者,他的演讲能力很强,他从未放弃吸烟。伊利在生命的最后,曾对苏

① See Henry Paul Monaghan, *John Ely: The Harvard Years*, 117 Harvard Law Review 1748 (2004).

利文说："我写了一本想写的书。"[①]这对于一个学者来说，是件很幸运的事情。这本书应该是指取得了巨大成功的《民主与不信任》。

据报道，美国法学院协会（AALS）设立了一个新的法学教育奖项——"约翰·哈特·伊利奖"（John Hart Ely Prize in the Law of Democracy），专门颁给在美国选举法或民主之法领域作出重大贡献的杰出学者。2021年度首个获此奖项的学者为哥伦比亚大学法学院长期讲授选举法的理查德·布里福（Richard Briffault）教授。[②] 该奖项的设立说明伊利在法学教育和民主领域的贡献获得了美国法律界的广泛承认。

二、全书内容

（一）司法审查与"反多数难题"

本书的主题是美国的司法审查，即司法机关依据宪法审查立法机关以及行政机关的行为是否合宪。本书尤其关注联邦最高法院针对立法机关制定的法律的审查，因为该书所要解决的核心难题，正是集中地体现在这里：联邦最高法院依据宪法宣告立法部门制定的法律无效，是否具有正当性？立法机关是人民选举出来的民意代表机关，代表着多数人的意愿，而联邦最高法院的大法官们既非由选举而产生，也无有效方式要求其承担政治责任，在这种情况下，9个大法官判决代议机关制定的法律违宪，是否与民主相容？

用比克尔的话来说，"选举程序，无论是在理论上还是在实践上，都被认为是民主政治的核心机制，无论谁最终都无法否认这一机制的重要性；同样不可否认，通过选举程序产生的代议机关掌握制定政策的权力，是民主政体区别于其他政体的关键特征。而司法审查的运作方式，与此

---

① See Kathleen M. Sullivan, *In Memoriam: John Hart Ely*, 117 Harvard Law Review 1758 (2004).

② https://www.thefacultylounge.org/2020/11/columbias-richard-briffault-wins-john-hart-ely-prize-in-the-law-of-democracy.html.

特征背道而驰”[①]。比克尔进而将司法审查所面临的此一困境概括为“反多数难题”:“当最高法院宣布立法机构通过的一部法案或选举产生的总统的某一行动违宪的时候,它妨碍了真实的、此时此地的人民所选出的代表们的意志;它行使了控制权,但却不是为了占据优势的多数的利益,而是与之唱对台戏。……这也正是人们指责司法审查不民主的原因所在。”[②]

面对不民主的指责,大法官们可以用法治原理回应:我们作出违宪的判断并非没有根据,我们是依据宪法作出判决的;宪法是法律,而适用法律,本是法官的职责所在。这也就是马歇尔大法官在 1803 年“马伯里诉麦迪逊案”[③]中的核心推理,正是通过该案,美国的司法审查权得以确立起来。由于美国成文宪法并未明确规定司法审查制度,两百多年以来,对司法审查权的质疑之声没有消失过,不过,正如伊利所说,在美国,“总的来说,司法审查制度是被认可的,抨击的对象局限在令抨击者恼火的特定个案上。毫无疑问,在司法审查的权力应该完全予以取消这一点上,是不存在任何共识的:即使有共识的话,也是相反,即不应该在整体上取消司法审查权”[④]。

所以,争论的焦点在于法院该如何适用宪法,这是一个宪法解释问题或司法审查的方法问题。在这里,宪法解释遇到了法律解释的一个普遍难题,即遇到疑难案件,[⑤]法官需要发挥能动性时,法官的价值判断如何获得正当化,法官会不会将其自身的价值观强加于人。近代以来,对人类理性的认识逐步深化,法律不需要解释的神话已被打破,法官造法

---

① A. Bickel, *The Least Dangerous Branch*, the Bobbs-Merrill Company, 1962, p. 12. 转引自[美]约翰·哈特·伊利:《民主与不信任:司法审查的一个理论》,张卓明译,法律出版社 2018 年版,第 35 页。

② [美]亚历山大·M. 比克尔:《最小危险部门:政治法庭上的最高法院》,姚中秋译,北京大学出版社 2007 年版,第 17 页。

③ Marbury v. Madison, 1 Cranch 137.

④ [美]约翰·哈特·伊利:《民主与不信任:司法审查的一个理论》,张卓明译,法律出版社 2018 年版,第 77~78 页。另请参见任东来、颜廷:《探究司法审查的正当性根源 美国学界几种司法审查理论述评》,载《南京大学学报(哲学·人文科学·社会科学版)》2009 年第 2 期。

⑤ 参见季涛:《论疑难案件的界定标准》,载《浙江社会科学》2004 年第 5 期。

或法官发展法律的合理性,也已经取得了一定的共识。从法律解释的方法看,历史解释、目的解释、体系解释、扩张解释和限缩解释、类推解释等,都在一定范围内获得了正当性。

从法理上说,宪法解释也属于法律解释,法律解释的方法也可用于宪法裁判。然而,适用宪法跟适用普通法律毕竟有所不同。法院适用普通法律时的创造性活动,"仅仅是在代替立法机关从事法律规范的创制工作,倘若法院创制了不被立法机关认可的法律规范,也能够很快地得到纠正。然而,当法院基于宪法上的理由裁定政治部门的行为无效时,它是在否定和推翻政治部门所作的判断,而且,这通常不是一般的法律制定程序所能'纠正'的"[①]。这就使得宪法解释所遭遇的难题更为突出。

二十世纪五六十年代,沃伦法院积极介入政治,依据抽象的宪法条款和一般的宪法原则,频频判决侵害民权的法律违宪,被认为是能动司法的典型。沃伦法院在实践上起到了保障民权的作用,在理论上,其能动主义法理学却遭到了广泛的批评。批评者认为,沃伦法院没有遵循文义解释的方法,没有遵循制宪者的意图,即便其出发点是好的,却也逾越了司法审查权的范围,成了超级立法者,从而背离了美国的民主体制。正是在诸多质疑声中,比克尔将司法审查的"反多数难题"明确提了出来,并积极寻求理论上的解决。伊利不满于比克尔的司法审查方法,认为他的方法属于价值导向的方法,这个方法的最大问题在于,价值的来源或标准问题无从解决,从而不能有效回应"大法官们将自己的价值强加于他人"或不民主的质疑之声。伊利带着比克尔的问题意识,做出了自己的一番探寻,提出了程序导向的司法审查方法,形成了一个"参与导向的、强化代议制的"司法审查理论。该理论的宗旨在于,一方面论证沃伦法院时期诸多能动司法判决的正当性,另一方面也试图为司法审查权界定适当的范围,为司法审查提出了规范性的要求。

---

① [美]约翰·哈特·伊利:《民主与不信任:司法审查的一个理论》,张卓明译,法律出版社 2018 年版,第 35 页。

在本书第一章,伊利首先勾勒了对立的两种宪法解释理论:“解释主义”和“非解释主义”。“前者主张,法官们在裁决宪法争议时,应该把自己所扮演的角色,严格限定在适用和执行成文宪法所明文规定或明确隐含的规范上,与此相反,后者主张,法院不应拘泥于宪法文本,而应适用和执行单从宪法文本中找是不可能被发现的那些规范”①。伊利认为,解释主义较于非解释主义,更具有魅力。一则是因为,“解释主义”比较符合我们关于“法律是什么”以及“法律如何运作”的一般观念。“在解释法条的时候,为了判断某个私人行为,是否为法律所允许,或者是否与法律相抵触(这和宪法审查的情形更为接近),法院显然会把自己的角色限定在,探寻和确定法律条文所明示或隐含的规范性目的和禁止性命令上面。”②“如果实施宪法是你的工作,那么你所实施的就只能是宪法,而不能是当时出现在你头脑中的一个善良理念,无论它多么契合你的心意。”③二则是因为,“非解释主义”难以有效回应质疑司法审查不民主的声音。在一个民主的共和国里,为什么应该由非经选举产生的官员来实施“不成文宪法”,这样的安排会不会具有太多的英雄主义色彩?相比之下,“解释主义”似乎更能解决宪法解释的难题。“非解释主义者是让无需承担政治责任的法官们,去选择和界定超越于多数统治之上的价值;而解释主义者仅仅是从我们的联邦宪法中提取价值,也就是说,由于宪法本身曾提交给人民批准,人民也确实予以批准了,所以解释主义者所提取的价值最终是来源于人民的。因此,法官们并没有制约人民,制约人民的是宪法,这意味着,最终是人民自己在制约自己。”④

尽管如此,伊利认为解释主义的论辩在很大程度上是虚构出来的。

---

① [美]约翰·哈特·伊利:《民主与不信任:司法审查的一个理论》,张卓明译,法律出版社2018年版,第30~31页。

② [美]约翰·哈特·伊利:《民主与不信任:司法审查的一个理论》,张卓明译,法律出版社2018年版,第34页。

③ [美]约翰·哈特·伊利:《民主与不信任:司法审查的一个理论》,张卓明译,法律出版社2018年版,第44页。

④ [美]约翰·哈特·伊利:《民主与不信任:司法审查的一个理论》,张卓明译,法律出版社2018年版,第41~42页。

伊利从解释主义中剥离出一种盛行的解释主义理论，即狭义的解释主义或“拘泥于条文”的解释主义，在该书第二章中，他给予了有力的批驳。这种解释主义认为：宪法上的各种条文，近似于自足的实体，其解释光靠语言文字，同时辅之以制宪史就行，无须在这些条文之外向其填充内容。[①] 然而，在“解释主义者的圣经”，即宪法文本中，有一些开放性的条款，其具体内涵，单从文字语言和历史上制宪者意图的角度去探寻，是无法得出答案的。比如《第14条修正案》中的正当程序条款、特权或豁免权条款和平等保护条款，以及《第9条修正案》中的“未列举权利”条款，这些条款邀请解释者越出条文的框框之外。这些条文是用开放性的术语写成的，其本身承认成长与发展的可能性。[②]

在伊利看来，可将其立场归于广义的解释主义，[③]持此立场者认为：“宪法上的很多条文，光靠语言文字和有关制宪史，是很难理解其内涵的，实际上，其中有些条文一看便知需要透过条文之外的渊源来填补其内涵；但是他们仍坚持主张，补充条文内涵时所依赖的理论，应该源自整个宪法文本的总体精神，而不应该源自宪法框架之外的某种渊源。”[④]非解释主义者也认为，对宪法中开放性条文的内涵，最高法院应该予以填充，其在这一点上与伊利的立场一致，但非解释主义者填充开放性条文的方法是：“确定那些真正重要的或基本的价值，并且强制政治部门接受这些价值。”[⑤]伊利认为，这种价值导向的方法论，把价值选择的最终决

---

① [美]约翰·哈特·伊利：《民主与不信任：司法审查的一个理论》，张卓明译，法律出版社2018年版，第45页。

② 参见[美]约翰·哈特·伊利：《民主与不信任：司法审查的一个理论》，张卓明译，法律出版社2018年版，第102页。

③ 伊利认为，可以将广义的解释主义，看作解释主义的一种类型，也可将其描述为介于解释主义和非解释主义之间，这并不重要，重要的是，其试图避免狭义的解释主义所具有的缺陷同时又保留其优势。参见[美]约翰·哈特·伊利：《民主与不信任：司法审查的一个理论》，张卓明译，法律出版社2018年版，第45页。

④ [美]约翰·哈特·伊利：《民主与不信任：司法审查的一个理论》，张卓明译，法律出版社2018年版，第44～45页。

⑤ [美]约翰·哈特·伊利：《民主与不信任：司法审查的一个理论》，张卓明译，法律出版社2018年版，第79页。

定权交给了非经选举产生的法官,并没有解决“反多数难题”。在该书第三章中,伊利检视了这类非解释主义理论,对各种各样用以确定基本价值的方法,以及用来填充开放性条文的各种价值来源,一一给予了有力的驳斥,它们包括:“法官自身的价值观”“自然法”“中立原则”“理性”“传统”“共识”“预测进步”。在伊利看来,这些所谓的“根本原则”或价值标准,要么是空洞的,要么是不民主的。

于是,伊利在价值导向的“非解释主义”和“拘泥于条文的解释主义”之外,发展出一种程序导向的审查模式,这种模式是以宪法为根据的,因而是讲原则的,同时,也是与美国的代议制民主相一致的。由此,伊利提出了司法审查的第三种理论,他称之为“参与导向的,强化代议制”的理论。他的这个理论,笔者宁愿称之为“强化代议制民主”的理论,简言之,即“强化民主”(democracy-reinforcement)[①]的理论。一方面,在现代国家,代议制被认为是一种基本的民主形式,伊利也反复强调自己的方法更加符合美国的代议制民主;另一方面,伊利的思路正是:通过建构一个非但不与民主相冲突,而且还促进和强化民主的司法审查理论,回应质疑司法审查不民主的声音。

(二)法院的适当角色和应有职能

伊利的司法审查理论是一个规范性理论,它对法院的司法审查提出了若干要求,实质上是对法院的角色和职能提出了规范性主张。伊利把联邦最高法院比作裁判员。运动场上的裁判员,其所关心的不是比赛结果的好坏,而是比赛的过程是否正常,同样,联邦最高法院也应只关注代议程序,而不是代议结果——代议机关有关实体价值的选择和判断。在一个代议民主政体中,价值决定应该由选举出来的代表作出,如果多数人实际上不同意他们的决定,那么可以通过选票将他们选下台去。联邦

① 桑斯坦也指出,伊利是基于“强化民主”此一观念,对联邦最高法院促进政治民主的作用作了辩护。参见[美]凯斯·R.桑斯坦:《就事论事:美国最高法院的司法最低限度主义》,泮伟江、周武译,北京大学出版社2007年版,第18页。See Cass R. Sunstein, *The Supreme Court*:1995 *Term-Foreword*: *Leaving Things Undecided*,110 Harvard Law Review 6(1996).

最高法院通过对代议程序的监督完善代议制，确保人民大众能够自由且有效地选择其代表，确保人民选出来的代表真正代表人民。

伊利所主张的司法审查方法，类似于经济领域中的反垄断，而不是“规制”，它并不要求出现某种实体结果，联邦最高法院只是在“市场”（政治市场）机制失灵的时候才介入。政府失灵发生在代议程序不值得信任之时，这有以下两种情形：(1)体制内的掌权者阻塞政治变革的渠道，确保他们自己能够继续掌权，并阻止体制外的无权者进入体制内；(2)尽管没有任何人实际上被剥夺发言权或选举权，但是代表们因受恩于事实上的多数人而对少数人采取完全敌视的态度，或者出于偏见不承认少数人与多数人之间的利益共同性，从而在制度上使某个少数人群体处于不利地位，并因此不给那个少数人群体提供代议制下其他群体所能获得的保护。[①]

与代议程序不值得信任的两种情形相对应，疏通政治变革的渠道，以及纠正对少数人的某些歧视，是联邦最高法院的应有职能，在伊利看来，这正是沃伦法院广泛关注的两个层面。[②] 1938 年“卡罗琳产品案”的第四注脚[③]，给了伊利很大的启发和支持。在那个注脚中，针对涉及违宪争议的立法，休斯大法官列举了不宜适用合宪性推定，而应予严格审查的三种情形：(1)从系争立法表面看，便在宪法特别禁止之列，譬如有违《权利法案》中的禁止性规定；(2)涉及对政治程序的限制，如限制言论自由，因为此类立法本身就堵塞了政治变革的渠道，人们本来“对那些政治程序寄予厚望，希望通过它们废除令人讨厌的法律”；(3)有关宗教、国籍、种族等少数人群体的法律，因为针对“分散而又孤立的少数人”所形成的偏见，“极有可能削弱那些通常可以被信赖会保护少数人的政治程序”。

---

① 参见[美]约翰·哈特·伊利：《民主与不信任：司法审查的一个理论》，张卓明译，法律出版社 2018 年版，第 151 页。

② 参见[美]约翰·哈特·伊利：《民主与不信任：司法审查的一个理论》，张卓明译，法律出版社 2018 年版，第 117 页。

③ United States v. Carolene Products Co. ,304 U. S. 144,152 – 53,note 4 (1938).

上述第一种情形有较强的解释主义倾向,对此,伊利有所保留,认为解释主义是不充分的,针对宪法中的开放性条款,需要运用其他方法,而对于第二种情形和第三种情形,则认为它们给出了非常有意义的提示。第二种情形意味着:使民主机制处于良好的运行状态,确保政治参与和交往的渠道保持畅通,是联邦最高法院应有的职责。第三种情形意味着:联邦最高法院应该关注多数人对少数人做了什么,也就是应特别关注“针对”宗教上、国籍上和种族上的少数人制定的法律,以及在对这些人持有偏见的情况下制定的法律。[①] 卡罗琳产品案第四注脚的后两种提示正对应着联邦最高法院的两项应有职能。

在代议程序不值得信任的第一种情况下,即当体制内的掌权者堵塞政治变革的渠道时,联邦最高法院应该介入,疏通政治变革的渠道。这一做法的实质在于,确保舆论、选举等民主问责机制能够发挥实效,促使人民代表废除人民不喜欢的法律,通过人民所喜欢的法律。由此,伊利指出,对于言论自由、结社自由、选举权等政治权利,不管宪法条文是否明文列举,法院都应给予特别保护,严格审查有关立法,因为这些权利对于一个开放而有效的民主程序来说,是至关重要的。[②]

在沃伦法院时期,联邦最高法院突破了传统的“政治问题”回避原则,在有关选举权案件中采取能动司法路线,宣告“一人一票”原则,加大了对选举权的保护力度。[③] 对此,伊利予以肯定,并驳斥了有关异议。其中一种异议认为,选举权并没有在美国宪法中被明文提及,至少没有明文提及州层面选举中的选举权。伊利回应道:结社自由没有在美国宪法《第1条修正案》中提及,却已被联邦最高法院从中推导出来,言论自由和结社自由也没有在《第14条修正案》中提及,也已被认为包含在其中,可适用于各州,而选举权也是同样的道理,以宪法没有明文规定为由

---

① 参见[美]约翰·哈特·伊利:《民主与不信任:司法审查的一个理论》,张卓明译,法律出版社2018年版,第119页。

② 参见[美]约翰·哈特·伊利:《民主与不信任:司法审查的一个理论》,张卓明译,法律出版社2018年版,第154页。

③ 参见张卓明:《一人一票 一票一值》,载《法制日报》2009年12月29日。

进行质疑,是站不住脚的。伊利指出,选举权案件中的能动司法的反对者,在其他案件中却可能赞成能动司法,“要避孕,可以;要选举,不行”的说法并不罕见。在伊利看来,这恰恰是颠倒了过来:除去民主程序中的障碍,才是司法审查应该特别予以关注的,而剥夺选举权,正是这种障碍的典型。①

为了让政治问责机制发挥实效,促使人民代表真正负起责任来,法院还应关注代议机关或立法机关的消极立法问题。伊利指出,在现实中,很多议员把精力花在了联系选民上,而将很多重要问题交给了不是通过选举产生的行政人员来决定。在一些争论纷纷的议题上,为了顾及不同选民的立场,议员们常常不明确表达自己的态度,而宁愿让行政部门的官僚或某个独立管制机构“去接下这块政治上不可回避的烫手山芋”。具体手段是:“用含糊其词的法条将皮球踢给”行政机关。在伊利看来,把麻烦的任务留给不需要负政治责任的其他人,这显然是不民主的:“我们的议员通过拒绝立法来逃避责任,而这种责任对于一个民主共和国的良好运行来说是至关重要的。”所以,法院应该敦促议员们去立法,法院应该禁止立法机关无原则地授权:国会将决策权转交给其他人行使,若没有一项“标准”或“可理解的原则”去指导他们的政策选择,那么这种授权是违宪无效的。对联邦最高法院曾经运用的这个禁止授权原则,伊利给予了支持。②

在代议程序不值得信任的第二种情况下,即当多数人敌视或歧视少数人时,即便少数人在法律上拥有发言权和选举权,法院也应该介入,严格审查此种立法,以确保少数人的利益获得代表,易言之,使少数人获得平等保护。在伊利看来,保护少数人,不仅仅限于保护少数人的政治权利,其理由是,“不管政治程序如何开放,那些握有多数票的人,总是处在一种优势的地位,他们可以通过投票使自己获利而牺牲他人利益,或者

---

① 参见[美]约翰·哈特·伊利:《民主与不信任:司法审查的一个理论》,张卓明译,法律出版社 2018 年版,第 167 ~ 168 页。

② 参见[美]约翰·哈特·伊利:《民主与不信任:司法审查的一个理论》,张卓明译,法律出版社 2018 年版,第 184 ~ 188 页。

拒绝将他人的利益考虑在内"①。

多元主义是政治市场机制的核心要素,它假设"少数人可以通过交易以及加强与其他群体的利益联系来保护自己",伊利也承认,"在某种程度上,民主的实质,就是允许组成我们社会的不同个人和各种群体,可以决定跟其他哪些个人和群体联合起来,去影响立法"。然而,多元主义有时会失灵。政治市场上存在这样一些人:由于其他群体或利益团体拒绝与之在政治上联合起来,他们实际上被排除在政治市场之外,因此总是发现自己在立法中处于不利的地位——立法机关以某种不可信的理由通过立法分类使之处于不利地位。② 这些人就是卡罗琳产品案第四注脚中所谓的"分散而孤立的少数人"。法院所应关心和保护的这些"在政治上无法保护自己的人",并不仅仅指数量上的少数人,关键在于他们是"分散和孤立"的,类似于我们语境中无权势的"弱者"。例如,黑人和女性这两个群体,数量上并不少,却常因为偏见而遭受歧视,因此属于"弱者",如果立法分类使他们处于不利地位,就跟外国人、非婚生子女一样,法院应给予特别保护。

立法是一个利益分配的过程,在立法中,差别对待是很普遍的,关键在于差别对待是否合宪,在伊利看来,此问题的判断,主要不是取决于利益分配的结果,而应取决于产生该分配结果的过程。当然,如果立法限制的是明文规定的或可正当推论出来的宪法权利,则该分配结果本身就值得重视。然而,如果所分配的利益对于政治参与来说不是至关重要的,或者不是宪法所明文保障的,那么,利益分配上的失调,其原因只能存在于产生此种分配结果的程序当中。③ 伊利主张,在这种情况下,法院审查时应考虑系争立法行为是否由违宪动机所引发,如果答案是肯定

---

① [美]约翰·哈特·伊利:《民主与不信任:司法审查的一个理论》,张卓明译,法律出版社 2018 年版,第 189 页。

② 参见[美]约翰·哈特·伊利:《民主与不信任:司法审查的一个理论》,张卓明译,法律出版社 2018 年版,第 211 ~ 212 页。

③ 参见[美]约翰·哈特·伊利:《民主与不信任:司法审查的一个理论》,张卓明译,法律出版社 2018 年版,第 190 ~ 191 页。

的,那么该立法行为应该被宣告无效。尽管法院从事动机分析存在一定的困难,但并不表示法院应回避这件事情,相反,法院应给予其更多的关注,只有这样,少数人的权利才能获得充分的保障。[①]

伊利进而将其主张的动机分析与可疑分类理论联系起来,认为二者之间是相互支持的:从功能上看,可疑分类所要求的特别审查,尤其是其要求立法分类与立法目的之间达至契合无间的程度,其实就是一种将违宪动机"清除出来"的方法。[②] 在伊利看来,如果某个群体已成为普遍诬蔑中伤的对象,如果某个群体可能是其他群体(特别是那些控制了立法程序的群体)想要伤害的,那么令这些弱势群体处于不利地位的立法分类,应该被视为可疑分类,法院应特别审查。[③] 在有利于少数种族的"反向歧视"这个问题上,伊利承认这是个道德难题,但在宪法上极力支持纠偏性优待措施(affirmative action):"就多数人歧视自己而言,在宪法上丝毫不具有可疑性",因为"我们不必担心,构成我们社会中的多数人群体的白人联盟,会普遍地剥夺白人获得平等关切和尊重的权利"[④]。

可见,在伊利那里,司法对少数人的保护也是程序导向的,即关注的焦点是立法的过程,而非立法的结果。总之,疏通政治变革渠道与少数人权利保护,这两项联邦最高法院的应有职能,是为了应对代议程序不值得信任的两种情况,意在确保代议程序的公正性,而不是为了确保政策选择和程序结果的正确性,所以,法院的这两项职能不会损害代议民主程序本身,而只会补充和强化代议民主程序。也因此,伊利认为,其司法审查方法是"程序导向"的,其司法审查理论非但不与代议制民主相冲突,而且还促进和强化代议制民主,有助于代议制民主理想的实现。

---

① 参见[美]约翰·哈特·伊利:《民主与不信任:司法审查的一个理论》,张卓明译,法律出版社2018年版,第202页。

② 参见[美]约翰·哈特·伊利:《民主与不信任:司法审查的一个理论》,张卓明译,法律出版社2018年版,第203页。

③ 参见[美]约翰·哈特·伊利:《民主与不信任:司法审查的一个理论》,张卓明译,法律出版社2018年版,第213页。

④ [美]约翰·哈特·伊利:《民主与不信任:司法审查的一个理论》,张卓明译,法律出版社2018年版,第233~235页。

(三)代议制民主与美国宪法

一些评论者指出,伊利在《民主与不信任》一书中所使用的民主概念模糊不清,甚至相互冲突,一方面在大多数情况下把民主等同于多数决民主,另一方面又基于平等原则提出应该保护少数人,这两种民主概念是不一致的。[①] 在笔者看来,与其说它们是不一致的,不如说它们都是伊利所主张的民主原理的一部分。在该书中,伊利没有发展出一套完整的民主理论和民主哲学,他试图通过对美国宪法的解读来说明美国人民所接受的、美国宪法所确认的民主原理,并在此基础上提出自己的司法审查理论。尽管如此,面对民主这样一个有争议性的概念,伊利势必要在宪法理论和政治理论之间来回穿梭,阐发作为其理论基础的民主原理,以证立自己的理论主张。

伊利认为,其所提出的司法审查理论与美国的民主原理是相符的,这个民主原理就是代议制民主原理,它是美国政治制度的基础:“我们社会从一开始,就接受了代议制民主应该作为我们政府的组织形式这个观念,而现在,它几乎已经成为我们的一种本能反应。”[②]在公民们亲自参与立法程序不切实际的情况下,代议制民主就成了最适合的政府体制。一方面,代表在任职结束之后,将返回到人民这个群体当中,并因此成为被统治者群体中的一员。另一方面,代表们即便在任职中,也将生活在他们所制定的法律的统治之下,而无任何超越于法律之上的特权:他们自身也受法律统治,将确保统治者与被统治者之间形成利益共同体,防止出现压迫性的立法。在现实中,权力具有分化统治者与被统治者的内在倾向,必须得有某种力量去抵制这种倾向。在这些力量中,最主要的就是投票选举:人民根据自己的利益选择与他们的利益相一致的代表,

---

① 参见顾佳:《司法审查正当性新的证成路径及其困难》,载《厦门大学法律评论》第11辑,厦门大学出版社2006年版。See also Jane S. Schacter, *Ely and the Idea of Democracy*, Stanford Law Review, Vol. 57:3(2004).

② [美]约翰·哈特·伊利:《民主与不信任:司法审查的一个理论》,张卓明译,法律出版社2018年版,第36页。

并通过定期改选的问责机制,确保代表始终与他们的利益保持一致,特别是确保代表们自己也难逃他们所制定的法律的严格约束。[①]

在伊利那里,代议制民主很大程度上等同于共和民主。伊利指出:"透过规定国会选举以及州政府的共和体制,美国联邦宪法这个文件本身,就清楚地表达了在联邦和州两个层面都实行代议制民主的信念。确实,代议制民主在当时所受到的关切,显然非其他政体形式所能及。"伊利还援引《联邦党人文集》第39篇的一段文字表明,立宪当时共和民主业已成为有效论辩的前提:"我们政府的政体形式是否必须是共和政体?显然,再没有其他政体形式,更契合美国人民的天性,更符合美国独立革命的基本原则,或者更能够贯彻和落实那个鼓舞所有爱好自由之人士的伟大决定,即要把我们的一切政治实验都建立在人类具有自治的能力这个信念之上。"[②]

概言之,代议制民主的逻辑前提是人具有自治能力,法律面前人人平等是代议制民主的法治保障形式,而定期选举则是代议制民主的政治保障形式。在自治的逻辑下,以及在民主选举与法律平等的背后,架构起代议制民主原理的是:多数统治观念、平等参与理念以及代表理论。

伊利指出,代议制政府的"根本要义在于,它产生于社会中的大多数人,而非一小部分人或者某个特权阶级","多数决民主是我们整个政治制度的核心","无论怎么解释,无论可设什么限制,统治必须基于被统治者多数的同意,这是美国政治体制的核心"。伊利从制宪和修宪两个角度说明多数统治是美国人民的基本信条。一是,一旦联邦宪法获得批准,几乎所有的美国人都立即接受了这部宪法,并且视之为掌控自己命运的根本大法。那些反对批准这部宪法的人,虽不认同该宪法所作的安排,但在联邦宪法批准后都予以接受,唯一合理的解释是,他们也承认多

---

① 参见[美]约翰·哈特·伊利:《民主与不信任:司法审查的一个理论》,张卓明译,法律出版社2018年版,第121页。

② [美]约翰·哈特·伊利:《民主与不信任:司法审查的一个理论》,张卓明译,法律出版社2018年版,第37页。

数决的正当性。[①] 二是，从美国内战以来的宪法修正案来看，多数条款是为了促进人民大众对政府的控制而制定的，其中绝大多数是为了扩展选举权而制定的，可见，国家应由被统治的多数人来掌控这个制宪之初就有的信念，经过一个世纪的宪法发展，得到了充分强化。“在美国，多数统治的一般观念，无论在理论家那里，还是在普通民众那里，都不曾遭遇过任何重大的挑战。”无论是道德绝对主义者，还是道德相对主义者，他们在各自的理论语境中，都信奉和捍卫民主——前者支持民主，是出于民主是自然法的一个原则这一信条；后者支持民主则是因为，既然道德不具有确定性，那么民主便是再自然不过的制度选择。[②]

的确，伊利很大程度上是借助多数统治观念来批驳“拘泥于条文的解释主义”以及“非解释主义”的。后者主张“社会实体价值的选择问题，其最终的决定权应该赋予经由任命产生的法官”，前者主张“这种价值选择应该遵循逝世已超过一个世纪以上的制宪者的信念”，[③]而这意味着，昨日的多数（假定是多数）掌控了今日的多数，[④]这些观点都有违美国的多数决民主。

然而，多数决民主并不是代议制民主原理的全部，看似与多数决民主相冲突的少数人保护也是代议制民主的原则要求。这是因为多数统治还伴随着多数暴政的威胁。“倘若多数人决定政策的权力是毫无限制的，那么他们就有可能以少数人的利益为代价来谋取其自身的利益，即便在这两种利益之间，在重要性上并没有什么差别。这个道理，早在制宪之初，就已经为人们所理解，并且，我们的联邦宪法也确实含有若干应

---

① 参见［美］约翰·哈特·伊利：《民主与不信任：司法审查的一个理论》，张卓明译，法律出版社2018年版，第38页。

② 参见［美］约翰·哈特·伊利：《民主与不信任：司法审查的一个理论》，张卓明译，法律出版社2018年版，第39～40页。

③ ［美］约翰·哈特·伊利：《民主与不信任：司法审查的一个理论》，张卓明译，法律出版社2018年版，“前言”。

④ 参见［美］约翰·哈特·伊利：《民主与不信任：司法审查的一个理论》，张卓明译，法律出版社2018年版，第102页。

对性的机制，以便人们去克服这个问题。”[①]

制宪者至少采取了两种策略保护少数人的利益，以防多数人可能对少数人造成的侵害。首先是基本权利清单策略，也就是具体列出政府不能对任何人做的事情，不过，在伊利看来，这里的防卫手段主要是程序性的。其次是多元主义的组织策略，它是政府的组织原则之一，在一定意义上，也是整个社会的组织原则，其目的在于保证各种各样的声音都能够发出来，没有任何多数联盟能够主宰一切。[②] 通过实践所确立起来的司法审查制度，则又是一个保护少数人的必要机制。但是，司法机关非民意机关，其在保护少数人的过程中，也蕴含着违背多数人统治原则的风险：司法机关有可能取代立法机关，成为超级立法者。那么，伊利如何协调“多数人决定”和“少数人保护”这两项原则呢？他如何将“尊重多数人”和“保护少数人”这两项要求有机地统一在一起？

伊利首先运用平等参与理念将二者结合在一起。他借卡罗琳产品案的判决要旨指出，联邦最高法院的两项应有职能都和参与有关：“它们要我们关注的，并不是这个或那个实体价值是否特别重要或基本，而是参与的机会是否遭到不当的限制，不管是参与政治程序——正是通过这些程序，价值得以妥当地辨识和协调——的机会，还是参与分享那些程序已达成的结果的机会。”[③]在伊利看来，“沃伦法院的事业的特色就在于追求‘参与性的’目标，即让人们更多地参与到代议制政府的运作过程和资源分配中去。这与传统上以及学术上较为流行的观点，也即坚决要求提供一系列特定的被视为基本的实体价值或善，形成了鲜明的对比”[④]。多数人决定原则与平等参与政治程序的要求是相一致的，而少

---

① [美]约翰·哈特·伊利：《民主与不信任：司法审查的一个理论》，张卓明译，法律出版社2018年版，第40页。

② 参见[美]约翰·哈特·伊利：《民主与不信任：司法审查的一个理论》，张卓明译，法律出版社2018年版，第123页。

③ [美]约翰·哈特·伊利：《民主与不信任：司法审查的一个理论》，张卓明译，法律出版社2018年版，第120页。

④ [美]约翰·哈特·伊利：《民主与不信任：司法审查的一个理论》，张卓明译，法律出版社2018年版，第117页。

数人保护原则又与平等参与分享那些程序产生的利弊结果是相一致的。通过“平等参与”这个概念,联邦最高法院应有的两项职能,以及背后的大众统治与平等主义这两种观念结合在了一起。伊利也因此称其理论是“参与导向”的。

不过,正如伊利所说,大众统治与平等主义这两种观念能够囊括在参与概念的意义之下,并不足以使它们彼此相容。“一个平等参与统治程序的体制,绝不必然跟一个预设人人平等参与分享程序产生的利弊结果的体制相关联;它在很多方面似乎旨在产生截然相反的效果。”“二者经常结合在一起,并不等于二者是统一的,至少从表面看,大众统治原则意味着,多数人单凭投票就能够击败少数人,并因此能够剥夺少数人所追求的善。”[①]要使多数人统治原则和少数人平等保护统一起来,还需将上述两种参与类型统一在一个融贯的政治理论中。此一任务,伊利很大程度上是借助代表理论来完成的。

美国独立战争时,殖民地居民与英国殖民者之间,曾发生一场激烈的代表概念之争,即实质代表(virtual representation)与实际代表(actual representation)之争。当时殖民地居民与英国殖民者抗争的一个重要理由是:“无代表不纳税。”他们声称:我们无权选派代表参加英国议会,英国却向我们征税,这是不对的,甚至是“违宪的”。这里运用的是实际代表的概念:殖民地居民没有通过选举这种实际的方式向英国议会选派议员,英国议会就无权代表殖民地居民。而英国方面则以“实质代表”的概念回应说:虽然殖民地居民实际上没有选派任何代表,但是他们在议会中“实质上得到了代表”。所以,美国立国先贤对“实质代表”这一术语深恶痛绝,在此历史背景下,该术语后来没有在美国政治理论中复兴,是可以理解的。不过,在伊利看来,实质代表概念所蕴含的洞见,却已在美国的政治理论中保存了下来,并且从一开始就影响着美

① [美]约翰·哈特·伊利:《民主与不信任:司法审查的一个理论》,张卓明译,法律出版社 2018 年版,第 120 页。

国人的宪法思维。[①]

正是运用实质代表的概念,伊利为少数人的平等保护提供了政治基础,同时,通过对代表义务的共和主义解读,将实际代表与实质代表统一了起来。换言之,以选举为保障机制的多数人统治是与实际代表概念相一致的,而司法对少数人的平等保护则是与实质代表概念相一致的。按照共和主义原理,通过选举产生的代表,有义务代表全体选民。司法介入多数人统治,纠正多数人对少数人的歧视,保障少数人的平等权利,实质上是在确保少数人的利益得到代表,也即通过司法落实代表的义务,促使实质代表的实现。

伊利认为,在一个人们几乎已不再相信人民以及人民的利益在本质上具有同质性的时代里,"如果要继续保持政府乃是为了全体人民的利益而存在的共和理想,那么就必须正面应对多数人的暴政这个问题。现有的代表制理论必须作相应的拓展,我们不仅要确保代表(the representative)不会将其利益与其选民中多数人的利益分离开来,同时还要确保代表不会将多数联盟的利益与各种少数群体的利益分离开来"。尽管,这并不意味着,构成少数的群体永远不能得到较其他人更为不利的待遇,但是它确实意味着,代表不能拒绝代表(represent)他们,用德沃金教授的话来说,就是"在设计和实施统治他们的政治制度的时候"不能拒绝给予少数人"同等的关切和尊重"。[②]

在伊利看来,这种实质代表理论已经为美国宪法所承认。美国制宪者理想中的"共和国",并不是某种"赢者通吃"的体制,在这种体制中,政府仅仅追求少数特权者的利益,或者仅仅追求能够组成多数人联盟的那些集团的利益,在制宪者所设想的体制中,代表们将为了整体人民的

---

① 参见[美]约翰·哈特·伊利:《民主与不信任:司法审查的一个理论》,张卓明译,法律出版社 2018 年版,第 126 ~ 127 页;另见张福建:《北美立宪前后"代表理念"的争议:一个革命式的转折》,载《政治科学论丛》1999 年第 10 期。

② 参见[美]约翰·哈特·伊利:《民主与不信任:司法审查的一个理论》,张卓明译,法律出版社 2018 年版,第 126 页。

利益而实施统治。[①] 有些论者提出，联邦最高法院在保护少数人方面的职责，应该仅限于铲除妨碍他们参与政治程序的屏障。对此，伊利驳斥道："居于我们制度核心的代议制，其所应实现的不仅仅是发言权和选举权——这一认识贯穿于我们的整个宪法文件。"[②]

保障实质代表的方法就是，"将无政治权力者的利益与有政治权力者的利益捆绑在一起"，此一保护性装置，对美国最初的宪法制定以及随后的宪法解释都产生了重大影响。[③] 即使在平等保护条款制定之前，至少在特定情形下，最高法院已经打算保护那些并非真正不享有投票权的少数人群体的利益，其方式就是将他们的利益跟那些事实上占据政治权力的群体的利益捆绑在一起——当这些少数人群体的利益并未得到这种"实质代表"的保障时，最高法院也打算介入，为其提供保护。[④]《第14条修正案》则十分明白地规定了伊利所描述的那种"司法上可予执行的实质代表义务"。由此，伊利总结道："有时被说成是两种冲突的美国理想——一方面要保证我们的政府是大众政府，另一方面要保护少数人获得平等的关切和尊重——事实上可以被理解为源于代表的普遍义务。"[⑤]这便意味着，伊利所主张的联邦最高法院的两项应有职能，以及尊重多数人与保护少数人的两项要求，统一在了美国宪法所确认的代议制民主原理之中。

（四）对掌权者的不信任

经由穿梭在宪法理论和政治理论之间的辩驳与论证，法院"强化民

---

① 参见[美]约翰·哈特·伊利：《民主与不信任：司法审查的一个理论》，张卓明译，法律出版社2018年版，第122页。

② [美]约翰·哈特·伊利：《民主与不信任：司法审查的一个理论》，张卓明译，法律出版社2018年版，第189页。

③ 参见[美]约翰·哈特·伊利：《民主与不信任：司法审查的一个理论》，张卓明译，法律出版社2018年版，第128页。

④ 参见[美]约翰·哈特·伊利：《民主与不信任：司法审查的一个理论》，张卓明译，法律出版社2018年版，第129页。

⑤ [美]约翰·哈特·伊利：《民主与不信任：司法审查的一个理论》，张卓明译，法律出版社2018年版，第132页。

主”的职能在很大程度上已获得了证立。有疑问的是,此项职能,为何应该交由法院来执行。伊利给出了两个理由,一个是弱的,一个是强的:法官是程序专家;更为重要的是,法官是远离政治程序的局外人,因而比政治官员更有资格、更适合去执行这些任务。[①]

法律人是小程序保护令方面的专家,经由这种程序,事实得以被发现,对抗的当事人得以提出各自的主张。同时,在某种程度上,他们也是大程序保护令方面的专家,经由这种程序,公共政策问题得以被公平地解决。但是,其他人,特别是全职参与政治程序的人,同样可以主张自己是程序专家。而且,还有很多立法者,他们本身就是“法律人”。因此,主张法官最适合承担监督代议程序的职责,其依据主要不在于法官是这方面的专家,而在于法官所处的位置以及所应持有的立场与视角。[②]

人民选举产生的代表本身处在代议程序之中,显然最不应该将监督代议程序的职责托付给他们。然而,经任命产生的法官,在美国政府体制中,相对属于局外人的角色,他们很少需要像议员那样考虑继任的问题。虽然这并没有给予他们某种特殊的管道,可以借之通向美国人民真正所认同的价值,但是,这确实使他们处于一种有利的位置,可以比较客观地评判下述主张:“我们选举出来的代表事实上并没有代表他们所应当代表的利益,因为他们阻碍了政治变革的渠道,或者成了多数人暴政的帮凶。”[③]

简言之,代议程序不值得信任,也即政府失灵的两种情形,本是代议制政府中的掌权者所造成的,因此,需要由外在于代议程序的、相对超然和独立的法官介入,确保代议程序公正运行。这个推论中,包含着对掌权者不信任的逻辑。这个逻辑,不仅贯穿于伊利的司法审查理论,同时

---

① 参见[美]约翰·哈特·伊利:《民主与不信任:司法审查的一个理论》,张卓明译,法律出版社2018年版,第134页。

② 参见[美]约翰·哈特·伊利:《民主与不信任:司法审查的一个理论》,张卓明译,法律出版社2018年版,第150~151页。

③ [美]约翰·哈特·伊利:《民主与不信任:司法审查的一个理论》,张卓明译,法律出版社2018年版,第151~152页。

也贯穿于美国的宪法之中。多数决民主机制、司法审查机制，最终都可溯至这个逻辑。有评论者认为，《民主与不信任》中"所谓的不信任，是对司法审查的不信任，也是对民主的不信任"①。这种说法不无道理，却也不尽准确。

关于民主，如前所述，在伊利那里，多数人决定与少数人保护，已成为代议制民主原理不可分割的两方面内涵，并构成其司法审查理论的基础。即使将民主限定在多数决民主的意义上，也只是部分正确：多数决民主机制也可能产生暴政，所以需要防范和纠正，但多数决民主机制又是值得依赖的，所以，要保障政治程序的开放和有效，确保真正的多数掌权。信赖多数决民主，基于一个相当合理的假设："掌有权力的多数是不会过度损害自己权利的。"②"既依靠多数，又怀疑多数"③的态度反映的是对人民自治能力的信任以及对掌权者的不信任。所以，与其说伊利不信任民主，不如说伊利信任民主，不信任的是掌权者。

关于司法审查，一方面按照伊利的理论，其承担着"监督代议程序"和"强化民主"的职责——"疏通政治变革的渠道"和"确保少数人的利益得到代表"。不难看出，法院因此会获得相当大的权限，就此而言，伊利对司法审查是抱有很大期望和信任的。另一方面，伊利的确对司法审查抱有一定的不信任，不相信法官在价值选择方面来得更加英明，因此将法院正当的能动司法限定在补救代议程序的缺陷方面。从根本上说，这也是源于对掌权者的不信任，因为法院也是代议制政府的一个部门，分享着国家权力。

伊利对于"非经民主程序产生的精英，最有可能发现人民真正的价值立场"此一观念抱有深深的怀疑：希特勒曾宣称，"我的骄傲在于，我知道这个世界上没有任何政治家能比我更有资格说，我是我人民的代

---

① 汪庆华：《对谁的不信任？》，载《中外法学》2004 年第 5 期。

② ［美］约翰·哈特·伊利：《民主与不信任：司法审查的一个理论》，张卓明译，法律出版社 2018 年版，第 148 页。

③ 钱锦宇：《司法审查的能与不能：从"麦迪逊式困境"的重新解读及其解决说起》，载《环球法律评论》2007 年第 5 期。

表”,而这个“古老的”假设也是错误的,即“精英分子运用唯其所拥有的神秘的直觉,比让人民自由的讨论、投票和决定,更能准确反映人民的意愿”[①]。价值导向的司法审查方法,可能导致同样的错误:法官将价值强加给人民。程序导向的司法审查方法,则能避免这种价值专断。“价值选择适合留给多数人作决定,它是多数人所拥有的一项特权。”[②]如果说,司法审查是为了抗衡掌权之多数的专制,那么,多数决民主是为了避免掌权之少数的专制。[③]《民主与不信任》结语中的最后一句话就是:“宪法适合存在的情形,是代议制政府不能被信任的情形,而不是我们认为政府可以受到信任的情形。”[④]这句话揭示了美国宪法背后的基本政治哲学。

(五)民主和参与:程序中的价值问题

伊利通过程序导向的方法所建构的“强化民主”的司法审查理论,既是一种政治理论,也是一种法学理论。换言之,其司法审查理论,不仅在政治上是可靠的,有着美国民主传统和政治理论的支持,同时在法律上也是有根据的,有着美国宪法文本和实践的支撑。因此,在伊利的眼中,程序性是美国宪法的根本特质。伊利指出:美国宪法不是“一份普遍价值的宣言”,相反,“实体价值的选择与协调,事实上几乎全部留给了政治过程去处理,而且,这份文件最为关切的是,一方面确保纠纷解决程序的公正性(小程序保护令),另一方面确保人民广泛地参与到政府的统治和资源分配过程中去——在宽泛意义上可称之为大程序保护

---

① [美]约翰·哈特·伊利:《民主与不信任:司法审查的一个理论》,张卓明译,法律出版社2018年版,第67页。

② [美]约翰·哈特·伊利:《民主与不信任:司法审查的一个理论》,张卓明译,法律出版社2018年版,第243页。

③ 参见张千帆:《司法审查与民主——矛盾中的共生体?》,载《环球法律评论》2009年第1期。

④ [美]约翰·哈特·伊利:《民主与不信任:司法审查的一个理论》,张卓明译,法律出版社2018年版,第248页。

令”①。伊利承认,维护自由是美国宪法的根本目标,“倘若不是这样,就不值得为宪法而奋斗”。但是,为实现这一目的,美国宪法普遍采取的方法并不是植入一系列实体性的权利,给予它们永久性的保护。相反,美国宪法“通过一系列涵盖面相当广泛的程序保障,以及十分精巧的制度设计,确保作出实体性选择的决策程序,会尽量在平等的基础上向所有人开放,同时决策者会负起责任,将其决策所影响的所有人的利益都考虑在内”。最后,伊利总结道:“美国宪法基本上是一部名副其实的宪法(constitution),关注的重心在于组织结构上的(constitutive)问题。使美国宪法负有盛名的是,事实上也使美国本身负有盛名的是一套统治的程序,而不是一种处于统治地位的意识形态。”②

伊利从程序角度解读美国的宪法和民主,并论证其程序导向的司法审查方法,向我们展示了宪法和民主的一个重要维度。其试图化解法官在面对开放性宪法条文时价值判断的正当化难题,无疑值得肯定。其在理论上的融贯性追求更是值得敬佩。但是,其程序导向的方法论是有局限性的。伊利把美国宪法解读成一部程序性的宪法,或许避免了“只见树木、不见森林”的弊端,给人一幅整体的美国宪法图像,但这种图像无疑包含其自身的一些想象和判断,至少,如伊利所坦率承认的,有若干条款是异类,不符合其宪法图像,③而单单这些异类就足以给其理论造成局限。按照却伯(Tribe)教授和多尔夫教授的分析,伊利对美国宪法的解读,犯了“过度整合式”的谬误:认为宪法含有一套固有的、一元化的和不变的基础价值或基本原则(不管这些价值或原则是程序性的、实体性的还是结构性的)。实际上,各种宪法条款是两个多世纪以来的各个阶段中以各方妥协的形式逐步形成的,它们代表一种历史偶然性,并且就整体而言,并不

---

① [美]约翰·哈特·伊利:《民主与不信任:司法审查的一个理论》,张卓明译,法律出版社2018年版,第132~133页。

② [美]约翰·哈特·伊利:《民主与不信任:司法审查的一个理论》,张卓明译,法律出版社2018年版,第148~149页。

③ 参见[美]约翰·哈特·伊利:《民主与不信任:司法审查的一个理论》,张卓明译,法律出版社2018年版,第149页。

总是融贯一致的。伊利将整部宪法解读成具有一个用于完善民主体制的非实质性中心目标时,他可能就越过了解读宪法和起草一份他自己想要的宪法之间的界限。[①] 这也就使得伊利的宪法和司法审查理论,可能越出了宪法教义学的范围,而成为一种政治宪法学(或政治理论)。

伊利试图通过程序概念来界定和解释美国宪法中的民主和参与,从而避免价值判断的难题。但其程序概念并不是价值无涉的,实际上具有浓厚的价值内涵。因为,伊利的参与概念并不局限于法律层面,而是上升到一般层面,并且突出了政治层面的含义,也就是伊利所谓的"大程序令"方面:首先应保障公民个人享有参与政治程序的机会,人民正是通过政治程序选择实体价值并解决价值冲突;其次应保障公民个人参与分享政治程序已达成的结果的机会。伊利的民主概念也不局限于选举过程,还包括确保少数人获得代表的实质代表层面,即平等参与资源的分配过程。显然,如何保障平等的参与机会,推进代议制民主,才是宪法所要求的,而对这一问题的回答是难以避免价值判断的,并且,在程序的概念和理论框架之内是无法充分回答的。伊利承认"参与本身显然可以被视为一种价值"。那么,联邦最高法院为什么应追求且只应追求参与这种"价值"呢?伊利概括了三个方面的理由:(1)这些"价值"是我们这部宪法所特别关注的,并且也是处理得最为成功的;(2)"强加"这些"价值",非但不与美国的代议民主制相冲突,反而巩固了美国的代议民主制;(3)这些"价值"特别适合由远离政治过程的法院来"强加"。[②] 然而,仅仅用参与性的价值来解释《权利法案》所追求的价值,是不充分的;说民主和参与是美国宪法首要的价值也会引发争议。图什内特(Tushnet)教授就曾批评道:"我们对民主的信奉,并不比对正义的信奉更多。"[③]当

---

① 参见[美]劳伦斯·H. 却伯、[美]迈克尔·C. 多尔夫:《解读宪法》,陈林林、储智勇译,上海三联书店 2007 年版,第 33 ~ 37 页。

② 参见[美]约翰·哈特·伊利:《民主与不信任:司法审查的一个理论》,张卓明译,法律出版社 2018 年版,第 118 页"脚注"。

③ Mark Tushnet, *Darkness on the Edge of Town: The Contributions of John Hart Ely to Constitutional Theory*, The Yale Law Journal, Vol. 89:6, p. 1047(1980).

然,伊利不会认为美国宪法不以正义为追求,只不过认为美国宪法所体现的正义是以民主为视角和以参与为本位的程序正义。但其观点仍会受到美国宪法同样保障实质正义的诘问,正如实质性正当程序理论所主张的那样。[①]

即使遵循伊利的司法审查理论,在司法实践中也不能使法官回避价值判断。正如布雷斯特教授指出,伊利试图将价值判断排除在宪法裁判之外的努力,是注定要失败的:法院在履行强化代议制的职责过程中,大多数情况下都需要价值判断,并且,有关基本价值的诉求通常都可以转化为强化代议制的诉求。[②] 就算参与是首要的宪法价值,有时候也会发生两种参与性价值相冲突的情形,如竞选资金规制的合宪性问题:一方面人民有权花钱用于发表各种竞选言论,这是言论自由所保障的;另一方面商业资金不得侵蚀政治选举,这可看作平等选举权所保障的,在这两种权利相冲突的情形下,具体个案中就难免会有价值判断问题。2010年1月21日,联邦最高法院在"公民联盟诉联邦选举委员会案"[③]中,以保障政治言论为由,判定《两党选举改革法》关于竞选最后阶段限制各种企业或组织以营利或非营利的目的资助候选人的相关条款违宪,同时推翻了之前最高法院的两个判例,即1990年的"奥斯丁诉密歇根商会案"[④]以及2002年的"麦康奈尔诉联邦选举委员会案"[⑤]。联邦最高法院在这个问题上的反复,无疑与其价值判断的变化有关。

可见,伊利的司法审查理论,并不会使宪法裁判免于价值判断。这

---

① "程序性的正当程序意味着,当政府对个人生命、自由或财产进行剥夺之时,它必须依据一种被认为公正的程序进行。……而实质性正当程序则着眼于法律本身是否公正、理性并具有充分的正当理由。"参见[美]阿兰·艾德斯、[美]克里斯托弗·N. 梅:《美国宪法:个人权利、案例与解析》,项焱译,商务印书馆2014年版,第66页。1948年,联邦最高法院大法官首次使用了"实质性正当程序"这一概念。实质性正当程序理论通常被用来证成对契约自由、隐私权等未列举基本权利的司法保护。参见[美]约翰·V. 奥尔特:《正当法律程序简史》,杨明成、陈霜玲译,商务印书馆2006年版,第24页、第73页。

② Paul Brest, The Substance of Process, 42 Ohio St. L. J. 131 (1981).

③ Citizens United v. Federal Election Commission, 558 U. S. 310 (2010).

④ Austin v. Michigan Chamber of Commerce, 494 U. S. 652 (1990).

⑤ McConnell v. Federal Election Commission, 540 U. S. 93 (2003).

也就揭示了伊利的司法审查理论作为一种法学理论(或宪法教义学)的局限性。无论在法适用的实践领域,还是在法教义学的理论领域,法学涉及的主要是"价值导向"的思考方式。[①] 在充斥着一般条款和法律原则的宪法领域,更是如此。在宪法学思考中,只认可程序性价值,而排斥实体性价值,或者说,要求法官只从事民主和参与方面的思考,而不从事其他实体价值方面的思考,在实践中是不可能的,这就如同要求法官只从事规则推理,而不得从事原则推理一般。当然,司法裁判中包含价值判断,并不意味着这种判断一定就是主观和专断的,法学对此就无能为力了。法学针对"价值取向"的思考也发展出一些方法,借助它们可以理解及转述既定的价值判断,在一定的范围内,法官的价值判断是可以审查的,且能对之作合理的批评。[②] 就此而言,不妨将伊利的司法审查理论看作宪法裁判领域价值判断客观化的一种方法,其有助于对宪法裁判的审查和批评,但无法将其他方法一律排除在宪法理论之外。司法中的法律推理既不同于逻辑推理,也不同于价值无涉的科学推理,而是一种有目的的实践活动,在这个过程中难免包含评价和权衡的因素,但在实践理性的约束下,同时依靠合理的程序和制度安排,司法裁判仍有可能获得一定程度的客观性。[③] 伊利强调程序性价值在宪法上的根本性,以及宪法裁判区别于普通审判的特殊性,反映了其对宪法裁判机构在解释宪法过程中解决实体价值问题能力的不信任,以及对日常民主政治可能受到联邦最高法院侵害的担忧,这说明其司法审查理论不仅仅是一种提供裁判方法的法学理论(或法教义学),同时是一种倡导民主的政治理论(或法哲学),它既确认宪法裁判机构通过判决推动民主事业的正当性,同时告诫宪法裁判机构须谨守自身功能的界限,防止出现凌驾于民主过程之上的价值专断。

---

① 参见[德]卡尔·拉伦茨:《法学方法论》,陈爱娥译,商务印书馆 2003 年版,第 95 页。
② 参见[德]卡尔·拉伦茨:《法学方法论》,陈爱娥译,商务印书馆 2003 年版,第 20 页。
③ 参见李桂林:《法律推理的实践理性原则》,载《法学评论》2005 年第 4 期。

三、本书的影响力

伊利所著本书是司法审查、宪法乃至法哲学领域的经典法学著作，曾于 1982 年获得美国三年一度的“最佳法学图书奖”。根据美国耶鲁大学引证学专家弗雷德·夏皮罗在 2000 年发表的一项研究成果，自 1978 年以来，《民主与不信任》是美国法学界引用率最高的一本法学专著。[①]从 1980 年出版到 2002 年，该书已在美国印刷了 14 次。围绕本书的评论和研讨，从 20 世纪 80 年代初该书问世之际，到 20 世纪 90 年代初该书出版 10 周年之际，再到 2003 年伊利逝世后，至少经历了三轮热潮。理查德·波斯纳（Richard Posner）、弗雷德里克·肖尔（Frederick Schauer）、威廉姆·埃斯克里奇（William Eskridge）等法理学家，图什内特、迈克尔·佩里（Michael Perry）、却伯、保罗·布莱斯特（Paul Brest）等宪法学家，都曾专门撰写评论文章。《耶鲁法律杂志》《斯坦福大学法律评论》《弗吉尼亚法律评论》等法律杂志还曾召开专题研讨会并推出系列评论文章。[②]

该书对美国宪法实践有着持续的影响力。在 2015 年的“奥博格菲尔诉霍奇案”（Obergefell v. Hodges）中，联邦最高法院首席大法官约翰·罗伯茨（John Roberts）发表的不同意见书就直接引用了《民主与不信任》中的一句话：“实际上他们所‘探寻的’很可能是他们自己的价值观，不管他们是否充分意识到这一点。”[③]2022 年 6 月 24 日美国联邦最高法院正式公布“多布斯诉杰克逊女性健康组织案”，该判决推翻了 1973 年罗伊案判决，取消了对堕胎权的宪法保护。判决多数意见不仅

---

① See Fred R. Shapiro, *The Most-Cited Legal Books Published since* 1978, The Journal of Legal Studies, Vol. 29:1, p. 397 – 407(2000).

② See *Virginia Law Review*, Vol. 77, No. 4, Symposium on Democracy and Distrust: Ten Years Later (May, 1991); *Stanford Law Review*, Vol. 57, No. 3, Symposium in Honor of John Hart Ely (Dec., 2004); *The Yale Law Journal*, Vol. 114, No. 6, Symposium: On Democratic Ground: New Perspectives on John Hart Ely (Apr., 2005).

③ [美]约翰·哈特·伊利：《民主与不信任：司法审查的一个理论》，张卓明译，法律出版社 2018 年版，第 80 页。

在注脚22中引用了《民主与不信任》一书,而且还在正文中引用了1973年伊利对罗伊案的评论:“甚至堕胎的支持者们也已发现很难为罗伊案的论证辩护。一位著名的宪法学者写道:如果他是‘立法者’,‘非常愿意投票赞同一部如同联邦最高法院最后敲定似的法律草案’,但他对罗伊案的评价却丝毫不留情面,令人印象深刻:罗伊案判决根本就‘不合宪法’,‘几乎没能让人感受到合宪的义务’。”①此外,该书的影响力还及于法理学领域。德国哲学家哈贝马斯有关法律和民主法治国的商谈理论就曾受本书启发,其于1992年在德国出版的名著《在事实与规范之间:关于法律和民主法治国的商谈理论》多次引用了该书。② 法理学家德沃金虽是伊利的理论对手,但也不得不承认该书的影响力,在他看来,该书之所以十分有影响,是因为伊利是宪法谦抑论的先锋,伊利在该书中将宪法谦抑看作是对民主的促进,而非对民主的危害。③ 德沃金在《法律帝国》《原则问题》《自由的法》等著作中都提及了伊利的理论,尤其在《原则问题》一书中专门用一章(“原则论坛”)重点探讨了伊利的理论。德沃金甚至试图将伊利的论证作为自己的理论资源,认为可将其论证理解为自己所主张的作为王牌的权利理论:“我试图为程序导向的司法审查理论提供一种不同于民主的基础,这种基础可以在权利作为对抗多数人意志的王牌理论中发展出来,进而主张伊利的论证,如果正确理解的话,实际上就是那个论证,而非如其书的标题所明示那样,来自民主的论证。”④

该书之所以具有重大影响力,一方面当然是由于其在理论上的独到创见和论证上的优雅精致,另一方面也是因为司法审查与民主制度是当

---

① Dobbs v. Jackson Women's Health Organization, 597 U. S. _(2022). 这段话出自伊利的一篇引用率极高的文章:*The Wages of Crying Wolf: A Comment on Roe v. Wade*, 82 Yale L. J. 920 (1973)。在伊利看来,堕胎议题特别棘手的真正根源,并不是这个议题非常不适合通过民主程序作出决定,而是通过民主程序作出的决定,恰恰经常是包括伊利自己在内的很多人都会强烈反对的价值选择。

② 参见[德]哈贝马斯:《在事实与规范之间:关于法律和民主法治国的商谈理论》,童世骏译,生活·读书·新知三联书店2003年版,第749页。

③ See Ronald Dworkin, *Freedom's Law: The Moral Reading of The American Constitution*, Oxford University Press, 1996, p. 373.

④ Ronald Dworkin, *A Matter of Principle*, Harvard University Press, 1985, p. 59.

今世界逐渐普遍化的宪法实践。伊利的理论既为沃伦法院时期的司法审查实践提供了一种较为有力的解说,同时也能够为后来的司法审查实践提供理论上的指引。耶鲁大学法学院"法律与人文"讲席教授保罗·卡恩认为,判断一个宪法理论是否成功,"唯一有意义的形式,就是一个理论被用于支持某个法律结论。换言之,当它们被适用时,它们就成功了;当它们从我们的法治实践中出局时,它们就失败了"①。就此而言,伊利的理论可以说是成功的。

思 考 题

1. 试分析本书中的民主、代表、平等等核心概念。
2. 伊利对于1973年"罗伊诉韦德案"持何种见解?
3. 评析德沃金与伊利之间的理论分歧。
4. 试论美国法律过程学派对于伊利的理论影响。
5. 本书对于宪法理论和法理学有什么贡献?
6. 伊利以程序为基础的司法审查理论有何局限性?

拓展阅读

1. [美]汉密尔顿、[美]杰伊、[美]麦迪逊:《联邦党人文集》,程逢如、在汉、舒逊译,商务印书馆1980年版。

2. [法]托克维尔:《论美国的民主》,董果良译,商务印书馆1989年版。

3. John Hart Ely, *The Wages of Crying Wolf: A Comment on Roe v.*

① [美]保罗·卡恩:《法律的文化研究》,康向宇译,中国政法大学出版社2018年版,第171~172页。

Wade,82 Yale Law Journal 920(1973).

4. Ronald Dworkin, *A Matter of Principle*, Harvard University Press, 1985.

5. [美]亚历山大·M. 比克尔:《最小危险部门——政治法庭上的最高法院》,姚中秋译,北京大学出版社2007年版。

6. Ryan Doerfler & Samuel Moyn, *The Ghost of John Hart Ely*, 75 Vand. L. Rev. 769 (2022).

第六讲

《道德原则与政治义务》导读

本导读以江苏人民出版社《道德原则与政治义务》中文版为依据。[美]A. 约翰·西蒙斯:《道德原则与政治义务》,郭为桂、李艳丽译,江苏人民出版社2009年版。英文版参见A. John Simmons, *Moral Principles and Political Obligations*, Princeton University Press, 1979。

一、西蒙斯生平与作品简介

A. 约翰·西蒙斯(A. John Simmons)系美国弗吉尼亚大学哲学系教授(Commonwealth Professor of Philosophy)与法学院教授(professor of law),研究领域涵盖了政治哲学、伦理学、道德与政治思想史、法哲学等多个方向。西蒙斯从1976年开始在弗吉尼亚大学任教,1977年取得康奈尔大学哲学博士学位,1982年开始担任《哲学与公共事务》(*Philosophy and Public Affairs*)编辑。西蒙斯的主要著作包括《道德原则与政治义务》(*Moral Principles and Political Obligations*, 1979)、《洛克式的权利理论》(*The Lockean Theory of Rights*, 1992)、《在无政府边缘》(*On the Edge of Anarchy*, 1993)、《证成性与正当性》(*Justification and Legitimacy*, 2001)、《有义务服从法律吗》(*Is There a Duty to Obey the Law*, with C. H. Wellman, 2005)、《权威的边界》(*Boundaries of Authority*, 2016)等。

“政治义务”(political obligation)又被称为“守法义务”(the duty to obey the law),主要关心公民们是否负有服从法律的道德义务及其(如果存在的话)背后的道德根据问题。该问题构成了西方法哲学和政治哲学研究领域的核心问题,诸如柏拉图、霍布斯、洛克、休谟、卢梭、康德、黑格尔、罗尔斯、诺齐克等著名思想家均对该问题给出过思考,而哈特、德沃金、拉兹、沃尔德伦、格林等西方法哲学名家们也对该问题有过系统论述,涵盖了多种思想脉络和理论传统。在当代西方政治义务研究领域,一个无法绕过的作者和作品就是本讲所介绍的约翰·西蒙斯及其著作《道德原则与政治义务》(*Moral Principles and Political Obligations*)。诚如另一位著名政治义务研究者乔治·克洛斯科(George Klosko)所指出的那样,西蒙斯的《道德原则与政治义务》一书在政治义务研究领域无疑是“最重要的批判性著作”,“自从1979年出版以来,它也许已经成为政治义务方面读者群最广、影响力最大的著作”。[①] 具体来说,这本著作的重要影响主要体现在如下三个方面:

首先,确定了政治义务研究的基本框架。在《道德原则与政治义务》出版以前,尽管已经有相当数量的论著讨论过政治义务问题,但这些作品大多是针对某个具体议题(如概念性论证、同意理论、感恩理论等)的分析,缺乏针对政治义务问题的整体透视,尤其缺乏评判不同政治义务理论优劣的基本标准和分析框架,而在《道德原则与政治义务》一书中,西蒙斯明确了“义务”与“责任”的基本划分、“义务判断”与“应然判断”的具体差别、“义务”的构成要件、政治义务的特定要求、政治义务的研究方法、政治义务理论的成功标准等一系列关键问题的基本观点,为后来的政治义务研究打下了坚实可信的理论基础,后续的多数论著均是在西蒙斯所提出的理论标准和分析框架的基础上从事研究。

其次,与当代法哲学、政治哲学的重要研究成果进行了全面接轨和对话。众所周知,自20世纪60年代以来,随着一连串政治事件的发生

---

① [美]乔治·克洛斯科:《公平原则与政治义务》,毛兴贵译,江苏人民出版社2009年版,“导言”,第3~4页。

以及一系列政治哲学、法哲学巨著(如罗尔斯的《正义论》、诺齐克的《无政府、国家与乌托邦》、德沃金的《认真对待权利》等)的诞生,围绕着西方民主国家内部的政治实践而展开的争论愈演愈烈,当代法哲学、政治哲学的研究视野和研究思路也发生了重要的"正义"转向,越来越开始关注那些实质性、实践性的研究议题,而政治义务就属于其中的一部分。在《道德原则与政治义务》一书中,西蒙斯在讨论公平竞争原则和自然责任原则时,就与罗尔斯、诺齐克的相关研究成果进行了全面对话,在细致勾勒、澄清对方理论观点和立场的基础上,对相关的理论缺陷进行了揭示和批判,有助于读者从政治义务层面进一步理解当代西方法哲学、政治哲学主流研究成果的理论抱负和具体诉求。

最后,提出了"哲学无政府主义"(philosophical anarchism)的基本观点,开创了政治义务的一个新型研究流派。"哲学无政府主义"不同于"政治无政府主义",不旨在推翻政府或煽动革命,而是认为由于在理论上无法确证政治义务的合理存在,或者说现存的任何一种政治义务理论都不具有足够的说服力和可接受性,因此否定在道德层面存在服从法律的理由,同时又主张公民们还有其他的道德理由(如基于不得杀人、不得撒谎的道德禁令)去服从法律,即使他们没有政治义务也不应该推翻国家。在《道德原则与政治义务》一书中,西蒙斯相继考察了同意理论、公平理论、自然责任理论、感恩理论等众多政治义务理论,可以说,除了 20 世纪 80 年代兴起的"团体性义务理论"(associative obligations),当时流行的政治义务理论已经被西蒙斯一网打尽,而正是由于上述政治义务理论各自都存在难以克服的严重缺陷,才使"哲学无政府主义"成为一种不得不接受的研究结论,并将沃尔夫、史密斯、拉兹、格林等学者团结到了这一共同流派之中。

总而言之,《道德原则与政治义务》一书在政治义务研究领域具有开创性地位,任何对法哲学、政治哲学感兴趣的读者都无法绕过此书,需要借助该书才能对政治义务的全貌形成整体把握,故该书值得反复研读和细致研究。

二、义务的界定

政治义务首先是一种特殊类型的“义务”,而一项义务就是一种要求,它是对我们自由的限制,是对我们意志的束缚,无论我们的意向如何,都需要履行这种要求,因此义务的一个突出特征在于它与压力和强制密切相关。

“一个人有义务做某事”“一个人应该做某事”“一个人有责任做某事”这几种说法并不是一回事:如果我们告诉某个人,他有义务(或责任)做某事,我们就是正式提醒他,他同另一个人(或者另一些人)处于某种关系中,他有充分的理由(一种特殊的理由)来做这件事。相比之下,若是我们告诉他,他应该做某件事,我们就是在给他提建议,就是在告诉他,他做这件事的举动,有着最充分的理由。因此,“应然判断”(Ought-judgments)通常是人们深思熟虑的最终结果,在此过程中,许多因素已经被我们考虑在内了(包括责任和义务方面的因素)。换言之,“应该”(“应当”)这个词的最普遍用法并没有假设一个特定的角度,而是传递了一个从“统筹考虑”的角度所提出的道德建议。在这个意义上,说某个人有义务或者有责任本身,绝不意味着它提供了以某种方式行事的最终理由,它仅仅为行动提供了一种好的理由,这种理由可能在其他理由面前显得不够充分;进而,说一个人有政治义务(或政治责任),并不等于说他应该履行这个义务,也不等于说义务是行动的最终理由,政治义务(或责任)只是决定我们在一个政治共同体中应该如何行事的相关理由之一。

至于“义务”与“责任”(duty),尽管二者在多数情况下可以混用,但细究起来还是存在一定的差别。人们一般在两种十分不同的语境中使用“责任”这个词汇:一方面,我们在使用“责任”时,通常没有考虑到负有责任的个人在行动时所处的制度背景或者他的特殊角色,因此当我们说“救那个溺水的人是我们的责任”时,我们指的是一般意义上的“道义责任”或“自然责任”(natural duties),它是适用于所有人的道德要求,而不论其地位如何或者其做出了何种举动。另一方面,我们也在“岗位责任”(positional duty,又被称为“职责”)的意义上使用“责任”这个词汇,即这种责任是与个人扮演的某种特殊岗位、地位或者角色所要求的任务或者工作紧密相关的,因此我们可以说教师的责任、父亲的责任、总统的责任等。一个人只有在占有某个岗位的情况下,才负有与这个岗位相关的责任,外界也因此对他有了履行这一岗位所规定的(无论是制度的、家庭的或者其他什么的)责任的期待或要求。与此同时,这种“岗位责任”(职责)并不具有道德分量,它并没有带来任何道德要求的东西,也就是说,岗位责任的存在(某人占据了一个与某些责任相关的职位)是一个道德上中立的事实,如果一个职责在约束着我们,那是因为存在某些去履行那个职责的道德要求方面的根据,而那些根据与职位无关,也与界定那个职位的体制无关,职责的存在从未独自地建立起道德要求。因此,岗位责任与自然责任是不一样的,后者之所以作为道德责任是因为它相对于制度角色而言具有独立性。

相比之下,一旦提到“义务”时,我们就是指满足了如下四个条件的道德要求:首先,义务是由某些自觉的行为(作为或者不作为)而产生的道德要求。因此这种行为可能源自一种深思熟虑的义务承担,进而,义务与责任的一大重要区别就在于,前者要求有特定的行为。其次,义务是一个特定人(义务人)对另一个特定人或者特定人群(权利人)所负有的。这种情形也把义务同道德责任(自然责任)区别开来,后者是所有人对所有其他人所负有的。再次,每一项义务的产生,都同时伴随着相应权利的产生。换言之,在义务人负有一项做 A 的义务之时,义务人也就为权利人缔造了一种做 A 的特殊权利。最后,决定行为具有义务性的,是义务人与权利人之间所产生的互动或者所具有的关系性质,而不是所要求的行为性质,因此义务的产生与义务内容无关。对于义务的上述理解也构成了接下来进一步分析的基础。

三、政治义务问题

在解释政治义务问题时,有必要对如下四点问题进行澄清:首先,在决定如何在政治共同体中行事时,我们的政治义务当然是一个考量因素,而且常常是很重要的因素,但是单纯从政治义务本身推导出来的结论,并不是我们统筹考虑应该怎么做的决定性因素。因此,不管是我们所有人都负有政治义务的结论,还是没有一个人受制于政治义务的结论,都不足以最终证明革命或者不服从的正当性。其次,考虑到政治义务是居民支持和服从其所在国之政治制度的一种道德要求,因此任何一种政治义务理论都必须满足"特殊性要求"(particularity requirement),即政治义务使得公民与一个特定的国家——也就是他是其中一位公民的那个国家——而不是与所有的其他国家建立起联系。这意味着我们感兴趣的政治义务诸原则在类型上将鲜明地显示出公民与其所在国的特殊关系(比如,通过承诺、同意、接受或者获取好处等等建立起来的关系),正是这些特殊的关系,把个人同某一特定的政治制度、政治共同体等联系在一起。再次,政治义务不必满足理据上的单一性要求,换言之,政治义务不必有且只有一个理由。就像柏拉图在《克里同篇》中借苏格拉底之口所说的那样,政治义务可以包含不同的理据,比如只有好国家才值得人们服从,国家只有作为乐善好施者才值得人们回报,以及只有默许了国家对他的权威才使一个人受到约束。最后,政治义务不必具有普适性。人们常常假定,如果我们对政治义务的辩护无法让人们相信在一个特定的国家里每个人都受约束,那么我们便无法提出一种适用于该国任何一个人的政治义务。但这种假定具有较大的谬误,因为在理论上,即便一个政府是"好政府",只要有一位公民在政治上不受义务的约束,这个政府按此假定也将变得非法,最终导致所有人都无须受义务的约束,这显然是荒谬的。因此,在缺乏强有力观点的情况下,我们无须坚持这种"普适性"的强硬立场。

与此同时,区分开研究政治义务的两种方法也是很有必要的:一种是传统研究方法,它一般具有义务论(deontological)和"后摄性"(backward looking)的特点,它往往从过往的(或者持续性的)行为或者事件中(如同意或恩惠)来寻找义务的理据。与之相反,功利主义以及类似的目的论(teleological)通常被看作前瞻性的(forward looking),在宽泛意义上,我们可以把所有那些主张只有能够提升或者将会提升"社会事业”或“普遍幸福”的行为在道德上才是正当的理论,都归入到功利主义名下,因为在一种纯粹的功利主义理论中,只要我们负有义务,那么它们的理据,就不在于以往的行为或者事件,而在于我们的行动的可能结果。至少从行为功利主义的角度来看,前瞻性的方法可能会存在较为严重的问题:根据行为功利主义的考量结果,可能会得出我们应该服从的结论,但也可能得出我们在某些情况下无须服从的结论,甚至会得出我们应该支持某些国外政治机构的结论。这样一来,只要影响这些考量结论的状况是不稳定的,我们从单纯的行为功利主义中所推演出来的方法,就无法找到居民支持和服从自己所在国度的政治机构的道德要求。在这种方法中,不会有特定的政治纽带,至多只有在行为有益之时,义务才会相随而生。因此,无论行为功利主义的理论是多么精巧,对于政治义务的解释都不会来自这个“阵营”,换言之,在功利主义者中寻找我们想要的政治义务解释方案,这种做法将是徒劳的。

就此而论,对于政治义务的解释要想成功,必须满足三个标准:首先,如果在一种解释所应用的诸原则的适当范围内,对其所适用的人们的政治纽带有个明确定位,那么它就是一种“准确”的解释。其次,如果一种解释可以确认所有该受约束并且实际也受约束的人们(无论其准确性如何),我们就称它为“完整”的解释。最后,一个更宽泛的成功标准是,要求一种解释不但要准确和完整,而且它的运用还必须具备相当的广泛性(generality),就是说,可以确保大部分(或许多)国家中的大多数(或者至少许多)公民在政治上受到约束。换言之,只要一种对于政治义务的解释没能经受住这种广泛性的检验,它就不配作为一种能够被多数理论家认可的、可以对政治义务作出解释的政治理论。

四、同意理论

所谓的“同意理论”,就是指所有那些主张公民的政治义务是建立在个人的自愿行为——这种行为就是审慎思虑后对义务的担当——之上的政治义务理论。因此,把政治义务奠定在承诺、契约、明示同意或者默许之上的那些理论,都可以被看作“同意理论”的多元分支。在标准的同意模式中,政治义务的观念与政治权威的观念被认为具有“关联性”,即每一项政治义务担当的同时,就赋予了对政治权威的让渡,反之亦然。

用“同意”或“契约”之类的术语来分析社会政治制度,主要是一种现代的路数。大体上,在同意理论传统中可以划分两种不同的流派:第一种观点认为,政治义务的产生,来源于受其约束的每个公民个体的同意。第二种观点一般被称为“历史性同意”,这种方式强调,一个国家中所有公民(所有时代)的政治义务都产生于该政治共同体第一代成员的同意。那些在著作中提到“原始契约”的作者,对政治义务的解释大多属于这种主张,典型代表如胡克。不过,第二种观点看上去似乎存在严重的缺陷,即只有在十分特殊的情形之下,一个人的同意才会对其他人产生约束力(即便后者是前者的后代),换言之,只有当表示同意的人被另一个人授权在某种事务中替他做主时,这种情形才会出现,但问题在于,“原始契约签订人”的后代,根本无法授权祖先签订这样一个契约。因此,第二种观点在理论上是站不住脚的。

这样一来,第一种观点就成为主要的考察对象,它认为我们的政治义务来自自己(或者授权其他同意代表我们的人)对政府权威的认同。这种理论在推导其具体立场时涉及了四个核心命题:

1. 人生而自由。通常来说,人“生而自由”的断言,其意思与宣称人拥有“自然权利”类似。我们在宣称一项“自然”权利的时候,首先是指它是所有的人(或者“所有理性的主体”,或者“所有有能力选择的主体”)都享有的权利,而这仅仅是因为他们的天性(或者“理性机能”或者“选择能力”)使然。同时,“自然权利”不是自愿行为的产物,而其他类型的权利则是。这里所探讨的自然权利是指“自由的自然权利”,就是人们在“自然法”的限度之内选择行为的权利,不受外力干涉(以强制或者限制的方式)的权利。进而,同意理论认可两种道德纽带即天生的纽带与特殊的纽带之别,而且不承认政治义务是自然的。因此,“特殊”的义务,就是那些来自个人自愿进入的某些“特殊关系或者交易”的义务。只有通过这种自愿行为,一个人才算离开他的“自由的自然状态”。这样说来，如果一个人的政治纽带是“特殊的义务”，那么他的政治义务就不可能是继承来的，或者是打出生伊始就有的，而只能是他本人自愿行为的产物，他只能受到其居住国而不是其他国家的约束，这些都是同意理论传统所承认的观点。

2. 人放弃自己的自然自由(并受义务之约束)，只有通过自愿发出自己希望如此的“明确信号”才算数。同意理论所认可的义务具有“意志依赖”(will-dependence)的属性，义务不仅需要自愿的行动，而且要求这些行动是经审慎思虑后所采取的；一个人除非有意识地做出一种会产生义务的行为，否则便不能受到约束，而且，要求这种行为的重要意义是明确的。因此，所有义务的基础都必须是给出一个“明确的信号”，它以适当的方式表明个人对义务的承受和对权利的转让，或者说，所有类型的同意，都必须是深思熟虑之后作出的，它应足以表明，行为者自由地放弃自己做某事或者拥有某些东西的自然自由。

3. 同意的方法保护公民免遭国家的伤害。这个命题认为，要使同意成为政治义务的必要环节，必须保证只有那些经个人“选择”的政府才有合法的权力统治个人，由此他就免于一出生就自动落入受控制的境地，也免于在不知不觉之中受制于暴政或者不公正的政府。与此同时，同意的方法还可以确保一个被同意的政府，永远无法(合理地)伤害(按照经典的“错误”观念)公民，只要公民是在个人法权(在公民同意的条款限度)之中行事。个人自由地同意政府控制，其实就是表明他是自愿地接受约束，也不会对这种约束有所抱怨，因此他的同意让我们确信政府的强制措施是合法的，只要它没有逾越被划定的边界。

4. 国家是为其公民的利益服务的工具。这意味着，国家的权威是它的公民“给予”的，公民既决定国家是否会为他们的利益服务，也决定怎样在国家之中取得自由与所得利益之间的平衡。国家和任何个人都无法自由确定他人的利益所在。只有经本人的同意，而且唯有如此才能服务于自己作为公民的利益，一个人才能被正当地统治。因此，即使一个人出生在一个完美的国度中，他仍有自由不接受那种要求支持和服从的政治纽带，这种纽带将使他成为一个政治共同体的成员。

因此,同意理论显然尊重了我们的信仰,认为人的生命轨迹应该尽可能地遵循他自己的决定和行动。由于生于一个政治共同体既不是我们所采取的行动,也不是我们所做决定的结果,我们觉得这不应该限制我们的自由,不应该让我们自动受到所在共同体之政府的管束。这些信念成为政治义务理论的基础,它坚持认为,只有发出国家是可以接受的(并愿意向它承认政治义务)明确信号的情况下,才能迫使一个人支持或者服从政府的法令。进而,同意理论在个体选择其政治忠诚的对象时把对他的自由的保护最大化了。政治义务不能被继承,或者不能在不知情的情况下获得,并且,一种深思熟虑的承担(其中承诺是典范)是义务的唯一根据。就此而论,承诺的模式使得一种政治义务理论具有了清晰性和可信性,因为相比于其他任何事物,承诺毫无疑问接近于一种毋庸置疑的道德要求方面的根据。相应地,把一种政治义务理论建立在同意的基础上,这就使它具备了与其竞争的理论所无可比拟的可信度。

五、默许同意

尽管在多数情况下,同意与承诺可以混用,但严格来说,二者间还是存在差别:首先,一方面,严格意义上的同意,通常是让渡给别人的行为。另一方面,除非在特殊的情形下,承诺并不涉及别人的行为。其次,尽管同意和承诺都产生特定的权利和义务,但二者的重点不同。承诺的主要目的在于承担一项义务,而由承诺带给被承诺人的权利从某种意义上说是从属性的。相比之下,对别人的行为表示同意,我们的主要目的是对那些行为授权,这样做时,为别人创造了或者给予了采取行动的特殊权利,在这种情况下,同意者由此产生的义务,也就是不要干涉对方采取行动的权利,反而是从属性的。因此,这里所谓的“同意”,主要意味着同意者给予他人在特定领域内、通常情况下只有同意者才能自由行动的特殊权利,这个过程伴随着同意者意图的适当表达,以达成这种转让,并承担不干涉所授予的相应权利之行使的特殊义务。相应地,两个必须具备的一般性条件是,同意必须是有目的的并且是有意为之的,同时同意又必须是自愿做出的。

不过,从最早的同意理论开始,理论家们就认识到“明示同意”(express consent)并不足以构成政治义务的基础,因为明确表示出同意的人并不多,我们大多数人从未面临过需要对政府之权威明确表示同意的局面,更不用说实际上这样做了。因此,同意理论要想具有说服力,就必须要认真对待甚至倚重“默许”的观念。一般来说,沉默要想表达出同意的信号,就必须具备如下五个条件:(1)当时的情景必须完全清楚,即以沉默表示同意是适当的,人们对此也是完全知情的。这要求潜在的同意者是清醒的,对所发生的事情完全了解。(2)在提议之后,必须有合理充分的时间来让人们拒绝或者表达不同意见,而且可接受的不同意见的表达方式必须让潜在的同意者理解或者了解。(3)表达不同意见如果是不可接受的,这一点也要以某种方式让潜在的同意者清晰明了地知道。(4)表达不同意的可接受方式必须是合理的,而且是十分容易操作的。(5)不同意对潜在同意者所带来的后果不是极端有害的。其中,前三个条件结合起来,就足以保证潜在同意者的沉默是有意义的,因为它们表明,沉默不仅仅是来自(1)对当时情形的懵懂无知,(2)对相应的程序缺乏了解,而且(3)对于决定是否要表示不同意的考虑时间存在误解。如果任何一个条件不能满足,那么,沉默可能就意味着此类沟通的失败,换言之,在那种情形中,沉默不能被视为同意的信号。相比之下,如果侵害了最后两个条件,就意味着沉默不能被当作同意的表示,即使同意和默许的其他条件都满足。总而言之,强迫的同意不会产生任何义务,即便是默许也需要具有目的性,只有当默许被看作深思熟虑的主动承担时,才能保持同意理论的现实说服力,因为,同意理论对于政治义务的解释,只有在同意仍然是毫不含糊的基础的情况下,只有在同意的方法能够避免个人在不明就里的情况下或者违背意志的情况下受到政治约束时,才会具有吸引力。

经典的默许同意理论源自洛克,这种理论认为,默许不需要严格意义上的实际表示,默许可以被观察者理解或者推断,而与同意者对自身同意的意图或者认知毫无关系,进而,在国家中拥有土地,居住在国境中的房屋里,在国内公路上旅行,都是人们表达同意的方式,至少在现代国家中,这些行动就足以构成默许的表示,换言之,这些行动总是同意的表示,无论行为者的意图或者其所处的特殊环境如何。上述理论显然充满了争议,对此,有必要区分清楚“同意信号”(signs of consent)的行为与“暗示同意”(imply consent)的行为:把一个行为称为“同意信号”,是指从行为所发生的背景来看,包括适当的表现手法(语言或者其他方式),该行为可以被当作一种行为者同意意图的表达;这样,所有真正的同意行为都在发出“同意信号”。相比之下,说一个行为是“暗示同意”时,我们既不是说行为者的目的是同意,也不是说该行为在正常情形下会被当作同意的企图,它可以表现为三种方式:

1. 在可导致同意的相应情形发生时,如果行为者心智正常,或者态度端正,那么我们就可以认为这种行为是“暗示同意”。换句话说,如果行为者被问及(或者另外发生了适当的情形)是否同意,他将会同意。

2. 一种行为“寓意”(commits)行为者的同意,这种行为就是“暗示同意”。因此,除非行为者完全准备表示同意,否则该行为将变得不得要领,或者显得极端愚蠢;该行为寓意行为者“合理地”表示同意。

3. 一种与行为者此前如果事实上同意便会受约束的举动相同的行为,就是对他有道德约束力的“暗示同意”行为。

总而言之,这三种方式中的每一种都以某种形式与真正的同意密切相关,但在事实上并没有作出实际的同意表示。因此,默许同意理论把人们享受政府所带来的好处,误当作一种特殊的同意行为类型,即“暗示”的同意,尽管这种所谓的“享受”可能是“暗示同意”,而且可能与个人同意有某种关联,但它们绝非“同意的信号”,在通常情况下,这种享受并不是审慎思虑后的担当,而只有通过审慎思虑之后的担当,我们才能负有政治义务。

推而广之,那些主张选举中的投票、竞选公职、申请护照等行为都是行为者对受其约束的国家政治机构表示同意之表现的看法,均混淆了“同意信号”行为与“暗示同意”行为。

六、公平竞争原则

根据哈特的最初版本,只有在特定情形之中才有可能产生“公平竞争原则”,这些特定情形的突出特点是:(1)有许多人参与到一项“事业”中来;(2)该事业的开展有一套规则可循(个人行为毫无例外地受制于这套规则);(3)当参与者中的一部分(或者全部)遵循这些规则时,部分(或全部)参与者就会从中得益——但是,至少在某种情况下,参与者不遵循规则也可能得益;(4)当作为参与者的某个人因其他人遵守规则而获益时,他就有一项“公平的义务”,也应该遵循这些规则,而且,那些已经遵守这些规则的参与者,有权利要求他提供合作。而在罗尔斯版本的公平竞争原则中,主要有四点重要特征:一是必须存在一种有效的社会合作计划或事业,并且,这种社会合作计划必须是互惠的和公正的。二是在计划之内的合作至少将涉及对个人自由的限制。三是至少在某些情形下,由合作计划所带来的、只有当几乎所有的参与者都合作的时候才能产生的好处,可能被那些推脱合作义务的人获取。四是为了让人受到合作计划的约束,必须给他合作的好处,亦即,义务有赖于我们已经接受并且有意继续接受由公平的合作计划所带来的好处。因此,要接受一项正当的好处,一个人所接受的必须是他想要的,或者是这个人为得到它已经付出了努力,或者至少是这个人没有主动推让的,换句话说,虽然公平的义务未必是深思熟虑后接受的结果,但自愿行为还是必需的。

公平竞争原则与同意理论有一定的相似性,比如二者都是“以义务为中心”(obligation-centered)的解释,而且二者都强调,自愿性是产生义务的关键,都把自愿行为看作我们的政治纽带的基础(尽管同意理论家们仍然坚持审慎思虑后担当的必要性,而公平竞争理论家们则不然)。不过,二者间也有不同之处:首先,公平竞争原则对政治共同体的看法与同意理论不同,具体来说,其对“共同体”的界定更为严格。从根本上说,或者至少部分地,我们可以把政治共同体理解为宽泛的合作计划。这样,公民被认为与他们的同胞有一种相互合作的关系,而不是与他们的政府处于敌对状态。其次,公平竞争原则为我们的政治纽带提供了一种一般性的解释。在这种原则之下,要人们受到义务的约束,就没有深思熟虑后担当的必要。一个人可能在没有特意做什么事情,以及不知道自己正在做的事情会产生义务的情况下,也会受到义务的约束。因为,仅仅在适当背景下接受了好处,就足以产生义务,一个在适当背景下接受好处的人,就可能在毫无察觉的情况下负有义务了。这是与同意理论的一个显著不同之处,因为同意理论强调的是深思熟虑的担当的必要性。因此,尽管人们既不能无意识地同意,也不能无意识地接受好处(在恰当的意义上),却可能在没有意识到这样做的道德后果的情形下接受好处(而在没有意识到同意的道德后果的情况下,是不能说这个人已经同意了的)。此外,一个人的恶劣品德本身不足以让我们对他作出的承诺不负责任,是承诺的内容而不是承诺对象的品性阻止了一项义务的产生,因此一种制度的不义未必会影响一个人对该制度的同意,或者说一个人至少有可能经过审慎思虑的同意行为,使自己受到一项不公正制度的约束。具体到公平原则的背景中,就意味着一项不义的制度(或者合作计划),未必对我成为成员的自愿性,或者对我从该计划中接受好处的自愿性,有任何影响。

对于公平竞争原则而言,确定谁是“局外人”以及谁的利益有价值,是一个非常重要的问题,它关系到了这种理论的成败,尤其当这种原则在政治领域运用时,就更是如此。具体来说,只有合作计划的“参与者”或者“局内人”,才是受到该原则约束并需要尽责任进行合作的人选。那些从合作计划的运作中得益的“局外人”,并不受公平竞争原则的约束。因此,如果某人仅仅是某些团体的成员,而不构成一个合作计划的成员,就不足以被认定为一个“参与者”或者“内部人”。通常而言,要确定一个人是某一合作计划的真正参与者,他要么必须承诺服从合作的规则,或者默认合作规则的支配,要么必须在合作计划成立之后在其中扮演积极的角色。以某种含糊的方式与“计划者”(schemers)保持关联是不够的;人们必须走出家门,参与活动,才能成为一个参与者或者“内部人”,这样才有潜在的可能受到公平竞争原则的约束。

与此同时,我们也不能认为,如果公平竞争原则只能够约束合作计划中的“内部人”,它将只能约束那些在其成为“内部人”过程中已经受到合作计划约束的人们,因为这将使得公平竞争原则变得多余,最终完全由同意原则所替代(因为要成为“内部人”,人们必须有所表示——要么是明示的,要么是默许的,以表明自己要在合作计划中扮演某种角色)。相反,一个更合理的理解是,与其说公平竞争原则并没有规定在合作计划中的所有参与者都必须承担分内责任,甚至也没有规定所有从这一计划中受益的参与者必须如此,不如说,它规定的是那些接受合作计划之好处的人,才有合作的义务,因此,接受(accept)好处与单纯地受益(receiving)是不一样的。进而,正是通过接受计划的好处,一个人才成为这个计划的参与者。一个人成为计划参与者的其他方式,对于公平竞争原则的考量并不重要,而且,那些从合作计划中受益的人,和那些不受这一计划影响的人,其相对于计划的地位都是一样的:除非他们已经自主地承担其义务,否则他们不必在合作计划中做任何事情。在这个意义上,不能把公平竞争原则解读成一条荒谬的原则,即要求所有只要从合作计划中受益的人,都要承认自己的义务。相反,公平竞争原则被限定适用于那些合作计划的参与者,意思是限定于那些已经接受了合作好处的人。此外,一个人在没有对那个合作计划表示同意的情况下,也可能接受它的好处,并成为这种意义上的参与者,而这种对好处的接受,也确实驱使他在合作计划中承担自己的义务,甚至,虽然一个人拒绝了某个计划,可是一旦接受了这个计划的好处,他就使自己成为该计划的参与者了。

至于何谓“接受”好处,一个直观看法是一个人要么必须(1)努力去争取(而且已经成功获取),要么(2)自愿和有意获取。不过,在多数情况下,尤其是在国家中,人们所接受的好处往往是“开放的”(open),尽管可以被规避(avoid),但如果考虑到难度的话,这种好处实际上是很难规避的,换言之,在一个人不改变自己的生活方式的情况下,他无法避免不享有这种好处,这便是“公共产品”(public goods)。政府所提供的好处就是这类公共产品,因此,诸如法治、军队保护、控制污染等好处,看上去只有通过移居他国才可能被规避。进一步地,好处又可以分为“开放的”好处和“可轻易获得的”(readily available)好处:一个人从警察持续不断的努力中所获取的好处(如巡逻、抓捕罪犯)都是“开放的”好处,只有在离开警察机关的保护范围时才可能规避这些好处;但是,如果一个人被某个偷窥狂长期跟踪和骚扰,她还可以请求警察给予“特殊的”保护,这就是一种“可轻易获得的”好处,这种好处可以被随意规避,进而,那些接受好处而不是获得好处的明显例子,均可以轻易地在“可轻易获得的”好处中找到。这意味着,即便我们的行动很明显不会构成同意,可一旦我们接受了好处,出于公平竞争原则,就会要求我们尽自己的责任。

当然,公平竞争原则也并非完美无缺,它也存在若干严重缺陷:首先,如果我们像罗尔斯、哈特那样,认为法律秩序的维持应该“作为社会合作体系来建构”或者把治理“政治社会”的那套政治制度的功能视为合作计划的“最复杂例子”的运行,那么,只有那些至少表面上看起来相当合理的民主政治共同体,才是适用“公平竞争的解释”的最优先对象。这是因为,只有在这样的共同体中,我们才能将社会的政治运行视为一项自愿的、合作的冒险事业,才适用公平竞争原则。于是,只要我们坚持认为接受合作计划的好处是政治义务的唯一理据,就将不得不承认,至少在许多国家中,没有公民会负有政治义务。

其次,最麻烦的地方在于,无论我们把哪一种合作计划看作可以运用公平竞争原则来解释其政治义务的例子,我们都需要确保一个国家中那些适用公平竞争原则的至少大部分公民,都要以适当的方式与受该原则约束的合作计划扯上关系。一如前述,“接受”计划的好处这个概念,是辨别某一计划“内部人”的恰当方式。但问题在于,即便不论大多数国家,而只把视角局限于现存的多数民主社会中,至少绝大多数公民是从他们的法律制度与政治制度的运行中自愿接受了好处,这种说法也是高度存疑的,因为那些好处都是前述的“开放的”好处,将它们说成是被绝大多数受益人接受的,这是极不合理的。进而,人们对于政府的好处所具有的态度和信念也是高度复杂的:至少有许多公民几乎从不注意(而且看起来不愿意去考虑)他们所得的好处,甚至有更多的人,在面对高额税收、面对兵役或者面对立法干涉私生活诸情形时，会认为从政府那里得到的好处，不值得他们为此被迫付出代价。更有甚者，即便是在民主的政治共同体中，政府的好处一般也被看作从中央当局那里（以各种税收）换来的，而不被看作接受公民同胞合作的好处。而且，如果我们因此总要负担什么的话，那么这种负担也不是对我们周围的那些人而言的，而是对政府而言的。总而言之，这些态度并不符合那种认为公开的好处是在严格意义上被接受的主张。因此，绝大多数公民都可以被归为这两类情形中的一类：有些人没有“接受”好处，是因为他们所得到的好处（伴有相应的负担）不是自愿的；有些人没有“接受”好处，是因为他们并不认为政府提供的那些好处是合作计划的成果。这样一来，如果不能说绝大多数公民已经自愿从政府那里接受了政治合作计划所产生的好处，那么，用公平竞争原则来解释政治义务，就不具有普适性，即便在民主国家中也是如此。就此而论，只要不存在合作的意识，不存在共同的计划与目的，那么就不可能存在合作计划，甚至，我们也不应该把现代政治共同体实质上或者部分地视为大规模的合作事业。而对于公平竞争原则而言，无论如何它都是我们从把它当作一项可接受的道德原则并且适用于严格的合作计划中引申出来的。因此，在政治共同体层面谈论合作计划尽管不是不堪一击的，我们却不适合把公平竞争原则适用于此类合作计划之中。

七、正义的自然责任

根据罗尔斯的论述，“正义的自然责任”旨在约束政治共同体中的每一位成员去支持和推进所在国家正义的政治制度，它约束每一个成员而不论这个人自愿与否，因此严格来说是一种政治责任（duty）而非义务（obligation）。更确切地说，正义的责任包括两个方面：第一，当政治制度存在并适用于我们时，我们便会服从正义制度并在其中尽我们的一份职责；第二，当正义制度不存在时，我们必须帮助建立正义制度，至少在对我们来说不用付出很大代价就能够做到这一点的时候。因此，对于这种责任而言，正义社会的所有成员都平等地受到其约束（而不管成员的个体表现和状况)，而对于生活在非正义政治制度下的个体，则完全不受其约束(即便是对一个非正义制度之权威审慎思虑后表示同意，也不能使人们受该制度之约束)。

如何理解一个正义的制度"适用于我们"构成了理解正义的自然责任之关键。这里可以分为两种情形进行讨论：在第一种情形中，那个制度外在于我，它仅仅基于其所具有的正义性就要求我履行责任。在这种情况下，从道德上讲，我没有必要追随自己所遇到的每一种"适用于"特定人群的制度，即使这些制度是正义的。人们不能简单地把制度强加给我，不能从道德上把我跟那些制度捆绑在一起，并要求我对它奉献自己的份额进而遵奉它。不管它有多么公正，都不能这样。我们可以说，如果一项制度仅仅因为我符合某些(道德中立的)要求就说它"适用于我"的话，那么该制度"对我的适用性是牵强的"。在第二种情形中，与那个强加于我的制度相反，我就出生在"适用"该制度的人们的行列之中。在这种情况下，让该制度适用于我的事实，只不过是这么个简单的事实，即我的出生和成长都是在该制度实施的区域之内，但一个人的出生并不是自己能够掌握的，也不是他应该负责任的，因此，如果一项制度是以这种方式"适用于我"的话，那么它只是"在地性地"(territorially)适用。由此观之，在"弱(weak)"意义或者"在地"意义上的适用性，在道德上没有任何意义，因为在其中我只是被"纳入"制度规则而已，或者，我只是生活在制度规则的适用区域中而已。只有在"很强的"适用性的意义上，亦即在包含了个人同意，或者说接受了重大好处的情形下，"适用"在道德上才具有重要性。

进而，一旦转向政治领域，罗尔斯的自然责任理论就会面临一个很严重的问题：这种理论原本指望能够约束所有的公民去服从他们国家所能提供的一切正义的政治制度("在地性"意义上的适用)，然而，仅仅从"适用"中，并不能推导出所有的服从责任，换言之，我们没有理由去假设在这种制度内的任何服从和承担分内工作的特定责任，都是从"适用性"中推导出来的。反之，要推导出这种责任，需要公民做出一些自愿行为，使制度对他们具有"很强的"适用性，但这样一来，公民们为了让他们的政治制度对他们有“很强的”适用性而做出的举动,正是那些在罗尔斯的公平竞争原则之下产生“义务”的行为,于是,在这种情况下,那些受到正义的自然责任约束的公民,看来恰好正是那些已经做出某些事情从而产生了他们的政治义务的人们,这又意味着,受罗尔斯的正义的自然责任支配的公民同受传统的义务原则支配的公民,已经不存在区别了。就此而论,罗尔斯对我们的政治纽带的“完全一般性的”解释,事实上并不会比通常以义务为中心的解释更具有普适性,因为要找到那些政治制度对其有“很强的”适用性的公民,几乎与找到那些有义务支持那些制度的公民一样困难。

这样看来,对于正义责任而言,“适用于我们”这种提法之所以必要的理由就在于,制度对个人在“很强”意义上的适用是他必须服从这个制度并承担分内义务的必要条件。但是,这种“很强”意义的适用,也是受此约束的一个充分条件。这就意味着,正义制度的“很强”适用性,而不是制度的正义,才是真正重要的。因此,仅仅是一项制度的正义——它被认为是有责任支持正义制度的理由——并不足以推导出人们服从并尽自己的义务份额的道德要求。只有当制度在“很强”意义上适用于我们时,也就是说,只有当我们做了某些事使之适用于我们时,我们才有义务去服从它并承担起自己的分内义务,这些行为本身就是义务的理据。通过把这种观念的适用加入到正义责任里,我们就把正义责任变成了一种特殊的(也就是只限于正义制度)“履行义务”的责任。于是,一项正义的制度“适用于”我们,与它所具有的道德影响力毫不相干,某个正义的制度适用于我们的事实,只是支持该特定的正义制度的一个可行的好理由,这里的适用与责任的理据毫不相干。在终极意义上,采用正义的自然责任,对于解决我们的政治义务纽带问题毫无助益,以“责任”为中心的解释注定会失败。

八、政治义务、不服从与合法性

既有的政治义务理论无法为我们提供一种令人信服的一般性解释,促使我们只能得出这样一个结论,即在通常情况下,公民没有特别的义务去支持和服从居住国的政府,绝大多数公民既没有政治义务也没有“特殊的”政治责任,而且公民们将继续免于它们的束缚,除非政治结构和惯例发生变化。不过,与此同时,从一国之内没有人负有政治义务这个结论中,绝不能马上就推断出不服从的正当性,因为,在公民做出不服从的诸多考量因素之中,政治义务只是其中之一而已,甚至在缺少政治义务的情况下,仍有很多强有力的理由要求我们至少支持某一类型的政府,也要求我们服从法律。

因此,我们有职责(而不是义务)去支持和完善正义的政府,至少在不需要我们付出巨大代价的情况下是如此。换言之,如果我们的政府是正义的,我们就将有充分的理由去支持它(以及任何其他公平正义的政府),即使我们不负有政治义务。同时,人们还可以偶尔援引政府所具备的其他优点,以此为由去支持拥有这些优点的政府。此外,在涉及不服从法律的问题时,不服从几乎总是会对他人造成一些负面影响,而我们对这些自然人负有道义责任,甚至,由于法律秩序的存在让人对他人如何行事有了某种预期,只要不服从会使人们的这种预期落空,那么就有理由服从,即使我们没有责任避免给他人带来不便。

就此而论,一方面,在政治共同体中,政治义务的缺失并不意味着不服从或者革命是正当的。通常对于遵守法律以及支持某一类型的政府——我们自己的政府也是其中的一种——我们都有充分的理由。而我们遵守法律的理由同样也适用于我们置身其间的外国法律。并且,如果我们有理由支持我们的政府,我们也就有相同的理由去支持任何其他类似的政府。因此,我们中的多数人没有政治义务的结论势必推导出这样的断言:我们没有特别的义务来遵守法律或者支持我们的政府,仅仅因为它们是我们的(或者因为它们是我们需要的)。

另一方面,政治合法性还与政治义务密切相关,因为如果说政府没有法理上的政治权威就没有所谓的合法政府的话,而如果有这种权威就意味着有权发布命令让人服从的话,那么只有在公民负有政治义务的地方,其政府对他来说才是合法的,于是,政治义务与政治合法性也就被认为是具有关联性的概念。这样一来,至少在传统模式中,否定了政治义务也就否定了存在任何具有合法性(或对大多数公民而言具有合法性)的政府的可能性。

此外,许多思想家不是从公民个体的历史中去寻求政治义务的基础,而是转而关注政府的某些好品质。他们认为,拥有这些品质就使政府拥有了发布命令的权利以及使公民服从的相关义务(对所有的公民而言)。在某种意义上,这种方法承认合法性问题优先于义务问题。但这种路数注定要失败:我们出于政府的品质而必须支持政府的所有责任都不会是特殊化的,那种责任也可能让我们与那些同样拥有这些品质的政府捆绑在一起。但如果这样的话,我们所说的责任就不可能约束我们去服从,因此也不能约束我们以正当的方式去服从或顺从国家。进言之,即使服从义务和政府发布命令的权利之间具有逻辑相关性,政府的品质依然不能让后者得到承认。总而言之,从政府的某些好品质出发去把服从政府的义务“特殊化”是注定要失败的,政府的好品质既不能让我承认服从它的义务,也不能让我承认它有权对我发布命令。

当然,政府的好品质也并非无用,它有助于帮助我们辨别哪些政府是值得我们去支持的或者是够格的。不能因为涉及合法性(有权发布命令)时政府都是一样平等的,就认为所有的政府都平等,也不能仅仅因为它们在传统意义上是“非法”的,就把那些公正友好的、负责任的并且是与时俱进的政府说成是暴政的政府,因为在通常情况下,我们是按照自己所期待的政府所提供的好处的优劣程度和公平与否来评价政府的。在这个意义上,政府在品质方面的绩效,虽然不是解决政治义务问题的关键,但却是评价政府的关键要素。进而,就像政治义务只是决定我们在政治领域如何行动的众多考量因素之一,政府发布命令的权利以及要求服从的权利,也只是评判政府行为的一个考量因素,权利和义务(或者责任)不能穷尽道德主题。

思 考 题

1.“义务判断”和“应然判断”有何差异？“责任”的两种含义是什么？当我们谈及一种道德要求是“义务”时，需要满足哪些条件？

2.政治义务的“特殊性要求”是什么？是否需要满足理据上的单一性要求？一种政治义务解释要想成功，需要满足哪些标准？

3.什么是“同意理论”？它的核心命题有哪些？

4.“同意”与“承诺”的不同之处是什么？沉默要想表达出同意的信号，需要具备哪些条件？如何区分“同意信号”与“暗示同意”？

5.“公平竞争原则”的主要内容是什么？它与同意理论的相同处与不同处是什么？确定“公平竞争原则”中的“参与者”或“内部人”的标准是什么？举例说明“开放的”好处和“可轻易获得的”好处之间的差别？“公平竞争原则”的主要缺陷是什么？

6.“正义的自然责任”原则的主要内容是什么？如何理解一个正义的制度“适用于我们”这种观点？

7.人们不负有政治义务是否意味着应该革命或者推翻政府？为什么？政府的品质与人们是否负有政治义务是否有关联？为什么？

拓展阅读

下面列举的是与《道德原则与政治义务》一书相关的其他著作，它们有助于拓展和深化对该书的理解，既包含了译著，又包含了中文专著。

1.［美］约翰·西蒙斯：《证成性与正当性》，毛兴贵、朱佳峰译，上海人民出版社2023年版。

2.［美］乔治·克洛斯科：《公平原则与政治义务》，毛兴贵译，江苏人民出版社2009年版。

3.［英］莱斯利·格林：《国家的权威》，毛兴贵译，中国政法大学出版社 2013 年版。

4. [美]罗伯特·沃尔夫:《为无政府主义申辩》,毛兴贵译,江苏人民出版社 2006 年版。

5. 毛兴贵编:《政治义务:证成与反驳》,江苏人民出版社 2007 年版。

6. 毛兴贵:《政治义务的道德基础研究》,人民出版社 2019 年版。

7. 周濂:《现代政治的正当性基础》,上海三联书店 2021 年版。

8. 朱佳峰:《告别政治义务:迈向一个新的正当性理论》,中国法制出版社 2017 年版。

第七讲

《论法律》导读

本导读以商务印书馆《论法律》中文版为依据。[意]托马斯·阿奎那:《论法律》,杨天江译,商务印书馆2018年版。

一、阿奎那生平与作品

20世纪英国杰出的作家、神学家切斯特顿(G. K. Chesterton)在为托马斯·阿奎那(Thomas Aquinas,约1225—1274年)作传时写道:“从某种意义上说,不论对于写大书还是写小书,托马斯都是个合适的题材。”①原因在于,关于阿奎那的一生,目前我们所知道的用几页纸就可以写完,然而从他的作品当中可以知道或能够学到的却难以计数。另一位神学家,美国学者塞萨里奥(Cessario)在描述阿奎那时说:“尽管他著述丰富,却对自己本人传记细节透露极少,因此关于他的家庭关系和其他个人情况我们所知甚寡,并且几乎都是二手性的,它们大多来自他的圣徒传记作者。”②虽然这里无法为阿奎那的一生提供一个清晰的轮廓,但简要概述他的生平与作品仍有必要,因为只有这样才能接近他那宏伟

① [英]G. K. 切斯特顿:《方济各传 阿奎那传》,王雪迎译,生活·读书·新知三联书店2016年版,第150页。

② Romanus Cessario, O. P., *A Short History of Thomism*, The Catholic University of America Press, 2003, p. 3.

丰富的思想体系。

大约1225年,阿奎那出生于意大利中南部的一个贵族家庭里,他有意大利、法国和德国的血统,是一个纯粹的欧洲人。阿奎那童年生活在罗马和那不勒斯之间的阿奎诺(Aquino)乡村的洛卡塞卡(Roccasecca)家族城堡之中,他的父亲兰多尔福(Landolfo of Aquino)伯爵在他五六岁的时候将其送到家乡附近的蒙特·卡西诺(Monte Cassino)修道院接受初级教育。他在那里开始学习数学,并使用拉丁文阅读和写作,这种语言也成了他以后所有著作所使用的语言。阿奎那成长的年代恰逢神圣罗马帝国皇帝腓特烈二世(Frederick Ⅱ,1194—1250年)与教皇格列高利九世(Pope Gregory Ⅸ,1148—1241年)发生冲突甚至战争之际。阿奎那在年幼时即被期冀将来能在基督教会中谋求与家族地位相称的职位。这与大多数贵族家庭父母的愿望无差,也是当时每一位贵族子弟所努力的目标。但是,阿奎那的发展轨迹却与这种常规背道而驰,他走上了一条通往心灵之路。

1239年,当阿奎那14岁时,教皇革除了腓特烈二世的教籍,后者则派兵占领并关闭了卡西诺修道院。阿奎那被迫休学回家。在修道院院长的建议之下,兰多尔福伯爵决定将阿奎那送往腓特烈二世于1224创办的那不勒斯大学学习。这所大学旨在推动哲学和医学等学科的研究,它尤其推动了将亚里士多德及其评论者的作品从阿拉伯语译为拉丁语的工作。阿奎那在这所大学学习了5年。按照当时的课程设置,“七艺”(“前三科”为文法、逻辑、修辞,“后四科”为音乐、数学、几何、天文)是必修课,而阿奎那在文法方面的造诣甚至超越了其老师。正是在这段时间他接触到亚里士多德的形而上学、自然哲学与逻辑学等著作,开始阅读亚里士多德的拉丁译本及其伊斯兰阐释者阿维森纳(Avicenna,980—1037年)[①]和

---

① 阿维森纳是伊本·西那(Ibn Sina)的拉丁名,他是阿拉伯医学家和亚里士多德学派哲学大师,代表作为《医典》和《知识论》。他对亚里士多德主义和新柏拉图主义进行调和,并对亚里士多德的“存在—本质”进行区分,对阿奎那的哲学思想产生了深刻的影响。

阿威罗伊(Averroes,1126—1198 年)[1]的作品。那不勒斯时期之后,阿奎那开始对多米尼克修会(Dominican Order)[2]产生浓厚的兴趣。“尽管我们没有阿奎那早期经历的记录,但可以想象到,他一定深深地为修道会关注的学术热点及其对生活美德的巨大关怀——所有这些都是正在出现的西欧城市关注的热点问题——所吸引。”[3]大约在 1244 年,阿奎那加入多米尼克修会,起初他的父母坚决反对,因为那样就意味着无法获得基督教会的高级职位,甚至当修会计划将阿奎那送至总堂深造时,他的几个兄弟中途拦截了他并把他监禁在家族城堡之中达一年之久。但这并未使得阿奎那放弃自己的志向,后来在教皇英诺森四世(Innocent Ⅳ,1195—1254 年)的干预之下,阿奎那的父母方才妥协。

1245 年,阿奎那终于摆脱家庭控制,前往巴黎的圣雅克修道院学习。1248 年,中世纪著名导师大阿尔伯特(Albert magnus,约 1200—1280 年)在科隆开设大学馆主持多米尼克修会的神学研究,阿奎那以其出色的学习成绩和神学天赋得以拜于大阿伯尔特门下学习哲学和神学。他在大阿尔伯特的指导下学习《圣经》、托名狄奥尼修斯作品和《尼各马可伦理学》等课程,同时也参与了注释亚里士多德的作品、编纂百科全书和编写大学教材等工作。由于阿奎那体格硕大,行动迟缓,沉默寡言,不善交际,以致被同学们戏谑地称为“西西里的哑牛”。然而,大阿尔伯特却慧眼识珠,他断定阿奎那的吼声终将震惊世界。

1252 年秋,阿奎那在大阿尔伯特的举荐下进入巴黎大学神学院学

---

① 阿威罗伊是伊本·路世德(Ibn Rushd)的拉丁名,他是一位中世纪时期享誉世界的阿拉伯哲学家、教法学家、医学家及自然科学家,曾被聘任为地方教法官和宫廷御医。受聘期间曾奉哈里发之命翻译并注释了亚里士多德的全部哲学著作。他将伊斯兰的传说与希腊哲学,特别是亚里士多德的哲学融合并形成了自己的哲学体系,是中世纪阿拉伯 - 伊斯兰哲学的集大成者,被誉为“亚里士多德最权威的诠释家”,对西方世界的影响极大,仅流传后世的哲学、宗教方面的著作就多达 118 本。晚年因被对手诬告著作具有异端倾向而遭放逐,著作也遭焚毁。数年后他被恕罪,并被召回,晚年死于摩洛哥马拉喀什。

② 1215 年西班牙人道明古斯曼(Domingo de Guzman,1170—1221 年)在法国南部的普卢叶(Prouille)创立的修会。它与方济修会共同对欧洲中世纪早期建立起来的神职阶层产生了革命性的影响。

③ [美]约翰·英格利斯:《阿奎那》,刘中民译,清华大学出版社 2019 年版,第 7 页。

习,1256 年春完成学业。虽然当时学校没有授予托钵僧侣神学硕士的先例,但在教皇亲自干预下,阿奎那在巴黎大学与后来成为中世纪思想巨擘的波那文都拉(Bonaventura,1221—1274 年)同时毕业并获得神学硕士学位。阿奎那毕业后开始在巴黎大学任教,之后获得神学教授并在神学院开课。1259 年,阿奎那离开巴黎,并于 1260 年至 1268 年定居意大利。他先被教皇亚历山大四世委任为罗马教廷神学顾问,接着在奥尔维耶托(Orvieto)的多米尼克修会担任讲师,并在维泰博(Viterbo)以大学讲师身份授课。这段时期阿奎那结识了亚里士多德作品的翻译家莫尔贝克的威廉(Wilhelm of Moerbeke,1215—1286 年)。在威廉的影响下,阿奎那系统阅读了亚里士多德作品。这一时期阿奎那开始撰写其最为重要的著作《神学大全》(*Summa Theologica*)的第一部分。

1269 年至 1272 年,阿奎那重返巴黎大学,并与不同学派的哲学家辩论,显示出其卓越的学识,正是在这段时期他完成了《神学大全》第二部分的写作。13 世纪中期,不同的思想学派在巴黎如雨后春笋般涌现。奥古斯丁派通常代表着最为保守的势力,他们力图维护圣奥古斯丁教义的纯洁性,以免被“异教徒”思想所玷污。拉丁阿威罗伊派(Averroism)作为奥古斯丁派的对手,其主要代言人是布拉班特的西格尔(Siger of Brabant,约 1240—1284 年)。他们采纳了阿威罗伊的评论,将其作为亚里士多德学说的准确解释,而又以亚里士多德的学说为无可辩驳的理性结论。教廷最终宣布阿威罗伊主义为异端,而阿奎那的《论独一理智:驳阿威罗伊主义者》正是在这样的思想氛围和学术环境当中横空出世的。阿奎那不仅在论战中脱颖而出,而且通过这部作品为以后的经院哲学奠定了较为稳固的基础。然而,无休止的论战也扰乱了阿奎那的心神。1272 年,他离开巴黎大学,回到那不勒斯大学担任神学教授。这时他开始写作《神学大全》第三部分的前 90 个问题,还评注了亚里士多德的有关作品。

阿奎那在 1273 年 12 月 6 日的一次弥撒仪式中声称自己看见了神迹。事后他停止了《神学大全》的写作,这也使得这部著作成为了一部未竟的作品。至于停止的原因,阿奎那曾这样说:“我写不下去了……与我所见和收到的启示相比,我过去所写的一切犹如草芥。”1274 年 1 月,罗马教皇格利高里十世(Pope Gregory X,约 1210—1276 年)为调解西方拉丁教会与东方希腊教会的矛盾,决定在法国里昂召开会议,阿奎那奉命以教廷神学顾问和基督教神学最高权威的身份出席。他的工作是调查并且研究希腊与拉丁教会之间的差异。此时阿奎那的身体状况已每况愈下,在前往会议地点的途中,因生病滞留在其侄女的城堡中,至此一病不起。3 月 4 日,他自觉大限将至,要求敬领终传圣事,3 月 7 日夜安然离世,享年不到 50 岁。

1323 年 7 月 18 日,阿奎那在阿维尼翁被追封为“圣徒”;1567 年,他被封为教会“导师”或“圣师”(Doctor of the universal church),并被追授“天使博士”(Docter Angelicus)的称号。1878 年,教皇利奥十三世发布了“永恒之父”(Aeterni Patris)通谕,这被视为整个经院哲学复兴的一个标志,阿奎那则被尊为“经院哲学博士的巨擘与导师”,他的学说被宣布为“天主教至今唯一真实的哲学”。自此,阿奎那的哲学被正式确定为天主教的官方哲学,称为“永恒哲学”(Philosophia Perennis),而那些得之于或忠实于阿奎那学说的哲学和神学原则的集合则被称为托马斯主义(Thomism)。

阿奎那是经院哲学的集大成者,他建立了一整套中世纪神学与哲学综合体系。回顾阿奎那短暂的生命历程,他集教师、神学家、哲学家、圣徒等身份于一身,其作品全是在短短的 20 年时间内完成的。在他的所有作品中,有对亚里士多德作品的评述,还有驳斥希腊人和阿威罗伊主义者谬误的细心论证。其思想融合了希腊、希伯来的哲学理论成果,借鉴了伊斯兰思想家的理论。阿奎那调和了理性和信仰之间的张力,被誉为中世纪黑暗中的“理性之光”。他成功地将基督教的神学思想与亚里士多德的哲学融为一体,建立起庞大的经院哲学和神学体系,被视为“连接中世纪到文艺复兴的桥梁”。其著作经后人整理为多种形式的全集,其中以 1882 年至 1884 年教宗利奥十三世组织编订的为定本。按照哲学史家吉尔松(Etienne Gilson,1884—1978 年)的分类,阿奎那作品主要包括神学综合类(theological Syntheses)、学术辩论类(academic disputations)、圣经疏解类(expositions of holy scripture)、亚里士多德作品疏解(expositions on aristotle)、其他注释类(other expositions)、论战作品类(polemical writings)、特定主题的论文(treatises on special subjects)、专家见解类(expert opinions)、礼拜的布道词(liturgical pieces and sermons)和真伪难辨的作品(works of uncertain authenticity),共计100件左右。透过这些文本,我们可以看到这位天才人物完整的思想世界。

在阿奎那的众多作品当中,《神学大全》是最具声望的一部。若干世纪以来,它都被视为基督教的百科全书和最重要的教科书之一。《神学大全》问世已有七百多年历史,不仅被翻译成世界各主要语言的版本,而且每隔一段时间就会有修订本问世,足见其影响力之大。阿奎那本人称这部著作是为"初学者"了解基督教学说和相关理论提供的指南和导读,然而事实上它不仅系统地阐释了基督教哲学和神学的基础原理,而且几乎囊括了当时可以想出的所有问题。在写作过程中,阿奎那采用了经院哲学的推理方式,并刻意使用一些晦涩乏味的词语,以避免读者被华丽的辞藻所吸引,以致无法集中精力关注他所建构和维护的神圣真理的奥秘。

《神学大全》是对神学和哲学主题的全方位的阐述,其内容包含了天主、灵魂、道德、政体、法律和国家等全部问题。就我们这里主要关注的主题而言,在阿奎那之前已经有许多思想家对法律作出过界定,如柏拉图认为具体的法律是一种统治工具,是人们必须服从的权威;亚里士多德则认为,特定的法律是在一定的政体下由特定的人制定的统治工具之一,有着至高无上的权威性。作为中世纪盛期的集大成者,阿奎那不仅系统整合了这些历史先驱们的思想成果,而且提出了自己独创性的见解。就法律而言,其理论代表着对古希腊理性文明、希伯来律法精神和罗马法律文化的集大成。

要理解阿奎那的法律理论,首先应当细致解读《神学大全》的"论法律"(De Lege)部分。这部分内容在《神学大全》当中被置于第二集的第一部分(prima secundae),上承"论罪",后启"论恩典"。法律在罪与恩典的鸿沟中架起一道桥梁。"天主既通过其法律引导我们,也通过其恩典帮助我们”。法律和恩典的关系实则映射了理性和信仰的关系,对两者关系的探讨亦可揭示通往法律的“赎罪”之路。具体体现为《神学大全》第二集第一部分第 90—108 个问题,其中问题 90—97 主要探析何为法律的本质、法律的分类、法律的效果和法律的演变等内容,是阿奎那法律思想的核心之所在。问题 98—108 则分别论及旧约法律(98—105)和新约法律(106—108)。

二、《论法律》的写作方式

《论法律》是阿奎那集中阐述其法学思想的章节。与阿奎那的法学思想相比,人们通常更为关注他作为经院主义伟大神哲学家的身份。在《神学大全》这部宏伟著作中,阿奎那旨在阐发一种究天人之际的庞大理论体系。就此而论,一部纯粹的法学著作对于他而言既无可能亦无必要。然而,如果离开法的观念就无法理解影响人类行动的外部因素,进而无法构建一种指向共同善的伦理体系,而这种伦理体系恰恰是阿奎那期许以之对抗异教伦理的理论追求。就创作活动而言,阿奎那不是以一个法学家、法官或者律师的身份写作。但他精通之前的法学理论,了解当时的立法者、法官和监狱。因此,阿奎那在谈论法时并不局限于实在法的思想,而是从启示、神学、形而上学、伦理学以及其他哲学分支中汲取养分,这既是 13 世纪的知识氛围使然,也是阿奎那自身理论的特色。今天,我们解读阿奎那的法学思想,除了要明确其语词表达的含义,还要探究其写作的材料和方法,以此方得评估其对法律思想史的影响与贡献。

(一)权威引注的基本范围

严格来说,阿奎那并非一个原创性很强的法学理论家。他在论及法律时借助了相当多的先驱成果,他的独到之处在于把他们的论点论据加以融合,辨明真理谬误,从而形成逻辑连贯的理论。据统计,《论法律》问题 90—97 中共有 141 处权威引注(auctoritates),分别来自 13 位当时公认的或者阿奎那自认的权威。其中 58 处源自圣经,35 处源自亚里士多德,26 处源自奥古斯丁,15 处源自伊西多尔(St. Isidore,560—636 年),其余则涉及西塞罗(Cicero,前 106—43 年)等人。对于这些引注我们可以根据其出现的频率分为首要和次要两种。显然,圣经、亚里士多德、奥古斯丁以及伊西多尔在文本中具有举足轻重的作用。但对于伊西多尔的引注情况则有些特殊。阿奎那在涉及法律部分频频引述他的原因在于其对古典时期的罗马法律思想多有评述,而且这些述评可以作为反论的论据加以澄清。因此,阿奎那对伊西多尔的引述更多的是对一位先前法律专家相应观点的辨明。就此而论,真正为《论法律》提供理论根基的则是圣经、亚里士多德和奥古斯丁,这三者分别代表了启示、哲学(理性)和神学。因此,启示与理性、哲学与神学之间的张力就构成了《论法律》的整个理论基底。如果在这一点上,阿奎那倒向了启示和神学,那么他在法学上的建树显然是要大打折扣的;相反,如果他在写作中将哲学的思考贯穿始终,那么无疑是提出了某种法哲学或法律理论。次要的引注可以列举如下:早期东部教会伟大的神学家大巴希尔(St. Basil the Great,329—379 年),他的思想极大地影响了后来的本尼迪克特(Benedict of Nursia,480—550 年);罗马杰出的政治家和哲学家波依修斯(Anicius Manlius Severinus Boethius,480—524 年或 525 年);罗马杰出的政治家和哲学家西塞罗;意大利僧侣、著名的法学学者、罗马天主教教会法的奠基者格兰西(Gratian);罗马大法学家(Jurist),主要以乌尔比安、盖尤斯和帕比尼安等代表;天主教著名神学家彼得·伦巴德(Peter Lombard,1100—1160 年);教皇乌尔班 Ⅱ,1042—1099 年)。另外,主要援引的著作有《法学汇纂》(*Digest*)、《教令集》(*Decretals*)和《集注》(*Glosses*)等。

或许我们在阅读过程中经常会对阿奎那繁复的引注感到困惑,但我们绝对不会对他勤密地援引圣经感到惊讶。此外他的引注还包括更为广泛的论著,从基督徒到异教徒再到犹太人,从拉丁语到希腊语,再从阿拉伯语到希伯来语。之所以援引如此广泛的论著,显然是为了在众多的权威论者之间萃取最真的结论以形成一致的论断。这些被作为权威加以引述的人都是各自领域的最杰出者,在神学中主要权威是圣经、教父,特别是奥古斯丁;在哲学中是亚里士多德;音乐中是波依修斯;几何中是欧几里得(Euclid,前330—275年);医学中则是克劳迪·加伦(Claudius Galen,129—199年);等等。对于这种经院式的烦琐印证,不明就里的读者可能以为,这与其说是学术严谨的要求毋宁说是对权威俯首帖耳的表现,因为这些引述有着类似于"亚里士多德如是说,因此它是真的;奥古斯丁这么说,所以我相信它"这种最为直白的表达。然而实际上,这绝非阿奎那的风格,他清楚地知道要用这些权威做什么。在衡量这些权威的证明价值时,阿奎那是有所区分的。圣经文本和解经学的成果与亚里士多德和奥古斯丁等人的论述有所不同。在涉及神学问题时,由于基础性文献源自天主的启示而不是个人的才智,因此圣经著作就具有决定性的作用。单纯源自个人的著述在论证中只具有辅助性的作用。对此,阿奎那这么回答:

> 依据权威进行论证最适合于神学这个学科,因为其原则彰显于启示,由此那些受启示感召的人值得信赖。尽管在所有论据中人类权威最弱,但这种信赖绝不减损神学的尊严,因此,源于启示的权威论据至为有效。人类科学显然与此不同。我相信三角形各角之和等于两直角和,可能仅仅因为一个权威的几何学家这样教导过,我甚至不知道如何去证明它。但如果我知道了怎样去证明,那么我就在科学意义上认知了它。但是,当处理三位一体的原则时,就只能通过圣经权威,而不能借助人类理性。[①]

(二)权威引注的具体运用

如何将众多不同的观点逻辑连贯地安排在一个论证之中,是阿奎那

---

① [意]托马斯·阿奎那:《神学大全》(第一集 论上帝)(第1卷 论上帝的本质),段德智译,商务印书馆2013年版,第18页。

必须考虑的问题。对此,阿奎那有着自己独特的写作技巧。整个文本是按照分析的方法展开的,在“法”这一标题之下有几个必须首先加以探究的问题,那就是法的本质、法的体系和法的效果。其次,就法的本质而言,又要探究法与理性、法的目的、法的原因,以及法的公布。而这些问题是以一个个一般疑问句展开的。法与理性相关吗?法以共同善为目的吗?每个人都可以立法吗?法需要公布吗?这些问题就是随后所有讨论的核心。法的体系和法的效果亦同。例如,对于法是否需要公布这个问题,文本是这样展开的:

> 反论1:公布对于法律而言似乎是不必要的。因为自然法当然具有法的属性,但却无需颁布。所以,颁布对于法律而言是不必要的。
>
> 反论2:再者,法律的内容即是责成人们做某事或不做某事。但不仅那里亲历法律颁布的人有义务履行法律,其他人也是如此。因而颁布对于法律而言并不必需。
>
> 反论3:还有,正如法学家们所言,法约束未来之事。因此,法律的约束力甚至扩展到将来。但颁布只与当下的人相关,所以不是法律所必需的。
>
> 但是相反,《教令集》表明,当法律颁布时就制定出来了。
>
> 我的回答是,正如上述所言,法律作为规则和标准加于他人。规则或标准通过适用于那些被统治的人而得以实施。因此,法律为了获得其正当的约束力,必须适用于那些被其统治的人。但这种适用只能通过颁布从而使得那些人知晓才能进行。因此,公布对于法律获得其约束力是必需的。
>
> 对反论1的答复:自然法经由天主将其注入人的心灵从而以为人自然知晓的方式得到颁布。
>
> 对反论2的答复:在法律颁布时未在场的人具有遵守的义务,因为当法律颁布后他通过他人得知或者可以通过他人得知法律的内容。

> 对反论 3 的答复：当前的颁布经由文字书写的持存而扩展到将来，这表明颁布是持续着的。故而伊西多尔说，法源于读，因为它是书写着的。[1]

这种写作方式可以视为中世纪教学方式（*disputatio*）的精致化。“*disputatio*”是与“*lectio*”相对应的一种中世纪教学模式。[2] 它是一种精心安排的以逻辑规则为指导的辩论。首先是提出问题，其次为这个问题的回答提出论据或者权威结论，然后提出相反的意见，最后总结出导师自己的结论并对与之相反的意见进行答复。这种针锋相对的方式被认为是一种容易发现谬误辨明真理的辩论模式，以反对意见、相反命题、结论和答复构成的模型贯穿着整个文本始终。这种看似烦琐僵化的模型有着容纳不同观点、不同权威意见的特殊优点，这为阿奎那利用不同权威引注进行论辩提供了便利。这些权威引注最常见的是作为演绎推理中的前提，一般是大前提，在少数情况下也可能是小前提。例如，在问题93 第二节中，反论是“似乎永恒法并不为全体所知。因为使徒说（《格林多前书》），除了天主圣神外，谁也不能明了天主的事。但永恒法是存在于神圣心识中的范型。因而，除了天主自身外都不知道”[3]。在这里反论将圣经权威“除了天主圣神外，谁也不能明了天主的事”作为大前提，然后以三段论的形式得出了结论。阿奎那在回答这一反对意见时并没有否认推理的有效性，同样也没有否认圣经权威的有效性，而是指出通过本体认识天主和通过效果认识天主是不同的，我们虽然不能直观天主的本体却可以由其效果加以认识。为了证明这一点，他同样援引圣经权威，“《罗马人书》写道：他永远的大能和他为神的本性，都可凭他所造的万物，辨认洞察出来”。通过这种方式，圣经权威地位并未被动摇，同时与阿奎那观点相反的意见却遭到否定。在相当多的问题中，阿奎那援引

---

① ［意］托马斯·阿奎那：《论法律》，杨天江译，商务印书馆 2018 年版，第 9～10 页。

② Saint Thomas Aquinas & R. J. Henle, *The Treatise on Law: Being Summa Theologiae*, Ⅰ－Ⅱ, *QQ.* 90－97, University of Notre Dame Press, 1993, p. 11.

③ ［意］托马斯·阿奎那：《论法律》，杨天江译，商务印书馆 2018 年版，第 35 页。

亚里士多德作为权威，如在问题 94 第一节中，反论是“自然法看起来是一种习性。因为正如大哲学家所言，灵魂中有三种东西，机能、习性和感受。但我们通过逐个检视发现，自然法不是心灵机能之一种，也不是感受之一种。那么自然法就是一种习性”①。这也是一个严格遵循三段论的论证。阿奎那的策略是指出亚里士多德这里只是列举了机能、习性和感受是人类行为的原则，并没有穷尽灵魂全部，在灵魂中还存在其他的东西。因此，反对意见就是不成立的。这样既保证了亚里士多德的权威地位和整个论证的严密性，也使得反对意见土崩瓦解。

除了将权威引注作为论证前提使用外，阿奎那也在非逻辑意义上使用这些权威。这主要涉及下述情况：首先，有些论证或者解释自身在逻辑上是完满的，无须任何权威的支持即有充分理由。其次，有明确的用语表明所涉权威依据的理由本身存在于论证之中。这些用语最常见的有“因此”“并且由此”“正是由于这个原因”。再次，随后的权威只是重复或者增强已经给出的论证。这些权威通常具有修辞甚至诗意的性质，它们不仅稳固结论，而且点缀它。最后，由于论证已经具有的特点，权威放在主题的最后或者作为主题的一个重要部分出现。例如，在问题 97 第二节的正解当中，阿奎那说：

> 人法在其改变有利于共同福利的范围内可以正当地改变。但是，纯粹的改变自身对共同福利是有害的，因为风俗有助于法律的遵守，可以看到与一般风俗相违背的行为，哪怕涉及的是微末的事情，都显得像极其严重的冒犯。结果，在取消风俗的范围内，一旦法律发生变化，法律的约束力就会降低。因此，人法应当一直不变，除非共同福利在所受损害的范围内得到某种形式的补偿。这种补偿或者产生于颁布新法所带来的一些巨大而明确的利益，或者源于极端危机的时刻，由于这一事实

① ［意］托马斯·阿奎那：《论法律》，杨天江译，商务印书馆 2018 年版，第 47 页。

的出现导致既存的法律明显失当,或者遵守变得极其有害。[①]

通过显明的事实和推理,这一论证就得以成立,无须任何权威的支撑。因此后面的引注"大法学家指出,在制定新法律时,在偏离长久以来被视为正义的法律时,应当存在明显有益处的证据",发挥的就只是加强观点或者点缀文本的作用。

除了在反对意见中使用这些权威引注,阿奎那在那些相反命题中也使用一些权威引注。但这种使用具有非常不同的特点。在整个文本中,阿奎那主要以三种方式处理相反命题。

其一,直接引用一个权威的结论,却不加任何的评价和推论。例如,在讨论永恒法是否存在的问题中,相反命题是"奥古斯丁却说:永恒法是我们必须一直遵守的至高理型"。[②] 在引出奥古斯丁的结论后立即给出自己的观点,并对反对意见进行回答。

其二,有时将权威引注作为论证的基础或者论证的一个部分,从中推导出结论,这往往以三段论的形式展开。例如,在探讨人法是否应当压制所有恶时,相反命题是"我们在《论自由意志》中读到:在我看来,那为治理民众所颁布的法律可以正当地许可这些事情,但天主的智慧统治却要对此施以惩罚。但天主的智慧统治只惩罚恶习,不惩罚其他。因此,人法容忍某些恶习,而不是压制它们,这是正当的"[③]。这是以形式三段论展开的命题,其中奥古斯丁的权威是推理的大前提。还有,在探讨制定法是否有用时,相反命题是"伊西多尔却说,制定法是为了抑制人的恣意,保护为邪恶包围的无辜者,对惩罚的恐惧会阻止邪恶者作恶。这些都是人所最需要的。因此,必须制定人法"[④]。这里伊西多尔的权威是整个论证的一个重要部分。

其三,在非常偶然的情况下,阿奎那在相反命题中提出一个单纯的

① [意]托马斯·阿奎那:《论法律》,杨天江译,商务印书馆2018年版,第93页。
② [意]托马斯·阿奎那:《论法律》,杨天江译,商务印书馆2018年版,第33页。
③ [意]托马斯·阿奎那:《论法律》,杨天江译,商务印书馆2018年版,第78页。
④ [意]托马斯·阿奎那:《论法律》,杨天江译,商务印书馆2018年版,第64页。

论点而不提及任何权威。在探讨法是否与理性相关时,阿奎那在列举反对意见之后,表明“法律的职能是命令和禁止,但如上所述,正是理性在发布命令,因此,法律与理性相关”[①]。相反命题往往与阿奎那随后所阐发的自身观点有着密切联系,甚至可以看作阿奎那一般立场的简单表达。但相反命题往往言简意赅,缺乏语境,可以给出多种解释,因此,无法用于对阿奎那自身理论的解释,需要阿奎那更为详细地阐述自己对问题的看法。阿奎那从不将反对命题置于自己的理论阐述之中,可能在随后的阐述是对这种相反命题的扩展,但相反命题仅仅具有参照意义,无法承载定论的角色。对相反命题进行评论只有在罕见的情况下才会出现。例如,在探讨自然法是否是一种习性时,在回答过反对意见后阿奎那写道:“对于在相反意义上提出的论点,我们的回答是,有时人不能利用对他来说是习惯性的东西,这是由于存在着某些障碍。”[②]这可以看作是对前述论证的补充。

在回答反对意见时,阿奎那往往选择同类的论据予以反驳。若反对意见以圣经或者奥古斯丁为权威论据,那么阿奎那在回答时也倾向于使用圣经或者神学理论进行答复。如果反对意见是以理性证明的方式提出的,那么在答复时阿奎那就会引用亚里士多德的理论。在一些引用罗马法学家或者其他法学理论作为反对意见的情况下,阿奎那通常会使用伊西多尔的理论进行答复。在答复中,这种权威引注主要有两种形式:一是作为直接的结论使用,不做任何的推理论证;二是作为推理的大小前提进而得出与反对意见不同的结论。

(三)通过权威引注构建法律理论

通过对权威的引用,阿奎那为我们提供了观察法律的复杂视角。当他把启示的、神学的、哲学的以及法学的材料编织在一个既定的框架之内,然后借助经院主义的逻辑演绎试图为我们提供某种观点时,我们显

---

① [意]托马斯·阿奎那:《论法律》,杨天江译,商务印书馆2018年版,第3页。
② [意]托马斯·阿奎那:《论法律》,杨天江译,商务印书馆2018年版,第49页。

然难以毫不犹疑地认为他是在讲述某种法律理论。但这确实是阿奎那的法律理论,13 世纪的法律理论。作为中世纪的学者和天主教神学家,启示和信仰是其无法撼动的核心观念。然而,13 世纪是亚里士多德主义全面复兴的时期,阿奎那不仅可以逐字逐句地解读圣经,他同样也有能力使用亚里士多德的话语体系。因而他的神学是信仰体系与人类理智的合成物。所以,我们在《论法律》中可以看到他在圣经、奥古斯丁和亚里士多德这些权威中"左右逢源"。对于阿奎那而言,天主是无限的存在、全体的造物主,人是受造的,在一开始就受到限定的。但人是天主的"肖像",不同于无知觉的植物和仅有感觉的动物,他本身既可以理解也可以认知。以此阿奎那区分了两类秩序,即自然的秩序和超自然的秩序。在自然的秩序中各种事物有本质的限定性,而在超自然秩序中,天主不仅赋予人的本质,而且给予人一种超出本质之外的神性。因此,人不仅外在地去理解天主,也可以内在地"信望爱"天主。作为天主教徒,阿奎那当然对于原罪、三位一体、第二位格的耶稣拯救深信不疑,但他却没有失去对人类理性和善的自然倾向的信心。对于阿奎那而言,法律时代是人类通向拯救的必然途径,各种法都会以不同的方式帮助人类实现最终目的,在这之中人类理智与其说是一种阻碍,毋宁说是一种成全。

人类理性的功用首先体现在对创世的理解之中。对于阿奎那而言,创世不仅按照神学的维度展开,而且可以在严格的形而上学意义上得到解释。天主是创造的终极因,是无限的永恒实体。任何事物都以分有和类比的方式获得自己的存在。在天主本体的终极范型与近似范型之间存在等级的差别,而这种近似范型是天主统治的规划,即永恒法。在创造之前不存在预先存在的物质因,天主在有限的事物中创造了内在的物质因。天主虽然创造了整全的事物和因果,但受造物却实在地存在并按照因果性运行,这是一种限定性的因果。从某种意义上来说,这种创造只是爱的展现,天主的创造活动自由、理智而且基于爱。在阿奎那的理论中,这种哲学的解释可以和神学的理解并行不悖。其原因主要在于他对神学教义和哲学理论同样给予了灵活的解释。在理解天主时,如果说安瑟伦解决了信徒的信仰问题,那么阿奎那成功地赋予了非信徒以天主观念。正因为这种并行不悖使得我们无法确定何种解释是主体而另一种解释只不过是验证。

尽管如此,我们还是可以在《论法律》的引注中发现阿奎那对哲学和理性方法的侧重。首先,如果反对意见是以圣经或者神学观点作依据,那么答复中也必然以神学观点作为回应。虽然每条都会出现神学的反对意见,但整个论证结构却是按照理性推理展开的。因此,如果删去全文中的所有神学引注,我们仍然可以得到一部完整而严密的法学文本。其次,由于反对意见往往体现的是阿奎那必须予以考虑的其他权威或者传统的论据,权威引注往往频繁地用于反对意见中。同样,由于反对意见中明显分歧的观点使得阿奎那必须在回答时增加细致的解释,以便扩展和澄清主要观点的正面内容。再次,虽然阿奎那在处理权威引注时做了明确区分,表示对于圣经权威不可质疑,但他行文中分明透露出圣经含义可能会因为人的使用而变得无法确定的意思。他虽然没有以哲学和理性的观点反对圣经和神学的权威,但他同样没有使用圣经和神学的权威去否定哲学和理性的结论。最后,对于法律理论最为根本的法是什么这一问题,阿奎那以下定义的方法解决,而且这种定义严格遵守四因说。他认为法是由关心共同善的人颁布,以共同善为目的的理性指令。其中颁布是法的形式因,共同善是法的目的因,关心共同体制定并颁布法者是动力因,而共同体或者人的行为则是质料因。显然,无法将阿奎那的法的定义与近现代法律理论对法的定义等量齐观,但与“法律是主权者的命令”“法律是初级规则和次级规则的结合”“法律是对法院如何行为的预测”“法律是使人的行为服从规则治理的事业”这些经典定义相较,阿奎那的定义无论是在概念要素、定义技巧还是理想境界上,无疑都更胜一筹。

然而,在这一点上也不能走得太远。尽管阿奎那从众多的权威引注中剔除谬误辨明真理,为我们提供了认识“法”这一现象的诸多视角和个人结论,而且也将人法置于举足轻重的位置,但这无法成为开启启蒙叙事的论据。对阿奎那《论法律》的解读除了考虑他所采用的材料、方法、理论外,还要关注其提出问题更为广泛的语境。在该部分开篇他就写道:“我们接下来要思考行为的外在原则。倾向于罪恶的外在原则是魔鬼,我们在第一集中已经提到了他的诱惑。但是,把我们推向善的外在原则是天主,他既通过其法律训导我们,也通过其恩典佑护我们。”[①]在涉及人的外部行为,在涉及法律时可以以亚里士多德的理论为指导,可以频繁地引用伊西多尔的法律观点作正反论证。但在神学部分,正如他既可以投身政治也可以潜心神学,他也可以把亚里士多德和伊西多尔变成奥古斯丁和托名狄奥尼修斯(Dionysius the Pseudo-Areopagite)。在那个属于神学和教会的时代,虽然很难说这究竟是阿奎那天才般才智的结晶还是时代特征投射到个体身上的必然印迹,但其结果是为我们留下了一系列值得深入探讨的论题。“他关于法律与正义、法律与道德之关系的基本观点,以及他坚持把法律与法律之外的一种终极的、绝对的(道德)标准联系起来的做法,已经成为所有后继的有意义的法律理论的不朽遗产。”[②]阿奎那在借助当时的权威材料通过理性的方法探讨法的本体、自然法、人法的功能和限度以及实践理性与思辨理性之关系等法学基本问题上的相关见解,仍能为当下的法学思想带来智慧的启迪。

三、法律是正确行为的准则

当代著名自然法学家菲尼斯(Finnis)在《自然法与自然权利》当中写道:“大多数研究法理学或政治哲学的人都会在某个阶段被邀请去阅读托马斯·阿奎那的《论法律》(《神学大全》第二集第一部分问题90—97)。”[③]在《论法律》部分的第一个问题,也就是《神学大全》第二集第一部分问题90,阿奎那讨论了作为行为的外在原则的法律的本质问题。在这个论题下,他分别探讨了“法律是否与理性相关”、“法律是否总是指向共同善”、“是否任何人的理性都有资格立法”和“颁布是否为法律

---

① [意]托马斯·阿奎那:《论法律》,杨天江译,商务印书馆2018年版,第1页。

② Anto-Hermann Chroust, *The Philosophy of Law of St. Thomas Aquinas: His Fundamental Ideas and Some of His Historical Precursor*, American Journal of Jurisprudence, Vol. 29:1, p. 1 – 38 (1974).

③ John Finnis, *Natural Law and Natural Rights*, 2nd edition, Oxford University Press, 2011, p. 398.

所必需”这四个主题。最终,阿奎那得出了一个法律的定义:“(法律)不过是由照管共同体的人为着共同善制定并颁布的理性指令”(quae nihil est aliud quaedam rationis oridinatio ad bonum commune, ab eo qui curam communitaits habet, promulgata)。[①] 他这里所采用的定义方法既不是传统的属加种差(per genus et differentiam)的逻辑模式,也不是后来哈特(Hart)教授所引入的描述性模式(descriptive mode),而是一种解释性模式(explanatory moder)。“这是一种建立在亚里士多德—托马斯主义四因说(Doctrine of the Four Causes)之上的定义模式”[②]。四因说认为事物存在和变化的主要原因,即条件,共有四项,它们分别是形式因、目的因、动力因和质料因。虽然阿奎那本人在写作这一部分时并未明确表示是以四因说来定义法律,但他所使用的四项定义要素及其组合显然具有四因说的特征。他给出的四项定义法律的要素分别是理性、共同善、公共权威和颁布。

(一)形式因:理性

从思想史的角度来看,关于法律的本质存在理智论(intellectualistic)和意志论(voluntaristic)两种意见。阿奎那坚持的是理智论的法律观。他首先讨论了理性之于法律的重要性,认为法律是人们借以实施或者限制行为的规则和标准,因为法律“lex”一词在词源上来自束缚(ligare),表示它约束着人类行为。阿奎那还提出理性是人类行为的规则和尺度,亦是人类行为的首要原则。换言之,理性是法律的核心要素,正是理性使得法律区别于其他社会规范。具体而言,理性通过赋予统治者(政治权威)所制定和颁布的规则以某种合乎理性的形式,或者统治者通过运用自身的实践理性,使这些规则成为配得上“法”的名称的东西。阿奎那始终认为法律是理性秩序的体现与反映,是一种属于理性的规范。

在《论法律》问题90第一节反论3和答复3中,阿奎那着力淡化奥

---

① [意]托马斯·阿奎那:《论法律》,杨天江译,商务印书馆2018年版,第9页。

② Saint Thomas Aquinas & R. J. Henle, *The Treatise on Law: Being Summa Theologiae*, I-II, QQ. 90-97, University of Notre Dame Press, 1993, p.24.

古斯丁主义的意志在解释法律上的作用,取而代之的是对理性的强调。"人们意欲某种目的,理性就发布关于这一目的所要求的事物的命令。但为了使得命令的意志具有法律的性质,它就需要与特定的理性规则保持一致。"[①]法律作为一切人类活动的准则,包括法律的规则(regula)和标准或尺度(mensura)。首先,规则是一个一般性的行为指令。举例来说:我对学生说,你去把我的快递取来,这指向的是一个一次性的行为(a single act),它不是一项规则。但是,如果我对自己的学生说,以后凡是寄给我的快递都要你去取,尽管取快递行为的内容可能因取的东西不同而有所不同,但因为它涉及的是重复性行为,就成为了一项规则。其次,阿奎那在解释法律的本质时提到一个重要的概念"mensura",即尺度、量度、标准,如一升水、一里路、一米高,等等。这里所说的尺度指我们据以裁量人类行为的标准和准则。对此我们可以进行一个简化的理解:规则是前瞻性的,它指引将来的行为,而尺度适用于已经实施的行为。因此,当我们谈到法律时,我们说它既是一种行为规范也是一种裁判规范。

正是由于法律与理性的这种内在关系,阿奎那才得以正当地说法律是人类行为的规则和尺度。说法律是一种规则即是说它是一般性的行为指引,说法律是一种尺度即是说它是判断行为的标准。

(二)目的因:共同善

在问题90第二节讨论法律是否指向共同善时,阿奎那给出了肯定的回答。阿奎那的论证结构如下:法律是人性的规则与尺度,它首先存在于理性之内。在理性之内有一部分是其他部分的根本,而法律就主要属于这部分理性。实践理性的对象是人的实践活动,而这些活动的首要原则是最终目的。人生的最终目的可以归结为幸福或至福(felicitas vel beatitudo),所以法律必然首要地指向幸福或至福的实现。由于部分趋向整体犹如不完美趋向完美,而人是完美社会的部分,所以个人的善必然指向完美社会的整体的善,而真正的法律(lex proprie)也必然主要指向共同善。任何一

---

① [意]托马斯·阿奎那:《论法律》,杨天江译,商务印书馆2018年版,第4页。

类事物的非根本者总是因为分有根本者才成为该类事物的部分,如果法律主要指向共同善,那么其他关于个别事物的命令除非基于其与共同善的联系,否则就不是真正的法律。因此,所有法律皆指向共同善。这是一个复杂而又完美的论证,它主要说明了两点:首先,最终目的是一种共同善;其次,实践理性的首要原则指向的是最终的目的。

共同善是相对于私人的善而存在的,它是一种可以感知的、现世的善。在阿奎那看来,人类个体总是同时既为自己也为他人而存在,为他人而存在是人性(human nature)完满的一部分。共同善的证立依赖自然的概念,尤其是人性的概念:人有一个彼此相同的自然,因此,就有一个全体共同的目的。实践理性和行为关涉具体事项,但是这些具体事项会把共同善作为"共同的终极因",因为共同善就是共同目的。

阿奎那引入共同善的概念,首先排除了个人主义(individualism)和普世主义(universalism)之间的对立。按照阿奎那的理论,每个人都是共同体的构成部分,共同善是实现共同体之中的每个人的目标的一个手段。个人主义倾向于把共同善视为实现个人幸福追求的一个有用手段,而普世主义则会认为实现共同善必须牺牲个人偏好。在阿奎那的人类学知识当中,个人的幸福要求必须参与和分享他人的善,现代人认为一个善之所以是共同的,仅仅是因为许多人可以分享它,而阿奎那却认为善之所以为善恰恰是因为它可以被共同分享。现代人往往会把分享视为分割,而阿奎那却把分享看作对某种快乐的反馈。

(三)动力因:公共权威

阿奎那认为恰当称谓的法律一定是关于共同善的命令,但是,"规定何者实现着共同善,这或者属于全体民众,或者属于全体民众的代理人"①。全体民众及其代理人才有立法权,因为立法权属于那些以共同善为自身目的的人。也就说,法律作为一种指向共同善的理性指令,须由对某一政治体负有照管责任的团体或个人制定,他们代表某一政治体的权威。

① [意]托马斯·阿奎那:《论法律》,杨天江译,商务印书馆 2018 年版,第 7~8 页。

据此可以看出阿奎那反对无政府主义的立场。同时,政治权威在政治体中负有一种积极责任,制定并颁布法律以塑造有序的共同体生活,为实现共同善提供一定的空间。个体在此中实现人生的终极目标,即幸福,这也反映了一种目的论观点——法律不仅是人们行动的准则,而且要致力于实现人们的幸福,使德性在人们身上得以完整地呈现。

在这个问题上,阿奎那依赖亚里士多德的理论,即人本性上是社群的动物,生活于一个社群之内。这首先是说他是家庭的动物,天然地属于家庭组织的一个部分,从家庭中获得帮助以便存活下来。其次是说他是政治的动物,作为完美政治体的一个成员从而生活得更好,他不仅可以从完美的政治体那里满足自己身体的需要,还可以通过公共权威获得正确行为的教导。正是在这个意义上,个人与家庭、政治体之间的关系是一种部分与整体的关系。但是,整体在部分之外也有自己的行为,而且是不能等同于部分累加的行为。

(四)质料因:颁布

法律通过适用于那些被统治者获得正当的约束力,实现这一点的前提是颁布法律使他们知晓,因此阿奎那认为颁布对于法律获得约束力来说是必要的。立法者可以对一个完整共同体的公共需求或公共善作出合乎理性的、认真负责的实践判断,并且把它们颁布出来为公民所周知,而公民则把这些实践判断理解并采纳为他们自身自主的实践理性和意志的命令。

在阿奎那的论述中,不仅人法(human law)需要被颁布,其他各种类型的法律因其性质不同存在不同的颁布方式。在问题 90 第四节的答复 1 中,阿奎那提出自然法的颁布方式是天主将其注入人的心灵;而永恒法的颁布可以通过语言和文字这两种方式。至于神法,它包括《旧约》和《新约》,前者由天主的臣仆天使予以颁布,后者是完美的法律,应当由道成肉身的天主直接颁布。

菲尼斯认为"颁布"并非仅仅是官方文件的宣示,它同样要求职业法律人阶层的形成,他们的任务是把法律知识变成法律实践。"颁布并非通过印制数量众多的法令、决议、程序和先例的清晰的正式文本就能完全实现,它还要求一个职业法律人阶层的存在,他们的任务是熟谙法律文本,并为所有想知道自己处境的人提供较为简易和廉价的服务。”①

四、法律的种类

从问题91开始,阿奎那讨论各个法律种类的问题。他提供了一个复杂的法律类型结构,其中主要涉及永恒法(Lex aeterna)、自然法(Lex natualis)、人法(Lex human)和神法(Lex divina)(见图7-1)。在阿奎那看来,自然法仅仅是天主智慧统治的一个元素,它是对永恒法的一种分有,永恒法则是安排一切创造活动的理性计划。当人类接收到自然法时,它的内容就包括了实践理性的各项原则,正是通过这些原则,人类行为被判定为理性的或不理性的。

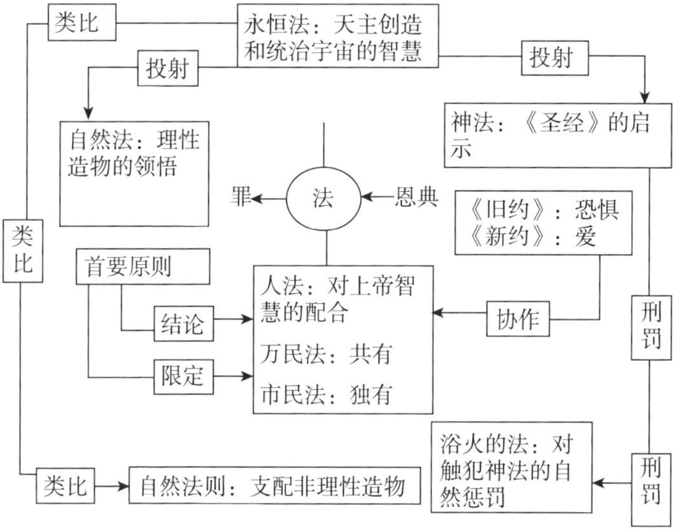

图7-1 法的类型结构

资料来源:J. Budziszewski, *Commentary on Thomas Aquinas' Treatise on Law*, Cambridge University Press, 2014, Ante Studium, XVIII。

---

① John Finnis, *Natural Law and Natural Rights*, 2nd edition, Oxford University Press, 2011, p. 271.

(一)永恒法

阿奎那证明永恒法是存在的。他认为世界是由天主的智慧所统治的,宇宙也是由天主的理性所统治的。而天主的理性是具有永恒的概念,而不像其他事物局限在时间之中。围绕永恒法,阿奎那在《论法律》问题93探讨永恒法的实质、永恒法能否被认识、是否所有法都源于永恒法、是否所有人都服从永恒法等问题。阿奎那对永恒法的阐述揭示了永恒法与其他法律的关系、永恒法的功能、永恒法的实质。

阿奎那认为,永恒法是存在于天主内的至高理型。他通过工匠、统治者的认识来解释永恒法:工匠具有创造事物的理型,统治者具有使人服从秩序的理型。天主创造万物,它的创造也具有技艺、模型或理念的特征。天主运用永恒法来创造万物,永恒法即天主内的理型。永恒法是超凡智慧的理型,指引着万物的运动和行为。永恒法能够被人们认知,但不同的人认识的程度不同。认识事物能通过认识自身或通过效果两种方式来认识。对于永恒法本身,只有天主或者鲜少见过天主的有福之人才能认识。大部分人是通过效果来认识永恒法。永恒法的效果包含真理的知识,真理的知识是对永恒法的分有。不同的人或多或少分有真理的知识,因此每个人认识永恒法的程度也不同。

在分有正当理性的范围内,每种法律都源于永恒法。永恒法是首要统治者的统治规划,所有下级统治者的统治规划一定源于永恒法。所有人类事务都服从永恒法。理性造物理解天主的命令,从而服从永恒法。非理性造物尽管无法服从永恒法,但非理性造物仍然受到永恒法的影响。其他事物会受到永恒法的效果影响,分有天主的理性,非理性造物受到其他事物的影响,最后间接地受到永恒法的影响。在这种意义上,理性造物与非理性造物都服从永恒法。必然与永恒之物是否从属于永恒法?首先,与天主的本质或自然本性相关之物不从属于永恒法,因为它们是永恒法本身。必然之物也不从属于法律,因为“必然”如其所是,不受到其他限制。其次,天主的意志本身就是永恒法。如果天主的意志创造了某事物,这个事物就从属于永恒法。因此,认识永恒法的本质时,区分永恒法本身与属于永恒法的事物是重要的。

（二）自然法

自然法是理性造物对永恒法的分有，促使我们的目的和行为恰当。当我们凭借理性与意志作出行为时，行为也源自我们的自然本性。通过自然法，我们能认识到共同原则，自然欲求以恰当的方式得以实现。围绕自然法，阿奎那在问题94探讨自然法是否为习性、自然法包含多少训令、自然法是否规定了所有德性行为、自然法对所有人是否相同、自然法能否改变与废除等问题。“阿奎那意义上的自然法”或“阿奎那主义的自然法”，指的就是上述自然法包含的具体内涵。

何谓自然法，在解决自然法是否为习性、自然法包含多少训令、自然法是否规定所有德性行为的问题后可见分晓。探讨自然法是否为习性前，需要界定习性的定义。习性具有两种定义，一种是严格、本质意义上的，另一种是以习惯方式所坚持的事物。自然法在后者意义上可以称作习性，它是理性的产物，以习惯的方式处于理性之中。自然法训令本身包含多种，但是建立在共同的基础上。在谈及这个问题时，阿奎那上升到法哲学的高度，深入探讨了根本性的前提。存在是理解的首要事物，而善是进入实践理性理解的首要事物。因此，实践理性的首要原则建立在善的本质之上，自然法的首要原则即“善要被实行和追求，恶要被避免”（bonum est faciendum et prosequendum，et malum vitandum）。阿奎那此时已然触及部分道德伦理问题，他继续探讨法律是否规定德性行为的问题。德性行为同样具有两种含义，一种是德性本身，另一种是具体的行为种类。就前者而言，德性本身从理性出发，这是由自然法规定的；就后者而言，这些具体行为虽然与德性相符合，但还需要人们进一步挖掘它的具体理性，而没有直接导向自然法。

此外，实现自然法的效果是需要讨论的实际问题，例如，它是否对所有人都是相同的、是否会被改变或废除。首先，理性分为思辨理性和实践理性。这一分类的阐明也是阿奎那思想的重要组成部分。思辨理性与必然性事物相关，与普遍原则一样包含着必然如此的真理，因此思辨事物的真理(原则和结论)对所有人都是一样的。而实践理性与偶然易逝的事物相关,具体的事件不同,实践事物的真理和实践正确性在不同的人身上就有所不同。但思辨理性与实践理性都建立在共同原则的正确性和真实性之上,这对所有人都是相同的。思辨理性与实践理性都在不同程度上被人们认知,少部分情形下它们也会失效。可见,具体的事情上难以存在绝对的真理。

自然法虽然会改变,但总体比较稳定,首要原则是不会改变的。自然法的改变主要包含增加与减少的情形。自然法的增加通过天主的法律和人法,添加了许多有利于人类生活的事情。自然法的减少通过派生原则的变化来进行,派生原则是首要原则衍生的具体、接近的结论,但自然法的首要原则不会变更。在探讨自然法是否会被废除的问题时,阿奎那提出了自然法的内容。自然法的内容首先包含普遍的共同原则,其次包含其他规范,后者是由与首要原则相关的结论而派生出来的。虽然自然法在特定情况下会被废除,但这不是一个普遍情形。因此,自然法总是根植于人们心中,应谨慎对待自然法会被废除的说法。

(三)人法

阿奎那在阐明了较为抽象的自然法之后,接着开始讨论更具有实践性的人法概念。他在问题 95 中探讨了人法的价值、来源、性质和划分,在问题 96 中讨论了人法的方式、内容和效力。

阿奎那首先讨论的问题是人法存在的价值,他认为虽然良善的人可以依据自然倾向、习惯或者天主的赐予而有德性的行为,但是带有强迫性的法律依然是使得性情邪恶的人导向德性的必要措施。阿奎那将人法对于正义的普遍判断的权力归于立法者所有,但也并不排除法官在个别事实中的自由裁量权。关于人法的来源问题,阿奎那回应了质疑并非所有的人法都源于自然法的声音。阿奎那认为人所制定的法律在其源于自然法的意义上具有法的效力,从这种意义上来说,偏离了自然法的“人法”就不再是法,而是对法的概念的误用。因此,所有人法都源于自然法。

接下来,阿奎那以伊西多尔的描述为切入点,就实在法的性质展开论述。他首先确立一个原则,即特定物的形式必须要符合其存在目的。在此原则之下,对于实在法性质的论述就转变为对于人法目的的论证了。就此而言,阿奎那完全同意伊西多尔关于法律性质的观点,以及在人法分类方面的看法。就人法和自然法的派生关系来说,可以分为市民法和万民法;就实现共同善的不同方式来说,可以分为祭司的法、国君的法等;就政府形式的不同以及所处理事项的不同,也可以区分为不同的法律。

在结束对于人法性质问题的探讨之后,阿奎那展开对于人法的实现问题的讨论。首先,阿奎那认为,由于实现目的的手段应当与目的本身相适应。因此,人法应当在一种普遍性意义上被制定。虽然在全部事项上追求一致的确定性是不可能的,但我们所做的只是需要保证法律在大部分的情况下可以被确定。其次,对于禁止恶习这个问题,阿奎那持有一种相对主义的观点。他认为,由于人法源于大众,且一般大众并不具备完善的德性,因此部分恶习是被法律所容忍的。换言之,人法只压制部分最为严重的恶习。阿奎那随即回答下一个问题,人法虽未禁止所有恶行,但禁止每种恶的特定行为。

阿奎那认为,人法是否能约束人的良心依赖于人法本身。如果人法是正义的,那么由于永恒法的效力,它就可以约束人的良心;相反,不义的法律是违背了共同善的法律,因而实际上不能被看作人法,由此也不具有约束人的良心的效力。至于是否所有人都服从法律这一个问题,阿奎那的观点是无论在被统治者服从统治者还是被强制者服从强制者的意义上,都存在一部分人不必服从法律。同样地,由于法律的语言应当受事物影响而非影响事物,因此,由于各种客观原因的存在,人们不应当拘泥于法律的文字,可以依据情况在法律的文字之外行为。

在问题 97 中,阿奎那把论证的焦点放在了法律的变动之上。第一,阿奎那思考了人法是否应当变动的基础性问题,阿奎那同意奥古斯丁的观点,认为人法是可以被改变的。促使人法改变的原因有两种:其一,由于人类理性的不断完善,因此通过理性制定的人法也在不断完善;其二,制定法律的人由于其自身的局限性,不可能制定出完美的法律,因而给后继的立法者留下了修订的空间。总的来说,虽然作为人法来源的永恒法分有的自然法是不变的,但是由于人类理性和人类所处环境的不断变化,人法的变动成为可能。既然人法是可以变动的,那是否意味着只要具有更好的情况,法律就应当改变?阿奎那依旧采用了共同善的概念,只要符合共同善这个目的,法律就可以正当地改变,这是因为人法本身就包含了可能随环境变化而变化的特定的具体原则,这种变化必须是合目的性的而不能是单纯的改变。第二,对于风俗和法律这个亘古不变的论题,阿奎那认为,风俗不但具有法律的效力,而且可以解释法律甚至取消法律。这是因为法律本身就是人的理性和内在运动的表现,所以重复性的外在行为所确立的事物能够获得法律的效力。第三,在作为统治者的个人是否应当遵循法律这个问题上,阿奎那依然求助于共同善这个基本概念。一个遵守了共同善的统治者是受民众的委托的,因此他以其权威而豁免于人法,在法律空白之时,不去遵守法律的命令。但是,如果这个统治者仅仅基于个人意志的理由违反法律,他就失去了这种豁免。

总的来说,阿奎那的人法紧紧依附于共同善这个概念,同具有一般普遍性的自然法不同,人法是实在的具体的,包含了社会的条件和变化的因素,因此是具体的。它的效力、内容都是相对的。但是不变的是,人法本身是善的,违背了自然法训诫的法律不能被认为是真正意义上的法律。

(四)神法

除永恒法、自然法、人法以外,人们还需要神法。神法发挥着弥补自然法和人法之不足的作用。神法主要指《旧约》法律和《新约》法律,在四个方面指引着人们的行为。

首先,人类需要实现永福的最终目的,但人们的自然能力不足以实现,人类还需要天主赋予的神法来达到最终目的。其次,人的判断是不确定的,不同的人、不同的行为、不同的事件会有不同的判断,但天主设定的神法是不会出错的。再次,人的判断局限在可观察的外部行为,而未能判断内部行为,神法能促使人们作出正确的判断,以便完善道德。最后,人法不足以惩戒所有罪恶,而神法能够最大限度地禁止所有罪恶,最终促进共同善的实现。

神法并非只有一种,《旧约》法律与《新约》法律构成了充分与完整的神法。对于不完善的人(孩子),更需要《旧约》律令,主要规定可感知的世俗的善;对于完善的人(成人),则需要《新约》律令,主要规定精神的神圣的善。从不完善的人到完善的人,予以约束的法律内容从世俗善变更到精神的善。《旧约》法律与《新约》法律同时发挥各自的作用,最终促进共同善的实现。

五、法律的效果

在问题92中,阿奎那通过探讨使人成为善人是否为法律的一种效果,以及法律的行为是否规范得适当,阐述了法律所应达到的效果。他认为法律应引导民众获得德性从而向善,法律的恰当效果是使人成为绝对意义上或者特定方面的善人,个人通过遵守法律成为哪个方面的善人,这取决于法律的品质。倘若立法者的目的在于真正的善,即共同善,那么个体就可以成为绝对意义上的善人。根据阿奎那对法律类型的划分,永恒法、自然法和神法可以达成此目的,这三者均在不同的意义上内含了共同善的要求。然而,如果立法者的目的不在于绝对意义上的善,那么个体只能成为相对意义上的善人。

在问题92第一节的答复3中,阿奎那重申了共同善的重要地位,"由于每个人都是城邦的一部分,除非他恰当地分配共同善,否则就不可能本身即是善的,同样,除非部分与整体协调,否则整体也是无法形成良好秩序的"①。由此我们可以看出阿奎那对亚里士多德思想遗产的继承,城邦是完善的共同体,个体的善需与共同善相协调才具有意义。

关于法律的行为是否规范得适当,阿奎那认为法律是人的行为准则和理性指令,理性不仅指引我们从特定原则出发接受由此得出的结论,

---

① [意]托马斯·阿奎那:《论法律》,杨天江译,商务印书馆2018年版,第28~29页。

并且通过某种途径引导我们接受法律的训令。法律的训令与人的行为紧密相关,人的行为可以分为善的行为、恶的行为以及中性的行为。由此,法律相应地分别作出命令、禁止、准许的行为。

此外,阿奎那认为惩罚也是法律的一种效果,法律利用人们对惩罚的恐惧达至服从的目标。人们因恐惧惩罚而行善避恶,最终成为善人,如此法律所力图实现的共同善才有可能实现。在此惩罚并非单纯的惩罚,最终的着力点仍在于个体与共同体的善。劝告和给予奖赏是任何人都能做的事,并非法律的恰当行为。

19 世纪以后,以约翰·奥斯丁(John Austin,1790—1859 年)为代表的分析法学派认为法律是一种命令,强制和惩罚是确定法律命令的关键要素,也是确保法律得到服从的重要条件。然而,身处 13 世纪的阿奎那不仅看到了法律中的惩罚、命令因素,也强调法律指引力(vis directiva)的核心地位。法律的指引力不同于其强制力(vis coactiva),它是指法律的单纯的指导功能,而强制力是指保证法律得到实施和遵守的动力功能。在理性与信仰交织的时代背景下,阿奎那在其法律理论中试图展开某种调和,并且对人类理性作为一种善和人类自然向善的倾向抱持信心。对于阿奎那而言,法律是理性的体现,各种法律会以不同的方式帮助人类实现最终的目的,对此,人类的理智与其说是一种阻碍,毋宁说是一种成全。

思 考 题

1. 阿奎那的法律定义及其对后世的影响?

2. 通过对法律本质、分类及效果的讨论,阿奎那法律思想的实质是什么?

3. 阿奎那在自己的法律思想中是如何继承和发展亚里士多德学说的?

拓展阅读

下面列举的是与《论法律》一书相关的其他著作,借助这些著作我们可以加深对阿奎那法律理论的理解。这些著作既包括阿奎那本人的著作,也包括有关阿奎那生平、法律理论等内容的著作。

1. [意]阿奎那:《神学大全》(全译本),周克勤等译,台北,碧岳学社2008年版。

2. [意]阿奎那:《阿奎那政治著作选》,马清槐译,商务印书馆2011年版。

3. [意]圣托马斯·阿奎纳:《哲学基础》,吕穆迪译,译林出版社2016年版。

4. [古希腊]亚里士多德:《政治学》,吴寿彭译,商务印书馆1983年版。

5. [古希腊]亚里士多德:《尼各马可伦理学》,廖申白译注,商务印书馆2003年版。

6. John Finnis, *Natural Law and Natural Rights*, Oxford University Press,2011.

7. 刘素民:《托马斯·阿奎那:自然法思想研究》,人民出版社2007年版。

第八讲

《法理学的范围》导读

本导读以中国法制出版社《法理学的范围》中文版为依据。[英]约翰·奥斯丁:《法理学的范围》,刘星译,中国法制出版社2002年版。英文版参见 John Austin, *The Province of Jurisprudence Determined*, Cambridge University Press, 1995。

一、奥斯丁生平

奥斯丁1790年生于英东萨福克郡的一个磨坊主家庭,16岁从军,1818年获准成为一名开业律师,1820年与莎拉·泰勒结婚,并迁居皇后街,在那里他与杰里米·边沁(Jeremy Bentham,1748—1832)、詹姆斯·密尔(James Mill,1773—1836)比邻而居。1826年被聘为伦敦大学教授,并开始讲授法理学,1832年停止了在该席位的讲座,同年首次出版了专著《法理学的范围》(*The Province of Jurisprudence Determined*),并于1835年最终辞去了法理学的教职。[①] 奥斯丁度过了几乎卑微而又伟大的一生,在他身上我们可以发现许多高贵的品质。正如其遗孀在《法理学讲义》再版前言中所描述的那样:“他生于贫穷且死于困顿。他很少为人所知,也很少为人所赞美,而且他也从不寻求社会给予回报;但是他一生的言行却体现出一种高

① See W. L. Morison, *John Austin*, Stanford University Press, 1982, p. 7 – 33.

贵和宽宏的品质,这种品质所传达的最为深刻的主题之一就在于它可以被认为是伟大的真正本质与源泉。”[①]无论身后人们对他的评价如何,也无论他所发展的学说在当下看来有何局限,奥斯丁对英国法理学之独立所作出的巨大贡献都是不可否认的。

有论者认为,从19世纪中期至20世纪中期英国法理学没有发生任何重大事件,在1832年奥斯丁退休不再担任英国伦敦大学法理学教授到1952年哈特被任命为牛津大学法理学职位期间,英国法理学的唯一发展似乎仅体现在梅因爵士所做的工作上,即便如此,在最为详尽的英国法理学教科书中对此也缺乏论述。[②] 这种观点显然有些夸张,同时对奥斯丁本人未免也有失公允。毋庸置疑,至少与同时代的美国相比,19世纪前半期英国法理学的确处于一种相对落后的局面。究其原因,一方面缘于当时落后的大学教育使得法律学科并没有完全被建立起来,从而使其受到了本不应有的忽视;另一方面,可能是由于英国人长期对于法理学学科的抵制,这一传统也给法理学的发展带来了巨大的阻碍。然而,法理学作为一门独立自足的学科出现在社会舞台上,则是奥斯丁开创实证主义法学以后的事情。现今学界通常将法律实证主义的起源追溯至奥斯丁,也有论者认为其实早在霍布斯那里就已为法律实证主义埋下了种子,后经边沁的努力,直至奥斯丁才真正开创了这一学派,并推动了法学与其他学科之间的分离。[③] 事实上,法律实证主义之所以在奥斯丁时代兴起绝非偶然,而

---

① [英]约翰·奥斯丁:《法学讲演录(一)》,支振锋译,中国社会科学出版社2008年版,第21页。

② See Neil Duxbury, *English Jurisprudence Between Austin and Hart*, Virginia Law Review 91 (2005), p. 2.

③ 现在,学界通常认为,分析法学的原创意识可以在边沁(Jeremy Bentham)的著述,尤其是1970年出版的边沁的《法学概论》(Jeremy Bentham, *Of Law in General*, ed., The Athlone Press, 1970)中发现,甚至在霍布斯的(Thomas Hobbes)的著述比如《利维坦》中,也可以找到类似的原创意识。但是,人们依然不能不承认,奥斯丁的《法理学的范围》,是事实上的使分析法学得以在法学界发动推进的先导性文本。毕竟,众多后来的崇尚分析法学的学者,首先是在《法理学的范围》这一原典中获得思想的。参见[英]约翰·奥斯丁:《法理学的范围》,刘星译,中国法制出版社2002年版,第1页。Also see M. M. Goldsmith, *Hobbes on Law*, in Tom Sorell, eds., The Companion to Hobbes, Cambridge University Press, p. 274 - 299.

是有着深刻的政治、社会、经济原因。英国经历了长期的资产阶级革命,资产阶级建立政权后在政治上逐渐走向保守,曾经一度作为革命指导思想的自然法学说显然不利于当时政权的巩固,加上当时立法运动的普遍高涨,于此背景下一种新的法律学说即法律实证主义便应运而生了。

奥斯丁的思想主要源于霍布斯和边沁,他继承和发扬了霍布斯关于主权的理论,并将其运用到法理学分析当中。同时他对边沁的功利主义理论也笃信不移,并视之为立法科学的一个基本原则。但是也有学者提醒我们注意奥斯丁与边沁的不同之处,边沁主要是一个立法论者,而奥斯丁则主要是一个法理论者,前者主要关注"应然之法",而后者更多关注"实然之法"。[①] 概言之,奥斯丁的主要学术思想集中体现在他生前出版的《法理学的范围》(1832)及经其遗孀整理出版的《法理学讲义》(1863)两本著作之中,他将自然科学的实证方法用于指导法律研究的实践,同时将"概念分析"(conceptual analysis)的方法引入了法学领域。奥斯丁认为我们必须严格区分"实际存在之法"与"应当存在之法",而普遍的一般法理学所要研究的就是实际存在的由人所制定的法。换句话说,"法理学科学(或者简略地说'法理学'),与实际存在的由人制定的法有关,或者与我们所说的严格意义上的法有关,而不管这些法是好的,或者是坏的"[②]。可见,法的存在与法的优劣之间并不能直接画等号。上述区分所坚持的"分离命题",就是法律实证主义最为重要的品质之一。此处值得一提的是,理解奥斯丁理论的一个最为重要的语词乃是"主权",可以说正是这一概念构成了整个法律实证主义大厦的基石。边沁和奥斯丁以他们在政治哲学中找寻的概念作为始基,自文艺复兴以降,政治哲学家们诸如博丹和霍布斯根据"发布命令的主权者"解释了他们学科的传统难题,亦即政治权威和政治义务的渊源问题。边沁和奥斯丁承袭了这些概念,并赋予它们新的意旨。在他们那里主权者并非拥

---

① See Sir Henry Sumner Maine, *Lectures on the Early History of Institutions*, Seventh Edition, Murray, 1897, p. 343 – 344.

② [英]约翰·奥斯丁:《法理学的范围》,刘星译,中国法制出版社 2002 年版,第 147 页。

有神圣或自然权利并能够以此告知我们应当为何之人。相反，对主权者的识别应当依凭下述事实，亦即他被服从，并且他的命令就是人们称为“法律”的事实。[1] 因此，只要存在法律，就必然可以顺着主权这条线索找到其背后“发号施令”的主权者；同样的道理，只要有主权者存在，那么其所发布的一般命令对臣民而言也就是法律。在这个意义上，主权者和立法者是同一个主体。因此，奥斯丁的实证法学既可以被称为“主权者的法理学”，同时又可被称为“立法者的法理学”。

二、基于主权的法律观

现代主权概念的出现，是与民族国家的兴起联系在一起的，同时它也构成了近代法理学一个最为重要的基点。无论是霍布斯所描述的立法者，还是奥斯丁所描述的立法者，都绝非现代立法意义上的法律制定者，而是指一国或政治社会的主权者。在他们看来主权者就是立法者，主权是法律的唯一来源。正如霍布斯所论述的，“在所有的国家中，不论主权者像君主国家中那样是一个人，还是像民主与贵族国家中那样是多数人组成的会议，都唯有主权者能充当立法者。因为立法者都是制定法律的人，然而又唯有国家才能规定并命令遵守我们称为法律的法规；因之，国家便是立法者。但国家不是人，除开通过代表者以外也无法做出任何事情；而代表者就是主权者，所以主权者便是唯一的立法者”[2]。奥斯丁在很大程度上也继承了霍布斯有关主权和民约法（亦称市民法）的理论，并将其在自己的学术理想图景中发挥得淋漓尽致。接下来，我们便一窥奥斯丁法律思想的全貌，但关注点仍然在于立法者背景之下“基于主权的法律概念观”，及其关于“法律命令说”的思想主张。

（一）法律与主权

奥斯丁将法律分为准确意义之法和并非准确意义之法，并认为只有前者才具备命令的特质。由此，在“法律”这一语词最为广泛的含义上，

---

① See J. W. Harris, *Legal Philosophy*, London Butterworths, 1980, p. 25.

② ［英］霍布斯：《利维坦》，黎思复、黎廷弼译，商务印书馆1985年版，第206页。

我们可以区分出四种不同类型的法:神法、实在法、实在道德以及隐喻意义之法。而只有实在法(positive law)才是一般法理学之真正对象,它是由主权者所发布的普遍性命令。进一步说,实在法这一概念凸显了以下重要特点:“第一,所有这类法,或者所有我们径直而且严格地使用‘法’一词所指称的对象,要么是由主权者个人确立的,要么是由主权者群体确立的;第二,这类法所指向的对象,是独立政治社会中的一个成员,或者一些成员;第三,主权者个人或主权者群体,在这种独立政治社会中,是至高无上的,是权力无限的。”[1]由此,我们通过对实在法的界定引出了主权和主权者另两个重要概念。在实际着手讨论奥斯丁的主权定义之前,顺便提醒读者注意可能加之于“主权”一词的三种含义:“其一,该词在纯粹名义上被用来指涉在位君主;其二,在政治意义上用来指涉一个意志被国内人民所最终服从的主体;其三,它意指一国之中拥有最高立法权力之个人或主体。”[2]而在上述关于“主权”一词的数种含义中,唯有第三种被法律人(包括法律教师、法科学生)所关注。这种关于主权的划分与詹姆斯·布莱斯(James Bryce,1838—1922 年)的主权论说在某种程度上亦有相通之处,后者区分了实际主权与法律主权。他认为法律主权是指主权权力归属于一个人(或主体),法律的效力归因于他的统摄,他拥有颁布一般规则或发布命令的最终权力,并且他的权威本身就是法律;而事实主权,可能有时被用来指涉某个国家中最为强大的力量,无论它是否已被尊认为至高无上。[3] 不难发现,奥斯丁所集中讨论的主权主要是政治主权或实际主权。对他而言,主权是一种先于法律的政

---

① [英]约翰·奥斯丁:《法理学的范围》,刘星译,中国法制出版社 2002 年版,第 3 页。

② R. A. Eastwood, *A Brief Introduction to Austin's Theory of Positive Law and Sovereignty*, The Bastern Press, Ltd. ,1916, p. 48 – 49.

③ See James Bryce, *Studies in History and Jurisprudence*, Vol. Ⅱ, Oxford University Press, 1901, p. 505 – 511. 事实上边沁某种程度上也意识到了这一点,“当整个国家在法律的含义上是主权者时,它的统治集团在法律含义上也是主权者。当整个国家附属于某个外国权力时,那么它的统治集团就不是主权者。因此,主权在法律意义上,一方面是一个事实问题,另一方面也是一个形式问题。被认为合法的最高权力,构成法学家所理解的主权。……同样的道理,一个人或者一个团体,虽然从来没有为立法机关的法令或朝廷的诏令承认为统治者,却可能在实际上统治着一个国家。……因此,法律上的主权和实际上的最高权力,可能是部分地或者完全地分离。两者完全结合在一起的情况是很少见的”。参见[英]边沁:《政府片论》,沈叔平等译,商务印书馆 1995 年版,第 61 ~ 62 页。

治存在,于此之后法律和法律概念的界定才成为可能。[①] 也就是说,主权者作为最高治者的存在并非因为法律使然。相反,而是因为他实际在独立政治社会上获得所有人的习惯性服从,方才被尊认为至高无上。

在明了"主权"这一语词常见的几种含义之后,我们开始分析奥斯丁的主权理论。他对主权及主权者概念的界定,建立在对"独立政治社会"所蕴含特质的描述之上。一个独立的政治社会在奥斯丁看来必须具备两个显著标志:其一,从积极方面来说,社会中的所有人或者绝大多数人习惯性地服从一个特定政治优势者;其二,从消极方面来说,这个被一贯服从的政治优势者并没有习惯性地服从另一个类似的政治优势者。综合这两个方面而言,一个社会才是独立的政治社会,其中获得一贯服从之特定主体便是主权者,而习惯性地服从主权者的群体便是臣民,臣民和主权者之间是命令与服从、主权与隶属的关系。此外为更加清晰地洞察独立政治社会,我们仍需注意以下方面:其一,习惯性服从因素。在一个独立政治社会中对某一特定政治优势者的服从必须是习惯性和持续性的,而不是短暂性和偶尔性的。奥斯丁举了 1815 年同盟军占领法国的例子,虽然法国政府和人民服从了同盟军的命令,但是这种服从依然只是偶尔性和临时性的,因此在二者之间并不存在一个主权与隶属的关系,由此法国政府仍是一个独立的政治存在。其二,特定主体因素。一个社会之所以能够被称为独立政治社会,一个很重要的原因在于人们可以发现并服从一个特定的一般优势者或最高治者,他既可以是单一特定的个人,也可以是由若干个人组成的群体。与此相反,自然状态或者处于分裂状态的社会中并不存在一个被习惯性服从的优势主体。其三,政治权威因素。从前述独立政治社会的消极标识来看,特定政治优势者并不处于一种习惯服从其他优势者的状态。反观之,若其只是偶尔或临时服从另一优势者所发布的命令,那么这个社会还能否被称为独立政治

① See J. W. Harris, *Legal Philosophy*, London Butterworths, 1980, p. 32. "或者,借用霍布斯的话来说,'立法者之所以具有最高权力,不是因为其具有首先立法的权威,而是因为其具有可以使一项法律继续成为法律的权威'。"参见[英]约翰·奥斯丁:《法理学的范围》,刘星译,中国法制出版社 2002 年版,第 218 页。

社会？奥斯丁给出了肯定的答案。在他看来，“即使这个特定的优势者，表现出了对其他特定主体的命令的偶尔服从，这个特定的社会，也是可以构成一个政治的社会，并且具有独立的性质。但是，当这个特定的政治优势者习惯性地服从一个特定个人或群体的命令的时候，这个特定的社会，尽管具有政治的性质，然而依然缺乏独立的性质”①。

（二）作为命令的法律

由获得习惯性之服从所产生的主权权力，不仅是至高无上的，而且也不受实在法律的约束。当然并不能因此就天真地断言奥斯丁所主张的主权理论是不受任何限制的，他仅仅认为主权权力不受实在法律约束，但是仍然会受到实在道德的约束。奥斯丁认为主权权力的首要的权能表现在立法方面，主权者首先表现为一个一般立法者。如果将整个法律体系视为金字塔结构，那么毋庸置疑，处于最顶端的便是集立法权力于一身的主权者，其发挥着类似于凯尔森的“基础规范”或哈特的“承认规则”的功能。一方面，主权权力构成了法律内容的唯一来源，主权者的命令本身就是法律；另一方面，它也构成了法律效力的直接来源，并使整个法律体系获得了一以贯之的统一性。奥斯丁将人类法分为两类，即政治优势者制定的法和非政治优势者制定的法。前者是指由独立政治社会中之最高主权者所制定的法律，它构成了法理学的普遍对象和范围，也被称为“实在法”；后者仅仅是指那些并非准确意义上的依凭舆论或道德建立起来的规则，诸如尊严法、礼仪法乃至国际法大抵都可归为此类。由于它们并非出自政治优势者且并不具备实在法的特质，因而被排除在法理学的范围之外。所有“法”或“规则”，都是命令。我们也可以这样认为：人们所说的准确意义上的法或规则，都是一类命令。② 这就是为人所熟知的奥斯丁的“法律命令说”，同时这一理论在后来也受到了广泛的诘难和批判。显然，“命令”与“法”不可简单地化约为同一事物，

① [英]约翰·奥斯丁：《法理学的范围》，刘星译，中国法制出版社2002年版，第224页。

② 参见[英]约翰·奥斯丁：《法理学的范围》，刘星译，中国法制出版社2002年版，第17页。

二者在概念内涵与外延的界定上均不相同。那么“命令”与“法”究竟存在何种关联？具备何种特质的命令才是法律呢？我们接下来便详细阐述之。

在布莱克法律辞典中，“命令”一词有两种基本的语义：一是指一种命令或指令；二是在法律实证主义那里，意指主权者明确愿望一个主体按照特定要求的方式为或不为一定行为，并且此种愿望与不遵守之惩罚威胁联系在一起。[①] 而奥斯丁关于法理学意义上之“命令”显然是在上述第二种意义上所使用的，命令构成了实在法最为本质的特征，并以此区别于其他并非准确意义之法。在奥斯丁看来，每一个命令直接或间接地均是一个意愿的表达，而对于意愿的违反将要承受命令发布者所施加的不利后果。对此我们需要从以下三个层面对这一概念进行把握：“第一，一个理性存在提出的要求或意愿，是另外一个理性存在必须付诸行动和遵守的；第二，在后者没有服从前者的要求的情况下，前者设定的不利后果，会施加于后者；第三，前者提出的要求的表述和宣布，是以文字或其他形式表现出来的。”[②]由此，一个能够被称为“严格意义上法律”之命令，必须涵盖四个要素：主权者、要求及其表达、制裁和一般性。

具体而言，首先，被称为法律的命令与非政治优势者发布的命令不同，它的形式和内容均来自一个独立政治社会之中的最高治者，拥有超越性的立法和执行权力。相比之下，主人对仆人或者丈夫对妻子所发布的命令显然并不具有“政治优势者”的主体特质。其次，奥斯丁坚持认为任何一个命令均是对于要求的表达，并且这种表达并非仅仅停留在心理表达的层面，而是要通过文字或者其他方式显示出来。此外这种表达既可以采用命令语式，也可以采取请求语式。对于是否成一命令的识别并非完全取决于其表达形式，而要关注形式背后所表达出的内容。因此，不含任何意愿或要求的纯粹陈述是不能够被称为法律的。再次，制

---

① See *Black's Law Dictionary*, Eighth Edition, Edited by Bryan A. Garner, Thomson West, 2009, p. 805.

② [英]约翰·奥斯丁：《法理学的范围》，刘星译，中国法制出版社 2002 年版，第 23 页。

裁或称“强制服从”(enforcement of obedience)也是命令的一个重要元素,命令一旦被发布出来就等于是为受命者设定了一项义务,这种特定义务一端连着主权者,另一端又连着制裁,如果相关对象不按照既定的要求行为就将承受一定的不利后果。换句话说,命令、义务和制裁是三个紧密联系而不可分割的概念。当说“命令”时,是指愿望的表达或宣布;当说“义务”时,是指发生恶果的可能性;当说“制裁”时,是指付诸实施的恶果本身。[①] 最后,我们来讨论命令之一般性特质,某种程度上这也触及了命令的类别问题。奥斯丁认为命令具有两种类型,即具体的命令和法律规则。“如果一个命令具有普遍的行为约束力,而且,对之服从的行为主体也是普遍的,那么,这个命令就是法,或者规则。反之,如果一个命令只是针对个别行为具有约束力,而且,对之服从的主体也是个别的……一个命令就是具体的或个别的。”[②]前面提及的主仆、夫妻之间的命令由于对象和行为效力的个别性,因而只能算作具体的或个别的命令。这一“法律命令说”在逻辑和经验上都非尽善尽美,难免招致后来学界的诸多批评,这部分内容在后文中有所体现。

(三)法理学的范围

奥斯丁区分了“一般法理学”与“特殊法理学”,认为前者是对成熟社会所共有的一切原则的研究,而后者仅系对特定社会中的法或规则进行研究。[③] 他试图将那些并不具有命令性质之物统统排除出我们的视域,进而科学地界定了法理学的范围。也就是说,这一工作的全部内容乃在于将“实际存在之法”与“应当存在之法”相区别开来。首先,“神法”作为上帝对人类设定的法,某种程度上虽然也具有命令的性质,但其对人类所设定的义务并非法律义务而仅仅是宗教义务。它充其量只能归入自然意义的法而非实际存在的由人所制定的法,因此不属于法理学

---

① 参见刘星:《法律是什么》,中国政法大学出版社 1998 年版,第 20 页。

② [英]约翰·奥斯丁:《法理学的范围》,刘星译,中国法制出版社 2002 年版,第 25 页。

③ See Robert N. Moles, *Definition and Rule in Legal Theory: A Reassessment of H. L. A. Hart and the Positivist Tradition*, Basil Blackwell Ltd. ,1987, p. 18.

的研究范围。其次,他进一步排除了"实在道德"(positive morality),它包括除却主权者所发布的命令以外的私人间的命令,如雇主对雇员的命令,在这个意义上可以称其为非准确意义上的法律。此外,隐喻意义上的法虽非出自主权者之手,也不具有命令的一般性质,但由人们在修辞或类比的意义上使之与法发生了关联。"我们可以这样加以描述:他们是由舆论(opinion)确立的法或规则,或者是由舆论设立的法或规则。"① 基于各国之交往而形成的国际法就属此类,它并不是由一个特定的主权者所制定,而是由一般舆论所设之法。因此必定可以得出这样的结论,即那些在国家之间适用的法并不是实在法。② 再者,习惯法在奥斯丁看来亦不属于实在法的范畴,至少在其被主权者明示采纳或默示认可之前是作为社会实在道德而存在的。

由此经过上述一番努力之后,奥斯丁通过对法理学范围的界定基本廓清了"实在法律科学"与其他学科之间的界限。一般法理学只研究实际存在由人所制定的法,应当存在之法或理想之法与道德交由立法学和伦理学去研究。他的整个实在法理论和主权理论是紧密联系在一起的,如果不把主权者的元素编织入立法者的法理学空间中来,他所建构的整个实证主义法学所依凭的一系列的概念叙事都将化为乌有。然而,这种主权化视野下的法律观由于时代及其理论本身的缺陷而招致了诸多批评,下面择取一例简要分析。亨利·梅因爵士对其进行了严厉性的攻击,他认为奥斯丁在法理学讲义中犯了一个粗心的错误:既然他的全部实在法理论均是来自主权这一重要的概念,那么在讲义中就应当先来讨论主权的定义、性质等相关问题,其后方可论述实在法的理论内容,然而奥斯丁却完全颠倒了这一顺序。梅因通过对早期人类制度史的研究,提出了明确的立法者或立法机关出现于法律制度发展的晚期阶段。他指出:"在古典东方制度里,族长可以号令一切,最微小的不服从都可以招

---

① [英]约翰·奥斯丁:《法理学的范围》,刘星译,中国法制出版社2002年版,第3页。

② 参见[英]约翰·奥斯丁:《法理学的范围》,刘星译,中国法制出版社2002年版,第425页。

致死亡。族长可以建立军队、征收捐税、处置敌人。……族长却从未制定过一项法律。尽管他颁布了特殊命令,也从未梦想改变那些为其属民生活之所依的规则和古老习俗,因此法律并不必然等于制定法。”[①]因此梅因主张法律是在人类社会生活和交往中进化发展起来的,在人类社会早期所出现的习惯法并不具备主权权力的要素,也不是专门立法机关的运作的产物,但其的确具备了法律的一系列特质,从而被人们普遍地遵守和服从。对奥斯丁的这种批判主要是围绕法律的概念问题展开的,亦即法律之为法律是否必然暗含着官方的要素,是否必须经过专门立法机关的制定或认可。这里的问题是,如果二者对于法律的概念理解不一,批判又何以成为可能呢?此外,约翰·格雷、哈特等人也对奥斯丁的实在法理论进行了某种批判。[②]

三、走向“去主权”的后法律实证主义的法律观

奥斯丁通过对主权理论的法理学建构,将一般法律体系局限于实在法的狭小范围之内。无论他所开创的这种法律实证学说有何理论缺陷,也无论在其后的岁月里招致了多少不愉快的批评和诘难,这都是历史和时代的命运使然。即使后来他的一位最严厉的批评者也如是认为:“我们的重点并非在奥斯丁这个人的理论上,而是针对某种特定类型学说的可靠性。因为不管这种主张有多少瑕疵,它却恒久地吸引着人们。”[③]由此我们需要认真地对待奥斯丁和他的学说,理性地对待后继者及其批判。可以说实证主义发展到20世纪出现了一个重大的转向,亦即从“主权化的法律观”到“去主权的后实证主义法律观”的转变。这一转变同时也标志着法律实证主义理论在逐步走向成熟,并随之出现了两个新的

① [美]戈尔丁:《法律哲学》,齐海滨译,生活·读书·新知三联书店1987年版,第49页。Also see Sir Henry Sumner Maine, *Lectures on the Early History of Institutions*, Seventh Edition, Murray, 1897, p. 371 – 386.

② See John Chipman Gray, *The Nature and Sources of the Law*, Second Edition, Gloucester, Mass. Peter Smith, 1972, p. 85 – 88. 此外关于哈特的批判内容,放在下一部分来进一步讨论。

③ [英]H. L. A. 哈特:《法律的概念》,许家馨、李冠宜译,法律出版社2006年版,第18页。

分支，即“纯粹法学”和“新分析法学”，它们分别是由奥地利法学家汉斯·凯尔森（Hans Kelsen，1881—1973 年）和英国法学家哈特（Hart，1907—1992 年）所建立。二者很大程度上都继承了奥斯丁的实在法理论，同时在批判的基础上将其进一步推进。总体来说，无论是凯尔森的纯粹法学还是哈特的新分析实证主义法学，都试图通过一种新的替代要素来消解“主权”，他们相继抛弃了奥斯丁的主权立法论，而以“基础规范”与“承认规则”取而代之，并通过这样一种更为科学的方式来论证法律的效力来源和建构法律体系的统一性。

与奥斯丁相比，凯尔森在法律实证主义道路上走得更远。他通过建立纯粹法学，从而试图将一切非法律的因素排除于法律体系之外。纯粹法理论之所以自命为“纯粹”，则在于其唯求认知法律，而将不属其认知对象者皆摒除在外。换言之，纯粹法理论欲使法律科学免受一切异质因素之干扰。[①] 在他看来，既然法律之效力不能单纯源自主权者的暴力或命令，那么必然可以从别处找寻到更为科学的法律效力根据和来源。从纯粹法学视角来看，奥斯丁所提倡的“法律命令说”具有致命的缺陷，从而无力解释一些法律现象和命题。奥斯丁错误地混同了“命令”与“约束性的命令”，否则无异于将持枪匪徒的命令也视作法律的事实。一个命令之所以具有约束力并不在于命令本身，也不在于发布命令者是否事实上处于优势权力的地位，而在于该命令者是否“已被授权”这一根本条件。此外，命令模式对于习惯法之成为法律的解释，不仅牵强附会而且也并非无懈可击。与传统法律实证主义所主张的“还原论”（reductionism）不同，凯尔森的分析方法独具特色之处在于引入了应然的“规范”概念，即将整个法律秩序视为一应然的规范体系，并将规范作为法律效力之始基。凯尔森严格区分了规范的效力和规范的实效，认为二者本质上并非同质物。而一个规范效力的理由始终是一个规范，而不是一个事实。探求一个规范效力的理由并不导致回到现实去，而是导致

① 参见［奥］凯尔森：《纯粹法理论》，张书友译，中国法制出版社 2008 年版，第 37 ~ 38 页。

回到由此可以引出第一个规范的另一个规范。[①] 以此类推下去,必然可以找寻到一个不能再从更高规范推导出自己效力的规范,凯尔森称为“基础规范”(basic norm)。它是一个被预设的具有最终和最高效力的规范,所有其他规范的效力均源于此。在现实中,基础规范反映一定的历史的、政治的事实,它或许是第一部宪法。在理论体系内,它是法律规范效力的形式原则的归宿。[②] 由此可以看到,在凯尔森那里“基础规范”的预设实则是一种消解“主权”的实践,并最终替代“主权”发挥了一统法律体系的作用,使得整个法律体系获得了连贯的效力。这一“基础规范”的预设,基本达到了“去主权”的目的,同时也论证了法律规范效力的最终来源,并使得法律规范在逻辑上成为一个自洽的体系。

奥斯丁的理论曾一度遭到忽视而无人问津,如果说今天他的理论依然有不断持续增长的读者的话,这很大程度上都要归功于后继者哈特对其所作的批判性贡献。哈特作为新分析实证主义法学的创始人,被誉为20世纪英语世界最伟大的法学家。除坚持法律实证主义的传统立场之外,他将更多的精力集中于对法律规则的研究之上,提出了集“初级规则”与“次级规则”于一身的法律体系规则观,并通过对规则的语义分析,探明了法律的概念与效力之源。常识告诉我们知识在批判中不断获得增长,哈特的思想某种程度也是建立在学术批判的基础之上,这里我们主要关注的是其对奥斯丁“法律命令说”的批判。为了揭示奥斯丁这一学说的种种弊端,哈特在著作中虚构了一个“抢匪情境”。这种情境发生在抢匪向银行职员说:“把钱交给我,不然我要开枪了!”[③]基于此,他展开了下列几个层面的批判:首先,以威胁为后盾的一般命令模式使得法律内容过于狭窄。具有开放性结构的法律体系除了包含那些科以

---

① 参见[奥]凯尔森:《法与国家的一般理论》,沈宗灵译,中国大百科全书出版社 1996 年版,第 125 页。

② 参见张书友:《汉斯·凯尔森的生平、著述与思想》,载葛洪义主编:《法律方法与法律思维》(第 3 辑),中国政法大学出版社 2005 年版,第 273 页。

③ 参见[英]H. L. A. 哈特:《法律的概念》,许家馨、李冠宜译,法律出版社 2006 年版,第 19 页。

义务并以威胁为支撑的规则外，还有另一类授予法律权利之规则，而仅凭以制裁为后盾的命令模式是根本无法解释后者的。即使是类似于以制裁为威胁的一般命令之刑事法，也不仅约束受命者，同时对发布命令的人也有约束效力。其次，有一些法律规则，其起源模式不同于命令，因为他们并非通过任何接近“明示之规定”（explicit prescription）的方式而产生。最后，以习惯性地被服从和必然免于所有法律限制的“主权者”这个概念来分析法律，未能说明现代法体系所特有之立法权威机构的连续性。[①] 此外说明一点，也曾有学者针对哈特的批判为奥斯丁作过专门的辩护。[②] 正是基于以上数端哈特提出了自己的法律规则观，亦即设定义务的初级规则和规定裁判、改变的次级规则。然而由于初级规则存在种种弊病，哈特引进了“承认规则”（rule of recognition）的概念，提供对规则或者文件之权威性确认，正是这种规则的确立方才使得整个法律体系具有统一的效力。

通过对凯尔森纯粹法理论和哈特的新分析法学理论的分析，我们清晰看到了法律实证主义的当代走向，从“主权者”到“立法者”的诉诸，从“命令”到“承认规则”和“基础规范”的诉诸，均是一种“去主权”或者“消解主权”的努力，进而使法律的概念建立在一种更加科学的基础之上。

思 考 题

1. 奥斯丁理论中的功利主义与实证主义之间关系是怎样的？
2. 什么是主权？为什么说法律是主权者的命令？
3. 奥斯丁的理论对法律实证主义的发展产生了怎样的影响？
4. “法律命令说”可能会面临哪些批评？

① 参见［英］H. L. A. 哈特：《法律的概念》，许家馨、李冠宜译，法律出版社2006年版，第76页。

② See W. L. Morison, *John Austin*, Stanford University Press, 1982, p. 178 – 205.

拓展阅读

1. [英]尼尔·达克斯伯里等:《法律实证主义:从奥斯丁到哈特》,陈锐编译,清华大学出版社2010年版。

2. [美]安德瑞·马默:《法哲学》,孙海波、王进译,北京大学出版社2014年版。

3. [英]杰里米·边沁:《论一般法律》,毛国权译,上海三联书店2013年版。

4. Frederick Schauer, *The Force of Law*, Harvard University Press, 2015.

第九讲

《纯粹法理论》导读

本导读以中国法制出版社《纯粹法理论》第一版的中文版为依据。[奥]凯尔森:《纯粹法理论》,张书友译,中国法制出版社 2008 年版。德文版参见 *Reine Rechtslehre*: *Einleitung in die Rechtswissenschaftliche Problematik* (Leipzig and Vienna: F. Deutike, 1934; repr. Aalen: Scientia Verlag, 1985);英译本参见 *Introduction to the Problems of Legal Theory*, trans. by Bonnie Litschewski Paulson and Stanley L. Paulson, Oxford: Clarendon Press, 1992。

一、凯尔森生平

凯尔森(Hans Kelsen,旧译“凯尔逊”“凯尔生”,均系一人)1881 年生于奥匈帝国布拉格一个犹太中产阶级家庭,是日耳曼化的犹太人。他于 1906 年在维也纳大学取得法学博士学位,此后便在维也纳商业学校任教,其间他曾到德国海德堡大学旁听著名国法学家耶利内克(Georg Jellinrk)的课程,并在哲学上受到以柯亨(Hermann Cohen)为代表的新康德主义马堡学派(Marburg School)的影响。1911 年,凯尔森将《国法理论的主要问题》(*Hauptpoblem der Staatsrechtslehre*)提交给维也纳大学以申请教席并获批准,从此作为一名公法学与法哲学无俸讲师在维也纳大学法律系开始了学者生涯。

1919 年,凯尔森创办《公法杂志》(*Zeitchrift für öffentliches Recht*),并逐渐形成了以他为核心的维也纳学派(Vienna School)。在法学界以外,凯尔森与石里克(Moritz Schlick)、纽拉赫(Otto Neurath)、弗兰克(Philipp Frank)、克拉夫特(Victor Kraft)、弗洛伊德(Sigmund Freud)等哲学家多有来往。1920 年,凯尔森受临时政府总理、社会民主党人伦纳(Karl Renner)的委托参与了奥地利民国(Ständestaat)宪法的起草,这部以"非政治性"著称之宪法自 1920 年生效后至今依旧有效,并首创以"宪法法院"进行违宪审查之制。此后,他担任奥国宪法法院法官达 10 年之久(1921—1930 年),解职后相继任教于德国科隆大学及瑞士日内瓦国际关系研究所(Institut Universitaire des Hautes Etudes International)。1934 年,凯尔森出版了《纯粹法理论》一书,奠定了他在 20 世纪法律理论界的地位,也标志着他在学术上的黄金时代的到来。

"二战"爆发后,凯尔森举家远渡重洋赴美,先任哈佛大学法学院霍姆斯讲座教授(Oliver Wendell Holmes Lectures,1941 年),并受聘为联合国战争罪行调查委员会的顾问(United Nations War Crimes Commission,华盛顿),为日后的纽伦堡以及东京审判提供法律和技术方面的咨询意见。在法学家庞德(Roscoe Pound)的襄助下,凯尔森获任加州大学伯克利分校政治系教授(1945 年)并归化为美国公民,最终在这一岗位上荣休(1952 年),此后他的学术研究生涯仍延续了长达 20 年之久,直到 1973 年去世。凯尔森在法律理论、国法学、国际法学、政治学、社会学、科学哲学及人类学等多个领域皆有卓越建树,奥地利政府在维也纳建立的"凯尔森研究所"(Hans Kelsen Institut)收藏了凯尔森绝大多数著作的手稿。据统计,凯尔森的作品达 604 件之多(到 1969 年为止,包括译成其他语种之非原创作品);到 1991 年,这个数字更增加到 675,其中原创性作品为 387 件。这些作品被译成 24 种语言,其中 18 本著作(包括两本论文集)和 121 篇论文以英文撰写或有英译本。

凯尔森与纯粹法理论对 20 世纪的西方法律理论具有重大影响:早在 1934 年,庞德就将凯尔森视为"当代法学的领军人物";25 年之后,哈特(Herbert Lionel Adolphus Hart)将凯尔森称为"当代最令人鼓舞的分析法学大家”;又过了25年,芬兰哲学家与逻辑学家赖特(Georg Henrik von Wright)更将凯尔森与德国大思想家韦伯(Max Weber)相提并论,认为“正是这两位思想家最深刻地影响了本世纪的社会科学”[①]。其他学者在赞扬凯尔森的著作时也从不吝惜赞美之词,直到今天,凯尔森与纯粹法理论仍旧被学者并作为讨论百年法律理论之出发点。

二、纯粹法理论与法律实证主义

《纯粹法理论》写于瑞士,篇幅并不大,仅9章200多页,通篇无注释,更像一本小册子。但其理论价值却非同小可:尽管在此之前20年间,凯尔森已在其他著作中或多或少对该理论进行了介绍与运用,但纯粹法理论第一次在本书中得到了系统化的阐述,其不再被仅仅用来解释公法尤其是宪法,而是成为一切实在法之普遍科学。本书带有浓厚的“新康德主义色彩”,康德的先验证明成为凯尔森寻求纯粹性知识的主要理论工具。本书早在1943年便由刘燕谷先生据横田喜三郎的日译本译成中文(译名为《纯粹法学》,中国文化服务社出版),而其完整英译本(《法律理论问题导论》)则迟至1992年方才面世——这多少也反映了英美学者对欧陆法律理论之冷漠与迟钝。不过英译本的主要优点在于增加了大量补充性注释,有助于读者了解某些具体观点或概念之理论背景。2008年,中国法制出版社出版了新中译本,译者参酌德、英两个版本对《纯粹法理论》进行了重译,并收录了凯尔森写于20世纪40年代至60年代的10篇论文作为附编,以之充当对正文的注解。[②]

---

① 有关20世纪西方法学界对凯尔森及纯粹法理论的评价,参见Stanley Paulson, *The Neo-Kantian Dimension of Kelsen's Pure Theory of Law*, 12 Oxford Journal of Legal Studies 311(1992)。

② 该译本所收录的论文包括《何谓正义?》(1952年)、《圣经中的正义观念》(The Idea of Justice in the Holy Scriptures, 1953年)、《科学法庭上的自然法学说》(The Natural-Law Doctrine before the Tribunal of Science, 1949年)、《纯粹法理论与分析法学》(The Pure Theory of Law and Analytical Jurisprudence, 1941年)、《斯通教授与纯粹法理论》(Professor Stone and Pure Theory of Law, 1965年)、《法律科学中的价值判断》(Value Judgement in Legal Science, 1942年)、《因果与报应》(Causality and Retribution, 1941年)、《因果与归属》(Causality and Imputation, 1950年)和《科学与政治》(Science and Politics, 1951年)。

尽管凯尔森在多个学术领域都有卓越的建树，但人们之所以记住他，主要还是因为他开创了“纯粹法理论”，[①]正是这一理论形态被当代学者奉为“20 世纪法律理论的起点”。[②] 凯尔森本人在《纯粹法理论》的序言中写道：

> 余致力于纯粹法理论凡二十年。所谓纯粹，乃剔除法律理论中一切政治意义形态与自然科学因素之谓也，概言之，欲令其省察对象之独立自主，觉悟自身之卓尔不群。法学已几近缩减为法律政策之计较，诚可叹焉。则余之心意，便是令其恢复真正科学（人文科学）之格位：敛形塑法律之雄心，担认知法律之大任，并竭尽所能令求其客观精确，此亦一切科学之至高价值也。[③]

纯粹法理论的提出和不断完善几乎与凯尔森长达 60 余年的学术生涯相始终。一甲子中，虽然其具体观点并非没有修正，但上述基本立场一以贯之，不曾有丝毫动摇。唯其如此，纯粹法理论才通常被看作法律实证主义（legal positivism/Rechtpositivismus）在 20 世纪发展的巅峰阶段

---

① 作者将凯尔森所创立之“Reine Rechtslehre”译作“纯粹法理论”以求名副其实，而未采用国内法学界“纯粹法学”之通译。“Rechtslehre”不仅是个名称，更体现了一种独特的学术立场与研究方法，即德语公法学界中具有浓厚实证主义色彩之“一般法理论”（allgemeine Rechtslehre），而“Jurisprudenz”则主要体现经验主义传统。若将立场、方法甚至研究对象皆大相径庭之理论形态一概译作某某“法学”（诸如自然法学、纯粹法学、社会法学之属），难免有不求甚解的“一刀切”之嫌。因此，作者将“Rechtslehre”译作“法律理论”，当其与“Reine”构成词组时，则省译为“纯粹法理论”。需要指出的是，凯尔森有时也用法学（Jurisprudenz）表达与法律理论（Rechtslehre）相同之意义，此时，二者皆相当于“Rechtswissenschaft”，即“法律科学”，在凯尔森看来，纯粹法理论便是一门以实在法为研究对象的典型法律科学。关于“Rechtslehre”及其与“Rechtsphilosophie”之区别与联系，比较[德]考夫曼：《法哲学、法律理论和法律教义学》，载[德]阿尔图·考夫曼、温弗里德·哈斯莫尔主编：《当代法哲学和法律理论导论》，郑永流译，法律出版社 2001 年版，第 11～12 页；但凯尔森主要将“Rechtslehre”与实证主义研究方法相联系，而用“Rechtsphilosophie”指称以自然法学说为代表的法的形而上学。

② 参见[日]中山龙一：《二十世纪法理学范式的转换》，周永胜译，载《外国法译评》2000 年第 3 期。

③ [奥]凯尔森：《纯粹法理论》，张书友译，中国法制出版社 2008 年版，第 33 页。

或极端形态。然而令读者疑惑的是:该理论总给人一种与众不同的感觉,倒不完全是在于其比此前奥斯丁(John Austin)的分析法学和此后哈特的新分析法学"更彻底"甚至"更偏执",恰恰在于纯粹法理论的字里行间似乎总隐藏着一种与法律实证主义传统格格不入的东西。即使勉强承认——正如他本人所一贯承认的那样——凯尔森是法律实证主义者,那么他也实在是个"有所不同"的实证主义者:其实证也并非"分析的"(analytical)而是"规范的"(normative),然而"规范实证主义"本身就是一种颇为诡异的说法。[①] 更何况在我们的常识中,"规范研究"与"实证研究"原本就是两种针锋相对的方法,一种知识形态怎么可能既是"规范的"也是"实证的"? 这实在令人费解。如果说英国的法理学体现经验主义传统,而德国的一般法学说则是历史法学(Historische Rechtsschule)和浪漫主义传统之延续的话,凯尔森的纯粹法理论却卓然独立于两大传统之外——尽管其与英德两国的类似学说并非全无联系,但其理论之核心部分却称得上自出机杼,而与前述二者迥然有别。

需要明确的是,"纯粹法理论"是"纯粹"的法理论,而非"纯粹法"的理论——法律无法与政治绝缘,但法律理论却应当是纯粹的,应当尽可能避免形而上学与意识形态的污染。假如对该理论加以最大限度的浓缩,则其要点大略如下:

1. 纯粹法理论是关于规范的理论:其将所研究的实在法视为一应然秩序(ought order/Sollensordnung)。法律秩序被描述为法律规范而非事实的结构。唯有这一规范性的解释方足以发现法律的内在意义

---

① 自方法论的角度观之,法律实证主义在历史上的确主要与分析方法(此方法与下文将要提到康德的"先天综合判断"天生对立)联系在一起,英国分析法学尤为明显,分析方法不可避免地与"还原论"相勾连,即法律最终会被解释为某种事实,如命令(奥斯丁)或"惯习"(哈特),因此,在传统实证主义中并无有别于事实之规范的位置,"规范实证主义"就是一种自相矛盾的说法(若实证主义就等于承认世界上除事实外别无其他、除事实科学外不存在其他科学的话)。我国学者有时也将分析实证主义称为"逻辑实证主义",以与社会/经验实证主义相区别,这恐是对概念之误用,因为所谓"逻辑实证主义"乃是对新实证主义维也纳圈子的别名,其另一别名则是逻辑经验主义,即使该学派强调运用逻辑与数学工具,但其分析的最终结果仍是某种经验事实。参见[奥]克拉夫特:《维也纳学派》,李步楼、陈维杭译,商务印书馆 1999 年版,第 22 页以下;[奥]鲁道夫·哈勒:《新实证主义》,韩林合译,商务印书馆 1998 年版,第 18 ~ 24 页。

(immanent meaning),即其效力。纯粹法理论因此与某些法社会学理论——以及某些分析法学家——针锋相对,后者将一切规范皆还原(reduce)为事实,否认规范法学存在之可能。

2. 纯粹法理论是反形而上学的法律理论:法律规范被定义为意志行为(act of will)的意义。其与一切自然法学说势不两立,无论后者将法律看作超自然意志的造物(形而上学的宗教自然法)抑或人类理性的成果(理性主义的世俗自然法)。就此而言,法律理论之要务便在于尽可能精确地确定造法者(law-maker)的意志。

3. 纯粹法理论的基石乃是"实然"(is/Sein)与"应然"(ought/Sollen)的两分,即认识论上事实与价值的二元论、陈述与规范的二元论以及认识与实践的二元论。通过上述区分,纯粹法理论反对一切从法律实效(efficacy/Wirksamkeit)推出其效力(validity/Geltung)的法律理论。[①] 对法律客观效力之终极证明依赖于凯尔森对基础规范(basic norm/Grundnorm)的预设。基础规范并非一切规范秩序的基石,而仅在大体上有实效者的基础。然而,社会实效自身却并不足以充任法律之效力根据,而仅仅作为法律科学的合理条件,其亦为纯粹法理论将法律的道德价值相对化(relativization)的结果。关于现行实在法的知识无关于个体是否实际遵守法律。

4. 纯粹法理论强调对法律科学(legal science)与法律政策(legal policy)之严格区分,此亦为上述命题之推论。自认识论上的价值相对主义立场观之,绝对价值根本无法进行认知。纯粹法理论之纯粹性亦体现在其对实在法与其他规范秩序,尤其是道德的区分。实在法自身必须与对实在法所进行的评价严格区别。因此,由于法律科学的兴趣在于认识

---

① 作者将名词"Geltung"译作"效力",其形容词则视情况译作"具有效力"或省译为"有效",而与之相对应的"Wirksamkeit"则译作"实效"。前者体现"应然"(Sollen),乃法律规范存在之意义;后者体现"实然"(sein),描述人对规范之实际遵守。二者之关系则在于前者虽以后者为必要条件,却不与后者等同。"效力"乃是中国法理学之核心概念之一,已成通行译法,虽亦有将"Geltung"译作"妥当性"或"有效性"者,但虑及中国当代法理学概念体系本受到凯尔森之极大影响,在不致产生歧义之前提下为便于读者理解,本书对这一概念仍采取通译。

(recognize)法律,而法律政策的目的则在于创制(create)法律,二者乃是截然不同的两个领域。

5. 纯粹法理论主张对实在法与以实在法为对象之法律科学加以区分,规定性的法律规范(legal norm/Rechtsnorm)乃是意志行为的造物,其与描述性的法条(rule of law/Rechtssatz)迥然有别。法律科学以认知为要务,其自身不能创造任何法律规范,而只能借法条对业已存在的法律规范加以描述。

总的来说,凯尔森对纯粹法理论赋予了两方面的使命:一方面,纯粹法理论是对传统法律学说的批判(自然法学说与法社会学),凯尔森指责后者虽披着法学外衣,实则却以意识形态扭曲实在法;另一方面,作为一种认识论和方法论,法学家能够在纯粹法理论的基础上建构法教义学(legal dogmatic/Rechtsdogmatik)意义上的法律科学。

三、规范与基础规范

既然纯粹法理论在性质上属于以规范为研究对象的法律科学,既然"法律应当如何"是科学所无法回答的政治问题,那么对法律科学的对象及其认识就必须在两个方向上予以清晰限定:"一方面特定法律科学,即俗称的法学(jurisprudence),必须区别于正义哲学(the philosophy of justice);另一方面亦必须有别于社会学(sociology),即对社会现实的认识。"[①]凯尔森的纯粹法理论尽管是在奥斯丁传统之外独立发展起来的,但其对法学的对象与范围所持的看法却与奥斯丁相当接近。凯尔森强调实然与应然、科学(认识)与政治(实践)有别,尤其是法律科学(Rechtswissenchaft/legal science)与法律政策(Rechtpolitik/legal policy)应严格加以区分:前者如实地描述法律,却不能左右法律;后者则决定法律的前进方向,却因并非出于理性认知而与科学无缘。

---

① Hans Kelsen, *The Pure Theory of Law and Analytical Jurisprudence*, 55 Harvard Law Review 44(1941).

(一)实然与应然

法律实证主义最著名的立场是区分法的实然(the law as it is)与法的应然(the law as it ought to be),认为法律科学的任务在于描述(describe)而非规定(prescribe)、评价(evaluate)法律。在实证主义者看来,“实然”与“应然”分属两个迥然有别且无法相互沟通的领域,因此,“法律实际如何”与“法律应当如何”乃是相差十万八千里的两码事,对这两个问题的回答分别构成了两种性质有别的知识,其各自所运用的方法也无法通约——这也就是通常所称的方法二元论(Methodendualismus)。实然与应然之间的关系问题一直是西方思想史上的一个关键性的问题。传统认识论的模式是以应然引导并宰制实然,中世纪晚期的唯名论(nominalism)思潮首先对这种思想倾向提出了质疑,而休谟所提出的问题更给了传统形而上学以致命的一击。休谟在哲学史上首先明确指出了实然与应然无法合法地相互推导,他断言:不能因为事情的实际情况如何便推论事情应当如何;反之,更不能因为想象事情应当如何从而以为事情实际如何。简言之,从实然推不出应然,反之亦然。这种价值判断不能影响事实存在的观念最终对近代(哲学)实证主义的形成起到了重要作用。

但凯尔森与英语世界分析法学传统的一个重大分歧在于,他对价值问题尤其是客观法律价值之问题持规范论(normativism)立场:价值不等于口味或偏好,其并非感觉问题,而系对规范之认知(理性)问题。英国分析法学较早地将休谟定律运用到了法律领域,边沁已经清楚地意识到法律的实然与法律的应然是两个截然不同的问题。据此,他认为可以把法学家分为两类:法律的解释者和法律的评论者。奥斯丁则将二者分别称为“立法学”与“法理学”,他脍炙人口的名言是:

> 法的存在是一个问题。法的优劣,则是另外一个问题。法是否存在,是一种需要研究的问题。法是否符合假定的标准,则是另外一种需要研究的问题。一个法,只要是实际存在的,就是一个法,即使我们恰恰并不喜欢它,或者,即使它有悖于我

们的价值标准。①

比边沁与奥斯丁更进一步的是,凯尔森从价值相对主义立场出发,从根本上否认了对"法律应当如何"这一价值判断进行科学研究的可能性:由于道德观与正义理想的主观性,使得其根本无法通约和加以比较——因此,不能得出边沁的功利主义就一定比康德的义务伦理更高明、更"正确"并因此而应充当立法指导思想的结论——绝对价值根本无法认识。因此,所谓"审查法学"或"立法学"并不具有科学的属性,充其量只是一种对现行法律加以辩护(或指责)的法律政策,而法律政策在他的心目中则是与"意识形态"画等号的。因此,凯尔森的著作中也就并不包含与边沁的《道德与立法原理导论》或奥斯丁《法理学的范围》中第二、三、四讲(主要阐述功利原理)相对应的内容,因为在他看来,这些内容对于法学这门仅负责认识、描述实在法的科学而言,乃是从根本上无法相容的因素,而他本人所要建立的,正是一种去除了异质因素的"纯粹法理论"。

既然"法律应当如何"是科学所无法回答的政治问题,而所谓"纯粹法理论"则是一门科学,那么,在凯尔森看来,对法律科学的对象及其认识就必须在两个方向上予以清晰限定:"一方面特定法律科学,即俗称的法学(jurisprudence),必须区别于正义哲学(the philosophy of justice);另一方面亦必须有别于社会学(sociology),即对社会现实的认识。"②那么,边沁的"两个目的"与奥斯丁的"两个问题"到凯尔森这里就只剩下了一个:"法律实际如何?"于是,纯粹法理论也就成为近代法律实证主义中最强调"科学性"的极端派别。就此而言,纯粹法理论不仅是法律实证主义,而且是最地道的法律实证主义。

(二)事实与规范

然而,凯尔森对所谓价值问题——应然问题——之理解却与休谟等

---

① [英]约翰·奥斯丁:《法理学的范围》,刘星译,中国法制出版社 2002 年版,第 208 页。

② Hans Kelsen, *The Pure Theory of Law and Analytical Jurisprudence*, 55 Harvard Law Review 44(1941).

人颇有不同。他在事实与价值之间增加了一个新领域:规范(norm)。规范并非价值本身,而系价值产生的根据,价值与规范的关系可类比于规范与事实的关系:规范乃是事实(尤其是行为)的意义,但却不与事实等同;同样,价值乃是依规范对事实所做评价的结果,但却也不能与作为价值判断之标准的规范画等号。引入规范之概念后,“杀人是恶”的价值判断与“不应杀人”的道德规范便是两码事:后者是前者的前提。而无论伦理学上的直觉主义者抑或情感主义者皆忽略了规范这个重要环节:价值乃是规范之结果(无论是何种规范),那么真正应追问者就并非价值自身,而系产生价值之规范。凯尔森对价值问题尤其是客观法律价值之问题持规范论(normativism)立场:价值不等于口味或偏好,其并非感觉问题,而系对规范之认知(理性)问题。规范可理解,且规范自身便是理解的结果,即规范科学的结果。一言以蔽之,凯尔森对价值持规范论立场,对规范则持可知论(cognitivism)立场。其并未在批判自然法的同时将“应然”也一笔勾销,而是在科学世界中为应然领域保留了一席之地。在他看来,否认“应然”将带来严重的后果:

> 那么“不得盗窃”或“盗窃者罚”这一法律命题便被缩减为“有人意在使人远离盗窃或对之加以惩罚,而众人大体上未为盗窃或已遭惩罚”这一事实陈述。如此一来,治民以法者便无异于饵兽于林之辈,守法者俨然成为立法者之猎物。……这无异于主张:除自然外,别无他物。①

在这一点上,凯尔森站到了传统法律实证主义者的对立面,反而与传统的自然法学家走到了一起,只不过凯尔森的“应然”是不包含任何道德意味的。这也正是纯粹法理论与英国分析法学的重大差异,凯尔森并未采取还原论的理论策略,将法律解释为“命令”“意志”之类的心理学事实,而

---

① [奥]凯尔森:《纯粹法理论》,张书友译,中国法制出版社2008年版,第61页。

是引入了"规范"这一"非心理学意义上"(depsychologized)的命令。①

正是为了纠正传统实证主义将应然还原为实然的自然主义谬误,凯尔森才引入规范的概念以与事实相区别,在他看来,规范乃是客观行为之主观意义,即"创造"规范之行为对遵守规范者之意义(所关涉者并非后者之感觉而系理解),其无所谓真假,只谈得到有效(valid)或无效(invalid)。规范的确存在,但其却并非如事实一般存在——其存在便意味着效力。效力虽与人遵守法律之事实即实效(efficacy/effectiveness)有关,却不能等同于实效自身。

到目前为止,纯粹法理论与自然法学说及传统法律实证主义的关系大致清楚了。既然在凯尔森看来,作为规范之整体的法律体系之功能在于对人之行为作合法或非法之评价,但其效力既不能来自另一规范领域(道德或自然法),也不能来自"创造"规范之事实领域,那么如何才能将现行法律理解为具有效力(对守法者和违法者之拘束力)之规范,而非单纯的暴力(譬如劫匪之命令)?传统法律实证主义者/英美分析法学家不必面对这一难题,因为他们将法律还原为事实,那么不论奥斯丁的"主权者"还是哈特的"承认规则",这类事实存在都足堪充任法律效力的来源。而凯尔森则不然,他认为既然法律的意义是应然,那么以事实充当效力基础,则显然违背了休谟定律、跨越了二歧鸿沟,因此这条路走不通。那么在不诉诸自然法之类事物的前提下,究竟如何维护法律的规范性?②

---

① Hans Kelsen, *The Pure Theory of Law and Analytical Jurisprudence*, 55 Harvard Law Review 44(1941).

② 就此而言,规范主义者凯尔森的确称不上"地道"的实证主义者,须知只有一种实证主义,即分析实证主义,其所研究者仅系经验事实,必将把法律还原为事实。因为在其看来,唯有分析命题才能验证真假,而综合命题与先天综合命题皆不能验证,因而,在真正的实证主义者眼中,没有规范的位置。后者只在方法上运用休谟定律一次,而凯尔森却是两次,不仅在研究方法而且在研究对象上运用休谟定律,对于纯粹法理论而言,以维也纳小组为代表的新实证主义者所追求的方法与知识的同一性是无法实现的。必须在事实科学之外为规范科学留有余地,否则实证主义者眼中的法律科学也将如自然法学家眼中的实在法一般,成为"日下秉烛"般多此一举。

(三)基础规范与先验哲学

既然规范的效力不能来自事实,那么就只能来自另一规范。以当代中国的正式法律渊源为例,规章的效力来自法规,法规的效力又来自法律,而法律的效力则来自宪法。然而现行宪法的效力又来自何方?或许是此前的宪法,那么后者的效力又来自哪一规范?休谟定律给法律领域带来一个严重的问题:一方面,"实然"与"应然"、"事实"与"规范"无法相互推导;另一方面,规范的效力又无法无限回溯。[①] 对任何国家而言,当其现行法律规范的效力倒退至历史上的第一部宪法时,这个严重的问题就出现了。宪法的效力依据是什么?换言之,什么构成整个现行法律体系的效力基础?其实不仅法律如此,任何规范体系(道德、宗教)都存在一个效力基础问题。

基础规范(basic norm/Groundnorm)[②]便是凯尔森对上述难题给出的答案,这也是纯粹法理论最有特色同时也招致批评最巨的一个概念。[③]所谓基础规范,是一个规范体系/秩序中所有规范得以具有效力的终极渊源。一个规范的效力根据(reason for validity)始终是另一个规范(它的上位规范)而不是一个事实(如主权者或强盗的命令)。在这个以授

---

① "无限递归"被当代法律论证理论称作"明希豪森"三重困境之一,规范的效力不可能无穷溯推,法律理论需要起点和前提。这个论断被奥地利数学家哥德尔(Kurt Godel)在十九世纪二三十年代证明了,这就是著名的"哥德尔不完全性定理":"它表明了数学的不可穷尽性,确定了形式系统(或计算机程序)的局限性。"参见王浩:《哥德尔》,上海译文出版社 1997 年版,第 203 页。数学不但是不完全的(Incomplete)而且是不可完全的(Incompetable)。所以任何逻辑自洽的形式化理论体系都不可能是完全自足的,它需要前提和假设,但我们并不能因此而否认其本身的科学性和意义,正如没有人会否定数学的价值一样。

② 作者对"Grundnorm"一词未采取"基本规范"之通译,其理由在于该规范其充当整个法律体系中一切规范之最终"Geltungsgrund"(效力根据/基础),德文词根"Grund"兼有基础与理由之双重含义,而中文"基本"一词之含义却与此大相径庭,"基本"者未必便是逻辑上先在者,其不足以彰显此预设规范居于效力及创制链条之起点,并直接或间接赋予体系内一切规范以存在及效力之功能。

③ 譬如澳大利亚法学家斯通(Julius Stone)就指责基础规范的概念"暧昧不明且摇摆不定,一方面居于每一法律秩序的规范金字塔顶端,另一方面又逸出此金字塔之外而成为完全超法律的(metalegal)规范,就等于每一法律秩序之宪法皆应被遵守之预设"。See Julius Stone, *Legal System and Lawyer's Reasoning*, Stanford University Press, 1964, p. 104.

权关系为效力原则的动态位阶系统中,“不能从一个更高规范中得来自己效力的规范,我们称之为‘基础’规范”[①]。基础规范是预设的“构建理论体系的逻辑起点也是实在法律体系的效力终点”[②]。在现实中,基础规范反映一定的历史的、政治的事实,它或许是第一部宪法。在理论体系内,它是法律规范效力的形式原则的归宿。作为其他规范的效力渊源,它是既存的、静止的;作为法律秩序和法学体系与社会现实、历史事实的连接点和转折点,在内容上,它又是动态的、可变的。因为,“由基础规范将它规定为最初的造法事实的那种历史事实”是变动的,可改革的。这便与自然法坚持的绝对静止状态的效力原则区别开来。当然基础规范作为实在法秩序的效力理由和法学体系的逻辑自足起点,又与社会学法学、现实主义法学立足于变动不居的事实和难以捉摸的主观意志的观点截然不同。正如康德意义上的认识的先验的逻辑原则是经验的条件一样,基础规范是被预设为全部实在法律秩序的条件。

基础规范不是实在法规范,而是出自法学思维的“预设”。[③] 其实,对于“预设”这一观念,在中文语境中最好将其理解为“题中应有之义”,其并非对未知世界之假设,而是表达如下观念:若欲对法律作此等理解(其具有效力),便必须作此预设(基础规范存在即有效)。此预设之意

① [奥]凯尔森:《法与国家的一般理论》,沈宗灵译,中国大百科全书出版社 1996 年版,第 126 页。

② 在凯尔森的整个学术生涯中,对于基础规范有过不同的解释。他的早期作品并未使用这个概念,而是称之为“法律逻辑意义上之宪法”(Verfassung im rechtslogishen Sinne)、“原初规范”(Ursprungnsnorm)和“效力基础”(Geltungsgrund),只是到《纯粹法理论》(1934 年),才正式开始使用“基础规范”的概念,此后终其一生不曾改变。参见[奥]凯尔森:《纯粹法理论》,张书友译,中国法制出版社 2008 年版,第 83 页以下。

③ 凯尔森对基础规范这一思维工具的性质前后表述也有变化,开始称为“假设”(hypothetisches),而后来则称作“预设”(Voraussetzung)。其实这两个概念皆是在康德先验哲学之意义上使用的(详见下文),凯尔森在本书中以前者描述规范,此时“hypothetisches”与“Kategorie”(绝对)相对应,表达“假言”律令之含义,但随着研究之深入,凯尔森本人对法律规范之理解也发生了变化,逐渐不再认为法律规范具有假言性质。参见 Hans Kelsen, *Professor Stone and Pure Theory of Law*, 17 Stanford Law Review 1128(1965);而“Voraussetzung”则用于以表述基础规范,相当于康德之先天综合判断,即令法律科学成为可能之先验逻辑前提。这是凯尔森与实证主义者尤其是逻辑实证主义者之最大分歧所在,后者坚信唯有分析命题才能验证真伪,而综合命题与先天综合命题皆不具有可验证性。

义就在于回答下述问题：如何依法律对合法行为与非法行为进行判别，并对此判别作出理论上的解释？答案取决于作为判断标准之法律存在，而此标准不能是事实层面上的习惯、强制或暴力，否则法律与匪徒的命令、国家与有组织的匪帮就无法加以区别了，而能作出此种解释者只能是法律科学这一规范科学而非社会学或心理学等事实科学。若实然与应然之二歧鸿沟不能以桥梁沟通的话，那么纯粹法理论就是一条不显眼的隧道，其即以意志行为连接事实与规范（事实之意义），又以认识行为沟通规范与价值（规范之结果）。

现在需要说明的是基础规范的内容。既然一个规范的效力源于其上位的一个规范，该上位规范也是由再上位的规范赋予其效力。当效力追溯至它在一个规范体系中的最终来源时，法律便形成了一个统一体（unity）、一个体系（system）、一个秩序（order）。[①] 在这个统一体中，规范与规范的关系不是并排的同位关系，而是不同层次规范构成的等级体系。这个体系统一于一个不能从更高规范中追溯其效力的规范，即“基础规范”。在凯尔森看来，基础规范应该这样规定：根据历史上第一部宪法和依据该宪法而创造的规范之规定，强制性的行为应该在特定的条件下以确定的方式得到履行。换句话说，人应依宪法行事。“实证主义的最根本假定是基础规范授权历史上第一个立法者。这种基础规范的全部功能就是把创造法律的权力授予第一个立法者，以及所有来自第一个立法者的行为。”[②]当然，人们可能会怀疑，这一归纳究竟是不是最好的描述。我们下面还会审查这一描述的合理性。与目前的讨论有关的是：一种基础规范所欲达到的法律效果。基础规范虽然不是实在的法律规范，但是凯尔森强调，这并不意味着它是自然法规则。二者的实质区别在于实在法律规范的内容完全独立于基础规范，从基础规范中只能推演

---

① 凯尔森以德文“ordnung”一词表达同一基础规范所生之一切规范之总体，但有时他也以“system”表达相同之含义，英译者鲍尔森更多将原文为“ordnung”之处译作“system”而非“order”，可见“秩序”与“体系”对凯尔森而言是一码事。

② ［奥］凯尔森：《法与国家的一般理论》，沈宗灵译，中国大百科全书出版社 1996 年版，第 132 页。

出实在法律规范的效力,而不包括任何预定的道德内容要求。因而,基础规范只具有形式的特征,其功能只在于建立法律规范间的动态委托原则。通过这一原则,法律实现了由自身调整和适用自身的活动。对于基础规范这个凯尔森最为得意的发明,后文还要继续讨论。基础规范的概念是凯尔森建立他的身份标准的两个基本概念之一。另一个概念则是由此派生出的是效力之链的概念,它可以这样解释:

> 作为确定的法律秩序的一个组成部分,个别的规范之所以具有效力是因为,它是按照与刑事法规同样的方式被创造出来的。说到底,既然这个刑事法规是由有能力的机关按照宪法规定的方式创造的,那么,它就从宪法中获得了有效性。如果我们问宪法为什么是有效的,也许我们应该追溯到一个更加古老的宪法。随着这个过程的不断发展,我们最终就会发现历史上第一部宪法,它也许是由某一个篡夺者或者某种机构制定的。人们假设,无论是作为个人还是集体,人们都应该按照第一个制定宪法的人所要求的那样行事。这就是目前我们正在思考的法律秩序的基础规范问题。①

基础规范并非实在法,它之所以有效力,是一种先验的逻辑预设(transcendental logical presupposition),有些类似于康德(Immanuel Kant)的“先天综合判断”,而后者正是康德这个18世纪最具智慧的大脑对认

① 所谓效力之链就是这样一套规范:第一,每一种规范都被授权只能产生本体系内的另外一种规范,那些本身没有被授权创造规范的除外。第二,每一种规范的产生都只是其他一种规范行使权力的结果,除了那些未经本体系内任何一种规范授权的规范。其他形式的有效之链之间的差别也许不止是一种规范。凯尔森认为:第一,属于同一种法律体系的任何两种有效之链至少也有一个共同之处。第二,在一个体系内,所有的有效之链都必须把一个规范作为自己的组成部分。第三,在每一个法律体系内,属于所有有效之链或者“效力链条”共同组成部分的规范,就是基础规范,它同时也是每一种有效之链的最后、最高级的规范。基于所有这些观点,一种体系内的所有有效之链,它也就是完整的法律体系。参见[奥]凯尔森:《法与国家的一般理论》,沈宗灵译,中国大百科全书出版社1996年版,第116~117页。

识论上的休谟问题给出的答案。在康德看来，通过对认识客体的归纳而得出综合论断的传统形而上学之路已被封死。于是，他转向到了认识的主体——人。在人的认识能力中，他发现了寻求综合论断的可能性。这类能力不是来自经验，而是与生俱来地存在于人类的思维中，此即所谓的"先验"(transcendental)或"先天"(*a priori*)——先于经验而存在。[①]康德称这种向认识主体的转向使他完成了人类认识史上一次"哥白尼式革命"——今天我们则称之为哲学史上的"认识论转向"。康德之前的哲学家一直以为，人类所有的认识活动必须以认识对象为基准，然而所有的努力在康德的这个前提下都归于零，而先验主义认识论正是在这些努力基础上的进一步发展，人类认知也因此而被拓展。因此，只有抛弃传统的形而上学，人类的认识才能更顺畅地前进。在康德看来，认识对象(客体)须以我们的认识能力(主体)为前提，而不是相反。唯其如此，才符合人类认识的特性。

因此，在康德的先验主义认识论中，空间、时间、因果等范畴不再是自然界本身的特性，而是成了人类认识能力的特性。康德认为，正是认识将人与自然界隔离开来，而不是把二者连接起来。人与自然生物的迥异之处就在于人可以自由地掌握自己的命运，认识并改造世界，而不是被动地接受必然性的摆布。通过研究认识过程和作为认识主体的人，康德认为人类的这种认识能力由两部分因素构成：一是感觉能力，二是理性能力。康德并不否认感觉的作用，相反，他承认人类的所有知识都起源于经验——此处他接受了英国经验主义的出发点——后者也同样认为感官经验是知识的源泉。非但如此，康德甚至接受了经验主义者关于我们的知识无法超越经验的悲观估计：人的感觉经验是片面、零乱的，故不具有普遍深刻的科学意义。因此，康德否认人类可以超越感性经验，

---

① "transcendental"与"transcendent"之意义在传统哲学中原本相同，直到康德之批判哲学诞生后才分为两途。先验者虽不来自经验却也不违背经验，并对经验有效；先验者与认识对象无关，仅关乎认识本身。此后形而上学意义上之"超验"(诸如"上帝存在"之类的判断)一般用"transcendent"表达，以有别于前者。参见[德]康德：《未来形而上学导论》，庞景仁译，商务印书馆1978年版，"后记"。

否认可以识别感知的事物本质，并在此基础上得出正确的普遍判断。如此一来，他便否认了传统意义上的形而上学作为科学的可能性。但与此同时，他却指出了一条新路：人类认识能力一旦被经验所刺激，则人类与生俱来的思维形式也会浮现——既然这种理性认识所依赖的思维形式根本无法从感观经验中获得，因此只能将其设定为先验的，其表现为人的头脑中固有的思维秩序与模式。在康德看来，人类的思维不单是接收外界对感官的刺激，同时也在主动地塑造感官经验——正如水无常形，若把水倒入容器，水便会顺应容器的形状一般，人类能够自觉地将这些先验形式注入感官经验之中，对经验进行排序、加工、整理并得出科学的结论。据此，康德指出：人类所有的知识始于感性（时间、空间），经由知性（量、质、关系、样式）并终于理性。

以新康德主义——尤其是马堡学派——对康德哲学的诠释为媒介，凯尔森将康德的先验哲学移植到了法律这一规范领域并得出了相同的结论：

> 唯有预设并基于基础规范，才能区分合法与非法之命令行为，才能将人际关系解释为法律关系，尤其是法律上之义务、权利与权力；这并非必然解释。人际关系亦可以解释为单纯强力关系，即遵循因果律的原因与结果之关系。①

正如康德的历史使命是既要拒斥形而上学的独断论，又要防止狭隘的经验主义的怀疑论、不可知论，以保证知识和科学的可能性和价值一样，凯尔森为保证法学的独立性、自足性，既要抵御形而上学、伦理道德等在实质意义上对法学的侵占，又要防止社会学、心理学、政治经济学等在方法论上对法学的入侵与瓦解，既保证法学的理论性、科学性，又保证它的可操作性、实在性。这种理解正是对实在法持描述而非评价态度的

① Hans Kelsen, *On Basis of Legal Validity*, trans. by Stanely L. Paulson, 12 American Journal of Jurisprudence 178(1981).

法律科学之独特之处,换言之,凯尔森的问题便是,作为实在法知识的法律科学如何可能?注意,其不问是否可能,而只问如何可能,其可能性已被预设了,换言之,之所以现实中存在与自然规律有别的实在法,存在与自然科学有别之法律科学,其根源究竟何在?对于凯尔森而言,尽管法律是规范/应然,但是法律科学的性质却不因此而与其他科学有别,法律科学是“关于规范的”科学而非“规范性的”科学,其与自然科学只是在研究对象有别,二者的研究方法却并无差异。换言之,康德的先验哲学尽管不能直接套用于法律,对于法律科学却完全可以胜任愉快:

> 欲令作为规范秩序之社会中的自由理想见容于作为因果秩序之自然的因果律,未必非要接受基于非决定论之形而上学宗教观。理性科学领域中也不难令二者相容:作为科学定律,归属与因果虽有小异却也不乏大同,只不过前者适用于社会科学,而后者则在自然科学发挥作用罢了。自然必然与社会自由难解之结的破解之道即在于此:看似二者之间存在着冲突,根本不同且不相容,一端为理性—经验(rational-empirical)世界观,一端为形而上学世界观,两种哲学貌似势同水火,但其实却如平行线一般并行不悖,不过是两种联结认知对象诸要素之不同方法而已,其间毫无冲突可言:此即是因果与归属的二元论。[①]

因此,凯尔森的“基础规范”之于法律科学,正如康德的“先天综合判断”之于“作为科学的形而上学”,基础规范之所以能充任法律体系的终极效力根据,乃是由于其先充当了法律科学的逻辑前提,换言之,法律自身完全出自法律科学的构造,若无此科学,也就无法律可言了。“基础规范”概念的提出令纯粹法理论符合了康德的“纯粹性要求”,[②]并且这

---

① Hans Kelsen, *Causality and Imputation*, 61 Ethics 11(1950).

② “一切未掺入无关因素之知识皆堪当纯粹之名。”(康德语)此观念显然影响了凯尔森。“纯粹性”在此就意味着免于方法论调和(Methodological syncreism),即不同方法不合法地混同或混淆,这也就是“方法二元论”的立场。

种纯粹性具有双重结构:相对自然法而言,描述而非评价乃是方法的纯粹;相对法律实证主义而言,规范而非事实则可被称为对象的纯粹。纯粹的法律(以应然为意义之实然规范——区别于事实)与纯粹的法律科学(对法律之描述性陈述而非评价性标准——区别于自然法)便是纯粹法理论之全部结果。

在这个意义上,纯粹法理论兼具古典与现代双重性格。相对于自然法学说,其相当现代,仅对研究对象进行描述而不作任何评价,恪守科学研究中之"价值无涉"原则;相对于具有科学主义浓厚色彩的实证主义而言,其又极端古典,承认作为规范之意义的应然,反对将世界解释为一个单纯事实体系的科学主义决定论观点,为自由意志保留了一席之地。纵然因果铁律当真是人类无法摆脱之宿命,凯尔森仍强调人独立作出选择与判断的责任。法律科学绝不宣布任何法律秩序非法,而留待法律实践中的人对其进行选择。

进言之,纯粹法理论的双重纯粹性可以理解为双重合法性:法律科学之合法性——对规范之描述独立于对其所作之评价;法律自身之合法性——规范领域独立于事实领域而存在。两合法性之关系在于,正因为法律科学将规制人之行为的规范当作法律来认识,后者才得以作为法律而存在,而法律科学的合法性则由预设的基础规范赋予。换言之,法律的合法性由法律科学保证,而法律科学的合法性则由思维的预设保证。因此,作为康德意义上之先验范畴的基础规范直接保障了法律科学的合法性,也间接保障了法律自身的合法性。当然,对所谓法律也完全可以有其他解释,如阶级统治或社会合作,但法律科学一旦要将某法律的意义解释为应然,而又不得诉诸道德论证,就必须如此;而一旦如此解释,就必然导致对一切法律皆如此解释,否则理论自身便存在矛盾而无法维系其体系之统一。就此而言,纯粹法理论正因其纯粹才保障了法律科学与法律自身的合法性。读者难免会对此感到困惑,如此一来,所谓"法律"不就成了"意识形态"之类的事物?换言之,这无异于承认本无名为"法律"之物,不过是法学家将赤裸裸的统治关系解释成"法律"而已。的确如此,凯尔森本人也承认:"若法之规范意义确为意识形态，则以理解法律内在意义（法律对立法、执法、守法者的意义）为己任之法律理论所孜孜以求者正系此意识形态的独一无二之处。”①其道理在于：

> 一面承认法为意识形态，一面又要求法律理论纯粹化，即不含意识形态因素，二者貌似矛盾，却实则不然。“意识形态”一词之含义原本模棱两可，时而是指相对现实而言之理想，时而又指掩盖或扭曲现实之观念。……那么意识形态与现实之对立也就仅是相对而言。若考量作为规范秩序之实在法与其试图规制之行为事实之关系，那么将实在法归入意识形态也无伤大雅；若论及实在法与另一更高且欲规制实在法之秩序，则实在法便为“真实”存在之法律，而自然法与正义则属意识形态。②

此外需要指出的是，尽管凯尔森是新康德主义法学的代表人物之一，但是他继承的只是康德的先验主义认识论，而不包括法的形而上学。在解释其纯粹法理论与康德及新康德主义哲学的关系时，凯尔森颇为自得地写道：

> 纯粹法理论之哲学基石乃是康德哲学，尤其是经柯亨解释的康德哲学。……确切地说，由于纯粹法理论乃是将康德哲学引入实在法理论——而不似施塔姆勒（Rudolf Stammler）一般陷入自然法泥沼——之初次尝试，那么在一定意义上本理论便迈出了超越康德的一步，只缘康德本人之法律理论原本拒绝先验方法。非但如此，纯粹法理论是比其他从康德出发的法律哲学更加忠诚的康德智慧遗产守护者。纯粹法理论第一次通过

① ［奥］凯尔森：《纯粹法理论》，张书友译，中国法制出版社2008年版，第62页。
② ［奥］凯尔森：《纯粹法理论》，张书友译，中国法制出版社2008年版，第63～64页。

发展康德哲学、而非拘泥于康德自身之法哲学令康德哲学成为一种成熟的法律学说。①

非但其他新康德主义法学家如此,就连康德本人的道德哲学以及法哲学仍不脱自然法学说的窠臼。在凯尔森看来,作为康德实践哲学一部分的法哲学没能贯彻批判哲学的原则,主动拥抱了某一确定的意识形态。理论上的原因在于"物自体"把形而上学二元论的先验性带入了理论哲学的一元论主张,造成了批判哲学体系内部的矛盾:显然,凯尔森的新康德主义是否定了物自体,抛弃了实践哲学的新康德主义,因而也就是把先验逻辑方法作为康德哲学的首要内容的康德主义;是只承认纯粹理性而抛弃了实践理性的康德主义,因为在他看来,实践原本就是意志的功能而与理性无关。依赖理性的法律科学只担负认识法律的任务,法律实践则靠法律政策指导,而后者却是一个科学无从解决的问题。

四、纯粹法理论与方法二元论

理解了"基础规范"的先验哲学根源,便不难明了凯尔森在法律科学中驱逐道德与事实因素之道理所在。唯有恪守确定之方法与对象,法律科学才得以成为自身,法律理论只应去试图回答那些其能够回答之问题,对其所无力回答者只有保持沉默。在一定意义上,凯尔森的"纯粹法理论"不是在前进而是在后退——或者说是以退为进——从那些其所不能胜任之领域坦然退出。正是这一富有担当之退出,承认"科学"对某些领域的力不从心,才使他接近成功地维护了法律科学的独立与自足。相反,贪多务得之野心往往招致"外患"。当代法学之所以对社会学与经济学等外部学科之侵略毫无还手之力,其原因恐怕不言自明。法律科学绝不能通过放弃自身而维护自身。假如做不到双重的纯粹性,那么法律科学与法律还有何存在之必要?

---

① Stanley Paulson & Bonnie Litschewski Paulson, *A Letter to Renato Treves* in *Normativity and Norms*, Clarendon Press, 1998, p. 169 – 176.

现在,我们可以把前面提到的凯尔森的方法二元论立场以及纯粹法理论的5个要点扩展为10对更加具体的二元论,通过这10对二元论,我们更能体会该理论在法学知识谱系中的独特地位与特有魅力所在:

1. 实然与应然的二元论:伦理学上的休谟问题,亦称"休谟定律"或称"二歧鸿沟",主张二者因分属不同领域而无法相互推导,有人——包括休谟本人——将其表述为事实与价值的二元论,凯尔森则将其表述为事实(行为)与意义的二元论。此二元论出自人的理性与意志、认识与实践的分野,为诸二元论之基础,亦是纯粹法理论的逻辑前提。

2. 事实与规范的二元论:1的另一表述,其实这一表述比前述"事实与意义的二元论"更加确切,只缘事实与规范,无非分别是陈述句与祈使句(亦称规范句)之意义,因此事实——维特根斯坦(Ludwig Wittgenstein)所谓"构成世界"者——亦属意义,①实不宜与后者并称。同样,价值亦不足以与事实并称,价值乃依据规范所作之判断,其为祈使句的值,正如真伪为陈述句的值,故二者并非同位,若并称实属概念乱伦(就如称"规范与真实"一般)。

3. 实效与效力的二元论:为1、2的延伸,实效属事实,效力属规范,效力乃规范的存在方式。在凯尔森看来,规范的效力与实效(人对规范之遵守)并不发生具体的对应关系,而仅是在整体上(规范秩序或体系上)"大体"对应——而此"对应"亦出自另一更高规范的归属。其实"实然"、"事实"与"实效"本是一物,"应然"、"规范"与"效力"亦是一码事。三者分别是就谓词、意义及判断尺度而言。

4. 因果与归属的二元论:为1、2的深化,陈述句与祈使句中皆含条件句,其结构为"若……则……",然二者因谓词——"是"与"应当"——不同故意义迥异,前者表达为若甲则必为乙;后者则表达为若甲则当为乙。前件与后件的关系分别为因果及归属。此二元论亦被表示为自然规律与社会规范的二元论,其实即等同于事实/自然科学与规范/人文科学的二元论,本书第五章对此将作详细介绍。

---

① 参见[奥]维特根斯坦:《逻辑哲学论》,郭英译,商务印书馆1985年版,第22页。

5. 社会法学(social jurisprudence)与规范法学(nomative jurisprudence)的二元论:此为1、2、3、4的推论。法社会学/法律实证主义——持还原命题(reductive thesis),[①]即主张法与事实不可分,后者持规范命题(normativity thesis),即主张法与事实可分。纯粹法理论相对于"其他"法律实证主义(广义)之独特之处便在于此,社会法学须以规范法学(纯粹法理论)为前提,否则便无从确定何为其研究对象——法律。

6. 描述(describe)与规定(prescribe)的二元论:一般表述为描述与评价(evaluate)的二元论,即通常所谓方法二元论(Methoddualism)。其实仍是陈述句与祈使句之区别,只不过此时所涉及之语句自身并非对象,而系关于对象(不论其为规范抑或事实)之知识,换言之,法律自身固然为规范,然对此规范仍以两种不同语句对待,即描述此规范或评价此规范。

7. 科学与政治的二元论:此为6的推论。创造法律为政治家(立法者)之职能,而法学家(属科学工作者)只能描述法律;科学求真,政治求善,尤其追求本不可知之至善,并谓之正义(justice)。其实此亦理性与意志之分野,政治家造法,法学家则属"述而不作",即使一身二任,亦必须分清彼此,否则此科学必沦为所谓"政治化的(伪)科学"(political science)。当代学者所谓"刑法学教科书与禽鸟学教科书"的对比,便是犯了科学与政治不分的错误。

8. 法条与法律规范的二元论:此为6的具体化。规定如何行为的语句为法律规范,其谓词为应当;描述此规范的语句为法条,[②]其谓词为是。法条乃是法学家借以描述法律的工具,其为规范的表达,而并非规范自

---

① 就还原命题与规范命题的对立而言,部分分析法学家(如前面提到的奥斯丁)与社会法学家并无根本性的差异,"主权者""命令""意志"皆属广义的社会存在。

② 凯尔森以"Rechtssatz"表示对法律规范(Rechtsnorm)进行描述之假言命题,以区别于其所描述之对象,即法律陈述(legal statement)或法律表达(legal expression),其乃法律规范之载体与"基本形式",即法律条文。鲍尔森将其译作"reconstructed legal norm",如此固然反映了法律科学对"Rechtssatz"之形成所起的重构作用,但却未能体现"Rechtssatz"自身不具规定性之特征,而凯尔森本人所使用的与"Rechtssatz"对应之英文词组则是"rule of law",且往往加上"描述意义上"这一定语。

身。此二元论乃是针对主张法学家造法之潘德克顿派及概念法学(conceptual jurisprudence)而言。

9. 法律科学与法律政策的二元论:此为6之推论。法律科学只论是非真伪,法律政策则计较利害得失;法律科学只谈法与不法,而法律政策则关心法律之良恶。换言之,前者描述法律,后者则评价法律,即对评价标准(法律即评价人行为之标准)之再评价,故其非但为政治意识形态,且为意识形态(法律本身的意义即非事实,则其亦可被称为意识形态)的意识形态。

10. 法律实证主义与自然法学说的二元论:此为6、7、8、9之推论。前者持分离命题(separability thesis),即主张法与道德可分;后者持道德命题(morality thesis),即主张法与道德不可分。纯粹法理论与其他(传统)法律实证主义皆持分离命题,主张如是描述法律现象,而不凭一己之好恶对其加以臧否。"法律实际如何是一码事,法律应当如何是另一码事"一语便是就此而言。

综上,10对二元论可分为两组:第一组即前5对关于对象(法律),凯尔森舍实然而取应然,令纯粹法理论有别于传统法律实证主义(及社会法学);第二组即后5对关于知识或方法(法学),凯尔森舍评价而就描述,令纯粹法理论有别于自然法学说。上文所谓"双重纯粹性"云云,便是就此而言。在10对二元论中的"站队"问题决定了纯粹法理论的有所不为:不将法律还原为事实,也不擅自对法律加以评价。

五、国家与国际法

尽管纯粹法理论在性质上属于法的一般理论(general theory of law/Allgemeine Rechtslehre),其无意关注具体的部门法教义学问题,但共相毕竟只能存在于殊相之中,一般理论的思考也无法完全脱离具体问题。凯尔森写道:"自十九世纪实证主义法学发展而来的一般法理论之特征便在于以二元论支配法律理论之整体,并割裂一切法律问题。此二元论本系自然法之残羹冷炙，而一般法理论亦不过效颦于自然法学说而已。”[①]因此，纯粹法理论对于部门法问题的处理，在一定程度上也是其对法的一般论“去魅”和“解咒”之努力的继续。

在凯尔森看来，传统部门法理论中的形而上学因素主要表现为以下5对二元论：(1)主观法与客观法的二元论，即将法与权利看作两种虽有联系却本质有别的实体；(2)法律创制与法律适用的二元论，即将立法与执法/司法看作两类在原则上有根本差异的活动；(3)私法与公法的二元论，即依据特定的标准——主体、利益或适用原则——将法律划分为两个相互独立的领域；(4)法与国家的二元论，即将国家视为独立于法律之外甚至充当法律存在前提的实体；(5)国内法与国际法的二元论，即将国际法看作独立于国内法且与前者不可通约的另一法律体系/秩序。凯尔森在部门法理论中对纯粹法理论基本立场与观点的贯彻，主要就表现为对上述五对二元论的批判和克服。在这5对二元论中，(1)(3)与传统私法理论有关，(2)(4)则是公法理论中经常讨论的话题，而(5)对于现代国际法理论更是至关重要。限于篇幅，下面主要介绍凯尔森对(4)(5)的批评。

(一)法与国家的一元论

上文提到的5对二元论涉及了法律现象的不同侧面，但是其中最关键的问题就是法律这一规范存在与法律调整对象——主体(subject)——间的关系。后者也就是我们通常所说的法律上的人格体(person)，包括自然人(physical person)、法人(juristic person)以及国家这一特殊类型的法人。凯尔森试图证明，法律上的“人”，其实无非是对于规范所构成的体系/秩序进行拟人化(personification)的结果。换言之，所谓人格，其实无非就是规范自身而已。其实主观法这一概念并非罗马法的遗产，而是近代学者的创造。罗马法中根本找不到主观法的概念，这几乎已是私法史上的通说。法的两种意义在罗马法中是统一的，

---

① [奥]凯尔森：《纯粹法理论》，张书友译，中国法制出版社2008年版，第66页。

其区别仅仅在于一般与个别。然而随着近代自然法学说的兴起,情况发生了变化。法的两种原本统一的意义(一般与个别)就变成了相互对立的两种法——主观法与客观法。而主观法/权利除了充当表达具体情形中的法这一法律技术之外,还扮演了实在法之上的另一"高级法"(higher law)的角色——甚至对于前一功能而言,"权利"也常常"越界",其意义从"合法"扩张到某种超出法律界限甚至预知对立的实体——的主观意愿或实际利益。凯尔森曾对德语法学界盛行的主观法概念提出批评:

> 客观法与主观法二元论首先强调后者(权利)在逻辑与时间上优先于前者(法律),即主观法——尤其是出自原始取得且作为其典型之所有权——之起源先于且不受制于客观法,而后者仅系国家秩序出于确认、保护前者之目的而设。此见解尤以历史法学派最为典型。[①]

就此而言,客观法与主观法的二元论,无非就是本书第一章提到的自然法与实在法的二元论在19世纪的私法理论及法的一般理论中的特殊形式。"只不过不像其前辈一般明目张胆,而是披上了概念之外衣而已。"[②]其具体表现便是法律与权利的二元论以及——中国读者更加熟悉的——法律规范与法律关系的二元论。既然客观法与主观法的两分带有形而上学二元论的色彩,那么凯尔森要做的工作便是恢复两种法律的本来面目,即将"两种意义上的法"还原为"法的两种意义",具体而言,则是将主观法还原为客观法。

在凯尔森看来,作为主观法表现形式之一的义务,不过是一条个别性的法律规范,即关于特定人应当实施特定行为的法律规范。具体而言,这个行为便是与客观法中作为国家机关进行制裁前提的那个行

---

① [奥]凯尔森:《纯粹法理论》,张书友译,中国法制出版社2008年版,第67页。
② [奥]凯尔森:《纯粹法理论》,张书友译,中国法制出版社2008年版,第66页。

为——所谓“违法行为”——相反的行为。只不过该行为在客观法中表现为一个一般的可能行为模式,而当其作为义务(主观法)之内容时,则是一个具体的实际行为。[①] 至于权利,同样是为规范人的行为而创造的一项法律技术,规定此人的一项义务,同时也就为他人创设了一项要求实施此行为的权利。而此人的权利也如同对方的义务一样,成为在法律上推动国家机关进行制裁的法律技术,凯尔森对此解释道:

> 当事人有使适用规定制裁的有关法律规范得以实现的法律可能性。因此,在这一意义上,这一规范就成了“他的”法,意思就是他的“权利”,只有在法律规范具有这样一种关系时,只有在法律规范的适用、制裁的执行,要依靠指向这一目标的个人意思表示时,只有在法律供个人处理时,才能认为这是“他的”法、一个主观意义上的法,这就是指“权利”。[②]

然而权利这一术语还有另一种用法,即构成法律上的人格,凯尔森非常赞同这种用法。在他看来,法律上的人格概念完全出自拟制(fiction)。所谓“人”,不过是一组义务与权利的统一体——也就是规范集合体——的人格化而已。换言之,所谓“自然人”其实一点也不“自然”,其并非出自所谓“造化之功”,而纯系法律思维的构造。法律上的“人格”(person)与生物学意义上的“人类”(human)完全是两码事:[③]

> 人类无关乎法律,而仅系生物学或心理学之概念,其并非法律及法律认知之对象:法律所涉及者并非包含精神与肉体之

① 参见[奥]凯尔森:《纯粹法理论》,张书友译,中国法制出版社 2008 年版,第 72 页。

② [奥]凯尔森:《法与国家的一般理论》,沈宗灵译,中国大百科全书出版社 1996 年版,第 92 页。

③ 中文并无两“人”,是以英语“Person”与“human”皆只能通译为“人”,“person”有时意译为“人格”,与“法人”或“国家”(皆详见下文)对称时则间或限定为“个人”;“human”则一概直译为“人”(生物学意义上),作为集合概念使用时则译作“人类”。所幸汉语向以一字兼达两意,即虽生而为“人”(human),亦须认真做“人”(Person),了然于此,读者当不致对本节内容产生歧义。

> 人之整体,而仅对人之行为设定义务或权利。换言之,人并非全部归属法律秩序所构成之社会,而是仅以作为或不作为受此社会之法律规制。唯其如此,同一人方可能同时属于不同法律社会,而其行为也才可能受不同法律秩序支配。①

当然,主张法律上的人有别于生物学意义上的人,这丝毫不意味着二者属于不同的类别或具有种属关系,而是表明:法律上的人格只是截取了人类生活的一个侧面,仅表示无数义务与权利的统一体,也就是无数设定此义务与权利之规范的统一体。那么"自然人"便是支配此人行为的规范统一体的人格化与实体化,于是"自然人"也就成了上述所有义务与权利之担当者。因此,人的七情六欲、喜怒哀乐在法律上是不存在的,或者说上述内容都被"法律眼镜"过滤掉了,剩下的只是一个商人——一个只为自身利益精打细算的理性人。在本书前面的章节中,我们曾提到凯尔森将法律效果与引起该效果的行为表述为归属(imputation)关系,那么所谓"自然人"不外乎就是规范作为义务及权利加以规制之行为的共同归属点。"自然人"作为设定其义务与权利之规范秩序的焦点或子系统,其个别化则皆须通过此人的行为才能实现。然而在凯尔森看来,生物学上的人乃是一自然实体,而"自然人"却是为了实现对法律的认识而采用的思维工具。有了这个概念后固然有利于理解法律,但其却未必不可或缺,因为"对法律之揭示终须触及以义务与权利控制行为之规范"。② 考虑到生物人与其法律人格的差异,则称法律对"自然人"课以义务或赋予权利就不尽恰当,毋宁说法律是对人——生物学意义上的人——设定义务与权利。

至于"法人"与自然人也是一理,其同样是对规范集合体的表述,但这一集合却不是支配某一生物人的法律秩序,而是将若干个前述法律秩序归入一体。这个道理,对于任何学过法律的读者都不难理解。与自然

---

① [奥]凯尔森:《纯粹法理论》,张书友译,中国法制出版社 2008 年版,第 74 ~ 75 页。
② [奥]凯尔森:《纯粹法理论》,张书友译,中国法制出版社 2008 年版,第 75 页。

人不同的是,法人既可以是子法律秩序之人格化,也可以是整个法律秩序/体系的人格化:前者是我们所在社会的一部分,其实便是法人章程的人格化,这种情况下构成的是普通法人;而后者则构成囊括一切子系统的整个社会,也就是我们耳熟能详的国家法人。显然,法人也像“自然人”一样并非真实客观的存在:

> 所“真实”存在者惟有受规范支配之行为,而规范又可依不同着眼点而加以划分。想象法人虽非血肉之躯,却为异于自然人之超人社会组织体,这显系幼稚拟人化思维作祟之结果。正如自然人非“人”,法人也绝非超人实体。法人之义务与权利必须分解为个人之义务与权利,换言之,分解为支配个人行为并设定其义务与权利之规范。所谓国家法秩序对法人课以义务或赋予权利,不过是表达其自身并未决定个体主体之义务与权利,而是将此决定权委诸其子法律秩序而已,该子法律秩序表被表述为法人。如此一来,个人之义务与权利便并非直接来自国家,而已以子法律秩序为媒介而设定。①

我们不难发现,凯尔森的观点其实是:国家本身也不过是一个法律秩序的人格化,与出自国家的法律秩序是一码事。那么无论自然人还是其他法人,就都成了国家法秩序下的子法律秩序。于是,不仅没有所谓“主观法”,就连法律主体也不过是法律秩序自身或其中的一个局部或阶段而已。而权利/主观法也就有了另一种意义:参与法律的创制,并构成法律调整过程的一个阶段或节点。换言之,国家并非对一切个人的行为都进行直接规范,而是将部分立法权授予了其下的子法律秩序。除政府、法院之类的国家机关之外,个人也是法律创制过程的参与者,当其在所谓“民主国家”中通过法定程序参与国家立法时,其所创制的法律为一般规范,其权利为“公权”或称“政治权利”;而当其在任何现代社会中

---

① [奥]凯尔森:《纯粹法理论》,张书友译,中国法制出版社2008年版,第76页。

依照国家法律安排自己的生活时,所创制的法律为个别规范,其权利则为"私权"或称"民事权利"。[①] 这也正是所谓公法和私法的区别,既然国家不过是一法人,则国家诸机关也就是次级法人,则对其所适用之法律,实无以区别于对私人适用的法律。而二者所谓区别,其实不在法律上而在政治上,即其所关注的利益、所奉行的原则不同。至于私法,也不能说其不具政治性,相反,所谓私法不过是法律中适于商品经济的那个部分而已。在凯尔森生活的那个年代,公私法二元论所起的作用和所体现的政治立场与我们今天的设想大相径庭:

> 既然法与权力(至少是国家权力)之绝对对立便意味着公法领域——尤其是宪法与行政法之政治性领域——所奉行之法律原则(Rechtsprinzip)当有别于私法领域,则公法与私法不同,其为不容置疑之国家与公共利益计,其不应如私人领域一般受法律严格拘束。上述观点导致就连一般规范与其执行机关之关系也因分属不同领域而异:私法领域之个案只能严格适用制定法,而公法领域则不然,其为维护国家利益不受损害而只受制定法之相对拘束,在所谓国家民族之紧急状态中,其甚至得破法而行(Staatnotrecht)。[②]

因此,在凯尔森看来,公法与私法的区别仅就法律政策的计较而言,其对科学研究殊无意义可言。一旦主观法与客观法、私法与公法的二元论被消解,那么"国家"这个概念对于法律而言也就不再有存在的必要了:既然国家无非就是一个法律秩序/体系在整体上的人格化,那么将国家作为法律的前提,称"国家制定法律",无异于在说"法律制定法律"。议会适用宪法创制法律、政府适用法律创制法规,而法院、官员及私人则适用法律、法规创制私法判决、行政命令与私人契约中的个别规范。由

---

① 参见[奥]凯尔森:《纯粹法理论》,张书友译,中国法制出版社 2008 年版,第 73 ~ 74 页。

② [奥]凯尔森:《纯粹法理论》,张书友译,中国法制出版社 2008 年版,第 110 页。

此不难推出司法(jurisdiction)与行政(executive)的一元论,二者皆是法律的适用,同时也是法律之创制(个别规范或一般规范),一言以蔽之,其皆属法律行为。而司法与行政的区别不过在于前者是间接行政而后者是直接行政罢了。[①]

当然,这里所说的国家只能是法律意义上的国家,而后者无非是国家这个社会存在的一个侧面,正如法律上的人格是生物人的一件"法律外衣"一般。换言之,在法律上有意义的"国家",只能是就国家"制定"的法律而言的。在凯尔森之前,法律与国家通常被作为两个截然不同之实体。譬如英国分析法学的代表人物奥斯丁就不曾提出法律上的国家概念,"独立政治社会"(independent political society)在其理论中扮演了国家的角色。"纯粹法理论发现奥斯丁学说中包含的一种倾向:奥斯丁恰当地发现法学理论并未给国家之政治概念保留位置。因此他试图解决这一问题。但不幸的是,他却用另一个政治概念'主权者'替代了法律,而未能确立法律上之国家概念。"[②]这也正是纯粹法理论与传统法律理论——包括早期法律实证主义在内——的根本区别之一。在传统法律理论中,"拥有"(possesses)法律秩序之国家被想象为一个"人",而该"人"不过是法律秩序统一体的人格化。而国家与法二元论就起源于对这一人格化之假设,弄假成真,并将其与法律对立起来。然而,若法律科学也满足于这一拟制,则难免对一切涉及国家与法律关系之问题都产生错觉。一旦摒弃了法与国家二元论,将国家作为法律秩序看待,就会发现不少与国家有关的概念对于法律理论而言都是多余的。传统理论中所谓"国家三要素"——领土、人民及主权——用"法言法语"表述,便是

---

① "司法与行政在功能上之区别仅限于行政机关于间接之外,尚可直接实现国家目的,即其以社会所欲者为自身之法律义务,诸如创办学校、经营铁道、设立医院之属。若司法与行政确有区别,则仅在于直接行政乃司法所无。职是之故,欲在概念上建立恰当之法律功能体系,便应打破司法与行政之界限而另起炉灶:二者之分立皆出自习惯,然功能却大部重叠。一旦洞悉于此,则以直接国家行政与间接国家行政之区别替代司法与行政划分,当对法律机关之组织不无裨益。"[奥]凯尔森:《纯粹法理论》,张书友译,中国法制出版社2008年版,第91页。

② Hans Kelsen, *The Pure Theory of Law and Analytical Jurisprudence*, 55 Harvard Law Review 44(1941).

该法律体系作为一个整体的空间效力、对象效力和事项效力。至于时间效力，则是“三要素”所未包含的“国祚”，即国家在法律上的诞生和消灭，也就是该国法律体系在时间上的存续、继承和承认等问题。还是那句话，法律上的国家不多不少，恰好等于其法律体系自身。至于奥斯丁等人所谓的“主权者”也就只能表现为该法律体系的最高机关及其权限，而主权也不再是组成该机关的个人或机构的属性，而只能是国家——法律秩序——自身的属性。

然而所谓“主权至上”只是对国内法而言，我们不应忘记通常用以描述“主权”特征的是两句话：“对内最高权”和“对外独立权”。“作为国内法秩序之特征的主权，也仅仅意味着假设在该秩序之上不存在更高法律秩序而已。”[①]因此，要从理论上清理主观法与客观法的二元论、法律创制与法律适用的二元论、私法与公法的二元论以及法与国家的二元论，最终必须面对那个直到今天仍根深蒂固的“教条”——国际法与国内法的二元论。

（二）国际法与国内法的一元论

我们已经知道，所谓基础规范是一个法律体系/秩序的终极效力根据，该体系/秩序内部一切规范都直接或间接自该基础规范获得其效力。但这只是就一国而言，换言之，只是假设人类社会形成了唯一的法律秩序，实际情况显然并非如此，目前世界上共有200多个国家和地区，换言之，也就有200多个法律秩序。那么现在的问题就是，这200多个法律秩序只有一个基础规范吗？或者他们各自有其基础规范，那么这些基础规范的内容是否相同呢？要回答上述问题，就必须把我们的眼光从某一特定的国家移开，这时我们看到的便是那个居于国家之上的法律秩序——国际法。“若承认国内法秩序并不唯一，诸国法律秩序同位并立，且其效力范围乃依法划分；且承认令上述诸法律秩序同位并划分

---

① Hans Kelsen, *The Pure Theory of Law and Analytical Jurisprudence*, 55 Harvard Law Review 44(1941).

其效力范围者乃实在国际法,便不能不设想国际法居于各国国内法之上,并令后者构成普遍法律秩序。唯其如此,方可于认识论上确保构成连续多阶等级结构之法律的统一性。"①此时各国所独有的基础规范都不复存在了,每个法律秩序——国家——借以获得其效力的基础只能是国际法。国际法将效力这一法律效果归属于法律实效,也就是说将国际法作为判断国内法效力的标准,那么大体上有实效的规范秩序才被赋予效力,而这即是我们所熟悉的国际法上的"承认"(recognition)问题。

然而国际法是不是国内法那种意义上的法律,以及其是否在效力上高于国内法,这是两个关键问题。传统法律实证主义者对其都做了否定回答,譬如奥斯丁仅承认国际法为"实在国际道德"(positive international morality)。凯尔森则不然,他主张将国际法视为真正的法律,只因后者已具备了法律秩序的所有本质要素:"国际法是与国内法同等意义上之强制秩序:其拘束国家,限制其相互之间的行为,而这又借对相反行为规定制裁实现。"②他所谓的国际法上制裁是指报复(reprisals/ Revanchen)与战争(war/Krieg)。当然凯尔森也承认,尽管国际法是真正的法律,但同时也仅仅是一种原始法。凯尔森区分成熟法律与原始法律的标准在于责任是否集中归属以及有无专门的法律机构:

> 国际社会尚未形成依分工原则而司创制与适用规范之职的机关,一般规范仍借习惯或条约构成,换言之,国际法规范并非由专门立法机关制定,而系国际社会成员自创。至于一般规范在个案中之适用也大同小异:认定不法行为之权完全委诸受害国,若责任国否认前者之主张,便无法如国内法

---

① [奥]凯尔森:《纯粹法理论》,张书友译,中国法制出版社2008年版,第132页。

② Hans Kelsen, *The Pure Theory of Law and Analytical Jurisprudence*, 55 Harvard Law Review 44(1941).

> 一般由专门机关依法定程序理讼解纷，而只能由受害国自身对责任国采取一般国际法中之制裁——报复与战争。此种自力救济亦为国内法秩序发展之必经阶段，该阶段奉行集体责任而非个人责任、严格责任而非过错责任之原则。①

因此，国际法律秩序非常分散，其所构成的国际社会也并非国家，而仅仅是国家之间的联合——正如由原始部落组成的完全分散的社会也不是国家，尽管后者毫无疑问地也由某种法律秩序所构成。但是，却不能因此否认国际法的法律性质，不能因此否认其效力高于国内法。国际法规范最初由国际交往中的习惯创制，因其对一切国家——不论其是否参与了造法习惯——皆适用，故为一般国际法规范。而其中最重要的是"有约必践"(*Pacta sunt servanda*)这一规范，其授权国际法社会的主体——国家、地区和国际组织——依条约而行。而国际条约法则仅具个别性质，其并非对一切国家、而仅对缔约国有效。那么缔约国——无论两国抑或多国——便构成国际法社会中的子社会，正如自然人和法人构成了国内法秩序中的子次级秩序一般。凯尔森强调，个别的国际条约与一般的国际习惯不可等量齐观，相反，国际条约的效力根据乃是一般国际习惯法中的规范，因此二者便是上位法与下位法之关系。至于国际法院或类似机构创制的个别法律规范，则构成了国际法的第三个位阶，道理很简单：上述机构机关的职权是由国际条约所规定的，换言之，即以国际法第二位阶中的规范为其依据；而第二位阶则依据最高位阶——一般国际习惯法。② 那么国际法的基础规范——并因此也是依国际法授权而生的国内法秩

---

① [奥]凯尔森：《纯粹法理论》，张书友译，中国法制出版社 2008 年版，第 124 页。

② 凯尔森曾举国内法中的例子支持自己的观点："尽管一般国际习惯法在时间上之起源犹晚于国家，但并不影响其充任后者之效力根据。正如家族之诞生远早于国家，然而国家法律秩序却仍为家族法之效力根据；联邦制国家亦同此理：联邦成员法之效力来自联邦宪法，尽管其成员早在联邦成立前即为独立国家。故切不可将历史之前因后果与规范之逻辑关系混为一谈。"[奥]凯尔森：《纯粹法理论》，张书友译，中国法制出版社 2008 年版，第 123～124 页。

序的基础规范——必为以习惯为造法事实的规范。尽管一般国际习惯法在时间上的起源当然晚于国家的出现,但这丝毫不影响其充任后者的效力根据。

那么,国内法与国际法的关系究竟如何,二者是否构成统一法律体系/秩序?对于这个问题有两种对立观点,即二元论与一元论。前者主张国内法与国际法是截然不同且相互独立的两个规范体系,正如实在法与道德一般,上文曾提到奥斯丁就持这种观点。凯尔森则不然,他认为这种国内法与国际法的二元论在逻辑上难以成立,而且也根本没有任何一种二元论能够一以贯之地坚持其观点:"如果以同一种观点看来两个规范体系具有相似效力,那么就必须认为二者之间存在某种规范关系;就必须假设存在某种规范或秩序调整着其相互关系。"①否则两个体系中规范之间不相容的矛盾就难以避免。把法律和道德看作两个截然不同且相互独立的规范体系,这就意味着解决合法性问题的法学家根本不会考虑合道德性问题,而解决合道德性问题的伦理学家也绝不会在意法律如何规定。法律与道德之所以可视为两个截然不同且相互独立的规范体系,归根结底是由于自同一立场看来,二者不具有相类似效力。然而,假如得出国内法与国际法同属法律的结论,那么法学家就必须承认二者具有相同的效力以及效力根据,而具有相同的效力根据——同一基础规范——的两组规范必然属于同一规范体系,而且必然以某种方式相互补充。以上就是凯尔森对于国际法与国内法二元论的逻辑上的批判。

将国内法与国际法视为同一规范秩序的一元论当然符合逻辑要求。但在这个规范秩序作为一个整体是如何构成的问题上,答案却不尽一致,这就形成了国际法与国内法一元论的两个版本:有学者主张国际法是"涉外国内法",也就是国内法中调整国家间关系的那部分。被称为国际法的规范只有在获得各独立国家的承认并被其纳入自身

① Hans Kelsen, *The Pure Theory of Law and Analytical Jurisprudence*, 55 Harvard Law Review 44(1941).

法律秩序后才能拘束后者。这就是国内法优位说(the theory of the primacy of national law)。[1] 这种理论不承认有任何高于国家——国内法秩序——的法律秩序存在,因此根本没有国际法而只有各国的国内法。这种理论如果依其内置逻辑加以推演,将导致这一结论:既然没有国际法,那么国际关系就只能由某国国内法来调整。如此一来,除了该国之外,其他国家就看起来不再像独立的主权国家,而是像从属于该国的地方政权了,也就是"受委任(delegated)的低级法律秩序"[2]。那么世界上究竟有无其他国家,便完全听凭该国定夺了:

> 换言之,国际法即国内法秩序中因"承认"而规制国家涉外行为者。既然他国在法律上之存在亦依赖于本国之承认,则本国法便被想象为扩张至他国法律秩序之上。唯其如此,采纳了国际法之本国法秩序才得委任他国在其领土上创制法律。所谓他国须经本国承认始具有国家资格云云,其在理论上之含义即他国法律秩序须经本国承认始在其领域内生拘束力。[3]

因此,这种"国内法优位的一元论"虽然在逻辑上能够成立,却明显违背了国际关系中所有国家一律平等的常识。在凯尔森看来,只有在假设一切国家——一切国内法秩序——之上存在一个通过规定相互效力范围而使各国平等的法律秩序,上述"常识"才不至于被颠覆。而这个法律秩序只能是国际法。建立一个高于国内法秩序之规范体系,使各国地位平等,并使之进入一个普遍的法律秩序。这便是凯尔森所主张的国际法优位说(the theory of the primacy of international

---

① Hans Kelsen, *The Pure Theory of Law and Analytical Jurisprudence*, 55 Harvard Law Review 44(1941).

② Hans Kelsen, *The Pure Theory of Law and Analytical Jurisprudence*, 55 Harvard Law Review 44(1941).

③ [奥]凯尔森:《纯粹法理论》,张书友译,中国法制出版社2008年版,第129页。

law)。依照这种理论,其他国家是不是国家——其他国内法秩序是不是法律——不再由某国依据其主观利益和好恶定夺,而是有了客观的尺度,其实这个尺度早就被国际法实践所采用了:

> 纵然以革命或政变夺权之政府,若能确保其发布之规范获人民长久服从,则国际法即承认此政府合法。其意义则在于,国际法下之强制秩序若能令其治下现实符合秩序规定,则国际法便承认该秩序为有拘束力之法律秩序,承认此强制秩序构成之社会为国家。[①]

这正是国际法中的"实效原则",换言之,不论一个"政府"以何种方式确立于何地,只要其足以保证当地居民长久服从规定其行为的强制秩序,则该强制秩序所建立的社会即国际法意义上的国家。强制秩序持续有效的空间范围即领土;而居住于领土范围内的居民即为实在国际法意义上的该国人民。据此,国际法也就划定了国内法秩序的属地与属人效力范围。既然国内法自国际法获得其效力,同时也由后者确定前者的效力范围,那么国际法就当然高于任何国内法。如此一来,国际法与各国国内法就共同构成了一个普遍统一的法律秩序/体系。

若对凯尔森的国际法学说——尤其是国际法优位的一元论——作一总结的话,其内在逻辑便是:国际习惯法规范创制了国际条约法并进而创制了各国国内法,而存在创制关系的两法当然是属于同一法律秩序的上位法与下位法,故国际法与国内法便是同一法律秩序/体系内效力高低有别的两个组成部分。而要在理论上证明法律的确存在,就非得同时接受国际法与国内法之一元论与国际法优位说不可;否则便只有国内法了,而若无国际法,国内法也就无所谓存在与否可言了。一言以蔽之,法律规制着自身从一般到个别的创制/适用,而法

① [奥]凯尔森:《纯粹法理论》,张书友译,中国法制出版社 2008 年版,第 132 页。

律科学的使命便是如实地描述该过程，而此有赖于找到那个最一般的规范作为逻辑上的起点，凯尔森于是乎找到了基础规范：若仅就一国而言，其内容便是“遵守宪法”；若就整个国际社会而言，则是上文提到的“有约必践”。

思 考 题

1. 法律科学为什么要追求纯粹性？凯尔森如何确保法律理论的纯粹性？

2. 规范也是一种事实吗？在法概念上，规范理论相比命令理论具有哪些优越性？

3. 什么是基础规范？基础规范理论的提出是否体现了凯尔森向自然法学说的妥协？

4. 什么是方法二元论？方法二元论在纯粹法理论中有哪些体现？

5. 如何理解凯尔森提出的“国家是法律秩序的人格化”这一命题？

拓展阅读

要了解纯粹法理论完整的发展脉络，除《纯粹法理论》(1934 年)以外，下列著作也很有阅读的必要。

1.《法与国家的一般理论》(*General Theory of Law and State*, 1945 年)：这本厚达 450 页的著作乃是凯尔森用英文写作之著作中部头最大者，该书之意图在于“重述先前以德文和法文已经表述过之思想和观念”，从而使那些在普通法传统和气氛中成长起来的读者更易于理解纯粹法理论。因此本书中包括了很多以学术眼光看来对一本法律理论著作而言并非必要之内容，看起来更像一本教科书。但本书也绝非毫无创新，其中不少相对于《纯粹法理论》(1934 年)而言比较新鲜的观点都在后来的著作中得到了继承与发挥。值得强调的是，本书将凯尔森的论文《自然法与实在法的哲学基础》(1928 年)作为附录收入，该文乃是研究纯粹法理论之哲学背景的重要文献之一。本书分别有沈宗灵(中国大百科全书出版社 1996 年版)与雷崧生(台北，正中书局 1993 年版)两位先生之译本，译笔皆堪称佳品。

2.《纯粹法理论》(*Reine Rechtslehre*,1960 年)：本书是凯尔森晚期思想之代表作。在哈特等后起之秀已崭露头角的 20 世纪 60 年代，本书作为既是向法学界，也是向自身原有理论的挑战。本书之篇幅比其第一版长一倍有余，而且对原有的不少观点作出了富有勇气的修正，其章节与 1934 年的第一版也非一一对应，因此或许应被视为一部新作。在本书中，"新康德主义"的色彩已经逐渐消失，而且凯尔森的对手也不再是形形色色的自然法学说与形而上学，而是早期的纯粹法理论自身。晚年凯尔森已经从康德回归休谟，从欧陆理性主义回归英美经验主义。由于不再受到撰写《法与国家的一般理论》时所受到之束缚，本书学术味更浓，而且书中新说层出不穷，令人如行山阴道上而目不暇接。经凯尔森亲自审定之英译本(*Pure Theory of Law*)出版于 1967 年，译者奈特(Max Knight)曾先后在维也纳与伯克利两度师从凯尔森，对其理论之熟悉程度可谓如数家珍，翻译质量之高自不待言，美中不足之处在于删去了德文版之附录。由雷磊教授翻译的中译本已于 2021 年由法律出版社出版(译名为《纯粹法学说》)，这对中国读者无疑是一个福音。

3.《规范的一般理论》(*Allgemeine Theorie der Normen*,1979 年)：凯尔森辞世时为我们留下了一沓厚厚的打印稿，这便是 6 年之后经维也纳凯尔森研究所整理出版的《规范的一般理论》——凯尔森篇幅最长的著作(240,000 词)。由于未经作者最终定稿，因此本书是篇幅长短不一的篇什的汇集(短者仅数百词，长者则达到万言以上，甚至可作为单行本出版)，虽然语句清晰，但其中颇有重复之处，整理者将其编订为 61 小节。与《法与国家的一般理论》和《纯粹法理论》(1960 年)不同，本书不再是对《纯粹法理论》第一版中所阐述理论之重构，而是一本涉及全新问题之著作。在本书中,凯尔森已靠拢意志理论,对其原有的规范理论作了重大修正。本书于1991年由加拿大学者哈特尼(Michael Hartney)译成英文(*General Theory of Norms*),目前尚无中译本。

4.《何谓正义?》(*What's Justice*? 1957年):一本由凯尔森亲自选编的论文集,收入其以英文撰写的论文14篇以及1篇译文,包括3篇新作,所选文章之间具有内在逻辑结构,主要反映了凯尔森二十世纪四五十年代对自然法与形而上学之批判以及对纯粹法理论之捍卫,其批判部分尤其引人注目。其中《何谓正义》(1952年)、《圣经中的正义观念》(1953年)、《科学法庭上的自然法学说》(1949年)、《法律科学中的价值判断》(1942年)、《纯粹法理论与分析法学》(1941年)、《因果与报应》(1941年)、《因果与归属》(1950年)及《科学与政治》8篇论文已译成中文,并作为副编收入《纯粹法理论》的中译本(其中《因果与报应》与《因果与归属》两篇因内容有重复而合编为《因果、报应与归属》)。

第十讲

《法律的概念》导读

本导读以法律出版社《法律的概念》第二版的中文版为依据。［英］哈特:《法律的概念》,许家馨、李冠宜译,法律出版社 2006 年版。英文版参见 H. L. A. Hart, *The Concept of Law* (Second Edition),Oxford University Press,1994。

一、哈特生平

赫伯特·莱昂内尔·阿道弗斯·哈特(Herbert Lionel Adolphus Hart,通常在英文文献中简写为 H. L. A. Hart,1907—1992 年)是英国著名的法哲学家,并长期研究政治哲学。他与汉斯·凯尔森(Hans Kelsen)同为 20 世纪实证主义法学的两大代表性人物。他出生在英格兰北约克郡的哈罗盖特镇(Harrogate),是移民英国的犹太人后代。他的父母在伦敦经营裁缝和女装致富,随后从犹太人聚集的伦敦东区搬到英格兰文化传统浓厚的这个温泉和旅游小镇并继续经营服装生意。哈特从小就熏陶在盎格鲁－撒克逊文化传统而不是犹太传统之中,这使得哈特并不刻意强调犹太血统所造成的身份差异。

哈特于 1918 年入读切尔滕纳姆学院(Cheltemham College),后于 1921 年转往布拉德福德学校(Bradford Grammar School)。哈特在这里接受了完整的中学教育,并且逐渐显现出他的学术天赋。1926 年,哈特成为首位从布拉德福德学校进入牛津大学新学院(New College, Oxford)的学生。在牛津大学,哈特利用奖学金攻读古典人文科学学位。这段经历使哈特获得了扎实的古典学和哲学知识,并在那里遇到了他重要的终生朋友:以赛亚·伯林(Isaiah Berlin)。1929 年,哈特因申请牛津大学全灵学院(All Souls College,Oxford)的研究职务失败而转向学习法律,于 1932 年至 1940 年在 Chancery Bar 执业并担任出庭律师(barrister)。

1940 年,在妻子珍妮弗·哈特(Jenifer Hart)引荐下,哈特进入英国军情五处(MI5),与同样来自牛津大学的语言哲学家吉尔伯特·赖尔(Gilbert Ryle)和逻辑哲学家斯图亚特·汉普希尔(Stuart Hampshire)共同从事军事情报和反间谍工作。哈特有力地促使军情五处转变为一个具有战略价值的情报部门,这为他带来了巨大的声誉。协调军情五处和军情六处(MI6)的情报交流是他的工作内容之一,这使得他有机会在布莱奇利公园(Bletchley Park)与艾伦·图灵(Alan Turing)共事,并因此有机会接触到最高层级的机密"ULTRA",也就是利用人工智能破译德国"恩尼格玛"(Enigma)密码机得来的情报。受到"冷战"时期对立的意识形态影响,哈特的这段经历给他的晚年生活带来了不少的困扰以至身心备受折磨,尤其是在其妻子珍妮弗·哈特被《星期日泰晤士报》指控为"苏联间谍"之后。不过从学术角度而言,这段经历使得哈特形成了简洁清晰的文风。更为重要的是,他也是在这段时期内逐步养成了一种分析和归纳问题的方法,那就是从个案当中提取出最具普遍性的特征并建构某个实践的模型;这个模型通过列举和描述行为的共同特征和各类差异,为实践提供指引并以此界定某个行为和概念的含义。

1945 年,哈特曾被军情五处短暂派往德国,未几即重返牛津大学新学院担任哲学教师,期间与 J. L. 奥斯汀(J. L. Austin)有紧密的合作。自 1948 年起,两人共同开设以"法律和道德责任"(Legal and Moral Responsibility)为主题的系列研讨会。1952 年,哈特被遴选为牛津大学法理学讲席教授(Professor of Jurisprudence at Oxford),直至 1969 年由罗纳德·德沃金(Ronald Dworkin)接任他的职位。在此期间,哈特吸收了

J. L. 奥斯汀的日常语言哲学研究思路,并塑造了新的分析法学流派,进而复活了英国的功利主义传统。与此同时,他自 20 世纪 60 年代起积极参与堕胎、卖淫合法化和死刑等社会敏感问题的政策辩论,尤其强调法律与道德的分离,为此与德富林法官(Lord Patrick Arthur Devlin)和美国法学家朗·富勒(Lon L. Fuller)展开著名的理论争辩。

在学术系谱上,20 世纪的诸多法理学家和政治哲学家都曾经是哈特的学生或者接受过哈特理论的深刻影响,如布莱恩·巴利(Brian Barry)、罗纳德·德沃金(Ronald Dworkin)、约翰·菲尼斯(John Finnis)、约翰·加德纳(John Gardner)、肯特·格林纳瓦特(Kent Greenawalt)、彼得·哈克(Peter Hacker)、大卫·霍奇森(David Hodgson)、尼尔·麦考密克(Neil MacCormick)、约瑟夫·拉兹(Joseph Raz)、威廉·特温宁(William Twining)和约翰·罗尔斯(John Rawls)。

二、问题意识

无论是法理学的初学者还是进阶研究者,在谈起法律的"概念"时,不外乎是在谈论"法律是什么"的问题。倘若依据直觉,人们通常会列举"法律"所具有的种种排他性特征,也就是那些"法律"具有而其他概念不具有的特征;倘若依据逻辑,那么人们通常会利用"种加属差"的公式来给"法律"下定义。但这两种方法其实都是寻找判别法律的特征和标准,也就是回答"'法律'根据什么成为法律"的问题。

对哈特来说,这两个问题都指向了"法律与强制(coercion)和道德之间的关系是什么"这样一个更为凝练的追问。他认为,研究法律概念的目的不在于提供检验"法律"概念及其用法的规则体系,也不尝试利用这样的规则体系去检验"法律"这个词语的使用是否正当,而是要通过分析法律体系的特征来建构一种较为科学、客观的分析模型,并更清晰地说明法律、强制和道德这三个社会现象的相似性与差异性。[①] 具体来

① 参见[英]哈特:《法律的概念》,许家馨、李冠宜译,法律出版社 2006 年版,"前言"第 1 页、第 17 页。

说，哈特之所以希望区分法律、强制与道德，是因为在他着手回答这一问题的那个时代里，法律要么跟强制联系在一起，如约翰·奥斯丁(John Austin)的法律命令理论(imperative theory)；要么与道德相互捆绑，如自然法(natural law)传统和现实中道德入罪的判例和成文法。

这个追问涉及法律最为显著的基础特征，并可以具体分为以下三个议题：第一，法律与由威胁支持的命令之间有何区别与关联？第二，法律义务和道德义务有何区别与关联？第三，规则是什么，以及规则和一致的行为习惯之间有何区别？在多大程度上法律属于规则？[①] 在这里需要特别说明的是，这里的"规则"(rules)并不仅仅指"成文法"(statutory law)，也包括判例当中的"裁判理由"(the *ratio decidendi*)。

哈特的设问及其方法使得他的研究成为"新分析法学"或"新分析法实证主义"的理论起点。其理论之所以可被归入法律实证主义(legal positivism)的理论阵营，是因为他试图把法律和道德区分开，也就是认为法律的规范性(normativity)不是来自道德或者其他超验(transcendent)之物，而是来自现实生活中的人的设定。而之所以这一理论是"新"的，是因为哈特一方面试图超越奥斯丁把法律等同于命令(imperative)和强制(coercion)的经典理论框架，另一方面试图引入新的语言分析方法。具体来说，最为简单的定义方法就是借助"种加属差"的形式逻辑，但哈特认为这种方法不适合用于定义法律。原因之一在于，这种定义需要人们对包含了所定义之物的大类有一个清晰的认识，但是在将法律归为"行为规则"之后，人们会发现二者的概念都模糊不清。原因之二在于，这种定义方法要求特殊事例与种类的概念之间存在清晰的共同特征，但法律的模糊性导致了很多情况下无法满足这个要求。[②] 为此，就需要区别法律上语词的用法、意义及其使用情境。这正是分析法学(analytical jurisprudence)的核心方法。另外，由于这种分析是一种描述语词的使用及其情境的方法，因此必然涉及概念身处的不同类型的社会结构和社会

① 参见[英]哈特：《法律的概念》，许家馨、李冠宜译，法律出版社2006年版，第7~10页。

② 参见[英]哈特：《法律的概念》，许家馨、李冠宜译，法律出版社2006年版，第13~16页。

背景,在这个意义上,这种对法律的分析实际上也是描述法律得以可能的社会条件。因此,哈特把他的理论研究称为"描述社会学"(descriptive sociology)的研究。

三、奥斯丁"命令理论"的概述与哈特的反驳

哈特对于法律概念的分析,是从利用语言分析方法关注奥斯丁"法律作为以强制性为后盾的命令"的命题开始的,这一命题的本质是官员利用强制(coercion)来下达一项针对民众的命令(command)。

不过,这样的命题存在理论难题。在英文中,"coercion"与"command"之间并不存在直接联系,因为"coercion"对应的是"order",换句话说,只有"order"(中文也同样翻译为"命令")才以强制(coercion)为内核,而"command"(中文译本翻译为"号令",但也可以翻译为"命令")则是以"权威"(authority)为内核的。因此,如果认为法律是一种"command",那么就不应当强调"威胁为后盾"这个成分。

此时,解决问题的方法就是:要么使得作为"order"的法律满足权威的特征,要么使得作为"command"的法律具有强制性。显然,前者无疑更符合奥斯丁的理论要求。此时,哈特引入语言用法上的"祈使语气"(imperative mood)来重新理解"order"的属性,因为"祈使语气"是一个人表达他认为其他人应该或不应该做某些事情的愿望,并且认为听者应当要依照该意愿去行动。如在军队首长给士兵"下达命令"(give an order)的场景中,首长的"命令"(order)不仅具有强制(coercion),也具有权威(authority)。不过问题在于,同样是"order",在有的情形下却似乎并不具有权威。如在著名的"抢匪情境"中,一个抢匪"喝令"(ordered)银行职员交出钱时,抢匪的确使用了祈使语气,他发出的"order"也当然具有威胁,但这样的"order"对于银行职员而言却不具有任何的权威。[①]

利用祈使语气分析"order"的用法说明,"权威"(authority)的特征外在于"order"的强制属性。所以,如果希望作为"order"的法律具有权威,

---

① 参见[英]哈特:《法律的概念》,许家馨、李冠宜译,法律出版社 2006 年版,第 18 ~ 19 页。

就必须添加相应的要件。这些要件包括:第一,普遍性(generality),也就是指法律所蕴含的行为模式本身是普遍的,并且作为命令的法律能够适用于一般大众。第二,持续性(consistency),就是民众需要不断地遵守这些命令,如果不去追问多数人的自愿服从,那么法律所具有的强制性就将难以为继。第三,习惯性服从(habit of obedience),也就是民众对这些命令有服从的习惯(a general habit of obedience)。这是假定大部分的命令在多数情况下都可以获得服从,而不论服从的动机是什么。第四,对内最高、对外独立的主权者(supreme and independent sovereign),其无须服从这些命令。

至此,法律就包含以下特征:普遍性、持续性、被习惯性服从、出自主权者。也就是说,法律是主权者发布的、持续地要求民众普遍服从的命令,且民众有服从这些命令的习惯,而发布这些命令的主权者本身没有服从的义务。哈特则表述为"任何一个法体系都包含某些人或团体所发布之以威胁为后盾的命令,这些命令大致上受到限制,且被规范的群体须大体上相信:当违反这些命令时,制裁将会被执行。这些人或团体必须是对内至上,对外独立的"。简单来说,就是"主权者及其下的从属者所发出的,以威胁为后盾的一般性命令"①。

不过,即使添加了上述特征,法律作为"命令"的命题仍然存在语言用法上的难题。第一,奥斯丁所认为的"普遍性"是指"法律是被指示给(be addressed to)民众的",但这个表述意味着民众只是法律适用的对象,并容易混淆"法律适用对象是谁"和"法律对谁公布"的问题。第二,尽管民众需要"持续地"遵守命令,但倘若不去追问多数人的自愿服从,那么法律所具有的强制性就将难以为继。第三,需要多少人遵守、遵守多久才成为民众的"习惯",却是十分模糊。第四,如果主权者并不服从于他自己提出的命令,那么他自己的正当性将难以获得圆满的论证。

这个分析预示了法律作为"命令"观点的溃败。哈特进一步从以下两个方面做出了说明:

---

① 参见[英]哈特:《法律的概念》,许家馨、李冠宜译,法律出版社 2006 年版,第 20 ~ 24 页。

第一，在法律的内容上，并非所有的法律都旨在命令人们做或者不做一件事情，因此法律不同于命令。在现代的法律体系中，强调威胁和制裁的通常是刑法和侵权法，但除此之外，还有大量的法律关乎“权利”而非“义务”，其内容是人们能做什么而不是不能做什么，规定的是做某事的条件而不是惩罚。这些法律通常存在于授予私人权力的领域，尤其是合同、婚姻、遗嘱等民事行为的规则。另外，即使在公共领域中，授予法院管辖权和立法机关立法权的法律条文也不能认为属于“一般命令”(general order)的法律类型。[①] 与此同时，针对把违反授权性法律规范而导致的无效视为“惩罚”(nullity as a sanction)以及把这种授权性法律规范看作获取“真正的法律”即判决的条件这两种批判意见，哈特指出，“授权”和“惩罚”是两种截然不同的法律功能，而不只是被看待的方式不同，因为法律不只在被违反后才体现在法庭中，而更多出现在社会生活中，并承担着控制和指导行动的功能。[②]

第二，在法律的适用范围上，哈特认为命令是针对命令者之外的其他人的，而法律显然是可以针对立法者自己的，换句话说，主权者也要受到法律的约束，这使得法律有别于命令。有反对意见认为，约束立法者的法律规范意味着立法者向作为守法者的自己提出以威胁为后盾的命令，但哈特认为，与其采取这种拗口的辩护理由，不如径自把立法者自我约束的立法行为理解为受信托人(trustee)作出的许诺(promise)。[③] 上文已经指出法律命令理论具有“被习惯性服从”和“出自主权者”的两个特征，表明它假定臣民的习惯性服从和不需要服从他人的主权者所形成的垂直结构，是一个拥有法律的社会的必要因素。但是，这两个要素在根本上不能成立。

这是因为，“习惯性服从”与现实生活中法律运作的立法权威连续性、法律的持续性和主权者至高无上、不受约束的地位相冲突。哈特用

---

① 参见[英]哈特：《法律的概念》，许家馨、李冠宜译，法律出版社2006年版，第27～31页。
② 参见[英]哈特：《法律的概念》，许家馨、李冠宜译，法律出版社2006年版，第33～41页。
③ 参见[英]哈特：《法律的概念》，许家馨、李冠宜译，法律出版社2006年版，第41～42页。

雷克斯(Rex)王朝的模型说明,国王作为主权者的充要条件是民众对他个人的服从,那么此时的“习惯性服从”就是指每一个臣民都习惯地服从于国王的命令,并遵照他的命令去做事情,他们不会对此有任何的反思和批判。但是,当新的国王(“雷克斯二世”)继位之后,这种对于老国王的习惯性服从却不会天然地转变为对新国王的习惯性服从,这就意味着,在臣民形成对于新国王的“习惯性服从”之前,新国王所发布的法律都似乎不能成为“法律”,即使这样的法律确以威胁为后盾。在逻辑上,即使老国王规定,臣民应当如同服从他发布的命令那样服从于新国王的命令,也依然存在两个逻辑矛盾:一是这样的规定并不是对于臣民所发布的命令,而是对于新国王的权威的授予,然而这就违反了主权者至高无上的要求;二是即便这样的规定的确是对臣民所发布的命令,但这就意味着将来民众对新国王所发布的所有命令的服从,都不是对于主权者的习惯性服从,而是对于这个命令本身或者说对于“服从命令”这样一个实践行为的习惯性服从,因此同时违背了“习惯性服从”和主权者至高无上的要求。这表明立法权威的延续性问题,将无法通过“习惯性服从”来获得解决。[①]

事实上,立法权威的连续性与“习惯性服从”的理论冲突,表明了“社会规则”在法律体系中的重要意义。正如上面的逻辑分析所揭示的那样,立法权威的连续性不仅要以民众对于立法权威的“习惯性服从”为必要条件,还要以外在于主权者的社会规则的客观存在作为充分条件,且这种社会规则才是使得立法权威具备连续性的关键。这里之所以不把“社会规则”称为“习惯”,是因为它们虽然有一般性和可重复性等共同点,但两者存在截然不同的特征。首先,习惯是一种追求群体一致的“规律行为”,因此个别的行为偏离并不必然受到来自社会群体的批判,但是偏离规则的行为却必定是“不正当”或者说“错误的”,也因此必定遭受社会压力的批判和强制服从。其次,规则是说明“批判”和“社会压力”的正当理由,也因此具有了“内在面向”(internal aspect)。所谓

---

① 参见[英]哈特:《法律的概念》,许家馨、李冠宜译,法律出版社2006年版,第48~53页。

"内在面向",是指群体当中的某些人(如官员)在社会实践(social practice)中"接受"(accept)了这些行为模式,并将它们视为整个群体所必须遵循的普遍标准,而不是仅仅为观察者在"外在面向"(external aspect)上观察和记录这些具有规律的普遍性、事实性行为。而且,"内在面向"的这种界定也同时说明了它对于群体内的行为主体对这些普遍行为标准具有反思批判的态度(reflective critical attitude),也就是"批判"偏离的行为、"要求"遵从规则、"承认"这些"批判"和"要求"的正当性。此时,人们就会用诸如"应当"(ought)、"必须"(must)、"应该"(should)、"对"(right)和"错"(wrong)这样一种"规范性语言"来表达这种行为要求。正如我们下棋的时候说"马走日""象走田"那样,这些规则的意义就在于敦促和监督所有下象棋的人都"应当"如此行事,并为那些不遵照规则行事的人提供足够的压力。①

在这个意义上,只有把法律视为一种"规则"而不是"命令",才能彻底解决立法权威的连续性问题。同样的道理,只有把法律视为规则,才能真正回应法律的持续性问题,因为它能够回答"先前立法者所制定的法律为何仍然是法律"的问题,而法律命令理论却无法自洽地加以回应。② 这样的例子其实并不鲜见。例如,哈特给出的例子:一位妇人由于替人算命,而在1994年被法院依据1735年的《巫术法》判刑。又如,2011年,海南警方在广东抓获一名于1983年涉嫌流氓罪而潜逃的嫌疑人,并继续以1979年《刑法》规定的流氓罪重启追诉程序。在这里,之所以作为"规则"的法律能够具备维系法律持续性的功能,是因为它在串联法律与主权者的同时,也取消了时间对于法律效力的约束,使法律具备了回溯过往行为的效力。而且,规则的这种功能并不能兼容于法律命令理论中,因为法律所具有的这种功能必然意味着今日的法律不仅可以约束过去的立法者,还可以约束未来的立法者,除非未来的立法者以新的法律废止它,这恰是法律命令理论中主权者不具备的权力,因为它彻

---

① 参见[英]哈特:《法律的概念》,许家馨、李冠宜译,法律出版社2006年版,第53~58页。

② 参见[英]哈特:《法律的概念》,许家馨、李冠宜译,法律出版社2006年版,第59~60页。

底动摇了立法者不会服从另一个立法者的要求。

立法权威的连续性和法律的连续性说明,立法者的权力必然需要受到法律的约束。在不受法律约束的主权者理论中,尽管可以直接凭借主权者命令来区分法律和习惯或原则,也可以明确存在着独立的法律体系,但却无法说明立法权为什么会受到来自法律的约束,也就将无法进一步说明今日的立法者为何应当受到过往立法者的立法行为的约束,而这将根本地关涉立法权威的连续性和法律的连续性问题。①

一个在逻辑上后退的结果,就是在不受法律约束的主权者之下另外确定一个能够受到法律上约束的立法机构,且法律还需要对于立法机构所享有的立法权力产生实质约束,也就是限制其在立法权力和立法内容上的范围。不过需要注意的是,法律在这里对立法机构所施加的并不是"法律义务"(legal duties),而是法律上的"无能力"(legal disabilities),也就是直接规定立法者的某些立法行为应当被评价为无效,如立法机关所做出的违反宪法的行为。也正是由于立法者与主权者的属性类似,它不需要服从于其他立法者,所以也不能套用"习惯性服从"的特征来分析此处的法律限制。是故,法律在限制抽象的"立法权威"(legislative authority)时,不是赋予立法者承担一项服从更高的立法者的义务,而是在授予它立法资格的规则中对立法方式进行要求。在判断法律的方法上,不需要寻找所谓的"不受限制的"立法者,而只需要说明某项法律是由根据某项现存规则而授予立法资格的立法者所制定的,并且说明不存在任何能够与之形成冲突的规则即可。在判断法律体系是否具有独立性时,也同样不需要寻找所谓的"不习惯性地服从任何人"的立法者,而只需要证明存在这样的一个事实,即存在这样一个授予立法者资格的规则,且该规则并未授予更高的权威给那些同样具有相应权威的主体。②

此时,我们需要关注的是,这样一个逻辑后退的推论是否成立,也就

① 参见[英]哈特:《法律的概念》,许家馨、李冠宜译,法律出版社 2006 年版,第 63~65 页。

② 参见[英]哈特:《法律的概念》,许家馨、李冠宜译,法律出版社 2006 年版,第 66~68 页。

是:是否存在这样一个隐藏在受到法律限制的立法机构背后、自身却不受法律限制的主权者?在现实当中,的确存在立法机构受到来自主权者的形式或实质约束,如在美国宪法中,联邦中央政府和州之间存在权限划分,某些个人权利是不能够通过普通的立法程序来加以改变的,否则就会被视为“越权”;而且,即使立法机构能够修改相应的立法程序或立法文本,也需要获得宪法的明确授权。① 不过,这并不意味着立法机构背后存在这样一个不受法律约束的主权者,毋宁说:立法机构与所谓“主权者”的差异,不过是拥有主权的人民选择他们行使权力的不同方法罢了。首先,如果把人民作为这里的超越立法机构的“主权者”,那么就意味着丧失“命令”与“服从”的原始意义,因为此时社会中的多数人将服从于多数人或者全体人民所颁布的命令,这无疑是有违“以威胁为后盾”而去“服从”主权者的“命令”特征。其次,这种观点也会取消“公务”和“私人”之间的资格区分,因为依据法律的公务行为必须是由法律来授予,而不是由那些在本质上属于私人行为的命令来授予。最后,即使从个人的角度能够在某种程度上说明他遵守法律的行为实质上等于遵守他内心的意愿,但在人民行使政治权利(如选举权)的时候,却不能够在规则之外确立“主权者”的存在,因为记载了政治权利的规则才是证实人们作为“主权者”的依据,这也反过来说明了人民也需要受到来自宪法的约束。这恰是“规则的内在视角”的题中应有之义。② 可见,并不存在一个超越于立法机构而存在的、不受法律约束的“主权者”。这也同时宣告了法律命令理论的根本失败,并预示着应当以“法律规则理论”取代法律命令理论。

四、义务的由来

尽管法律命令理论是一个失败的理论尝试,但是它却正确指出了这样的事实:“凡有法律之处,人类的行为在某个意义上就不是随意的,或

① 参见[英]哈特:《法律的概念》,许家馨、李冠宜译,法律出版社 2006 年版,第 68 ~ 69 页。
② 参见[英]哈特:《法律的概念》,许家馨、李冠宜译,法律出版社 2006 年版,第 70 ~ 74 页。

者说是‘具义务性的’。”[①]而“抢匪情境”又表明，在服从强制力的问题上，需要区分行为人“被强迫”(be obliged)服从和“有义务”(have an obligation)或“有责任”(duty)服从两种类型。可见，行为人是否“有义务”去做某件事情或者服从强制力的要求，并不能仅仅依赖于强制力的客观存在，而是要说明强制力的来源具有正当性。

在这里需要进一步审视“正当性”这个表述。它首先明确，行为人的简单功利计算也就是行为人在面对强制时所产生的信念、恐惧和动机，并不足以证明行为人“有义务”去做某件事情。在“抢匪情境”中，如果抢匪只是拿着一把能够一眼看穿的玩具枪来要求银行职员交出钱来，那么对银行职员来说，他根本没有足够的动力来按照抢匪的命令(order)来行事，即使他的确在这样的情况下受到了某种强制。即使抢匪所使用的暴力升级，使得银行职员的内心恐惧升高，他的功利计算结果也倾向于按照抢匪的命令行事，但这些仍然不足以说明他“有义务”这样做。在这里，最极端的情形就是：抢匪拿着一把真枪，对银行职员的行为及其心理状态都完成了充足的支配，并宣称银行职员必须按照他的命令交出钱来，否则就将开枪。但即便是如此强烈的暴力程度，也仍然不足以说明行为人“有义务”去做这件事情。

在这里，抢匪情境的意义在于：它把行为人对于义务或强制的陈述看作对未来因违反而将招致惩罚的“预言”或“评估”，把这种对违反强制而招致恶果的预期看作行为人有义务去做某件事情的充足理由。但是，行为人利用非法手段使自己豁免了法律的强制，从而不再具有招致恶果的预期，却并不能评价为他“没有义务”去做这样的事情。例如，某名职务犯罪嫌疑人通过贿赂边检人员的方式离开本国法律的管辖区域，那么他至少在此时就豁免了违法犯罪所可能导致的刑罚，但这当然不是他没有义务遵守法律的理由。可见，行为人在法律规则下负有义务，和预测他在不服从的情况下可能遭受的损害之间，并不存在必然的联系，

---

① [英]哈特：《法律的概念》，许家馨、李冠宜译，法律出版社2006年版，第78页。

而且这两种陈述在本质上也是不相同的。[1]

从根本上来说,抢匪情境以及从预测行为后果的角度来陈述义务正当性的理论之所以失败,是因为它本质上仍然是以法律的命令理论为基础的分析,也因此它无法对规则的内部面向展开陈述。为了说明这一点,哈特给出了这样一个有别于抢匪情境的社会语境,它有以下两个特征:"第一,把某些类型的行为视为标准的社会规则,其存在是人们做出义务陈述通常的背景或适当的脉络,尽管人们并不会把它一起说出来;第二,这种陈述的一种独特的运作方式就在于,通过把某人的情况涵摄到规则底下,而把该规则适用到他身上。"[2]

显然,上文所提到的下棋就恰好具有这样的特征。当我们在下象棋的时候,我们会把一些规则作为下棋的标准要求,并且它们能够指导我们去下棋,如"马走日""象走田""拱卒""绊马脚""架炮台"等。在通常情况下,我们下棋的时候都会遵照这样的规则,也不会对此有所质疑。但是,如果一个象棋初学者不太熟悉规则,或者是一个外国友人第一次下中国象棋,那么他可能会违反"绊马脚"的规则。这个时候另一方就可能会说:"'绊马脚'! 你不能这样下。"在这个例子中,"绊马脚"就是一个标准的下棋规则,它描述了一种因己方或对方其他棋子而导致"马"无法往棋手所希望移动的方向运动的状态,而一旦有人违反了这个陈述,那么其他人就会明确地指出他"不能"或"不应当"如此行事,否则这一步下棋就算无效。它说明:第一,"不能""不应当"这些规范性词汇的存在,是以"绊马脚"这样一个规则的存在为前提的;第二,这些规则的存在就意味着行为人至少"有义务"做或者不做某些行为;第三,违背这些规则,也就是做了那些"不能""不应当"去做的事情,就会承担相应的"责任"。

当然,行为人"有义务"根据这个规则去做某些事情,却并不能直接说明这个规则对于不特定行为主体都具有如此的规范性效力。在契约

① 参见[英]哈特:《法律的概念》,许家馨、李冠宜译,法律出版社2006年版,第81页。
② [英]哈特:《法律的概念》,许家馨、李冠宜译,法律出版社2006年版,第81页。

当中,双方当事人的合意使得他们都“应当”按照合同的要求行事,也就是当事人都有义务履行合同规定,但并不能因此认为这样的合同就具有对外约束的效力,也不能认为合同就能够作为一个具有普遍效力的、科以义务的规则。不过在缔约的例子中,却有这样一个具有普遍效力的规则,那就是“行为人应当按照合同约定履行合同”。相比合同约定的内容,这个规则是使得人们能够真正遵守合同的重要力量来源,因为它表明了人们持续且强烈地遵循规则的基本要求,并且能够为违反该规则的行为人带来足够强大的社会压力。这里之所以要强调来自社会的普遍且强烈的“压力”,是因为那些被视为标准行为模式的规则并非总是能带来义务,正如某个诈骗犯因特定机构的规定而负有偿还资金的义务,但他可能完全感受不到需要付钱的压力。无论这样的“社会压力”是来自习惯、道德上的谴责还是对行为人的强制,它都表明支撑规则的社会压力的持续性和重要性,是决定规则能否对行为人产生义务的主要因素,尽管在这里所关心的乃是对行为人身体和心理上的强制。[①] 进一步说,“社会压力”的存在还表明维持规则从根本上有益于社会生活,并且也体现行为人对自我利益和意志的忍让,无论这种压力是源于复数的行为主体的同意(如民法上的意思表示一致)还是源于公权力机关的压力。

社会压力与规则和义务的关系还表明,对于规则和义务的理解必须要顾及行为主体的内在视角,并因此观察规则所具有的内在面向。哈特认为,法律命令理论的一个重大弊端就是只能观察到规则的外部视角,也就是以局外人的身份来描述法律的运作模式,给出法律运行的陈述,但是却无法表明处于规则体系之下的行为人是如何在其日常的社会实践中理解和运用这些规则的。例如,对于一个外在视角下的观察者而言,“红灯停”不过是人们在市政道路上驾车的一个行为特征或者是人们将要如此行为的某个征兆。但在内部视角下,“红灯停”就是驾驶人需要停车的一个“信号”(signal),这个信号的出现意味着他们需要按照

---

① 参见[英]哈特:《法律的概念》,许家馨、李冠宜译,法律出版社 2006 年版,第 82 页。

“红灯停”这样一个规则来行事，因为他们负有“红灯停”的义务。[1] 又如，在电视剧《亮剑》中有这样的桥段：李云龙在受伤住院时和护士田雨下棋，他在没有架设“炮台”的情况下就用“炮”去吃掉田雨的棋子，田雨因此指责李云龙为什么不按照规则下棋，李云龙则说他的这个“炮”是不需要“炮台”的“迫击炮”，于是田雨对李云龙做出一个“耍赖”的表情，顺势用她的“车”拐弯吃掉了李云龙的“车”。对于这样一个有趣的场景，如果简单用外部视角来描述，那么就只能是“李云龙用诡辩的方法违反了‘架炮台’的规则”“田雨因对等报复而违背了‘车走直线’的规则”，但是却没有办法从棋手的角度来描述田雨对于李云龙违背义务的无奈，以及她为什么需要采取此种“私力救济”的方式继续下棋——因为她需要把这盘棋进行下去。

在本质上，下棋和依法行事都是依据规则所进行的游戏，因此不仅仅是规律性记录和预估行为后果，而且还包括要把群体依据规则游戏的方式和他们所处的社会生活引入我们的说明当中。在这个意义上，强制不足以产生法律上的义务，因为规范是一种社会的现实存在；仅仅满足于规律性记录和估计的外在视角将无法把规则作为自身的行为标准。换句话说，不接受群体规则的人很可能是出于预测的态度才遵守规则，但真正的义务只有在“视规则为标准”的内在态度下才能产生。此时，规则不仅是自己的行为标准，还是“主张”、“要求”、“允许”、“批判”和“惩罚”他人的基础。因此，只有法律规则理论才能兼顾规则的内在面向和外在面向，并能更为真切地把握“社会压力”、义务和规则之间的深刻联系，而不至于把人们对于法律的规范性态度还原为他们的纯粹心理预测或纯粹的外在强力。

五、法律作为“初级规则”与“次级规则”的结合

当明确社会存在一种自发形成的义务性规则之后，这种社会规则就被哈特规定为“科予义务之初级规则”(primary rules of obligation)，它们

---

① 参见[英]哈特：《法律的概念》，许家馨、李冠宜译，法律出版社 2006 年版，第 85 页。

是社会自发形成的规则类型。人们需要按照这种规则的指示行事，而无论他们在主观上是否真的愿意如此行事，因为他们负有做这些事情的"义务"。

此时，法律规则就完全呈现出一种简单的义务形态。哈特认为，这种初级规则具有以下三个方面的缺陷：一是初级规则的不确定性，这是指这些规则本身是分散的、零碎的、不成体系的，它们没有可以清晰辨别的标识，不能清楚地说明规则的运行范围以及适用规则的条件，也缺乏解决疑难案件的程序、文本和判断主体。二是初级规则的静态性，它是指初级规则无法被新出现的规则变更，因为初级规则是根据社会实践形成的，在本质上是一种无法被改变的惯习。三是维持规则的社会压力的无效性，它是指缺乏维持规则压力的社会机构，而必须诉诸受害人的私力救济或集体大众的"弥散性惩罚"，这将很容易导致无休止的复仇、极高的维系规则的成本，甚至可能导致无政府状态。[①]

对上述三种主要缺陷的补救方法就是引入相对应的三种授权性的次级规则（secondary rules）：针对初级规则的静态性，引入"变更规则"（rules of change），它能够授权某些人去改变或废除那些适用于整个群体或某个阶层的初级规则；针对社会压力分散而导致的无效率，则引入"裁判规则"（rules of adjudication），它界定裁判程序和裁判者的主体资格，从而能够使规则得以通过社会压力而获得维持；而针对初级规则的不确定性，则引入"承认规则"（rules of recognition），它能够指出规则的个别或一般特征，使人们能够通过这些特征识别出群体的规则。[②]

可见，次级规则一方面能够解释复杂社会和效力持续的问题，具有确定性、动态性、系统性和执法权力集中的特征。另一方面，它是初级规则正当化的媒介，因此不具有规定权利与义务的实体性与强制性。是故，次级规则具有可延续性和非强制性。所谓可延续性，就是指次级规则作为一种授权性规则，能够确保初级规则在法律运行上所具有的延续

---

① 参见[英]哈特：《法律的概念》，许家馨、李冠宜译，法律出版社2006年版，第88～89页。

② 参见[英]哈特：《法律的概念》，许家馨、李冠宜译，法律出版社2006年版，第89～90页。

性。所谓非强制性,是指次级规则本身不会直接对行为人科以义务,它本身也不具有以威胁为后盾的特征,因此消解了“强制”在法律规范性问题上的地位,使“强制”与法律变成了既不充分、也不必要的关系。此时,由初级规则和次级规则相结合所形成的结构,就构成了对现代法律的一种描述。

六、承认规则

相较于变更规则和裁判规则,承认规则的功能更为多元。除弥补初级规则的不确定性之外,承认规则还可以记载初级规则之间、次级规则之间的规则冲突和价值排序,从而成为记载法律效力体系事实的规则。不仅如此,承认规则还可以记载影响变更规则和裁判规则效力的事实。在承认规则与变更规则的关系上,由于承认规则能够标示公共领域的立法权力和私人领域的当事人意思自治的效力,因此变更规则能够授权引入和废止初级规则,并使得私主体有权设立、变更和废止相应的私法上行为,人们得以自由地创设权利义务。可见,凡是有变更规则所在的地方就一定存在承认规则。在承认规则与裁判规则的关系上,由于承认规则记载了存在审判机构、审判程序和管辖权的客观事实,因此它能够增强社会压力,并证实裁判规则的内容具有客观实在性。①

在这个意义上,承认规则可以被认为是次级规则乃至于整个法律规则体系的基础。然而在多数情况下,承认规则并不会被明示地表示出来,而是被人们当作前提和背景默示地使用。哈特认为,这种陈述表达的是一种内部的观点,是由那些内心接受承认规则的人所使用,哈特称之为“内部陈述”。与之相对,奥斯丁式的法律命令说是以观察者的视角从外部世界观察描述法体系,观察者并不表示对这些规则的接受或反对,哈特称之为“外部陈述”。内部陈述和外部陈述的复杂关系也反映在法律的效力(validity)和实效(efficacy)的区别中。当人们说一项规则是“有效力的”,就暗含着这项规则已经通过被大家所接受的承认规则,

---

① 参见[英]哈特:《法律的概念》,许家馨、李冠宜译,法律出版社2006年版,第90~92页。

并且通常来说也是在这项规则具有实效这一背景下。因此正常情况下，对法体系内的某规则的效力作出的内部陈述，是建立在“该体系有实效”这一外部陈述的基础之上的。换言之，外部陈述乃是作为内部陈述的背景。[①]

承认规则作为次级规则和法律规则体系的基础，被认为具有以下两个特征：一是终极性（ultimacy），二是在诸多的判准（criterion）之中具有最高性（supremacy）。进言之，承认规则可以将数个判准的位阶排序并判断出其中的最高者。但这并不等同于之前已经批判过的那种不受任何法律限制的主权者理论。哈特在这里解释道，在那种主权者不受任何法律限制的世界中，其实存在一条终极性的承认规则，即主权者所立之法具有最高效力。但是除了初步分析“最高的”和“不受限的”的语义差异外，哈特并没有做其他解释。除此之外，承认规则的终极性还体现在它本身无所谓“有效”或“无效”、无所谓“假定”或“证明”，而仅仅是作为一种事实存在。因为说某规则是有效力的，是指它符合承认规则而归属于法体系中，但是承认规则之上没有其他规则为其效力提供判准。承认规则的存在是事实问题，主张承认规则的存在是外部陈述。[②]

不过，承认规则在作为法律体系的基础的同时，也会带来一系列新的问题。首先，具有终极性的承认规则应该被归类于法体系的何种范畴？哈特认为，需要认识到承认规则的两个方面。从外部陈述来看，承认规则实际运作于法体系；从内部陈述来看，承认规则被其使用者接受并用于证立其他规则。[③]

其次，承认规则如何包容法体系的复杂内涵？哈特认为，法体系不仅仅是法律规则最终施加于一般人民之上，还存在于政府创造、辨别、使用法律上。因此，要完整描述法体系的客观存在，除了说明民众在大致

---

① 参见［英］哈特：《法律的概念》，许家馨、李冠宜译，法律出版社 2006 年版，第 97 页以下。

② 参见［英］哈特：《法律的概念》，许家馨、李冠宜译，法律出版社 2006 年版，第 100 ~ 104 页。

③ 参见［英］哈特：《法律的概念》，许家馨、李冠宜译，法律出版社 2006 年版，第 105 ~ 106 页。

上普遍服从法律外,还需要说明包括官员在内的全体行为主体共同接受那辨别法体系效力的承认规则。这正是"官民一致信奉"的核心要义。当然,如果坚持认为社会中的普通人也能够像法官一样认识并接受鉴别法律的承认规则,无疑过于偏颇,因此一般人只需普遍地服从法体系中有效的规则即可。但是,承认规则、变更规则和裁判规则这三种次级规则必须为官员所接受,并作为衡量官员行为的共同的、公开的标准。这也就体现出法体系的存在条件的双重性:一方面人民服从初级规则;另一方面政府官员接受次级规则作为共同的行为标准。①

还需要说明的是,一旦作为法体系基础的初级规则与初级规则之结合出现紊乱,构造精巧的法体系就有可能失常崩溃,哈特称之为"法体系的病理"。此时法律的内部陈述所预设的事实不复存在。哈特讨论了几个例子。一是恢复秩序之后法体系内针对自身过往效力的自我指涉规则。二是关于法体系的变迁模式,如殖民地脱离母国之后的立法权,这时候承认规则发生了变化。三是本应该一致认同承认规则的官员出现了分歧,对于承认规则的终极性产生了不同的解释。②

总而言之,作为一种切实的存在,承认规则可以生产或辨识出具有内在规范性的法律规则,并通过自身的实在性保障这类规则的实在性。它的功能并不局限于鉴别和记载规则的内容与特征,而是促使行为主体承认、接受、认可和服从规则的权威(authority)。它因实践语境下人们普遍接受某个语词的一般含义而形成,成为连接法律的规范性与规范性来源之实证性的关键节点,并鲜明地体现出次级规则所具有的外部授权性。所谓"外部授权",是指法律的规范性效力不是终极地来自法律的内部体系,而是来自法律所身处的社会结构,这一方面避免了法律权力运作的自我封闭,另一方面也彰显了法律的事实根基和实践本质。这是哈特与凯尔森的实证主义法律理论的根本区别,也是二者在哲学传统上

---

① 参见[英]哈特:《法律的概念》,许家馨、李冠宜译,法律出版社 2006 年版,第 110～111 页。

② 参见[英]哈特:《法律的概念》,许家馨、李冠宜译,法律出版社 2006 年版,第 112～117 页。

的核心呈现。

不过,承认规则也是哈特法律理论当中最引人争议的内容,它不仅开启了德沃金对哈特理论的全面批判,也最终导致了法律实证主义阵营分裂为包容性法律实证主义(inclusive legal positivism)和排他性法律实证主义(exclusive legal positivism)。[①] 它采取描述社会学的方法,意图通过实践的普遍"接受"来说明法律的规范性效力,在回避凯尔森那说不清道不明的"基础规范"的同时,又模糊了承认规则的属性,以至于成为一种"既非规则,也非事实"的界定。

七、开放结构

一般来说,存在两种运用法律进行社会控制的方法:一是通过最大限度地使用某些一般化的词语(general classifying words),也就是立法(legislation);二是最小限度地使用这样的词语,也就是判例(precedent)。[②] 在现代审判理论的光谱中,这两种方法分别对应着法律形式主义(legal formalism,也可称为 conceptualism,即"概念法学"或"法律决定论")和规则怀疑论(rule-scepticism,也可称为"法律现实主义"或"法官决定论")。[③] 具体来说,法律形式主义认为法律裁判是严格依法适用的结果,追求体系融贯(coherence)和涵摄(subsume)完备,希望通过抽象而明晰的规则来对各类事实进行类型化处理。法律现实主义认为法律裁判是先作出判断,然后才依据法律标准做事后的正当化处理。它具有开放与直观的性格以及因终局权威所带来的不谬性,但它会严重削弱规则的概念。

然而在实践中,人们不仅无法完全而彻底地把握事实,而且在使用

---

① See J. L. Coleman, *Negative and Positive Positivism*, 11 The Journal of Legal Studies 139 (1982). See also J. L. Coleman, Kenneth Einar Himma & Scott J. Shapiro, *The Oxford Handbook of Jurisprudence and Philosophy of Law*, Oxford University Press, 2004, chpt. 3 – 4.

② 参见[英]哈特:《法律的概念》,许家馨、李冠宜译,法律出版社 2006 年版,第 119 ~ 120 页。

③ 参见季卫东:《法律解释的真谛(上)——探索实用法学的第三道路》,载《中外法学》1998 年第 6 期。

语言的过程中总会产生相对的不确定性。这是由语言本身具有的边缘模糊特质所造成的,也是魏斯曼(Friedrich Waismann)所说的“开放结构”(open texture)得以展开的起点,即清楚的中心典范和模糊的边缘阴影。换句话说,开放结构是指这样的一种可能性:人们所掌握的知识是不完全的,因此再精确的术语在使用的过程中都可能出现例外,必定存在使用概念时出现模糊的可能。换句话说,语言运用带来的不确定性只能被减少而无法被消除,因此做选择是一种必然。在审判中,这种选择就体现为法官根据个案现实和立法者意图(intention of the legislature)去行使自由裁量权(discretion)来发展法律。①

但是,在审判中法官行使自由裁量权的行为,很容易被视为“规则怀疑论”的典型事例。所以,哈特需要进一步批驳规则怀疑论的观点。具体来说,他把各种类型的规则怀疑论归结为“预测论”和“不缪性”两个特征。

针对“预测论”,哈特结合他提出的规则理论提出了这样一个问题:在彻底怀疑论的前提下,规则与权威如何能够同时并存?换句话说,在规则怀疑论下,规则的意义“全面属于开放结构”,因此法院根本不受拘束。用哈特的话说:“当法官在裁判时,他们可能会经历到被强制的感觉,而且这些感觉可能也是可预测的;但是除此之外,并不存在任何能够被标示为‘规则’的东西让法官来遵守。……没有任何可以被法院当成是正确司法行为标准的东西,从而也没有所谓的‘内在观点’这回事。”②但问题在于,如果只是纯粹的预测,那么就无法区分私人的决定和法院的决定;如果规则仅仅是预测,那么行为模式若未能成功调整行为,则意味着规则的失效,但事实上不是这么回事:“拘束性必须牢固有如脚镣的束缚,不然就不存在任何的规则,而只有可预测的决定或行为的模式。……这并不当然就意味着没有任何要求遵守承诺的规则存在,而只

---

① 参见[英]哈特:《法律的概念》,许家馨、李冠宜译,法律出版社 2006 年版,第 130 ~ 131 页。

② [英]哈特:《法律的概念》,许家馨、李冠宜译,法律出版社 2006 年版,第 133 页。

存在某种人们遵守承诺的规律性。"[1]可见,把规则还原为预测的做法是站不住脚的;法官偶然找准了规则和他按照规则来审判是两种不同的情况。总而言之,无论法官是有意识地将规则作为指导,还是通过直观先构想出决定并借由规则来加以证立,都必然要以某些规则作为依据,而容不得他的恣意。

针对"不谬性",也就是"说(最高)法院是'错的'在体系中并不具有任何效果,没有人的权利义务会因此而改变",而且法院因其终局和不谬而拥有权威。[2] 哈特在这里举了打球的例子,也即在竞争对抗的双方之间设置一个裁判员,以此与法院判决做类比。球赛中的裁判是不能随意给出得分情况的,其裁决必须根据一定的规则作出。规则也不仅在于表面的某种规律性,更是一种既有内化又有对外一般化的普遍标准,这里与前面内在态度和描述社会学的方法论相呼应,特别提到了规则是可以作为标准来要求别人的。然而,这里存在一个"诉诸权威的困境",也就是"想要游戏像以前一样由计分规则来规制的愿望,与想要有终局权威之决定的愿望,在终局决定适用规则发生疑义时,此两种愿望可能会变成是相冲突的目标"[3]。这里也有一个深刻的政治哲学问题:当裁决者给出的结果不能满意时,是否依然遵从裁决的权威?如果仅仅是将规则等同于权威决定的预测,那么就会有讨好和适应裁判者的情形出现,也即"顺应权威的趋向",事后的正当化论证再加上强制力特别是暴力恐吓的支持,规则最后将会面临消亡而走向混沌(不是开放结构意义上的"模糊",也是哈特遭受批评之处),混沌的、"言出法随"的法治最终将退化为人治。在某种程度上,遵从裁决者不甚令人满意或者说具有争议性的裁决,并不是因为需要服从于作为司法官员的裁判者的权力,而是因为:一方面,法官具有自由裁量权的前提是因接受规则的支配并进行无可置疑的运作而取得过足够的威信;[4]另一方面,最高立法机关在立法上

---

① [英]哈特:《法律的概念》,许家馨、李冠宜译,法律出版社2006年版,第134页。
② 参见[英]哈特:《法律的概念》,许家馨、李冠宜译,法律出版社2006年版,第136页。
③ [英]哈特:《法律的概念》,许家馨、李冠宜译,法律出版社2006年版,第137页。
④ 参见[英]哈特:《法律的概念》,许家馨、李冠宜译,法律出版社2006年版,第148页。

享有可以持续地修缮法律以至根本规范的继续性权能（continuing omnipotence）和最高法院能够借助承认规则来回应对于立法以至根本规范的质疑。[①] 这反过来说明：法律规则的核心意义是不容挑战和不能加以忽视的，虽然规则不可能在任何情况下都不存在不被违反或拒绝的可能，但这不足以成为当下不守规则的排他的充足理由。

总而言之，哈特试图利用"开放结构"的概念，在形式主义和规则怀疑论之间开辟出"第三条道路"：形式主义把握了一般性规则的典范事例，而遗漏了边缘部分即边缘的、模糊的、举棋不定的事例；现实主义抓住了开放结构的边缘地带，而遗漏了核心部分即核心的、清楚的、确定无疑的事例。它们一个太过僵硬，一个太过恣意。于是就需要取中道：在核心地带欢迎法律形式主义者，法官需要严格解释和适用规则；在边缘地带欢迎规则怀疑论者，法官享有自由裁量权。而且判决应该是开放和面向将来时空的。不过，"开放结构"的语言哲学含义及其用法，在后来成了富勒和德沃金批判哈特的法律实证主义理论的终极的逻辑起点。[②] 而与"开放结构"有关的承认规则的不确定性问题则加剧了哈特理论的体系脆弱性：哈特无意给"承认规则"下定义，但是笼统地理解承认规则的立场注定在理论的精细化作业中遭遇困境。这个问题将进一步引向法律与道德的关系问题。

八、法律与道德的分离

法律与道德的"分离命题"是法律实证主义的核心主张之一。在这里，哈特关注的内容主要包括以下几个方面。

---

① 参见［英］哈特：《法律的概念》，许家馨、李冠宜译，法律出版社 2006 年版，第 143 ~ 146 页。

② 参见［美］富勒：《法律的道德性》，郑戈译，商务印书馆 2017 年版，第 155 页以下；［美］德沃金：《法律帝国》，许杨勇译，上海三联书店 2018 年版，第二章"解释性概念"。不过在学术系谱上，德沃金一开始是围绕着承认规则的存在与内容是否必然与道德相关（社会事实命题与分离命题）而展开他的理论分析的。参见朱振：《哈特/德沃金之争与法律实证主义的分裂》，载《法制与社会发展》2007 年第 5 期。

(一)法律与道德相分离的说明

哈特认为,“分离命题”就是指“法律与道德之间或实然法与应然法之间不存在必然关联”或“法律的内容与道德之间不存在概念上的必然关联”。可见,法律与道德之间的分离是效力上的分离。也就是道德无法成为判断法律效力的标准。

进言之,法律与道德在效力上的分离意味着法律的内容、效力判准等诸方面在内容上的确可以反映某些道德方面的规则或原则,法律也会与道德有相当的重叠之处甚至是相关关系。哈特说,“任何社会或时代的法律发展,事实上都是受到特定社会群体里约定俗成的道德和理想深远的影响……”[①]“一方面,道德沉默平和地通过突兀的、公开的立法程序成为法律。以英国为代表的立法主导型国家,其立法严守正义和道德。另一方面……”[②]但是,这并不是分离命题的确切意涵。哈特认为,法律与道德具有相关性只是一个社会事实。“我们不应该非法引用这个事实,借以证明其他不同的命题:也就是说,法律体系必须和道德或正义有特别的一致性关系,或是必须奠基在人们普遍接受的想法上,认为守法是道德上的义务。”[③]即使这个命题在某种意义上为真,我们也不能推论“法律体系中特定法律的法律有效性判准,无论是外显或内隐的,都必须和道德或正义有关”[④]。

(二)道德的法与正义的法的关系

哈特认为,评价某部法律或者对法律的某次执行是否正义,是对该法律或法律执行的道德评价的一个子集。对任何法律我们都会用好坏(good,bad)对错(right,wrong)来形容,但只有对两类法律我们会用正义与否来评价:一类法律关乎负担或者利益在一群个体中的分配,另一类

---

① 参见[英]哈特:《法律的概念》,许家馨、李冠宜译,法律出版社2006年版,第185页。

② 参见[英]哈特:《法律的概念》,许家馨、李冠宜译,法律出版社2006年版,第204页。

③ 参见[英]哈特:《法律的概念》,许家馨、李冠宜译,法律出版社2006年版,第185页。

④ 参见[英]哈特:《法律的概念》,许家馨、李冠宜译,法律出版社2006年版,第185~186页。

法律关乎针对伤害的赔偿和救济。在这里哈特显然继承了亚里士多德伦理学中对于“分配正义”和“矫正正义”的区分，并且简单明快地指出，对于一个法官正义与否、一场审判正义与否、一份判决正义与否的评价，都是对于分配正义和补偿正义的延伸。同样延续着亚里士多德传统的，是哈特视正义为对某种比例或者平衡的维持：作为伦理学家的亚里士多德认为正义存在于给予相同者相同的东西、不同者不同的东西，作为法学家的哈特则得出司法正义的两项原则，给予相同案件相同的判决、不同案件不同的判决，也就是常说的“同案同判”(treat like cases alike)和不那么常说的“不同案不同判”(treat different cases differently)。[①]

然而，“同案同判”(及隐藏在其背后的“不同案不同判”)只是司法正义不变的形式原则，而司法正义同时需要一个变动的标准，来决定什么样的案件之间是同或者不同的；如果缺乏对案件之间同和不同的判断标准，“同案同判”的原则就只是一个空洞无用的形式。当我们在考虑对于某部法律的执行是否正义时，同或者不同的标准经常由该法律所确定，因此相对容易识别。比如对于谋杀的惩罚，其正义与否，只需要看谋杀行为之外的因素有没有被纳入考量。但如果我们考虑的是某部法律的内容是否正义，那么相关的判断标准显然需要由法律之外的政治和道德观点决定。比如，哈特认为，在那些“文明开化了的国家”，人不论肤色都有思考、感受、自我控制的能力，这些能力被广泛(尽管非普遍)地认为构成了人与人之间的“同”，因此一部禁止有色人种进入公园的法律会被认为是不正义的。哈特认为，人人平等的原则在现代人身上已深深扎根，因此即便实际上基于种族和肤色而歧视的法律也不得不给予人人平等的原则口头上的认同(lip-service)，例如，提出“为了更大的善不得不如此”等说辞。[②]

除因“同案不同判”造成的“分配不正义”之外，还存在因“不同案同

---

① 参见[英]哈特：《法律的概念》，许家馨、李冠宜译，法律出版社 2006 年版，第 151 ~ 152 页。

② 参见[英]哈特：《法律的概念》，许家馨、李冠宜译，法律出版社 2006 年版，第 152 ~ 155 页。

判”(treating all alike)造成的“补偿不正义”,也就是法律可能不关心某一类针对特定人群的伤害。哈特认为,关乎补偿的司法案件涉及任何人类社会群体都具有的权利义务互惠(reciprocal)的道德规范,这样的道德规范赋予天生不平等的人一种人为的平等性,在道德的天平上,强而诈者和弱而愚者是平等的,他们的权利义务是互惠的。最后,回到正义是道德的子集的问题,哈特认为正义和其他价值存有矛盾,正义常常因为社会整体的福利或者有限的司法资源而被牺牲掉,反之现实中的“社会正义”(social justice)也有可能超过分配正义和补偿正义的要求,如严格责任在侵权案件中的适用等。最后,哈特用简洁了当的笔墨讨论了立法中的正义:因为极少有法律能促进所有个体的同等福祉,立法的正义性不可能基于利益的分配结果,而只可能基于将全部社会群体的利益纳入考量的过程之中。[①] 在一定程度上,这也是基于程序所展开的法律意识形态的题中应有之义。

(三)道德规则和道德原则的特征

在正义理念之后,哈特进一步考察道德规则和原则的普遍特征。哈特首先声明,他考察的道德更多是广义上的道德解释也就是社会道德,这种道德更类似于科以义务的初级规则,而且这种道德义务不仅是应当遵守的,也在根本上维系着社会的整全性和延续性,如不可使用暴力、遵守承诺或具有回报恩惠的责任。[②]

在此维度上,法律和道德之间的确存在非常密切的关系,却也不意味着道德和法律可以混同。首先,哈特拒绝了区分道德和法律的一种常见区分方式,也就是把法律规则视为外在行为的需要、把道德规则视为仅仅关于内在意图和动机,因为这样的区分不过是混淆了行为的“辩解”(excuse)和“证立”(justification)。在这种情况下,哈特提出应用以下4项主要标准来区分道德和包括法律在内的其他形式的社会规则:一

---

① 参见[英]哈特:《法律的概念》,许家馨、李冠宜译,法律出版社2006年版,第155~159页。

② 参见季卫东:《论法律意识形态》,载《中国社会科学》2015年第11期。

是道德的“重要性”。简单来说,道德的功能是约束强烈的冲动和本能驱使,违反道德的行为也同样会招致强烈的社会压力,因此为了遵守道德要求,可能需要牺牲个体利益。二是道德可以“豁免于有目的的故意改变”。在持续性问题上,道德如同习惯一样,不能被行为人的主观意愿而直接改变。三是对道德的违反具有“任意性”,因为对道德规则的违反是主观的,尽管超出了一定限度之后,这种违反可能会招致包括法律责任在内的其他制裁后果。四是道德压力具有的形式。道德压力更多诉诸违反者的羞愧感和负罪感,却不甚强调违反者应当承担的不利后果。[①]

(四)自然法与法律实证主义

自然法与法律实证主义的关系是法律与道德是否存在关联的关键问题之一。哈特首先界定了“法律实证主义”的内涵,也就是“无论从任何意义上去看,法律都不必复制或满足道德的要求”[②],并以此批判自然法的传统。

一般认为,古典自然法主张,人类制定的实在法必须符合那些能够通过人类理性而获得发现的、自有永有的原则,才能具备效力。但哈特明确反对这一观点。他以“法则”一词为例说明,只要揭示“法则”的歧义性,就会从根本上驳倒自然法的观点。具言之,自然法长期混淆了自然法则和人类法则在本质上的差异:自然法则是一种先验的规律,在自然界亘古有之并且永恒不变,因此人类只能发现和描述它,却不能破坏和改变它,否则它就不成其为自然法则。而法律法则是一种基于人类实践经验所建构起来的经验性法则,它可以基于人类的实践而修改。可见,法律并不会因为违反某些超验的原则而无效。[③]

---

① 参见[英]哈特:《法律的概念》,许家馨、李冠宜译,法律出版社 2006 年版,第 164 页以下。

② 参见[英]哈特:《法律的概念》,许家馨、李冠宜译,法律出版社 2006 年版,第 186 页。

③ 参见[英]哈特:《法律的概念》,许家馨、李冠宜译,法律出版社 2006 年版,第 173 ~ 175 页。

另外,作为较早的自然观念之一的自然法学说认为,“所有可以名状的存在事物,人类、生物和无生物,都不只是要追求自我保存而已,而是会追求某种合适存在的状态,某种善,或是‘目的’”①。这是自然的目的论概念(teleological conception),这种观念认为万物都会趋于自身最完美的层次,并且可以用描述事物变化或发展的普遍概念去描述其客观规律。② 但除此之外,自然的目的论还需要评价这种规律性行为“应当”如何进行以及它在实际上“是否”如此进行,也就是从事实与应当两个层面去进行相应的评价,由此取消了现实发生的规律性事件的陈述和“应当”发生之事的陈述的差异,但这种差异在现代思想中却具有重要意义。③

(五)自然法的最低限度内容

哈特在古典自然法中找到了“自我保存”(perseverance in esse suo)这个具有经验性和稳固性的基础。为了维系这一基础,法律在内容上就必须具有以下5个自然的自明之理,并可以称之为“自然法的最低限度内容”。它们分别是:(1)由于“人的脆弱”而接受某些禁止性规范;(2)由于“近乎平等”而接受作为法律和道德义务基础的相互自制和妥协的体系;(3)由于“有限的利他主义”而需要相互自制的体系;(4)由于“有限的资源”而使财产制度及其相关规定成为必要;(5)由于“有限的理解与意志的力量”而使“制裁”成为必要。④ 不过需要注意的是,法律当中出现的这些“自然法的最低限度内容”,并不意味着法律的效力“源于”这些内容,而只是法律需要“记载”这些内容而已,也因此法律当中包含自然法的最低限度的内容,并不会违背法律实证主义的分离命题。

---

① 参见[英]哈特:《法律的概念》,许家馨、李冠宜译,法律出版社2006年版,第176页。

② 参见[英]哈特:《法律的概念》,许家馨、李冠宜译,法律出版社2006年版,第176页。

③ 参见[英]哈特:《法律的概念》,许家馨、李冠宜译,法律出版社2006年版,第176~177页。

④ 参见[英]哈特:《法律的概念》,许家馨、李冠宜译,法律出版社2006年版,第181~183页;朱振:《哈特/德沃金之争与法律实证主义的分裂》,载《法制与社会发展》2007年第5期。

(六)法律效力与道德价值

根据上述有关“自然法的最低限度的内容”,哈特认为,作为法律和道德基础的相互自制的体系,应当根本地贯彻这种“近乎平等”的理念。这正是历史上种种歧视性和差异性的法律体系最终崩溃的根本原因。因此,如果希望民众能够对法律抱有内在观点,即把法律作为既有的行为标准,那么就需要合理平衡法律的自愿遵守和强制服从两个维度。换句话说,法律的权威必须同时依赖于民众对规则的自愿遵守和强制服从。反过来,为了从根本上维持这种对规则的自愿遵守和强制服从的平衡,就需要警惕把道德观念引入法律的任何企图。哈特举出了以下6种形式:一是权力和权威对法律义务的影响;二是道德对于法律的影响;三是法律解释;四是对法律的批判;五是形式合法性(legality)和正义原则;六是法律效力和抵制法律。[①]

在这里值得进一步说明的是所谓“道德上非正义的规则能否称为法律”也就是“恶法能否为法”的问题,这并不是单纯的语言问题。哈特指出:“真正重要的,是如何比较广义和狭义的法律概念或不同规则分类方式的价值,这些规则属于社会上普遍有效实行的规则体系。”[②]在这里,“广义”的法律是指初级规则和次级规则之全体,此时,即使存在违反道德的法律,它们仍然为“法律”,这有助于丰富法律所涉及道德问题的多样性,并且可以为自由地评价法律是否符合道德的问题提供空间。而“狭义”的法律则可能把那些有违道德的规则排除在外,表明人们可以在实在法体系之外找到他们服从于法律规则的终极性思想资源,只是这样的思路容易把法律变成实现某种价值或道德观念的工具。

---

① 参见[英]哈特:《法律的概念》,许家馨、李冠宜译,法律出版社2006年版,第185~191页。

② [英]哈特:《法律的概念》,许家馨、李冠宜译,法律出版社2006年版,第192页。

思 考 题

1. 根据哈特的分析,法律与道德和强制之间有何差异? 这些差异如何说明“法律是什么”的问题?

2. 哈特是如何使用语言分析方法的? 这种方法的特征是什么?

3. 如何理解语言分析方法与“描述社会学”的关系?

4. 如何理解和评价“内在陈述”与“外在陈述”?

5. 如何理解法律与道德在效力上的分离,尽管存在“自然法的最低限度的内容”?

拓展阅读

下面列举的是与《法律的概念》一书相关的其他著作,它们有助于拓展对哈特的法律理论的研究。这些著作既包括哈特本人的著作,也包括有关哈特生平、其法律理论及其争辩对手的著作。

1. [英]H. L. A. 哈特:《法理学与哲学论文集》,支振锋、叶子豪译,商务印书馆 2021 年版。

2. [英]H. L. A. 哈特:《法律、自由与道德》,支振锋译,法律出版社 2006 年版。

3. [英]妮古拉 · 莱西:《哈特的一生:噩梦与美梦》,谌洪果译,法律出版社 2006 年版。

4. [英]尼尔 · 麦考密克:《大师学述:哈特》,刘叶深译,法律出版社 2010 年版。

5. [英]H. L. A. 哈特:《哈特论边沁:法理学与政治理论研究》,谌洪果译,法律出版社 2015 年版。

6. [英]帕特里克 · 德富林:《道德的法律强制》,马腾译,中国法制出版社 2016 年版。

第十一讲

《法律帝国》导读

本导读以上海三联书店《法律帝国》中文版为依据。[美]德沃金:《法律帝国》,许杨勇译,上海三联书店2016年版。英文版参见Ronald Dworkin,*Law's Empire*,Harvard University Press,1986。

一、德沃金生平

罗纳德·德沃金(Ronald Dworkin)是当代美国著名的法哲学家。他于1931年12月11日出生在美国罗得岛州首府普罗维登斯的一个犹太裔美国家庭。他的父亲大卫·W. 德沃金(David W. Dworkin)是立陶宛移民。德沃金在年轻时曾经先后在哈佛大学和牛津大学学习法律,并在毕业之后担任汉德法官的法官助理,以及纽约苏利文·克伦威尔(Sullivan & Cromwell)律所的律师。1962年德沃金从实务界重返学术界,前往耶鲁大学法学院任教,并由此开始近半个世纪的学术生涯。1986年他出版了系统性的法理学专论《法律帝国》,从方法论和实质理论两个方面,对当时占据支配地位的法律实证主义提出了相当重要的挑战,并在正面给出了一套与之相竞争的理论方案。时至今日,这本书依旧是法理学领域里程碑式的著作。

除了《法律帝国》,德沃金在实践哲学的其他领域也做过颇多有价值的学术工作。例如,在政治哲学领域,他在《至上的美德》中提出了一套“资源平等”的分配正义理论;在《生命的自主权》中,他对堕胎和安乐死等棘手的问题给出了宪法学上的分析;在《刺猬正义》中,他提出了一套颇具吸引力的元伦理学观念,为自己在法哲学、政治哲学等领域的工作奠定了根本的哲学基础。而在最后一本公开的出版物《没有上帝的宗教》中,他初步讨论了宗教这个具有超越性的话题,并尝试将这个极具争议性的话题纳入自己的哲学体系中。这个雄心勃勃的计划随着他 2012 年去世而没有完成,颇令人遗憾。

总的来看,德沃金的学术生涯可谓相当精彩。他从在裁判理论上批评法律实证主义开始,逐渐发展出一套新的法理学理论,并进一步开掘这种法理学的实践哲学基础,以此为根据地将其研究领域逐渐扩展到政治哲学、道德哲学、伦理学,乃至元伦理学领域。同时,他与英国法哲学家 H. L. A. 哈特之间的学术争论,支配了当代法哲学近半个世纪的发展。随着讨论的深入,二人之间的争论逐渐涉及裁判问题、合法性判准问题、解释的客观性问题、概念分析方法的合法性问题等,极大地促进了人们对法律实践的深入理解。事实上,直到今天依然有学者认为,德沃金提出的诸多法理学议题尚未获得充分的讨论和回应。因此,有理由相信即使在多年之后,德沃金的法理论依旧会成为法哲学研究者必须思考的对象。

二、问题处境

一般来说,学术著作都是为了解决某一棘手问题而撰写的,因此理解一本学术著作的关键就是要理解作者所面对的问题。不仅要清楚所面对的问题为何,还需体会这个问题的重要性,明白这个问题为何会成为一个值得关注的问题,最后还需清楚问题的难点何在,即解决了什么才能算解决了这个问题。一旦从上述方面对作者的问题处境有所把握,那么也就清楚了理解著作的重点。

《法律帝国》开篇提到“法官怎样断案很要紧”。这种紧要性体现在两个方面。首先,法官的裁判会直接影响案件特定当事人的金钱和自由;其次,“法律上的行为不可避免地包含着道德性的维度,从而始终存在产生特殊形式公共不正义的风险”。如果法官作出了错误的判决，不仅会对特定当事人的金钱和自由的分配造成不当的影响，同时会在道德上错待他，错误地认定这个人没能尽到自己对其他公民的责任。可见，裁判对人们的伦理生活具有根本性的影响，这足以给予我们理由关注裁判问题。

既然裁判问题具有如此的重要性，而法官的基本职责是“依法裁判”，因此法官对“法律是什么”的回答也就具有重要性。但德沃金注意到，法官在裁判时总会遇到各种争议，必须首先厘清这些争议，才有可能理解法官对“法律是什么”的看法。首先，在裁判过程中，存在三类不同的问题，即“事实问题、法律问题、相对的政治道德与忠诚问题”。所谓事实问题是指，案件事实究竟如何，而政治道德与忠诚问题涉及当我们确切知道法律要求 X 时，是否有道德义务做 X 的问题。前者并无结构上的复杂性，后者则“不会引发什么特殊的难题”，它就是道德争论在法律中出现的一种形式。但对第二种“法律问题”的争议则值得仔细分析，这种争论既不同于对案件事实的争论，亦不是法官之间就一般的道德信念展开的争论，但这种争论又不断地真实发生在法律实践之中，那么人们究竟在争论什么？显然，澄清这种争论的结构是理解法官如何回答“法律是什么”的关键。

首先，为了说明这种争论的结构，德沃金引入一些概念。“法律允许或禁止什么？法律授权人们可以拥有什么？人们就此提出各种陈述或主张，我们姑且称之为‘法律命题’。”[①]一个法律命题有真假之分，而命题真假的判断标准来自另一些“更常见”的命题，这些命题提供了所谓的“法律根据”。[②] 德沃金提到，如绝大多数人认为，在加利福尼亚州驾车时汽车时速不能超过 55 英里，这个法律命题的根据来自加利福尼亚州制定的有效的交通法规。进而，借助法律命题和法律根据这组概念，人们关于法律问题的争议就能获得廓清。显然，相关的法律争议就是人

① [美]德沃金：《法律帝国》，许杨勇译，上海三联书店 2016 年版，第 3 页。
② 参见[美]德沃金：《法律帝国》，许杨勇译，上海三联书店 2016 年版，第 4 页。

们对法律命题真假与否的争论,而对这种争论存在两种可能的理解方式。其中一种方式主张,法律人对何为法律根据的意见是一致的,所争议的就是“这些法律根据在特定的案件中是否确实得到了满足”[①]。例如,法律人都同意,如果加利福尼亚州官方的制定法中规定了车速不得超过55英里每小时,那么“加利福尼亚州车速应保持在55英里每小时之下”的命题就是真的,但他们对加利福尼亚州制定法中是否真的有这项规定存在分歧,这就是人们对法律问题的争议。这就将法律争议解释为一种“对法律的经验争议”,人们对官方文件中究竟包含什么内容的争论,和关于案件事实的争论在性质上并无不同,都可以诉诸经验性的论据加以澄清。但还有一种解释法律争议的方式,即法律人对经验问题并无分歧,但由于法律人对法律典籍和司法决定是否穷尽了法律的根据这一点上有不同的看法,人们就会对法律命题产生争议。这种争议是一种“对法律的‘理论’争议”。[②]

其中,将法律争议解释为一种经验争议,背后预设了一种对法律根据的观点,德沃金称之为“显明事实观点”。在这种观点下,“法律只是法律机构(诸如议会、市议会和法院)过去做出了什么决定的问题”,法律人实际上对法律根据并无分歧可言,而理论争议无非是一个幻象。[③]当然,尽管法律根据完全是由法律机构过去做了什么决定所穷尽,但从哪里找这些既有的决定,以及如何解读这些既有决定,依旧是一个困难重重、存在争议的问题。但德沃金同时发现,其实显明事实观点有些夸大其词,很多法律人并不共享关于法律根据的显明事实观点,但他们又有一种“更浪漫”“甚至神秘主义式的描述”,主张“审判是一门艺术而非科学;杰出法官将类推、技巧、政治智慧和自身的职责感融为一体,形成一种直觉判断”。[④] 但这些主张太过含混神秘,很难说是一种成熟的理论。此时可以看到,一方面法律人对显明事实观点并没有达成共识,但

① 参见[美]德沃金:《法律帝国》,许杨勇译,上海三联书店2016年版,第4页。

② 参见[美]德沃金:《法律帝国》,许杨勇译,上海三联书店2016年版,第4页。

③ 参见[美]德沃金:《法律帝国》,许杨勇译,上海三联书店2016年版,第5页。

④ 参见[美]德沃金:《法律帝国》,许杨勇译,上海三联书店2016年版,第8页。

另一方面与显明事实观点相竞争的理论又太过含混。

那么,究竟是为显明事实观点辩护,还是发展出一套与之竞争的观念?德沃金认为,显明事实观点对法律争议的描述是错误的。例如,在埃尔默(Elmer)案中,埃尔默为了避免其祖父修改遗嘱,导致其无法获得原本遗嘱中打算让其继承的大量财产,将其祖父杀死。审理这个案件的法官对纽约州的遗嘱法的具体内容并无争议,并因此也承认按照实在法,现有的其祖父的遗嘱是有效的,而埃尔默根据这个遗嘱就有法律上的权利获得遗产。这是一个在显明事实观点下毫无疑问的简单案件,并无争议的空间,但埃尔默案在美国高院依旧引起了高度的法律争议,这种争议就是前面提到的理论争议。理论争议在司法实践中的存在,对显明事实观点的解释力构成了直接的挑战。

德沃金认为,持有显明事实观点的人会倾向于否认理论争议的真实存在性。他们会认为这是一个幻象。之所以有信心做出如此主张,是因为他们相信,人们共享法律的概念,并用它做出各种法律命题,这势必意味着他们共享了某些概念用法的实质性标准,否则甚至不可能出现有意义的争论,而只可能是在自说自话。当然,人们可能对自己事实上共享的概念用法标准的认识并不完全,这就需要法哲学对法律的概念加以澄清。其中,法律实证主义就主张人们事实上共享着法律概念的正确用法,主张法律完全是由社会事实所决定的规则体系。如果是这样,显明事实观点就获得了强有力的哲学支持。在这个前提下,他们就倾向于认为理论争议是一个幻象。这些法律人实际上是以争论“法律是什么”为幌子在讨论和主张“法律应该是什么”,而之所以需要这个幌子,就是希望公众不要注意到他们实际上是在偷偷修改法律,将自己的价值观念注入到法律之中。然而德沃金认为,这个推论过于荒诞不经,很难想象法律人如何可能对公众始终隐瞒真相。

对显明事实观点还存在另一种精致的辩护。它承认上述案例中“律师和法官认为他们在争论着法律,但它主张基于一种略微不同的理由,不要从表面意义看待这个自我描述”。[1] 这种辩护策略主张,法律这个概念的核心用法与边界或阴影用法存在差异。多数情况都落在法律的核心用法中,因此人们不存在法律争议,但是当案件情形落在法律的边界或阴影用法中时,人们就会对法律究竟意味着什么发生争议。这类似于我们都会认可房地产交易市场交易的住房是一种“住宅”,但故宫算不算皇室的一套“住宅”则存在分歧,这种分歧就来自故宫落在了住宅这个概念的边界或阴影用法上。在这个意义上,埃尔默案也是一个法律的边界或阴影用法的情形,法官们也就会对法律究竟要求了什么争论不休。

德沃金认为,这个策略其实与之前的策略相比并没有多少进步。如果埃尔默案中出现的理论争议,实际上是由于概念的边界或阴影用法所导致的,那么其中的法律人就应该意识到,这里并无正确答案可言,也不必要有任何严肃的争议。更糟糕的是,这种辩护策略忽视了围绕边界或阴影用法的争议,与围绕核心情形用法的争议之间的差异。德沃金指出,例如,在艺术的概念中,A 和 B 可能都会认为 abc 是三种典型的艺术形式,但 A 这么认为的理由可能是 P1,B 这么认为的理由可能是 P2,因此在面对 d 时,A 可能会根据 P1 主张 d 同样是一种核心情形,而 B 根据 P2 则不认为 d 是核心情形。请注意,在这场争议中,双方不是围绕某些共识的边界情形在争论,而就是在艺术概念的核心地带争论,究竟 P1 还是 P2 算是对艺术的正确理解。同样,在法律中的理论争议的各方所争论的乃是,“什么使一个法律命题不仅在边界地带,而且在核心地带也是真命题”[2]。

讨论到这里,我们会发现显明事实观点对法官如何理解法律的说明完全是错误的。德沃金认为,之所以有人会支持这种观点,是因为一种担忧,“除非律师和法官对法律根据拥有相同的事实性标准,否则无法就法律是什么产生有意义的思考和争论”。但既然显明事实观点本身是错

① 参见[美]德沃金:《法律帝国》,许杨勇译,上海三联书店 2016 年版,第 31 页。
② 参见[美]德沃金:《法律帝国》,许杨勇译,上海三联书店 2016 年版,第 33 页。

误的,那就需要寻找新的合理观点,这种合理观点需要对法律中的理论争议给予正面的解释,而不是掩饰,毕竟这个争议从现象上看就是关于法律根据的争议,而法理学需要对法律根据的识别标准给予一般性的说明。在这个意义上,理论争议为判断一个法律理论是否合理提供了检验性或者关键性的事例。而《法律帝国》这本书“论述的是法律中的理论争议,它旨在明了这是哪种类型的争议,然后构建一个关于妥当法律根据的特定理论并为之辩护”。[①]

三、诠释性概念

(一)结构:实践与本旨

上一节最后提到,德沃金明确意识到显明事实观点背后预设了一种对法律概念性质的特定理解,这种特定理解认为如果人们要能共享法律的概念,就必然需要共享某些关于这个概念正确用法的实质性判准,但这种对法律概念性质的理解会使理论争议没有存在的空间。一旦我们注意到这一点,就会理解德沃金在方法论上对法律实证主义提出的批评。当代法理学关于方法论的争论,也就是由德沃金所激发的。这并不难诠释。按照显明事实观点所预设的对法律概念的理解,法律的概念理论必然是一种描述性的理论,旨在阐明人们在事实上共享的概念正确使用的判准究竟是什么,但如果从理论争议的现象中看到,人们事实上并没有共享任何概念用法的实质性判准,那么用描述性的方法来分析法律概念恐怕就错失了焦点。

如果人们对概念用法的实质判准都存在争议,那么在何种意义上他们仍然共享同一个概念而非自说自话呢?这就需要对概念本身的结构进行重述。相对于显明事实观点预设的对概念的理解,德沃金针锋相对地提出了一种新的概念类型,即诠释性概念。在诠释性概念的运用中,“即使人们运用不同标准来形成或架构这些诠释,争议也是真实存在的。

① 参见[美]德沃金:《法律帝国》,许杨勇译,上海三联书店 2016 年版,第 9 页。

争议之所以是真实的,是因为彼此对抗的诠释指向相同的诠释客体或事件”[①]。这是如何可能的呢?德沃金用礼仪的概念作了初步的说明。他指出,我们会看到人们在礼仪的实践中持有一种所谓“诠释性态度”,即将礼仪的概念视为一个诠释性概念。这种诠释性态度包含两个组成部分:

> 其一是如下的假定:礼仪这种实践不但存在,且有其价值,它服务于某种利益或目的,或者是在实施某项原则。简言之,它具有某种“要旨”(point)。我们可以在单纯描述构成礼仪实践的规则之外,独立地陈述这些利益、目的或原则,第二个组成部分是进一步的假定:礼仪的要求——礼仪所要求的行为或认可的判断——并不必然或排他地是我们一贯认可的那些要求;相反,这些要求受礼仪之要旨的影响发生变化。因此,必须根据这个要旨去理解、适用、扩展、修正、限制、缩小严格的规则。这个诠释性态度一经确立,礼仪制度就不再是机械式的,不再是对神秘命令的本能服从。人们现在试图赋予这个制度意义——将它看成处于其最佳状态——然后再根据这个意义进行重构。[②]

上面这段话初步给出了诠释性概念的结构。作为一个诠释性概念,礼仪究竟要求了什么并不是由人们事实上所共享的规则所决定的,而是由对礼仪本旨的最佳诠释所决定的,因此在诠释性态度的两个分支中,第一点是最重要的,第二点是以第一点为前提的。假设以“尊重”作为礼仪的本旨,那么随着我们对尊重诠释的变化,礼仪的要求也会变化。在一个时期,尊重可能主要是给予社会地位高的人,但逐渐可能变为尊重年长者,进而转变为尊重女士等,但礼仪实践的参与者不会认为自己

---

① 参见[美]德沃金:《法律帝国》,许杨勇译,上海三联书店 2016 年版,第 37 页。

② [美]德沃金:《法律帝国》,许杨勇译,上海三联书店 2016 年版,第 38 页。

不断参加了新的实践,而始终就是同一个礼仪实践。当然,如果人们在某个时期完全放弃了对礼仪的诠释性态度,不再将其视为包含本旨的实践,那么礼仪就逐渐静止了。

上述例子仅仅显示出指向社会实践的诠释性概念在使用中所包含的结构,对这一结构进一步的理论说明,需要构筑一个在社会实践的诠释之上的更具一般性的诠释概念。这个概念就是德沃金所说的"创造性诠释",这种诠释中包含了对社会实践的诠释和艺术诠释,并且与对话诠释和科学诠释相并列。创造性诠释有别于其他两者的关键在于,这种诠释是"建构性的","建构性诠释就是:将目的施加于某个对象或实践,以便将其理解成(make of)其被认为所属之形式或类型(genre)的最佳可能实例"[①]。结合上面的例子,"尊重"并不是礼仪这种实践中固有的、"就在那儿"的本旨,而是诠释者赋予礼仪的。之所以将这个本旨赋予实践,是因为这将能够对既有的礼仪实践给予最佳的辩护;而如果将"打发时间"这个本旨赋予礼仪,会发现该本旨几乎不能说明礼仪实践的基本特征,"实践或对象的历史或形态,限制了对它的可能诠释",也就是说,"从建构性的观点看,创造性诠释是目的与对象的互动",而不是谁单方决定谁的关系。[②]

德沃金在之后的文章中,进一步确定了作为建构性诠释之关键的实践本质的条件。条件主要有二:(1)这个本旨所表达的价值应当是一项"独特"的价值,即这个价值是这项实践所独有的;(2)该价值必须对该实践而言是"根本"的。例如,合法性(或者被称为"法治")价值就是法律实践的本旨,一方面,固然法律实践同时也会服务于诸如正义、公平、正当程序等其他政治价值,但合法性价值是法律承诺的最独特的价值,没有法律实践就不可能存在合法性;另一方面,该价值在法律实践中是根本性的,法律实践在根本上就是围绕合法性价值展开的,而不是围绕任何其他价值展开的。反过来说,法律实践的内在结构也需要诉诸合法

---

① 参见[美]德沃金:《法律帝国》,许杨勇译,上海三联书店 2016 年版,第 42 页。

② 参见[美]德沃金:《法律帝国》,许杨勇译,上海三联书店 2016 年版,第 42 页。

性价值而非任何其他价值来得到合理性说明。

总之,如果社会实践如德沃金所说,呈现出这样一种诠释性结构,那么他就可以阐明实践中可能出现的“理论争议”。由于实践中承诺了价值,且实践中的规则究竟意味着什么又敏感于对价值的诠释,因此人们才会在承认与实践相关的经验性事实的前提下,依然会对实践中的规则产生争议,争议的焦点就在于从对实践所承诺的价值的最佳诠释出发,特定的规则究竟要求了什么。从文本上说,德沃金为了澄清建构性诠释的上述结构,转而对诠释中的“意图”问题进行了长篇的讨论,但这个讨论呈现出很强的误导性,似乎暗示了所有合理的诠释概念都是一种建构性诠释。我们在这里暂时搁置这个争议性的观点,而是通过考察一种同样针对社会实践的诠释观念,阐明德沃金这种建构性诠释的深层预设。

德沃金注意到,这里可能存在一种反对意见。这种反对意见主张,德沃金的观点在两方面错误理解了“诠释”这件事:首先,诠释意味着以一种特定的方式理解一个对象,这种特定的方式是指“试图发现作者在说话、行动、写作或绘画时的动机或意图”,因此对社会实践的诠释,主要也是去报道每个实践参与者事实上持有的意图;其次,在诠释作者意图时,也主要意味着通过诠释对象的“实际状况”重现作者历史的真实意图,而不是将诠释对象最佳化,并把诠释者自己的价值投射到作者身上。事实上,我们可以进一步提炼这种反对意见。这种反对意见的两个方面预设了对诠释的更深层预设,即诠释存在一种不可化约的消极性或派生性(an irreducible passivity or derivativeness about the concept of interpretation),它不同于一般性的推理。① 当一个人进行一般性的推理时,他将考虑在这个情形下全部相关的理由,并寻找最佳的理由,但当他对某个既定的社会实践进行诠释时,他并不是将对象诠释为看起来最佳、最有价值的状态,而是忠实地呈现出这个对象本身究竟意味着什么。

德沃金的回应策略在于显示上述反对意见是不彻底的,从根本上

① 参见[英]菲尼斯:《〈法律帝国〉中的理性与权威》,邱昭继译,载郑永流主编:《法哲学与法社会学论丛》(2007年卷),北京大学出版社2008年版,第74页。

说,诠释始终是一个建构性的事业。德沃金所追问的是,上述反对意见所要求的重寻作者的意图,这本身究竟意味着什么。一种简单的观点是,这意味着寻找一种经验性的心理学事实,即作家在写下这段话的那个时刻,他心中事实上所想的是什么。但德沃金认为,如果意图是这个意思,那么诠释就很难说是重寻作者原意,毕竟意图总是比纯粹的心理学经验更复杂更困惑的事情。例如,当我们在诠释《祝福》时,要让读者充分理解鲁迅先生抨击封建礼俗的意图,就需要将鲁迅的意图放入当代读者能够理解的文化之中,让读者的理解和鲁迅"连接"起来。这可能就需要对《祝福》的架构做很多调整,在文本中强调不同的侧重点。例如,假设在当代社会最能唤起读者对封建礼俗反对感受的,是其中男权主义对女性的全面压迫,那么在诠释《祝福》时,诠释者就需要着重强调鲁四老爷等对祥林嫂生活的漠视,以及对她的欺骗,而同样作为受压迫女性的其他妇女对祥林嫂悲剧的"消费",可能就需要在诠释时放在次要的位置。可见,即便诠释文本的目标是充分理解鲁迅的意图,我们所做的也将是一个重构的工作,而在这个工作中势必要涉及诠释者自己在小说艺术上的各种价值判断,从而才能寻找到实现鲁迅意图的最佳方式。

当我们以上述方式理解诠释中的作者意图概念,就能理解诸如文学作品中围绕作者意图所产生的诸多争议,这些争议并非针对创作者某种历史的心理学状态,而呈现出更复杂的争议结构,毕竟如果我们承认一个严肃的作者创作一个对象并不是纯粹出于"嘲弄或欺骗",他的意图中就一定承诺了某种目标和价值,而既然如此,合理的诠释就是将诠释对象诠释为该目标的最佳个例,这也就顺理成章。相应地,人们就会争议究竟赋予这个对象何种目标或价值,才能最佳合理化作者的创作行动,并将该作品诠释为该目标或价值的最佳个例。这些争议都是非经验的"理论争议"。

如果上述说明大致站得住脚,那么对社会实践的诠释也就可以得到初步的说明。我们可以说对社会实践的诠释是确定实践的参与者参与该实践的真实意图,但"这个意图不是指重现他上一次向一位女士脱帽致意时的心理学状态,而是指找到他可以心安理得地归于自身的、对自己行为的目的性解说”[①]。这也就是说,既然一个人严肃地参与到某种社会实践之中,其意图中必然在抽象的层面承诺了这项社会实践是有价值的,该价值能够合理化自己参与该实践的行动。对社会实践的诠释也就是去寻找一组目标或价值,能最佳地归属于这些行动者,并且将实践诠释为该目标的一个最佳个例。相应地,在这个结构中,也可以看到理论争议存在的空间,即对该实践究竟承诺了何种价值,以及将实践诠释为该价值的最佳个例时,实践究竟要求了什么。对这些问题的回答都涉及诠释者个人实质的信念,他无法站在一个中立的立场上,逐个记录和报道其他参与者事实上的心理状态来回应上面这些议题,毕竟“他们认为礼仪要求了什么”和“礼仪本身客观上要求了什么”是两个不同的问题,后者必然需要借助对实践的建构性诠释。

当然,德沃金不会拒绝诠释有别于一般性的推理,它总是带有某种消极和派生的意义。为此,德沃金阐明了进行诠释的三个阶段。首先是“前诠释阶段”,“在这个阶段,被看作提供了实践之最初内容的规则和准则得到确认”。[②] 换句话说,在这个阶段人们能够识别出存在某个实践形式。其次是“诠释阶段”,“在这个阶段,诠释者为前诠释阶段所确认之实践的主要组成部分,选定某个总体的辩护。它由这种普遍形态的实践为何值得追求的论证构成”。最后是“后诠释阶段”,“在这个阶段,他调整自己对实践‘真正’要求什么的感悟,以便更好地服务于他在诠释阶段接受的辩护”。可见,诠释中包含了在前诠释阶段对既定实践形式和事实的“认知”,诠释必须在所认识的既定事实中展开,在这个意义上诠释的确是派生的。在“认知”的环节中,“典范”的概念是最重要的。典范来自社会共识,即人们普遍认为如果存在这种实践,那么这些特定的实践形式就肯定属于这种实践,“典范会被当作任何言之成理的诠释都必须符合的具体实例”[③]。例如,在正义的实践中,人们普遍认为“奴

① 参见[美]德沃金:《法律帝国》,许杨勇译,上海三联书店 2016 年版,第 46 页。
② 参见[美]德沃金:《法律帝国》,许杨勇译,上海三联书店 2016 年版,第 53 页。
③ 参见[美]德沃金:《法律帝国》,许杨勇译,上海三联书店 2016 年版,第 58 页。

隶制是不正义的”,这就是一个典范,即如果存在我们所理解的正义,那么这种分配制度就肯定不符合正义的要求。这并不是说典范就是固定下来不可置疑的主张,尽管“典范固定诠释,但任何典范都不能免受下述新诠释的挑战:这个新诠释能够更好地说明其他典范,并把前面那个典范当作错误分离出来”①。这就涉及诠释中同时包含的“意愿”的部分,即一种将实践诠释为“值得追求”的对象的实践承诺,并必须对实践给予“证立”。前面提到,“从建构性的观点看,创造性诠释是目的与对象的互动”,也就体现在这里,而“符合”与“证立”也就构成了成功进行建构性诠释的两个基本衡量维度。

从上面的整理可以看到,在德沃金诠释概念的中心,预设了一种非常强的实践关切,即诠释者总是预设所诠释的对象必然是值得阅读、值得欣赏、值得参与的,因此这种诠释也总是要求赋予对象一个能够将其最佳化为其个例的本旨。这里我们可以通过讨论马默对德沃金的批评,进一步深化对德沃金诠释概念的理解。马默承认诠释并不是对作者事实上所持意图的简单报道,它必然是一种评价性活动,但马默拒绝承认诠释总是要将诠释对象以“最佳”的形式呈现出来,并认为“只需将其或许以次好的某种状态呈现出来,但在某种程度上它突出了文本某个方面的意义,而基于各种理由这一意义是值得我们加以关注的”。② 例如,当我们诠释《祝福》这部作品,可能会将其诠释为对封建礼教的抨击。这个诠释符合作品的主要情节,并且对这些情节为何如此给出了一种合理说明,但这并不排斥存在另一些合理诠释,如将《祝福》诠释为男权社会对女性的压迫等,这可能同样符合作品另一些主要情节,并同时也给出了一种对情节结构的合理说明。马默认为,这些诠释都是对《祝福》的合理诠释,并非因为它们不是“最佳”的,就不算是一个妥当的诠释。退一步来说,马默认为追求“最佳”诠释,也就忽视了各种可能的合理诠释之间的“不可通约性”;对《祝福》的各种诠释,揭示出这个文本的不同可

① 参见[美]德沃金:《法律帝国》,许杨勇译,上海三联书店 2016 年版,第 59 页。
② 参见[美]德沃金:《法律帝国》,许杨勇译,上海三联书店 2016 年版,第 90 页。

能含义,但并不存在一个统一的衡量标准,确定哪种诠释是“最佳”的。

马默的上述批评实际上预设了对诠释的一种竞争性理解,即所谓“保存性诠释”。范立波教授给出了这种诠释的基本结构:

> 假定对实践P来说,X、Y、Z为真并构成了P的主要方面,当且仅当某个诠释,既可以最大程度地与X、Y、Z保持一致,同时又对它们为何会出现及其结构关系做出了最佳说明,该诠释就可以归属于P。[①]

保存性诠释固然同样是一种评价性活动,但“在这个过程中,诠释者为了诠释的需要,固然要将某个目标赋予对象,但他却不必认同这一目标”。[②] 作为一个文学研究者,我可以承认《祝福》能够被合理诠释为对封建礼教的抨击,但我个人更倾向于将这部作品诠释为对男权主义文化的批评,后者在我心中才是最佳诠释。这两个主张可以并行不悖。总之,保存性诠释拒绝德沃金意义上的建构,即诠释者所赋予实践的目标必然是自己所支持和赞成的,并以此呈现出自己在意愿上所认可的诠释对象的最佳状态,在这种诠释概念下,诠释只是使得诠释对象在某种意义上是“可理解的”(make sense)。

相比于马默的诠释概念,德沃金的诠释概念包含了很强的实践性特征。诠释者预设了所诠释的对象是自己有理由参与其中的,而不仅仅是单纯可理解的。诠释必须是从所有接受这一预设,并加入相关实践之中的人们的立场看诠释对象所呈现出的状态。一旦将德沃金诠释概念中的实践性凸显出来,并与马默对诠释的理解相对立,就会看到这两者都不是一般性的诠释概念。这有助于澄清德沃金在《法律帝国》中若干文本可能会产生的误导,因为德沃金的确在很多地方都暗示,自己所支持

---

① 范立波:《作为诠释事业的法律:德沃金〈法律帝国〉的批判性导读》,载郑永流主编:《法哲学与法社会学论丛》(2014年卷),法律出版社2015年版,第284页。

② 参见范立波:《作为诠释事业的法律:德沃金〈法律帝国〉的批判性导读》,载郑永流主编:《法哲学与法社会学论丛》(2014年卷),法律出版社2015年版,第285页。

的建构性诠释是一种更具一般性的诠释概念,对此我们最好将这些看法暂时搁置。不过由于德沃金所发展的诠释概念主要是为了阐明法律的性质,而德沃金是从法官的视角去研究这一问题,“试图通过参与我们的法律实践,并努力研究参与者所面临的合理性和正确性问题……”[①]法官作为法律实践的局内人,已经参与到法律实践内部,那么法官对法律的诠释势必是一种实践性的诠释,而非一种保存性的诠释。在这里德沃金的诠释概念就能提供丰富的理论洞见。

然而,如果接受德沃金的建构性诠释,就会有进一步的问题。建构性诠释要求我们寻找对实践的“最佳”诠释方案,而不仅仅是“一种”合理诠释方案,这就暗示了诠释需要追求“唯一正解”。从实践诠释的逻辑看,唯一正解是必要的,如果不存在唯一正解,而仅仅存在多个合理诠释,那么对实践的参与者来说,他们就不共享关于这个诠释性概念的任何实质标准,那么这个实践早晚会面临分崩离析。但诠释中的唯一正解究竟是什么意思?它真的存在吗?唯一正解命题反对诠释的多元论吗?这些都是围绕德沃金唯一正解命题发生的争议。事实上,正因为唯一正解命题对实践诠释而言非常重要,德沃金花了很大的力气辩护唯一正解命题。在《法律帝国》出版之后,德沃金又撰写了重要论文《客观性与真:你最好相信它》,进而在 2011 年出版的最后系统性的专论《刺猬正义》中将上述命题发展成对价值领域客观真理的整体辩护。本讲限于有限的目标,不打算全面讨论德沃金的真理论,而仅仅沿着他所提出的诠释的逻辑线索,为唯一正解命题提供一些澄清和讨论。

(二)建构性诠释与唯一正解

在正面讨论唯一正解之前,德沃金引入了概念和观念之间的划分。这组划分对理解德沃金诠释概念的具体展开有很重要的意义。前面提到,在德沃金的诠释概念下,诠释者都共享了由社会共识提供的概念典范,这背后预设了人们至少共享了同一个概念。这里所说的概念并非指

---

① 参见[美]德沃金:《法律帝国》,许杨勇译,上海三联书店 2016 年版,第 11 页。

实践的任何定义性特征——人们在此问题上存在实质的分歧,而是指一个相当抽象的共识平台。例如,在对礼仪的诠释中,至少各方都承认在抽象的层面上礼仪和尊敬之间存在关联。只有分享基本的概念平台,才可能形成一个诠释社群,共享能被视为指向同一个概念的典范,并产生真正的分歧。相对而言,如果拒绝礼仪和尊敬之间的关联,那么就会被视为不理解“我们”所争论的礼仪究竟是什么,也不可能有真正的分歧可言。

概念提供了抽象的共识平台,但由于其抽象性,我们无法从中直接得到任何实质性的内容。一旦要将概念具体化,就势必要进行建构性诠释。对概念的不同诠释就构成了不同的、相互竞争的观念。“概念和观念之间的对比,在这里是诸个抽象层次之间的对比。我们可以在诸个抽象层次上研究对实践的诠释。在第一层次,意见的一致聚集在无争议地运用于所有诠释的诸个个别理念的周围。在第二层次,隐含于这个抽象中的争议得到确认并对其展开研究。”[①]德沃金的上述说法就和诠释的基本结构保持了一致,即概念界定了所需要诠释的本旨,也同时界定了需要通过诠释具体化的对象和议题,人们需要借助概念周围无争议的典范建构对概念的具体化。如果某个建构的观念能对概念予以最佳的具体化,那么这种观念就是争议各方最有理由接受的观念,也就是实质正确的观念。

范立波教授指出,如果承认德沃金对概念和观念的说法,诠释恰恰很难有“唯一正解”,而是存在多种可能的结果。这并不难解释。[②] 首先,概念共识尽管对诠释有所限制,但这种限制是程度性的。对那些较为具体的实践,其概念共识可能比较厚实,能相对约束竞争性观念的数量和可能,但对那些相对一般性的实践,概念提供的约束是很有限的,甚至在一些实践中,可能同时存在多个概念共识,这就极大地开放了竞争

---

① 参见[美]德沃金:《法律帝国》,许杨勇译,上海三联书店 2016 年版,第 58 页。

② 参见范立波:《作为诠释事业的法律:德沃金〈法律帝国〉的批判性导读》,载郑永流主编:《法哲学与法社会学论丛》(2014 年卷),法律出版社 2015 年版,第 287 ~ 288 页。

性观念存在的可能性。这一点德沃金也不拒绝。他在“旁论:正义”中就指出,“或许我们无法获得对正义概念的有用陈述,而只是见证了努力维系正义的人所具有的想象力”[①]。其次,即使存在共享的概念共识,某些观念在特定的脉络下可能是最佳的,但在另一些脉络中可能就不是最佳的。从逻辑上来说,观念既然是由对实践的最佳诠释形成的,而实践的存在依赖于社会共识提供的典范,那么随着这些典范的演变,实践脉络就会发生变化,相应的最佳观念肯定也会发生变化,不可能在一般层面上直接判断何种观念是最佳的。这就导致在不同脉络和环境下人们会得到不同的最佳观念。更重要的是,范立波教授指出,实践的复杂性会在更深刻的意义上支持诠释的多元性。这主要是因为,诠释的复杂性本身就包含了评价的自由,这种评价的自由甚至出现在确定究竟哪些事实可被视为需要尊重的概念典范,而这个先行的评价将对后面的建构性诠释产生深刻的影响。尽管建构性诠释要求尊重社会共识确定的典范,以确保诠释所获的观念可被视为是对既定概念的诠释,而非“发明”了新的实践,但这种约束依旧是程度性的,不可能导向唯一正解。

由于范立波教授是从概念和观念之间内在的逻辑关系出发提出对“唯一正解”的批评,因此这个批评具有相当强的力量。但有趣的是,德沃金在很多场合都承认了上述的批评意见,但依旧坚持唯一正解命题,这显示出唯一正解命题可能存在更深的根基。概言之,首先主张某个观念是最佳的、唯一的,究竟“听众”是谁?显然是分享同一组概念典范的人。反之,如果在概念典范上存在分歧,那么就不存在相互竞争的观念,而仅仅是“不同”的观念。因此,在多大程度上分享典范,就会在多大程度上确定观念是“唯一”的。其次,在同一组典范构成的实践脉络中,诠释者必然包含一个意图,主张自己的观念是“唯一正解”。这是因为在对社会实践的诠释中,人们进行诠释的目标就是获得该实践所提供的客观为真的行动理由,因此当我主张自己的诠释是正确的时候,意味着我认为这个实践要求“我们”都如此行动。要将这个诠释结果客观地归属

① 参见[美]德沃金:《法律帝国》,许杨勇译,上海三联书店 2016 年版,第 61 页。

于这个实践本身,而非被视为我个人的见解,那就要求该结果在竞争的观念中是“最佳”的唯一正解,是所有实践局内人都能反思认可的。如果不包含这个意图,那就很难说这个人在做的是实践诠释,而非随便地表达个人感想。“唯一正解”必然是诠释者对所参与的诠释的自我理解的一部分。这里也就再次显示出德沃金实践诠释学的基本立场,即“本书采用内在的、参与者的视角”,试图通过参与到实践之中,“努力研究参与者所面临的合理性和正确性问题”,并由此把握社会实践中出现的论证性的特质。[①]

更根本的问题在于,固然诠释者必然包含了一个主张自己的观念是最佳观念的意图,但客观上是否可能存在这种所谓“最佳”观念?是否有观念能够合法地主张自己作为最佳观念的资格?注意,这里讨论的是资格与可能性的问题,即是否有可能存在唯一正解,而非经验中是否总能获得唯一正解,无疑前者是更具前提性的问题。如上一节最后提到的,德沃金对可能存在唯一正解的辩护,贯穿了他《法律帝国》之后的学术生命,这种辩护也越来越复杂和完善,最终在《刺猬正义》中呈现对价值领域客观真理的整体辩护方案。但无论后面的发展如何,德沃金始终坚持了他在《法律帝国》中发展出的一组概念:他将怀疑和拒绝存在唯一正解可能性的观念称之为怀疑论,并进一步将怀疑论划分为“内在怀疑论”和“外在怀疑论”。前者被视为诠释这项事业“之内”的怀疑论,它本身也是一种实质的诠释性立场;后者被视为诠释事业“之外”的、“关于”这项事业的怀疑论,它本身不是一种实质的诠释性立场,而是一种关于诠释的形而上学等主张。[②] 对这两种不同的怀疑论,德沃金采取了不同的辩护策略。

首先,德沃金认为由于内在怀疑论本身就是一个实质性的诠释立场,因此它不仅无法完全拒绝唯一正解,反而需要预设唯一正解,只不过它所获得的正解是消极性的。例如,一个人主张“在道德上,意外怀孕的

---

① 参见[美]德沃金:《法律帝国》,许杨勇译,上海三联书店 2016 年版,第 11 页。

② 参见[美]德沃金:《法律帝国》,许杨勇译,上海三联书店 2016 年版,第 64 页。

女性应当堕胎”,另一人主张“在道德上,意外怀孕的女性禁止堕胎”,还有一个人主张“道德对意外怀孕的女性应当/禁止堕胎并没有给出明确的回答,此时女性有权利作出自己的选择”。注意,第三种主张实际上是说,在道德上不存在女性被要求/禁止堕胎的正确答案,这件事和道德评价无关,女性可以自己处理这件事。这就是一个怀疑论的主张。但当我们问第三个人,为何做出如此主张时,如果他的回答是“因为我们在如何生活这件事上有自主决定的道德权利”,那么可见上述怀疑性主张的论据本身是一个实质性的道德权利观念,且对这个人来说,对这种道德权利的最佳诠释就会导出女性可以自行决定是否要堕胎的自由。因此,这种怀疑论必然需要依赖,而不是彻底怀疑存在唯一正解。

德沃金进一步补充,很多人对价值诠释持怀疑论的立场,的确不是因为任何形而上学的理由,而是认为由于在诸多价值议题上人们存在大量实质分歧,因此将怀疑论立场视为一个“默认”立场,并认为这种默认立场有独立的实质理由支持,不需要陷入实质观念的相互竞争中。但德沃金认为并不存在中立的第三类理由支持这种“默认立场”。[①] 当一个人主张,“道德上意外怀孕的女性被要求/禁止堕胎并无定论”时,这本身就是一个实质的道德价值立场,和女性被要求或被禁止堕胎的主张,在性质上并无差异。这就是说,这个立场并不会单纯因为人们对女性是否被要求/禁止堕胎这件事上存在争议这个事实本身而为真,即便存在争议,我们依旧需要追问,为什么在这件事上道德并无定论?此时就必须给予实质性的证明,这种证明和主张女性被要求/禁止堕胎而被要求提供的证明是等量齐观的。内在怀疑论在争议中并无任何优先性可言。[②]

真正需要考虑的是所谓“外在怀疑论”。相较于内在怀疑论本身就身处价值领域之中不同,外在怀疑论是一种外在于价值领域、“关于”价

① 参见[美]德沃金:《法律帝国》,许杨勇译,上海三联书店 2016 年版,第 84 页。
② 参见[美]德沃金:《法律帝国》,许杨勇译,上海三联书店 2016 年版,第 84 页。

值真理的形而上学理论。[①] 由于这种理论本身并不是一种实质的价值主张、不必预设自身是一种价值领域的唯一正解,因此它对价值真理的怀疑能够贯彻到底,也正因为这一点,外在怀疑论成为德沃金唯一正解命题的最直接威胁。但德沃金认为,这种怀疑论犯了稻草人谬误。概言之,这种怀疑论预设价值真理必然需要承诺某种积极的形而上学立场,诸如主张形而上学领域存在某种价值实体,基于这些实体我们才能判断某个价值确信是否客观为真,抑或仅仅是个人偏见;而作为一种关于价值的形而上学理论,外在怀疑论拒绝承认外部世界中存在这样的价值实体,从而拒绝存在客观为真的价值确信。[②]

德沃金指出,外在怀疑论误解了人们对客观为真的价值确信的理解。诚然,人们在表达这些为真确信时往往会主张这些确信"客观上"是真的,或者"事实上"是真的,但这并不等于人们在主张存在某些古怪的价值实体使得这些信念为真。人们使用"客观上""事实上"等概念,仅仅是在"重复"(repeat)实质的价值确信,即"堕胎在道德上是错误的"和"客观上说,堕胎在道德上是错误的",这两者只是同义反复,而要使得一个实质价值信念为真,唯一需要做的就是为这个信念提供实质理由的支持,使其获得另一些客观为真的确信的辩护,而不是寻找任何古怪的价值实体。既然在价值信念为真的条件中并不必然包含任何形而上学实体,那么外在怀疑论的主张无疑是犯了稻草人谬误。而如果德沃金对怀疑论的整体讨论大致不错,那么就应该承认,社会实践的诠释者的确有合法资格持有并主张自己的诠释是客观的唯一正解。

德沃金在《法律帝国》中对怀疑论的讨论仅仅是初步的,还有更深层的问题未能得到解决。即便我们将所有的实质价值信念都建构到一张信念之网上,在这张网上所有的信念都相互支持、相互辩护,也因此在德沃金的观点下它们都是真的,这也不能在根本上回答怀疑论的质疑。怀疑论会主张,对这些价值信念的建构都预设了一个价值实践的群体立

① 参见[美]德沃金:《法律帝国》,许杨勇译,上海三联书店2016年版,第65页。

② 参见[美]德沃金:《法律帝国》,许杨勇译,上海三联书店2016年版,第65页。

场,对已经参与到价值实践中的人来说,这张信念之网上的信念的确是真的,但对于“局外人”来说,这些依旧是与己无关的外部事实,“我”也没有理由通过行动回应这些外部事实的要求,那么主张这些建构形成的信念表达了客观的价值真理就变得难以理解了。相对来说,我们也能理解怀疑论之所以强硬地主张价值真理必然要预设实体的存在,这主要是因为在这种条件下,对行动者而言价值真理的存在就是一个无法选择回避的客观事实,类似于“地球围绕太阳运行”这样的天文学真理:对理性的人而言,形成“地球围绕太阳运行”的认识论信念就几乎不是自愿的,而就是对事实给予的认识论理由的回应,那么只有当价值是一种无可回避的客观实体时,价值真理才能有资格以自己的名义要求行动者作出回应。

上述问题要求德沃金对自己的价值真理论给予更深层次的辩护,这项辩护直到2011年出版的《刺猬正义》中才告完成。鉴于本讲的目的,笔者仅在这里重构德沃金理论的要点。概言之,德沃金依旧坚持了不存在任何外在的价值实体,价值总是人们主动建构的产物。而人们之所以会参与价值建构,成为价值领域的“局内人”,在根本上是因为伦理价值的要求,伦理价值是关涉“我应当如何生活”的价值,人们最深刻的价值关切就是自己的好生活,而只有当成为价值领域的“局内人”有助于“我”过得好时,我才可能参与到价值领域中去。在这个意义上德沃金主张,一种关于理由与合理性的成功理论必然要包括一种伦理学。[①] 那么,德沃金对好生活的理解是什么?它究竟提供了什么理由使我们成为价值领域的“局内人”?

德沃金对伦理价值的说明依旧遵循了他对价值建构性的理解,伦理价值同样是人们主动选择和建构起来的,但尽管伦理价值是价值领域中的根本价值,对伦理价值的选择和建构依旧不是任意的,而是依赖于我们对自身作为理性行动者这一根本属性的自我理解。德沃金主张,一个

① See Ronald Dworkin, *Justice for Hedgehogs*, Harvard University Press, 2011, p. 51.

理性行动者的核心是拥有自我意识。[1] 这意味着我们有能力将“我”的行动和仅仅发生在我身上的事态区分开来,“我”并不是由全部发生在我身上的事态所定义的,而是由“我”的行动定义的。“我”作为一个理性存在,“我”的行动在概念上必然是那些回应客观为真的价值信念而做出的行动。这就要求我在建构自己的伦理生活时,承认我自己的好生活具有客观的重要性,并因此进入到价值领域之中,建构起一张整全的价值信念之网,并回应这张网上获得辩护的信念而行动。[2] 相反,如果我拒绝这么做,那么我的生活将不再是一种“属人”的好生活,而成为一种丧失自我意识、完全由自己各种生理欲望和刺激左右的生活,这就是一种动物的生活而不是“人”的生活。

这显示出德沃金对价值的建构性理解的基本逻辑。从根本上说,价值是一类“人类产物”,而这类产物和我们如何理解自身紧密相关。在德沃金看来,“拥有自我意识”是行动者的形而上学属性,它推动了人们进入价值领域进行建构。如果承认这种对行动者属性的界定的确符合“我们”对自身的理解,那么这套对价值真理的说明也就是“我们”对价值的理解。怀疑论者可能会主张,“我们”为什么要接受以“自我意识”来理解自身?这是一个独断的前提吗?如果不是,“我”接受自己成为这样一个人的理由是什么?显然,如果“我”能够拒绝德沃金对行动者的理解,那么依赖这种理解而建构起来的价值领域,依旧对“我”而言是无关紧要的外部事实。但从逻辑上来说,怀疑论无法怀疑这一点,这是因为怀疑论本身作为一套理论同样预设了自我意识作为人的基本属性:只有当人们拥有自我意识,能够选择主动做出行动,而非仅仅是生理刺激和主观欲望的奴隶,才有可能接受怀疑论的论证,否则怀疑论同样毫无意义。

如果德沃金的上述主张大致不错,那么他就对价值真理提供了一种建构论式的合理说明,并因此支持了在对负担价值的实践进行建构性诠

---

① See Ronald Dworkin, *Justice for Hedgehogs*, Harvard University Press, 2011, p. 196.

② See Ronald Dworkin, *Justice for Hedgehogs*, Harvard University Press, 2011, p. 205 – 209.

释时可能存在“正确答案”的立场。这些关于价值真理论的讨论,就为德沃金进入对法律概念的讨论做好了前提性的理论准备。由此我们也可看到,在德沃金的理论版图中,对法律概念的哲学分析,明确地属于整体实践哲学中的一部分,依赖于后者对价值领域真理和方法等基本议题的回答。在下一节中,我们将在本节所确立的理论基础之上,深入德沃金的法理学内部,探究他对法律性质的分析。

四、整全性

(一)对法理学问题的重述

在德沃金看来,一旦我们认识到法律是一种诠释性概念,对法律的说明依赖于对法律实践的建构性诠释,那么在显明事实观点下无法理解的法律现象也就能得到初步的理解。按照诠释性概念的结构,法律的存在需要依赖一定的社会共识,但这种共识仅仅提供了法律实践的典范,并不直接决定法律概念客观为真的含义。而正是在“法律概念客观为真的含义”这一点上,人们存在广泛的争议,这种争议就是在之前显明事实观点下无法得到合理说明的“理论争议”。这种对法律相互竞争的诠释所导致的争议显示出人们不断地反思何谓最佳的法律观,并在这种反思和争议中,推动法律实践的“有机变迁”:在某些时空环境下被视为法律实践典范的事实,会随着实践脉络发生变化而不断受到挑战,最终被排除在法律实践之外,但法律实践的参与者依旧会认为他们在时间之流中始终共享的是同一个法律实践。这些对法律实践的基本理解,同样是显明事实观点所无法说明的。

如果将法律视为一种诠释性概念大致能符合我们对法律实践的基本理解,那么就需要考虑在诠释性概念的框架下如何具体分析法律的性质,而其中最关键的就是,我们将何种实践本旨赋予法律实践。这个实践本旨应当是参与法律实践的各方共享的对法律价值的基本理解,正如礼仪实践中人们都普遍共享这种实践的价值在于表达“尊敬”。有趣的是,德沃金在《法律帝国》中先做了一个相当保守的主张,即他不认为自己的论证中将提供这样一个为人们普遍接受的实践本旨,并主张政治哲学中对正义的讨论就不存在一个共享的本旨,但政治哲学的讨论依旧欣欣向荣。[①] 但很显然,按照建构性诠释的逻辑,如果不提供一个妥当的实践本旨,便无法对实践进行建构性诠释。事实上,德沃金在做出上述保守主张之后,便马上提供了一个对法律本旨的"抽象解说"。结合德沃金对正义的讨论,笔者认为德沃金是想指出,自己所提供的对法律本旨的说明,并不是参与法律实践的各方都已经普遍接受的本旨,而是显示一种努力维系法律所具有的想象力,即如果在这种本旨的指引下所提供的对法律实践的最佳证立的确对我们产生了一种吸引力,那么或许就应该接受这个本旨以及相应的最佳观念作为对我们共享的法律实践的合理说明。

德沃金对法律本旨所提供的"抽象解说"是指:

> 政府有其目标:它们旨在使它们统治的国家繁荣、强盛、虔敬、卓越,同时他们也旨在维护其统治。政府使用独占的集体强制力来达到这些及其他目标。我提出,我们针对法律的讨论大体上预设:法律实践最抽象、最根本的本旨,是以下述方式引导与约束政府权力。法律坚持认为,只能以个人权利或责任(它们源自规定什么情况下可以证成使用集体强制力的过去政治决定)许可或要求的方式,使用或限制使用这种力量,除此之外,不论对计划好的目标有多么大的帮助,不论这些目标多么有益或高尚,都不得使用或限制使用集体强制力。[②]

德沃金认为,上述本旨实际上是在较为抽象的层面上界定了法律实践的真实而独特的价值,这种价值往往被称为"法治"。在这种价值中,我们相信法律上的权利和责任总是需要获得以适当方式所颁布的过去的政治决定的辩护。不过德沃金亦承认,上述对法治这一法律实践的本

① 参见[美]德沃金:《法律帝国》,许杨勇译,上海三联书店 2016 年版,第 76 页。

② [美]德沃金:《法律帝国》,许杨勇译,上海三联书店 2016 年版,第 76~77 页。

旨的界定是高度抽象的,“究竟有哪些权利和责任确实源自恰当类型的过去政治决定,并且由于这个理由确实许可或要求获得强制实施”,都存在合理争议的空间,因此这个本旨足够抽象和无争议,可以作为对法律进行建构性诠释的基础。根据上述抽象的实践本旨,相互竞争的法律观念就要围绕在什么情况下,出于何种理由,以及在何种程度上,过去的政治决定可以证成集体强制力的行使。这就引出了三个基本的问题:“首先,我们所认为的法律与强制之间的关联,究竟能否得到证成?只能以符合‘源自’过去政治决定的权利和责任之方式运用公共权力这个要求,有什么目的吗?其次,要是确有某个目的,它又是什么?最后,如何解读‘源自’——关于与过去的决定相一致的哪个理念——最有利于达致这个目的?”[①]其中,特定法律观念对最后一个问题的回答,将会决定具体法律权利和责任的分配。

如果根据诠释性概念的结构对法理学基本问题的重构是大致合理的,德沃金就提醒我们注意,在法理学讨论中曾经相互分离的议题就形成了关联,并要求人们在这种相互关联中思考合理的解决方案。概言之,在传统的法理学讨论中,“法律是什么”和“法官或其他官员、公民应否实施或遵守法律”是两个相互独立的议题。[②] 这两者相互独立的主张需要预设关于法律概念的显明事实观点,即只有当我们认为法律概念的正确含义是由人们所共享的某些社会事实所决定时,我们才会认为系统性地识别和理解这些事实是一回事,在道德上是否要接受和遵循这些事实所确定的权利和责任则是另一回事。不过,显明事实观点已经被证明并不可取,而如果将法律视为一种诠释性概念,那么这两个议题将会在对法律的诠释中关联起来。对法律是什么的回答取决于对法律实践本旨的最佳证立,即对官方强制力的行使给予最佳的道德辩护,而既然这一观念提供了最佳的道德辩护,那么它所确定的法律是什么的实质内容,也就同时是人们有道德理由尊重和遵循的。在这个意义上,德沃金

① 参见[美]德沃金:《法律帝国》,许杨勇译,上海三联书店2016年版,第78页。
② 参见[美]德沃金:《法律帝国》,许杨勇译,上海三联书店2016年版,第89页。

明确主张：

> 一个完整的政治性法律理论至少包括两个主要部分：它既说到法律根据(the ground of law)，即特定法律命题应当被认定有效或正确的情形，也说到法律的约束力(the force of law)，即每个正确的法律命题在各种特殊情形中证成强制的相对力量。这两个部分必须相互支持。……因此，一般法律理论提出了对一组复杂的联立方程式的一个解法。我们在比较两个理论时，为了判断它们在整体实践后果上的差异，必须同时考虑每个理论的这两个部分。①

德沃金注意到，如果将法律的根据问题和约束力问题关联起来，就会遇到一种明显的反对意见。这种反对意见主张，将对法律的性质分析和对法律的道德证立关联起来，似乎预设了只有那些能够为官方强制提供道德证立的规则才有资格被称为法律，而这看上去是一个非常独断的主张，毕竟很多人会相信生活中总会遇到某些法律，它们明显存在道德上的不合理，因此本身几乎无法为官方强制提供任何道德辩护，但我们不会否认这些规则同样是现行有效的法律规则。为此，德沃金对自己的概念主张提出了限制。他指出，在概念共识层面上将法律和对官方强制力的辩护加以关联仅仅是“原则上”的，其中并无“绝对的内容”。这个基本的概念共识仅仅主张，“在一个兴旺的法律体系中，法律这个事实提供了强制的理由，除非存在某个特殊的反对理由，否则这个强制的理由就必然有效”②。德沃金认为，如果连这个基本的共识都无法接受，那么就只能接受对法律的怀疑论了。但与此同时，即使承认这个前提，它也是高度抽象的，一个完整的法律观念必须更为具体，而一种合理的观念很可能会指出在某些具体的情境下，法官的确可以对某些规则置之不

---

① [美]德沃金：《法律帝国》，许杨勇译，上海三联书店2016年版，第90页。
② 参见[美]德沃金：《法律帝国》，许杨勇译，上海三联书店2016年版，第90页。

理,而在某些具体情境下,即使这些规则的内容在道德上不合理,法官依旧有一些“次位义务”来支持这些规则,并给出这些次位义务具体的内容。

总而言之,建立在将法律视为诠释性概念的基础上,德沃金对法理学的基本议题进行了重构。对理解法律概念而言,真正重要之事就不再是寻找并不存在的显明事实,而是建构对法律抽象本旨的最佳诠释。在这个建构中,法律概念的实质含义和法律的道德约束力之间就建立了内在的关联,组成了一组复杂的联立方程。我们将以这组联立方程为基本框架,进入到对德沃金实质法律观念——整全性的检讨和说明。

(二)社群理想、模式与整全性

从本部分开始,我们将检讨德沃金所提出的实质的法律观,这种观念被其称为“整全性”(Integrity)。整全性的出场非常具有戏剧性,因为在它最初登场时德沃金就明确宣布,这种观念是在“乌托邦公理性理论中无独立地位的理想”,而“杰出的政治哲学经典著作是乌托邦式的”,这意味着整全性在政治哲学的逻辑中是不存在的,它存在于“日常政治”中。日常政治和乌托邦政治之间的区别在于,后者中的人们并不属于特定的政治社群,他们只有在确定了一般性的正义原则之后,才会展开特定的社群生活;而在前者中,我们在确定正义原则之前,就已经分属于不同的政治社群。

整全性的观念并不复杂。“它要求政府用一个声音说话,以原则的、融贯的行动对待它的全体公民,将它用以部分人的实质正义或公平标准扩展至每个人”[①]。然而,这个在乌托邦公理性理论中并不独立存在的理想是真实的吗?为什么“政府用一个声音说话”是重要的,以至于能够为官方强制力的行使提供辩护?为此,德沃金引入了一个思想实验。例如,人们对女性是否享有堕胎的权利存在争议:一方主张由于并无实在法明确规定,因此女性不能在法律上主张这项权利,否则将破坏每个

---

① [美]德沃金:《法律帝国》,许杨勇译,上海三联书店 2016 年版,第 131 ~ 132 页。

公民对政府行动的公平预警;另一方则主张,如果完全禁止女性堕胎的权利,这将导致一个极不正义的结果。一种被德沃金称为"内在妥协"的方案要求,允许出生日期为单数的女性享有这项权利,而日期为双数的女性则不享有该权利。这显然是很荒谬的,我们甚至根本不会讨论这种内在妥协。为什么不会将内在妥协视为一个可行的解决方案?德沃金认为,无论从正义还是公平的角度出发,都没有理由先行排除内在妥协,因为无论从哪个角度出发,在无法赢者通吃的局面下,至少它能保留一半的公平/正义的结果。因此,荒谬的理由显然不会来自公平或正义,而是一个独立的理由。

这个理由就是整全性。德沃金将其比喻为政治生活中的"海王星",这个比喻相当精妙:人们在发现海王星之前就已经假定了它的存在,因为只有这样才能解释相邻行星的运行。同样,尽管经典的政治哲学理论都没有确切讨论过整全性,但我们在实践中其实已经预设了它的存在,这样才能解释我们对日常政治中某些诉诸正义和公平无从解释的态度,这也就意味着整全性的基础独立于公平和正义。德沃金主张,"我们应该从友爱(fraternity)(或者用它更时尚的名称'社群')当中,寻找我们对整全性的辩护理由"①。结合之前对诠释性概念的分析以及对法理学问题的重述,这里的核心问题在于为官方强制的行使提供正当性辩护的理由。

在简要检讨了默示同意、对正义的自然义务以及公平游戏理论之后,德沃金主张官方强制的正当性基础应当来自所谓社群义务,也可被称为角色义务或联合义务。德沃金通过讨论家庭和友谊的例子,展示出这种社群义务在日常生活中的普遍性,人们对家人、朋友、同事等特定社群内部成员的义务,来自这些成员作为该社群局内人的身份,而不能被还原为任何其他事实。这一点显示出社群义务的独立性。德沃金主张,这种基于社群成员身份的义务要想存在,需要社群成员对这些义务持有特定的态度:

① 参见[美]德沃金:《法律帝国》,许杨勇译,上海三联书店2016年版,第150页。

(1)“他们必须把团体的义务,看作单独适用于团体之内的特殊(special)义务,而不是团体成员对团体以外的人同样负有的普遍义务”;

(2)“他们必须接受这些责任的个人性(personal):它们直接流动于每个团体成员与每个其他成员之间,而不只是流动于每个成员与某种集体主义意义上的整个团体”;

(3)“成员们必须把这些责任,视为源自每个人都负有的关切(concern)团体中其他人之福祉的更普遍义务”;

(4)“成员们必须认为,团体的实践不但显示了关切,而且显示了对所有成员的平等(equal)关切。……团体中的角色与规则,对所有人的利益都是平等的,没有哪个人的生命比其他人更重要”①。

基于上述四个条件,德沃金进一步区分了两种社群的概念,即“单纯”社群(a “bare” community)和“真实”社群(a “true” community),“前者是指这样的社群,它满足社会实践认定有资格构成友爱社群的遗传性、地理性或者其他历史条件。后者指其团体责任的实践满足刚才确定的四个条件的单纯社群”②。这就是说,组成单纯社群的一定社会事实因素构成了真实社群的必要非充分条件,而真实社群和单纯社群的关键区别在于,前者不仅包含了后者的条件,更进一步包含了上述四个规范性条件。

这就意味着,要组织一个真实社群,必须同时考虑满足上述两方面的条件。为此,德沃金分别讨论了三种可能的具体社群组织模式。首先,“社群成员把自己的联合体看成只是历史、地理及类似因素导致的事实性偶遇(de facto accident),从而根本不把它当成是真正的联合性社

① [美]德沃金:《法律帝国》,许杨勇译,上海三联书店 2016 年版,第 159 ~ 160 页。
② 参见[美]德沃金:《法律帝国》,许杨勇译,上海三联书店 2016 年版,第 160 页。

群”[①]。这种社群显然不满足真实社群的任何规范性条件。其次，是一种所谓“规则手册模式”的社群，其中社群成员“遵守以某种方式确立的规则，这种确立规则的方式对该社群来说是特殊的”[②]。这种规则手册式的社群，至少满足了四个规范性条件中的前两个，但并不满足第三个，即人们彼此关切的范围仅限于既定规则偶然划定的范围。

德沃金认为，真正能够组织起一个真实社群的模式必须是所谓“原则模式”：

> 它坚持认为，人们只有认可自身命运被强有力地连结在一起，他们才是真正政治社群的成员。这种强有力的连结方式是：他们承认统治自己的，不仅是政治妥协中经反复推敲确立的规则，而且包括共同的原则。对这些人而言，政治具有不同的特性。它是这样的争论战场：社群应当采纳哪些原则构成体系，社群应当对正义、公平和正当程序持什么观点。而不是适合于其他模式的不同叙事：在叙事中，每个人都力图在尽可能大的权力或规则领域里插上自己信念的旗帜。原则社群的成员承认，他们的政治社群做出的决定并没有穷尽他们的政治权利和义务。[③]

在这种模式下，社群成员的彼此关切就不限于规则划定的偶然范围，而是深入原则层面，这意味着这种关切依赖于对彼此福祉更深切的关切。与此同时，这种关切以普遍原则的方式表达出来，也就预设了这种关切是一种平等关切。因此，原则模式的社群就满足了真实社群的全部 4 个规范性条件，也因此只有原则的社群能够以“社群”的名义对成员的行动施加约束，并对自己运用强制的行动提供正当性辩护。进而，原

---

① 参见[美]德沃金：《法律帝国》，许杨勇译，上海三联书店 2016 年版，第 166 页。

② 参见[美]德沃金：《法律帝国》，许杨勇译，上海三联书店 2016 年版，第 166 ~ 167 页。

③ [美]德沃金：《法律帝国》，许杨勇译，上海三联书店 2016 年版，第 167 页。

则的社群"就是我们支持整全性的理由"。[①] 这是因为相较于对法律的其他理解,只有以整全性为基础组织起来的社群才可能是一个原则的社群,而这个事实也同时阐明了整全性有能力为官方强制的行使提供正当性辩护。那么,整全性就是对法律概念的最佳诠释。

这里需要提醒读者注意的是整全性和正义之间的关系,这也涉及整全性发挥作用的条件。如德沃金之前将整全性和海王星之间所做的类比,整全性实际上是独立于正义和公平之外的政治理想,它的功能是协调这两者的运行。如果对一个案件,正义和公平给予了两个不同的回答,那么整全性至少要求政府确定"我们"在这种争议情形下对正义和公平前后一致的排序原则是什么,并根据这个原则给出解决方案,而不能任意地在正义和公平之间寻求无原则的妥协。但如果在一个案件中,公平并不倾向于支持任何一方的主张,此时只需考虑正义的要求,那么此时整全性就只是一种"背景性"的力量,支持以原则的方式解决问题。

由此也可以看到,整全性支持法律正当性的特殊方式。日常政治中诸种普遍理想之间的分歧,构成了整全性发挥作用的条件,因此整全性的要求并不总是和正义或公平的要求保持一致,相反从后两者的角度看,可能整全性的要求并不那么合理。在这个意义上说,相较于乌托邦的公理世界,法律提供的总是"次好"的结果。反过来说,整全性之所以在日常政治中具有力量,也就是因为它在根本上表达了一种要求,即在这个并不完美的世界中,我们每个人依旧要求法律将自己视为一个按照理性原则行动的能动主体,而不是受到偶然摆布的棋子,这对每个人而言都是重要的。因此,整全性提供的对官方强制的辩护理由"在原则的社群中是可以接受的,因为对整全性的普遍承诺,表达了每个人对所有人的如下关切:他的特殊性、个人性、普遍性及平等主义,足以据此建立起社群义务"[②]。

---

① 参见[美]德沃金:《法律帝国》,许杨勇译,上海三联书店 2016 年版,第 169 页。
② 参见[美]德沃金:《法律帝国》,许杨勇译,上海三联书店 2016 年版,第 171 页。

(三)法律中的整全性

按照德沃金对诠释性概念结构的说明,以及对法理学问题的重述,我们可以初步得出结论:整全性是对法律概念给予最佳诠释的观念。在确定了最佳观念之后,我们就需要进入后诠释阶段,考虑如何调整具体的法律实践,使法律实践与整全性保持一致。前文述及,总的来说整全性要求法律以原则的方式行动,反对任意的内在妥协方案。结合法律自身存在立法和裁判的两种分工,德沃金主张整全性亦包括"立法的整全性"和"裁判的整全性",其中前者"限制了我们的立法者或其他法律制定者,在扩展或改变我们的公共准则时可以恰当地做什么";后者"要求我们的法官尽可能将我们建构的公共准则体系,看成是在表达和尊重一组融贯的原则,并且为此目的诠释这些准则,以找出明示准则之间和背后的隐含准则"。[①]

德沃金比较在意的是裁判的整全性。这种整全性相较于其他竞争性的观念而言,将诠释性概念的逻辑贯彻得最为彻底。在与之竞争的惯例主义和实用主义中,这两者本身虽然呈现为对法律概念的诠释,但是这两种观念在后诠释阶段给予的确定法律命题真值的裁判方法却不是诠释性的。前者要求法官在有明确惯例时直接遵循惯例的要求,而在未有惯例时运用自由裁量,这些都不需要对法律实践进行整体的建构性诠释;而对于实用主义而言,所有的考虑都指向未来最佳的结果,过去的政治决定并不具有任何独立的规范性地位,因此当实用主义法官确定了全盘考虑未来最佳的决定时,他就没有必要主张自己受到既有政治决定的约束,也没有理由去进一步诠释法律实践,寻找其中融贯一致的原则。只有裁判的整全性,它"既是对法律实践作全面诠释的产物,又是作全面诠释的灵感来源",这就是说整全性本身是对法律概念进行最佳诠释的产物,但同时整全性本身又要求法律人对具体的法律实践作最佳的诠释,从而确定具体法律命题的真值:

---

① 参见[美]德沃金:《法律帝国》,许杨勇译,上海三联书店 2016 年版,第 172 页。

> 根据整全法,如果法律命题出现在,为社群法律实践提供最佳建构性诠释的正义、公平与程序性正当程序等诸原则之中,或从中推导出来,那么这些法律命题为真。①

如果对照法律实证主义的某些主张,可能会有读者指出,从上述论证看作为整全性的法律最终要求了什么,取决于对法律实践的道德诠释,这很可能导致法律的要求被一般性的道德所吸收。相对而言,法律的要求若想确保其独立地位,就需要将法律视为一种权威性指令,这种指令的存在和内容完全取决于社会事实,而不依赖任何实质的道德论证和诠释。换言之,德沃金的法律理论实际上是一种"取消法律"的法律理论。

德沃金始终不认为,只有承认了法律完全是由社会事实所决定的之后,才能确保法律的独立性。他认为法律的独立性来自法律作为一种独立的人类实践形式,而这种实践的独立性本身依赖于实践所包含的事实性特征,任何合理的诠释必须符合这些基本的事实特征,这和上述反对意见的主张似乎高度相似:

> 历史之所以重要,是因为这个原则体系必须同时证成这些过去决定的地位和内容。我们将《濒危动物法》当作法律(除非及直到该法案被废止之前)。我们这样做的理由,包括国会制定法案这个关键事实。而我们提出的支持将该事实当作关键事实的理由本身,又必须顾及我们对待自己政治历史中其他事件的方式。②

德沃金拒绝的是,要确保法律的独立性,就必须接受法律的存在和内容只能纯粹由社会事实所决定。在他看来,当社会事实作为诠释考虑

① [美]德沃金:《法律帝国》,许杨勇译,上海三联书店 2016 年版,第 178 页。
② [美]德沃金:《法律帝国》,许杨勇译,上海三联书店 2016 年版,第 180 页。

的一个要素进入诠释之中时,对法律的诠释就已经不同于一般的道德原则,毕竟对后者的诠释不必考虑任何社会制度的历史和事实。当然,这些社会事实在诠释中究竟具有何种分量并无定论,而只能依赖于特定脉络下的建构诠释,但有些基本的事实是任何合理诠释都不能忽视的,这就足以确保法律实践的独立性。

不过这些主张会导致另一个棘手的难题。既然对法律的诠释总需要考虑特定脉络下某些基本的社会事实,并对这些事实进行最佳的建构,那么如果这些基本的事实充满了断裂和紧张,几乎无法构建出任何连贯的原则,此时整全性该如何确定哪些法律命题是真的?或者只能承认在这种情况下根本没有任何法律可言?如果是后者,那么整全性对法律的说明就显得非常脆弱,特别是对那些复杂社会中连续存在的法律体系,总会存在不同程度上的断裂。但德沃金主张,这些事实上的不一致在多大程度上会挫败整全性要求的最佳诠释,本身是一个诠释性问题,而不是一个事实问题,毕竟整全性并不要求最佳观念需要机械地对所有事实都给予正当性辩护:

> 法律实践或许最终屈从于强烈的怀疑论诠释。但是,这个结局并不仅仅因为社群的历史是有着重大变革和深刻冲突的历史而不可避免。在道德错综复杂甚至模糊不清之地,仍可建构出富于想象力的诠释。①

范立波教授指出,上面这段话显示出"符合"的要求会被"证立"所挤压,在多大程度上"符合"依赖于对"证立"的考虑,而"证立"才是德沃金理论真正关切所在。这个解读事实上也获得了德沃金本人的支持。他在很多场合明确指出,诠释所要求的"符合"和"证立"并不是两个完全独立的标准,而"是一种关于政治道德性之单一总体判断的不同方面",即"符合"本身就是"证立"需要考虑的一个部分,因此事实上也无

---

① [美]德沃金:《法律帝国》,许杨勇译,上海三联书店 2016 年版,第 180 页。

所谓“符合”被“证立”挤压的问题，真正重要的是在对法律给予最佳诠释时，“符合”所表达的对法律形式性和事实性的考虑究竟有多大的分量，而这个分量是要在具体的脉络中才能决定的。正因如此，德沃金才会主张，“整全法只是提供了一种研究途径(approach)或复杂联立方程的解法，而不是直接决定诠释结果的演算法则”。

然而，要做到“在道德错综复杂甚至模糊不清之地，仍可建构出富于想象力的诠释”，就需要进一步原则的指引。例如，一个身处20世纪60年代平权运动中的美国法官，当他在面对涉及种族的案件时，就需要反思，究竟是尊重整全性的要求，尽可能将美国的法律融贯地诠释为一个整体，但这样做将会使得现在这个案件中人们的权利义务或多或少地受到某些既定种族歧视法案的影响，还是明确地承认不存在融贯的原则，并依照在个案中遵循正义的要求，直接排除那些涉及种族歧视的法律？这显示出，整全性作为日常政治中的一个独立理想，总是会和正义、公平、正当程序等其他独立理想之间存在紧张和冲突的可能，这就需要进一步的原则进行协调，否则政治生活说到底还是落到了官员专断决定的地步，整全性也就不可能提供对官方强制力的辩护了。这也显示出，这里需要的进一步原则必然还需要归属于整全性名下，从而确保整全性能够提供充分辩护。

为此，德沃金区分了两种类型的整全性，即“包容的整全性”和“纯净的整全性”。前文对整全性的主要讨论都可被归为对包容的整全性的讨论，它要求法官构建对现行法律的整全理论，使其尽可能呈现出一组关于公平、正义、正当程序等政治理想的融贯原则。[①] 但纯净的整全性要求法官思考，他“要是完全不受拘束地追求贯穿并统一不同法律部门的正义原则之融贯性，法律会是什么”[②]。可见，在纯净的整全性中，正义被赋予了首要地位。这是因为公平、正当程序等政治理想，都依赖于特定的制度安排和角色分配，但正义是从这些具体的安排和角色中抽离出

---

① 参见[美]德沃金：《法律帝国》，许杨勇译，上海三联书店2016年版，第318页。

② 参见[美]德沃金：《法律帝国》，许杨勇译，上海三联书店2016年版，第318页。

来,将社群视为一个整体,考虑社群应该做些什么或实现些什么的问题。确定了这个问题,才可能进一步做出具体的制度安排和角色分配。“所以,单纯从正义的立场看,整全性允许或要求什么这个问题,具有现实的重要性。因为这个问题为整个社群标明了议程,这个议程先于并塑造了以下的进一步问题:为了实现这种整全性,必须做出什么制度性决定。”[①]至此,对官方强制力的辩护就得到了充分解决。德沃金对整全性的说明也就基本到此为止。

五、余论

总的来说,对于尝试通过阅读导读性文章来接近《法律帝国》这本书的读者而言,可能本导读篇幅过长了,但即便如此,本文依旧忽略了大量该书中有趣的讨论。同时,在本文中呈现出来的德沃金的论证,也未必完全准确。无论如何,本文只提供了进入德沃金这本书的一条可能的理解路径,真正要把握这本书的意义,还是必须进入到这本书内部中去,导读性的文章不可能取代对原著的阅读。在本文的最后,笔者想简要总结一下这本书对我们理解法律的概念以及对概念进行分析的一般性法理学有何推进意义。

首先,在法律概念的讨论上,法律实证主义和自然法往往被视为提供了两种对立的观点。前者主张法律的存在和内容完全由社会事实决定,而后者在承认社会事实的基础上,主张某些实质的道德原则同样是决定因素。尽管这两者之间存在激烈争论,但它们实际上分享了对法律概念类型的同一种理解,即将法律视为一种判准性概念,法律概念的正确用法依赖于人们共享的某种实质判准。由于传统的自然法依赖于对人性某些“厚实”的观念,这些观念在现代社会中遭到了普遍的质疑和挑战,因此当代法理学上占据主流地位的是法律实证主义。这种理论提出了两方面的主张:第一,决定法律概念正确用法的判准完全是由社会事实所构成的;第二,作为对概念性质给予分析的一般性法理学,主要进

---

① 参见[美]德沃金:《法律帝国》,许杨勇译,上海三联书店 2016 年版,第 319 页。

行的是一种描述性的工作,即阐明人们所共享的判准中的社会事实究竟是什么。在这个意义上,法理学是“乏规范性”的,不讨论诸如法官如何依法裁判,公民是否有守法义务等规范性问题,而强调其作为对法律形而上学分析的一般性特征。[①]

然而,即使站在实证主义的理论框架内部,亦能发现这种框架的裂缝。哈特在《法律的概念》中提到,他的理论目标是促进法律、强制与道德的理解,但在实践中何种情况下算是对行动者的“强制”,这本身或许就是一个道德问题,毕竟一个行动是否是强制很大程度上取决于它是否能获得道德理由的辩护,因此要将法律和纯粹的强制区别开,就必然涉及对这些道德理由的讨论。[②] 哈特之后的法律实证主义者也意识到说明法律的性质,主要是将法律在实践推理中的独特性加以阐明,特别是与强制的不同,这势必要涉及对包括道德在内各种行动理由的理解,如拉兹在《实践理性与规范》中就明确提到,“行动理由的概念是说明规范的关键概念。在我看来,对规则进行说明的主要困难在于理解规则与行动理由的关系”[③]。但正如范立波教授所指出的,法律实证主义在这个议题上采取了非常粗糙的决定模式,即法律总是以一种“断然的”和“独立于内容”的方式给予行动理由。但在这种模式下,由法律推理所显示出的行动理由和法律之间的复杂关系都无法得到合理的说明,亦无法将法律嵌入行动者更基本的实践推理结构中。这种一般的、描述性的法理学不仅对法律人毫无吸引力,同时也对推进社会公众对法律实践的深刻理解并无多少助益——有趣的是,这恰恰是法律实证主义辩护自身理论价值的重要理由。

相对来说,德沃金的工作是在整体上重塑了人们对法律概念的理解框架。从法律实践中的论辩性品格出发,德沃金注意到这其中争议的性

---

① [英]加德纳:《法律实证主义:五个半误解》,雷磊译,载郑永流主编:《法哲学与法社会学论丛》(2007 年卷),北京大学出版社 2008 年版,第 227 页。

② 这里的评论部分受到中国政法大学范立波教授的启发,特此感谢。

③ 参见[英]约瑟夫·拉兹:《实践理性与规范》,朱学平译,中国法制出版社 2011 年版,第 2 页。

质是诠释性的,而非事实性的,显示出法律概念所指的实践的核心同样是诠释性的。这就使得法律实证主义在预设法律概念是一种判准性概念的前提下所进行的分类学分析明显错失焦点。而在德沃金借助诠释性概念对法理学进行重述之后,价值问题占据了法理学讨论的核心,法律成为包括道德在内的价值领域中的一个部门,对该部门性质的说明必须借助或依赖对价值更基本的说明。这也就明确将法理学导向了更广阔的价值领域。与此相应,德沃金也提出了对诠释性概念进行分析的方法,即建构性诠释。在建构性诠释中,事实和对事实的描述并没有被彻底否定,而是成为诠释的一个重要环节,其中描述只是确定了无争议的概念共识,识别和界定出有待诠释的对象,而诠释则需要将这个对象借助所赋予的实践要旨建构出来。

应该承认,德沃金的法理学方案并非无懈可击,但他对法理学的基本构想无疑是正确的,这套构想提出了一种能够与法律实证主义全面竞争的理论框架。正因为在基本层面上是正确的,因此即便如夏皮罗这样的法律实证主义者也会承认,德沃金对法律实证主义提出的挑战尚未被完全回应。有理由相信,《法律帝国》将依旧激励后来对法理学有兴趣的研习者,从中开掘出更有价值的理论结论。

思　考　题

1. 理论争议作为一种独特类型的争议,其独特性何在?

2. 对德沃金来说,法律和一般性的道德原则区别何在?

3. 在你看来,德沃金对诠释中存在“唯一正解”的论证是否充分?为什么?

拓展阅读

1. Ronald Dworkin, *A Matter of Principle*, Harvard University Press, 1985.

2. Ronald Dworkin, *Justice in Robes*, Harvard University Press, 2008.

3. Ronald Dworkin, *Justice for Hedgehogs*, Harvard University Press, 2011.

4. Stephen Guest, *Ronald Dworkin*, Stanford Law Books, 2012.

5. Scott Hershovitz eds., *Exploring Law's Empire: The Jurisprudence of Ronald Dworkin*, Oxford University Press, 2009.

6. Wil Waluchow & Stefan Sciaraffa ed., *The Legacy of Ronald Dworkin*, Oxford University Press, 2016.

7. Salman Khurshid, Lokendra Malik, Veronica Rodriguez-Blanc ed., *Dignity in the Legal and Political Philosophy of Ronald Dworkin*, Oxford University Press, 2018.

第十二讲

《法社会学》导读

本导读以上海人民出版社《法社会学》第二版的中文版为依据。[德]尼克拉斯·卢曼:《法社会学》,宾凯、赵春燕译,上海人民出版社2013年版。

一、卢曼生平

尼克拉斯·卢曼(Niklas Luhmann,1927—1998年),当代德国著名社会学、法社会学家。他与同时代另一位哲学社会学大师于尔根·哈贝马斯的关于分析社会还是改造社会的论战为其赢得了巨大的学术声誉。

卢曼出生于德国吕讷堡(Luneburg),1946年至1949年在弗莱堡大学攻读法学专业,毕业后一度任职于汉诺威(Hannover)文化部,1960年至1961年卢曼赴美国哈佛大学深造,师从20世纪社会学理论的领军人物塔尔科特·帕森斯,攻读社会学。回国后曾辗转任职于几家学术机构,直到其于1968年获任比勒费尔德(Bielefeld)大学社会学教授,这所大学遂成为卢曼终其一生的学术主阵地,卢曼在此一直工作到1993年退休,最终于1998年去世。

研究者一般从两个方面来理解卢曼的理论路径。首先是其导师塔尔科特·帕森斯的结构功能主义,它对卢曼有深远影响,但在卢曼的后期作品中,他从生物细胞遗传理论、计算机信息和控制理论等获得灵感,发展出"自成系统的自我指涉理论"。卢曼以系统/环境的区分作为基本分析框架,认为每一个系统必须产生并使用一个关于自身的描述和沟通机制以区分于环境,比如,法律系统使用的是"合法/非法"的沟通,政治系统使用的是"有权/无权"的沟通,经济系统使用的是"支付/不支付"的沟通,等等。系统就是通过这样的自我指涉和自创生机制来"化简"复杂性、进行变量控制,或者更为恰当的说法是,对自我控制和系统内在演化进行刺激,社会在这种自我控制和系统内在演化中得以分化。这套理论背后反映出这样一种关于世界和社会的观念:它们不是植根于一个中心并依靠该中心维持其凝聚力,而是植根于多个中心之中,而且它原则上是由无数个不断变化的系统综合而成的。法律就是这样一种从社会环境中分化,同时又让社会成为可能的一种功能子系统。不过,正如有机生命体的自我生成需要不断从环境中汲取动力,系统的自我指涉和自创生同样也不意味着系统与环境的相互隔绝,而只是在运作上保持封闭,在认知上保持开放。①

二、问题意识

在人类社会生活的方方面面,无论是政治、经济、文化事务,还是家庭、宗教团体以及政党等社会组织的运行,都不可能游离在法律的规范性指引之外而获得持续、有效的秩序建构,可以毫不夸张地说,法律是存在于社会条件中的基础性的、全方位渗透的事实。② 那么,法律为什么能够在人类社会生活中起到如此至关重要的作用?或者说,人类社会生活为何只有经由我们称为"法律"的事物才能达至可欲的秩序?

从一般性的经验认知出发,我们就能意识到基于人类行为互动的社会是一种蕴含高度复杂性的行动系统,存在各种体验和行动的可能性,如果在特定的社会情境系统中,所有的行动可能性都毫无保留地在现实

---

① 参见[德]托马斯·莱塞尔:《法社会学导论》,高旭军等译,上海人民出版社 2014 年版,第 112~113 页。

② 参见[德]尼克拉斯·卢曼:《法社会学》,宾凯、赵春燕译,上海人民出版社 2013 年版,第 39 页。

化层面高度开放出来,往往就意味着社会的无序和失范。试想两位来自陌生部落的远古先民突然在丛林深处相遇,这个时候,从他们相互之间的经验体验和行动感知来说,各种可能性都有可能沿着现实化的逻辑演进:双方有可能保持警惕地相向而行,最终无害通过;但也有可能某一方觊觎对方手中拎着的猎物,并且评估了一下双方实力对比,觉得可以"不劳而获"一把。

对于任何一个可欲的社会共同体来看,为了维持相应的秩序需求,就必须要对蕴含无尽社会互动可能性的系统复杂性进行结构化处理。随着社会文明和组织化程度不断提高,在一些特定社会情境系统中曾经具有高度开放性的互动可能性得到了有效处理,比如,古希腊人曾经骄傲地宣称,自由民可以不必佩带武器行走在城邦的大街是城邦文明的伟大成就。[①] 但与此同时,也会不断有新的社会互动可能性被开放、建构出来。而从法律承担的社会秩序功能来看,其所面临的主要挑战就在于如何"化简"蕴含无尽可能性的社会复杂性,塑造一致性、一般化的规范性行为期望,努力抑制那种对社会而言不可欲的可能性,同时又不断推动那种更符合社会共识和预期的可能性最大限度获得现实化。总而言之,不同的社会复杂性程度会有不同的结构化需求,一个社会的结构形式和复杂性程度是互为条件的。[②]

对于法社会学而言,这就意味着需要以法律作为一个社会系统的结构是如何可能的问题作为开端。[③] 这同时也决定了在研究进路上被界定为"法社会学"的知识传统尤为强调的是作为结构的法律和作为社会系统的社会必须在相互作用的关系中被观察和研究。这种法律与社会的相互关联性既包含事实面向,也包含时间面向,并因此产生了一种社会

---

① 参见[德]尼克拉斯·卢曼:《法社会学》,宾凯、赵春燕译,上海人民出版社 2013 年版,第 149 页。

② 参见[德]尼克拉斯·卢曼:《法社会学》,宾凯、赵春燕译,上海人民出版社 2013 年版,第 46 页。

③ 参见[德]尼克拉斯·卢曼:《法社会学》,宾凯、赵春燕译,上海人民出版社 2013 年版,第 46 页。

和法律的进化理论。[①] 而这也是法律—社会学知识谱系与传统自然法思想拉开距离的地方。

三、经典法社会学的知识谱系和理论检讨

法社会学兴起之前的自然法思想传统对法律的理解有一种形而上取向,认为法律应当呈现和对接的是一种永恒的自然正义秩序和不变的真理标准。不过,随着"契约"概念成为理解人类社会生活关系的重要范畴,契约关系所象征的在不同可能性中进行选择的相对性,使得对社会关系偶在性的理解成为法社会学的理论自觉,其基本理论立场认为不存在某些在所有社会都同样有效的恒久不变的法律规范,最多不过是存在一些抽象原则,而这些原则实际上非常空洞,真正展开具体运行的法律其实是一种偶在的社会建构。这样一来,法律—社会学的知识传统就不再到更为高级的规范或无可置疑的原则那里寻找能够证明社会生活有效性的理由,而是致力于研究法律—社会之间的经验变量。[②]

经典马克思主义预设的经验变量是经济,经济基础决定上层建筑是我们耳熟能详的经典论述;梅因提出了"从身份到契约"的经验框架,在这里,身份和契约的分析概念并没有假定一种逻辑化的、独一无二的法律制度,而只是表明存在许多建构法律秩序和分配权利义务的基本原则,这些原则可以从各种社会结构的背景中感受到,并受其制约;[③]涂尔干则把社会发展看成是从块状发展向功能分化的社会渐进重构。块状分化把社会分割为相同或相似的意义复杂性单位,即家庭和氏族。功能分化则通过劳动分工把整个社会区分为作为其部分存在的具有专门功能的诸系统,这就是社会复杂性增长的方式。涂尔干认为,可以通过经

① 参见[德]尼克拉斯·卢曼:《法社会学》,宾凯、赵春燕译,上海人民出版社 2013 年版,第 46 页。

② 参见[德]尼克拉斯·卢曼:《法社会学》,宾凯、赵春燕译,上海人民出版社 2013 年版,第 51 页。

③ 参见[德]尼克拉斯·卢曼:《法社会学》,宾凯、赵春燕译,上海人民出版社 2013 年版,第 54 页。

验性地呈现社会结构和法律之间的同步变化,验证二者之间的关系。[①]

卢曼认为,马克思、梅因和涂尔干的法社会学进路共享一个深刻的进化论视角,但他们的理论所关注的只是进化论的某些局部问题,因此有必要在知识谱系上更进一步,迈向马克斯·韦伯来对之加以补充。

韦伯的重要洞见是,作为欧洲以及现代社会发展之基本特征的理性化和世俗化都是从法律中获得前提条件的。韦伯看到的是这样一种发展,即法律从社会其他诸领域中分出,并具有自成一体的运行结构。也就是说,法律开始与内含"地方性知识"特质的其他社会结构和期望保持相互隔离的运行机制,努力剔除其中的个人化和情境性因素(比如,不为外人所知悉的地方传统习俗和道德因素等),以高度抽象并且可预期的形式化和非人格化逻辑来回应具有"脱域"特质的社会交往和资本流动。[②] 在韦伯这里,由于社会行动具有主体选择性,因此首先是偶在的;社会秩序不再被理解为对与需求相关的自由选择的限制,而是被理解为对行动偶在性的限制,或者说,一旦某个社会行动者把自己的行动与他者的行动建立意义关联,并因此而理性化地对行动加以自我塑造时,社会秩序就被理解为刺激自身、化简自身的努力。

在卢曼看来,韦伯的不足在于使用传统社会学范式的"支配"概念来看待社会行动者的自我行动价值理解问题,[③]因此未能发展出一门关于规范性应然的法律—社会学理论。而这个问题恰恰在卢曼的导师塔尔科特·帕森斯那里得到了一定程度的修正。帕森斯吸收了涂尔干社会规范结构的客观性和韦伯基于行动主观性认知而产生的偶在性观念。他认为,一旦数个可以主观地选择其意义的行动者想要在给定的情景中以一种相互关联的方式行动,行为的相互期望就必须被整合起来,这可

---

① 参见[德]尼克拉斯·卢曼:《法社会学》,宾凯、赵春燕译,上海人民出版社 2013 年版,第 56 页;[法]埃米尔·涂尔干:《社会分工论》,渠东译,生活·读书·新知三联书店 2013 年版,第 73 ~ 92 页。

② 参见[德]尼克拉斯·卢曼:《法社会学》,宾凯、赵春燕译,上海人民出版社 2013 年版,第 57 页。

③ 参见[德]韦伯:《法律社会学:非正当性的支配》,康乐、简惠美译,广西师范大学出版社 2011 年版,第 389 页。

以通过持续的、可以学习的以及可以内化的规范稳定化而实现。否则，两个主体之间具有决定意义的“双重偶在性”就不能得到克服，“期望的互补性”也不能建立起来。[①]

不过，当帕森斯因此而认为社会系统的结构是由规范期望构成时，卢曼依然对此论断表示了质疑，卢曼认为帕森斯把社会系统化约为规范关联的行动，这导致其无法有效处理规范性结构和认知性结构之间的关系问题，更无法有效澄清法律是如何在嵌入偶在性之中的同时又能实现规范性应然的功能可能性。[②]

卢曼对经典法社会学知识谱系的梳理最后定格在尤根·埃利希，埃利希在其代表作《法律社会学基本原理》中表达的核心观点是：法的发展的重心不在立法、法学或判决，而在社会本身。[③] 埃利希的代表性一方面在于其与同时代的涂尔干、韦伯在处理法律与社会关系问题上具有立场的一贯性：法律是社会的法律并随着社会而变化；另一方面则在于其确立自身理论立场时所暴露出的知识视野局限：被埃利希看作过时观点的国家和社会的分离，实际上正是社会中真正的角色分化和系统分化。因此，尽管埃利希对概念法学的反思以及对于法律专门化所呈现的系统自治都提供了与角色分化问题相关的有趣发现，但埃利希像同时代人一样未能正确提供一个有效的分析框架来处理现代工业化社会中最具特色的现象——法律的实证性。卢曼认为，真正意义上的法社会学需要提供有关法律实证性的社会学理论，社会学家对法律现象的社会学研究进路未能做到这一点，而传统的法学理论研究进路又只把目光局限在与实证法的合法性基础相关联的若干法律问题上。[④]

---

① 参见［德］尼克拉斯·卢曼：《法社会学》，宾凯、赵春燕译，上海人民出版社2013年版，第59～60页。

② 参见［德］尼克拉斯·卢曼：《法社会学》，宾凯、赵春燕译，上海人民出版社2013年版，第60页。

③ 参见［奥］尤根·埃利希：《法律社会学基本原理》，叶名怡、袁震译，江西教育出版社2014年版，第413页。

④ 参见［德］尼克拉斯·卢曼：《法社会学》，宾凯、赵春燕译，上海人民出版社2013年版，第63页。

正是在经典法社会学力所不逮之处,卢曼希望结合系统论和社会理论对社会发展过程中的法律形式和法律变迁予以反思,以呈现在法社会学进路中理解法律实在性的理论潜力。

四、社会理论视野下的法律生成逻辑

从社会运行的角度来看,世界包含着体验和期望的广泛可能性,但是,只有有限的可能性能够被意识所认知、被处理为信息或被行动所俘获。行动主体在体验即时的、给定性的内容中,会出现一些指向其他可能性的迹象,这些可能性具有复杂性和偶在性。在这里,卢曼所表述的复杂性,是指与已经获得了现实化的可能性相比,总是还有其他更多的可能性存在;与此相适应,偶在性,是指在即将来到的下一步体验中,被指向的可能性总是有可能与期望中的可能性不一致。从实践上来看,复杂性意味着被迫选择,偶在性则意味着遭遇失望的风险以及冒险的必要性。①

如果社会行动者因为害怕遭遇失望而不敢做出选择,则社会也将在相当程度上变得不可能,这势必要求社会发展出对复杂性和偶在性加以控制的应对机制:一个有能力进行意义建构的世界。呈现在体验中的其他可能性的复杂性和偶在性,在结构上就形成了所谓的"世界",在体验和行动中对选择进行优化的条件在诸系统中获得结构化,由此,经过试错而产生的免于失望的选择形式则是所谓的意义,结构化的条件可以保证意义的同一性得到维持,正是在这个层面上,期望得以建构。②

然而,期望的建构除了诉诸"意义",还依赖"他者",而一旦导入"他者"的视角,"自我"意识领域中的单一偶在性就增长为社会世界中的双重偶在性。因此,期望结构必须以更为复杂多变的形式来建构。他人的行为不可能是可以预见的确定性事实。必须把他人的行为看作他人的

① 参见[德]尼克拉斯·卢曼:《法社会学》,宾凯、赵春燕译,上海人民出版社 2013 年版,第 71~72 页。

② 参见[德]尼克拉斯·卢曼:《法社会学》,宾凯、赵春燕译,上海人民出版社 2013 年版,第 72 页。

选择,其是在各种可能性中进行的选择。当然,这种选择依赖于他人的期望结构。因此,为了保证意义的同一性得到维持,就不仅需要预见他人的行为,而且需要预见他人的期望。也就是说,为了克服双重偶在性所需要的期望结构依赖于对期望的期望。①

在双重偶在性的情境中,所有社会体验和行动都具有双重关联性:在一个层次上,是直接的行为期望,即某人对他人行为所持期望得以兑现或落空;在另一个层次上,则需要判断某人自己的行为对他人的期望而言意味着什么。规范性的功能——也就是法律的功能——只能出现在这两个层次的结合中。②

在这里,规范对于建构期望当然是具有积极意义的,规范的指引、预测、评价和强制功能明确了基本的期望指向和违反期望的后果,有助于创造期望的确定性。而卢曼最具洞见性的一点则在于其非常独到地认识到,规范的意义并不仅仅在于尽可能保证期望的实现(因为无论多强有力的规范都会面临违反者),而更在于当期望落空时,规范能让人意识到,出错的并非自己的期望,而是违反规范者的行为。这一认识非常精辟地揭示出维持规范有效性的社会心理基础,正是从这一点出发,卢曼进而诉诸期望概念的意义分化来探讨法律的社会生成所内含的复杂性,相较于传统法律学说试图诉诸更高规范来为规范有效性奠基的处理方式,这也是卢曼的法社会进路非常独到之处。

(一)认知期望与规范期望

在充满复杂性和偶在性的现实世界,失望总是在所难免的。当期望一旦遭遇失望就去适应现实时,这种期望就被体验为认知性的。而规范期望则与此相反:当某人并没有遵循期望行事时,我们并不会因此而放弃期望。卢曼为此举了一个非常形象的例子:假如我正在等一位新秘

---

① 参见[德]尼克拉斯·卢曼:《法社会学》,宾凯、赵春燕译,上海人民出版社 2013 年版,第 73 页。

② 参见[德]尼克拉斯·卢曼:《法社会学》,宾凯、赵春燕译,上海人民出版社 2013 年版,第 74 页。

书。这个情境就包含了认知性期望和规范性期望两种成分。她可能年轻、漂亮,有一头金黄头发。我对这些事实抱持一种认知性的期望,如果女秘书带来的信息与我的期望不一致(遭遇失望),我必然会对失望进行适应,我只能学会接受这个事实。但对于她需要完成的分内之事,我却抱持着规范性期望。如果我对她应该完成的分内之事感到失望,我显然不会认为我的期望是不合适的,我有理由坚持认为在这个问题上女秘书应当符合我的期望,并且对于我的这个期望,社会也会抱持理解和支持。① 在这个意义上,规范是一种反事实稳定的行为期望。

通过认知期望和规范期望之间的分化,社会可以对适应现实还是维持期望进行折中性的排列组合。社会可以把行为期望制度化为认知性的:只要适应带来的利益是主导性的,那么社会成员改变期望以适应现实的行动就不会遭到指责。如果社会的稳定性和期望整合更值得追求,那么社会就会把期望落实到规范性领域,并加以明确表述。②

在这里,无论是选择认知性期望还是规范性期望,最关键的是对这个选择本身应该存在一种共识性的期望。比如,大家事先都能合理地预见到在某个问题上理所应当采取的是认知性期望;或者,大家都"确认过眼神",认为在某个问题上应该坚持规范性期望。

只有在规范期望和认知期望的类型选择是可期望的情况下,相应的类型分化才能实现:正是在这种条件下,社会层次上的期望类型的分化才能获得调整,并因而可以被预见。因此,他人期望的可期望性是人类共同生活的基本成就。只有在这个基础上,以拒绝学习的规范期望类型来处理失望的期望系统才得以在专门的领域扩展。③

---

① 参见[德]尼克拉斯·卢曼:《法社会学》,宾凯、赵春燕译,上海人民出版社2013年版,第81页。

② 参见[德]尼克拉斯·卢曼:《法社会学》,宾凯、赵春燕译,上海人民出版社2013年版,第83页。

③ 参见[德]尼克拉斯·卢曼:《法社会学》,宾凯、赵春燕译,上海人民出版社2013年版,第89页。

(二)行为期望制度化

规范期望当然不能持续暴露在失望的冲击之下,为了维持规范性的结构化边界,行为期望制度化的作用机制是其中的关键,这就涉及第三方的角色分化,而各种期望就依托于假定的第三方的期望,以及对该第三方期望的期望。在这里,作为第三方的个人是一个在经验意义上有可能加入共同进行感知、一起做出决定、共同表态等共同行动中的个体,简言之,就是每个人身边的你、我、他。通过导入有可能成为共同体验者的第三人的期望视域,"行为期望制度化"的意义在于,"更大程度地发挥最低限度的同时性、同意义性之体验的作用,并将这种体验同等分配于具有社会重要性的意义载体和时机,使得共识可以根据需要而被期望,被调用。尤其重要的是,能够覆盖既有的共识储备"①。这样一来,一个关于期望的社会制度象征就可以被迅速、有效地建构起来,如果某个人的自我期望与这个被共同期望的制度象征相冲突,他就会承受被孤立的压力。

而更有意思的是,在基于社会互动而实现共识达成的作用机制中,由于意见表达会受制于中心权威的议程设置等诸多现实性因素,并不是所有人都能提出足以吸引他人关注的沟通主题,互动参与者往往只能围绕着已经成为中心议程的主题表示赞同或反对。而这往往意味着他要么高度敏感地对所有不符合其期望的沟通内容表示持续反对,要么就只能接受社会互动中假定的共识性基础及其选择过程。

可以想象,这样一种互动机制背后所隐含的意义内涵注定会比通过经验沟通所能明确表达出来的实际内容要多得多,但无论参与者是否意识到这一点,或者其是否同意,由于其他的共同参与者也会对那种被期望的期望产生期望,"因此,隐含的、未清晰表达的、被认为是理所当然的事实就这样形成了,这个事实极大地降低了意见的多样性,而这种多元

---

① [德]尼克拉斯·卢曼:《法社会学》,宾凯、赵春燕译,上海人民出版社 2013 年版,第 101～103 页。

意见本来是可能被表达出来的”[①]。

沉默就代表同意——按照中心议程所展开的规范投射就这样限制了社会进行多样性选择的可能性,而这个事实会不断刺激认知期望与规范期望之间的分化,当面临对规范性期望的普遍期望时,人们的眼前就会自然浮现出一幅典型的期望图景:“要么待在安全边界内继续悄无声息,要么以一种危险的方式凸显自己。”[②]

因此,制度并非依赖于在各种明确表达的意见之间所达成的实际一致,而是有赖于对制度有效性的过高估计。只要大多数人都相信其他人赞成制度,甚至是当几乎每个人都假定几乎其他每个人都假定其他几乎每个人都赞成制度时,制度的持续性便得到了保证。由此,与实际达成的共识相比照,高度稳定性和高度敏感性建立了起来……在对第三方期望进行期望的层次上,制度获得了超然的稳定性,不再轻易退回到具体的意见和行为。[③]

但就现代意义上的法律形成而言,这里面尚还留有一个难题需要克服,因为许多期望秩序往往立基于经验性的参照群体,许多期望标准是在狭窄的参照群体中排他地产生的,并不具有辐射全体社会的抽象普适性。而如果法律只能在与某些参照群体相关时才能被制度化,法律就难以形成整个社会层面的期望结构。

对此,一个必要的解决方案是,某些专业角色和某些社会子系统之间会发生分离,这些专业角色和社会子系统必须作出对整个社会有约束力的法律决定。这样一来,制度化功能就开始由专门的个人角色来实施,取代了松散庞大且包含“每个”成员特性的各种群体,取代了阶层、同僚、朋友或伙伴的成员关系。一个第三方或者数个第三方会发现自己

---

① [德]尼克拉斯·卢曼:《法社会学》,宾凯、赵春燕译,上海人民出版社 2013 年版,第 104 页。

② [德]尼克拉斯·卢曼:《法社会学》,宾凯、赵春燕译,上海人民出版社 2013 年版,第 106 页。

③ 参见[德]尼克拉斯·卢曼:《法社会学》,宾凯、赵春燕译,上海人民出版社 2013 年版,第 107 ~ 108 页。

处在一个相对优越的位置，取代了不受限制的、人格未经限定的各种第三方。这就是法官的角色分化。对于社会行动者而言，他必定会期望人们对他作出如法官对他期望一般的期望，或者说，他期望着的他的互动伙伴对他抱持的期望正是法官对他抱持的期望，实际上也就是某人会同时对二者产生期望。这就将发散的众多第三方期望者的沉默的匿名性与法官那种响亮的、富有影响力的裁决实践联系了起来，并在此基础上转换为整个社会的期望结构。①

也正是在上述意义上，法的正当性已经“不再依赖形而上学的基础，而是转而求诸经验性的社会环境”②。对此，卢曼分别从时间维度、社会维度和事实维度给出了简明的结论：高度复杂和偶在的世界中的社会行为需要可以促进相互行为期望的化简能力，并由那些期望的期望所引导。这些期望结构可以作为时间维度中屏蔽失望的机制而获得稳定化。随着社会复杂性的增加，这就假定了认知性期望和规范性期望之间的分化，以及假定了失望可以获得缓解的成功机制。这些期望结构可以在社会维度中获得制度化，即得到被期望的第三方共识的支持。随着不断增加的社会复杂性，这就假定了对共识假设更为强大的虚构能力，而且，假定了特定角色制度化的制度化。这些期望结构可以通过事实维度中的同一的意义而进行外在固定，并被使用于相互确认和相互限制的语境中。③

五、法律的实证化

卢曼法社会理论的一大特点是采用了系统论视角：把社会理解为一个社会系统——在过度复杂和偶在的环境中，这个社会系统可以维持各

---

① 参见[德]尼克拉斯·卢曼：《法社会学》，宾凯、赵春燕译，上海人民出版社2013年版，第114～115页。

② 马剑银：《孟德斯鸠语境中的“法”及其“精神”——重读〈论法的精神〉》，载《清华法学》2016年第6期。

③ 参见[德]尼克拉斯·卢曼：《法社会学》，宾凯、赵春燕译，上海人民出版社2013年版，第129页。

种行动意义的一致性，并以这样的方式组织起来，即这些选择包容了高度的复杂性，而且能把高度复杂性化简到可决定的行动平台上。系统自身越复杂，系统在其中有意义地引导自己的环境可能也就越复杂。系统复杂性主要是由其结构来进行调整的，即通过对系统能容纳的可能环境条件之范围的预选来调整。因而，结构问题，包括法律问题中的结构问题，就是系统统一环境的枢纽，相应地，也是复杂性和选择性可实现程度的关键。[①]

古希腊社会借助约定俗成的工具实现了自然法与有效法之间的分化，这一分化显然是为了铸就一种法律秩序而出现的。这种法律秩序的基本特征被看作恒定的，但是，法律秩序的其余部分则被看作随着社会变迁而充分享有可变性和可替换性，甚至还能加以修改的。其结果是，人们作出了“自然”与“约定”之间的逻辑区分，这一区分已经抓住了法律选择性这个观念要旨，而古希腊思想的一个特质是并不针对在两种选择可能性中作出非此即彼的决定问题，而是针对两种可能性的相互关系问题。[②]

这种具有分化观念的思想图式把人类行动看作充满选择性的“实践”观念，并且经过时间的演化，“自然”和“习俗”之间的分化才体现为自然法和实证法之间形成的法源位阶差异。法律也因此而具备了局部性的选择上的分化和变化，这给前现代高度文明提供了这样一种可能性：形成了作为抽象标准的法律原则，并作为事前存在的法律的判断标准而分离出来。这个法律的原则以公平和公正的观念形式呈现为一种一般化的道德形式，并且作为规范行为期望的一致性一般化的象征，一方面对法律缺陷给予反思和理性化，另一方面则为新的法律

---

① 参见[德]尼克拉斯·卢曼：《法社会学》，宾凯、赵春燕译，上海人民出版社2013年版，第183页。

② 参见[德]尼克拉斯·卢曼：《法社会学》，宾凯、赵春燕译，上海人民出版社2013年版，第230~231页。

发展提供动力。[①]

这也使得立法成为可能：一个法律形式体系开始出现，针对那些尤其具有波动性和争议性的法律复杂性，出现了可靠的、通过书写固定的体裁内容，这些内容被选择性地处理成法典，其目的是维护司法秩序，为了维护法律的统一性、公开性、可接近性，以及法律相对于地方冲突、曲解和权力干预的独立性。不过，在前现代文明阶段，这些立法的法律地位仍然是不稳定的。由于法律高度的不安定性，命令颁布与规范制定之间几乎难以被区分开，也并非所有法律都能够通过立法而得以制定或任意变更，相反，大多数法律仍然被包含在自然和真理的框架内。尽管立法已经开始出现，但法律作为一个整体仍然是旧式的，通过神圣性制度或传统而获得有效性，所以，还绝对不是可人为操作或可变更的实证法。直到19世纪，以立法形式出现的法律制定程序第一次变成了官方活动的常规事务。起初，它还只是涉及那些限于某个或长或短的时段内的立法程序，现在则实际上变成了持续不断的活动。大量的、不断增长的法律被看作必要的，并获得了通过。旧式的法律内容被重新条件化、法典化，并被塑造为制定法的形式。这并不仅由于方便法庭使用和易于评判这些操作性因素，还是为了制定法自身及其可变性，以及法律有效性的条件性这些缘由，这些内容今天已经成为法律理性的保证：除非被立法者改变或明确废除，法律就仍然具有约束力——这是1811年《奥地利民法典》第9条确立的内容。[②]

在这里，实证法的有效性并不是因为存在授予其效力的更高规范，而是因为其选择性实现的一致性功能，这也意味着，有效性的获得只能通过决定而产生并通过决定而改变。卢曼认为，法律实证化的过程是随着社会系统功能分化的充分发展而出现的：功能分化使得社会子系统的视角得以兼具具体化和抽象化，并通过不同的功能手段赋予它们不同的

① 参见[德]尼克拉斯·卢曼：《法社会学》，宾凯、赵春燕译，上海人民出版社2013年版，第232～233页。

② 参见[德]尼克拉斯·卢曼：《法社会学》，宾凯、赵春燕译，上海人民出版社2013年版，第238～239页。

可能性视域。一方面,这种变化需要一种可以处理更多可能性的法律;另一方面,这种法律可以凭借选择性程序吸收这些可能性,这两方面的原则都迎合了可能性增长以及可能性化简的趋势。在这样的社会中,过多的自我负荷刺激了系统内部的选择过程,出现了复杂性和偶在性过度膨胀这个基本特征,社会结构会通过功能分化产生出可能性的过剩,并因而使所有的法律都呈现出偶在性的趋势,那些曾经被设想为永恒的世界秩序,现在也只能被看作一个选择范围,并且需要加以论证——不论单个规范是要保持原貌还是加以变更,就这样,社会系统的功能分化和法律的实证性就实现了汇合。[①]

六、实证法的运行机制

在卢曼看来,所谓实证法意指经由决定而产生的选择性与可变性。当一个立法的历史行动被记录于法律的体验中,法律并不因为这样的"立法时刻"而成为实证。在传统法律思想中,这种历史行动其实是作为法律不可变更的象征。

只有在法律因此决定而被体验为有效,从各种可能性中作出的一个选择因此而可变更时,法律才成为实证的。法律实证性中具有历史的革新性和风险性的是对法律变化的法律认可。[②] 在实证法时代,随着社会的不断发展变化,具有相同的规范对象并且相互之间具有承继关系的具体法律之间也可能会发生天翻地覆的变化,而即便是最具恒定性的宪法也会事先预设自我改变的程序。

在这里,"实证法"思想所努力强调的是法律的形成过程相融于社会发展,而不是像自诩为永恒的自然法那样与变动不居的社会生活相互隔阂,孤独地矗立在历史深处。在此有一个程序性的过滤机制被运用,所有的法律思想必须通过此装置才能成为适用于整个社会的约束性的

① 参见[德]尼克拉斯·卢曼:《法社会学》,宾凯、赵春燕译,上海人民出版社 2013 年版,第 245～246 页。

② 参见[德]尼克拉斯·卢曼:《法社会学》,宾凯、赵春燕译,上海人民出版社 2013 年版,第 263 页。

法律。准确地讲,通过此程序产生的并不就是法律,而是关于法律的一个或此/或彼的结构。(立法/司法)决定生成程序的特别意义来自这样的系统化结构——该结构使得可以对可能性进行描绘,并将其简化为一个决定,它存在于将法律的有效性归因于这一决定的活动中。在此具有结构性意义的是,法律的有效性与一个可变因素——一个决定——相联系。

由于存在诸多的变化可能性,我们就会不断地意识到这样的事实:既定的有效法形成了一个选择性成就,并且由于这种不断的可变选择而有效。法律的成文化确实表现为一种偶在性;它意味着有效性立基于可以以其他方式作出决定的立法之上。法律生成的意识只是维持在这样的程度上,即这种选择性的决定生成过程并没有迷失在难以探求的前历史之中,而是作为一个不断存在的可能性显现了出来并得以保持。这样,实证法就通过这种偶在的意识而具有了这样的特征:尽管它在或此或彼的选择结构中以实现某种可能性的方式排斥了其他的可能性,但并没有将其他可能性从法律体验的视域中排除出去,而是作为法律有效性的可能主题得到保留,并在恰当的时候可以被运用于法律的适当变更;它在决定上有着任意性,却不是可以被任意决定的。[①]

也就是说,法律的实证性同时也必然意味着法律的偶在性和可变性,法律的形式会随着不断增加的复杂性、社会的不同情境以及期望的一致性和稳定的层次而发生变化。[②] 在法律的决定生成过程中,开始出现选择强化的形式,其中最为重要的内容是可以通过规范生成的反身性。在这里,反身性意指一个过程被运用于自身。或者说,对规范生成的规范化。在规范化的情况中,通过反身性——这存在于每一个规范之中——选择性的成就被有意识地实现,并可由其本身而形成一个规范。

---

① 参见[德]尼克拉斯·卢曼:《法社会学》,宾凯、赵春燕译,上海人民出版社 2013 年版,第 264 页。

② 参见[德]尼克拉斯·卢曼:《法社会学》,宾凯、赵春燕译,上海人民出版社 2013 年版,第 279 页。

现在就有了这样一些规范,来制定关于规范制定的规范。[1] 这样一来,法律的功能就不仅仅是维持现状,而在于不断延伸社会的可能性视域。从法律的观点来看,社会的发展是不受限制的,因为不管所要求的是什么结构(就我们可以正当确定的而言),都可以成为法律上的内容;从功能的观点来看,法律的实证化只是完成了那些内在于认知和规范期望的分化之中的内容:根据社会发展的程度,对不断增加的风险和进化上显得不可能的期望结构进行综合。[2] 实证法的特征正是在它遇到其他社会可能性时才获得的,这些原本被认为不大可能的"其他的可能性"在法律发展的过程中被逐渐巩固,并以实证化的方式与一个功能分化社会的要求相协调。这同时也要求实证法从其他期望结构中分化并被功能特定化。

原因在于,为了建立反身机制,需要有一种借助于其他类型之过程的特定保护使其免受干扰。这种自我定向的反身性过程只能通过社会现实中特定的社会子系统的分出和特定化而得以确保。反身性机制既是功能分化的要求,同时也通过功能分化而成为可能。通过设立一个在法律系统分出的程序,实证法得以实现这种分化和功能性的自洽,并被保持在长长的决定生成之链上:程序作为一种特殊的社会系统被制度化,但是又会再次为了对集体有约束性的决定选择而进行特殊的运转。这些程序作为法律分出的载体而起作用:一开始,在法律运用的层次上,它们使得法律可以不进行任何角色上的考虑,而仅仅将特定的法律规范规定为决定的生成程式,决定必须根据这些程式而进行;然后,逐渐地,在此也会发展出一些法律生成的程序,在这些程序中,规范生产的功能就不再仅仅是潜在的和辅助的,而是有意地被实行。与向高度文明时期之法律的变迁相似,向实证法的变迁也是由于出现了适当的程序这一有利的前提条件。只有当程序可以永远作为固定的制度化的行为模式而

---

① 参见[德]尼克拉斯·卢曼:《法社会学》,宾凯、赵春燕译,上海人民出版社 2013 年版,第 267~268 页。

② 参见[德]尼克拉斯·卢曼:《法社会学》,宾凯、赵春燕译,上海人民出版社 2013 年版,第 266 页。

适用时,法律决定的分出和颁布带来的高度风险性才可以被忍受,只有这样,法律才能立基于自身之上。[①]

现在,规范性行为期望的一致性可以不像以前那样立基于不可改变的世界结构——如宗教、道德或认知结构——之上。它仅仅依赖于自身在社会的诸系统中作为结构的实现,因此也就是依赖于其实施自身的可能性。规范生成的过程越是被明确地分开,它就变得越间接和越具有反身性,因此我们就越需要始终假定:所有的法律在其有效的意义上能够被执行。而为了实现这一点,它就不必依赖于具体的情境和权力的社会关系、政治共识或者具体的个人声望,以及个人的动机结构,总体而言,就是不依赖于所有那些不能预计其具体分布的因素。较之以前,法律更依赖于对物理暴力的抽象运用。[②] 这一方面也是因为法律的功能不可能完全靠物理暴力的具体运用来加以保障实现:法律的实施在多数情况下不需要暴力强制,也没有任何国家的警力、军事力量能够做到将暴力实施到每一个人。在法律系统中,只有刑事规范才得到国家主动的强制执行,而经验研究也表明,法律规范的实施主要依赖于个人的稳定期待,也即认为大多数人和自己一样都在平等遵守法律,以及相信政府具有有效打击"搭便车者"的执法能力。大多数人遵守法律的动机主要不是惩罚的威胁,而来自规范性期待。反事实性的期待不以具体个案中实际的赏罚计算为依据。[③]

与此同时,实证法从其他期望结构中分化并被功能特定化的过程也呈现为条件程式的形式:法律为了达成集体约束性的决定而建立程序,通过程序的建立,法律形成了一个决定生成程式。把法律重构为决定程式的形式,一般被看作法律实证化的一个重要特征。这一基本的形式是

---

① 参见[德]尼克拉斯·卢曼:《法社会学》,宾凯、赵春燕译,上海人民出版社 2013 年版,第 271 ~ 272 页。

② 参见[德]尼克拉斯·卢曼:《法社会学》,宾凯、赵春燕译,上海人民出版社 2013 年版,第 273 页。

③ 参见伍德志:《欲拒还迎:政治与法律关系的社会系统论分析》,载《法律科学(西北政法大学学报)》2012 年第 2 期。

如此运行的：如果特定的条件被满足——如果之前确定的事实构成被给予，那么就必须作出一个确定的决定。与早期的法律制度相比，实证法向条件程式的转变更显根本性和独特性，每一个更高的复杂性只有以此方式才能转变为一致性可期望的决定。[①]

具言之，在双重偶在性背景下，从参与或体验社会互动的个体视角来看，事件行为的发生与相应的后果发生，以及事件行为与后果之间的因果关系发生都是存在一定不确定性的。这些不确定性并不会因为规范制定和条件程式而消除，只是通过接纳“偶在的不确定性”的形式而变得可以承受——把行为的偶在性和后果的偶在性置于一个选择性的“如果/那么”的关系中。这样一种结构选择的功能并不在于消除与实际进程相关的不确定性，而在于增加可承受的不确定性。借此，条件程式化的系统可以以更高的偶在性自我保持，这样也就与事实成分中的更高的复杂性联系在了一起。[②] 我们经常批评法官在争议案件的裁判过程中都是有了结论再倒推去找法律，或者按照法律实证主义的观点，不存在唯一正确的答案，只有不同的答案。[③] 但批评归批判，对于法官按照“如果/那么”的条件程式推导出来的裁判结论，我们只能加以接受，并且也必须承认这是可接受的。这些经验现象（将“行为/后果”按照“如果/那么”的条件程式进行“事实/规范”的对接往往并不具有必然的“唯一正确”性，而是具有偶在的“多元选择性”）其实都是在更深层意义上反映了条件程式与不确定性，以及条件化与复杂性之间的关系。

不过，当法律不断地且最终完全地被重构入一个偶在的、依赖于决定的期望结构之中，法律的“正当性”基础问题也就随之需要加以重新认识。“正当性”概念最初主要是用于防范非法篡权和专制。到了19世

---

① 参见[德]尼克拉斯·卢曼：《法社会学》，宾凯、赵春燕译，上海人民出版社2013年版，第279～280页。

② 参见[德]尼克拉斯·卢曼：《法社会学》，宾凯、赵春燕译，上海人民出版社2013年版，第280～281页。

③ 参见陈洪杰：《论法律续造的方法》，载《法律科学（西北政法大学学报）》2010年第6期。

纪,随着自然法的消解,这一概念主要表现为对新规则的正当化和对因不正当的权力更迭而进行的法律建构所作的批判性追问。今天,对正当性问题的主流定义是:事实上存在约束性决定赖以为基础的法律、原则或价值的普遍信念。[①]

但卢曼认为“普遍信念”这样的说法掩盖了事实的复杂性,并不能合理地解释基于纯粹合法律性的正当性基础问题。因此,其希望从法律形成的基本过程中重新出发去寻找答案。

第三方期望机制是一个基本的解释方向:从社会期望形成的角度来看,人们不得不并且也能够对他者的偶在的期望进行期望。这种期望的期望不仅可以延伸至那些人们随情境的不同而与之进行互动的那些人,还会延伸至第三方。尽管这些第三方对此情境的实现既不共同行动也不共同体验,但通过行为期望制度化机制,和第三方期望相关的期望也会因此而形成。处于情境中的参与者会假定(对方也会期待他们会假定)——第三方会对此期望什么。但是,当第三方被(匿名的)代言者所象征化,这些代言人来支配这些期望——他们可以对之加以阐述,在特定情况下甚至可以对之加以改变,这种对第三方期望的可期望性就可能会因为代言的真实性疑问而成为问题。以此为基础的有约束性的决定性行动的正当性也会受到质疑。[②]

而卢曼认为,即便在这种情况下,决定性行动的正当性基础依然可能存在于对“接受该决定”的假定之中(受决定影响的人们会把决定作为他们未来期望和行为的前提),而不在于一个价值演绎或者是在事实上达成的普遍共识:当一个人可以认为,任何第三方都规范地期望着,那些直接受到决定影响的人能够认知性地把决定生成者们以规范期望的

---

① 参见[德]尼克拉斯·卢曼:《法社会学》,宾凯、赵春燕译,上海人民出版社 2013 年版,第 309 页。

② 参见[德]尼克拉斯·卢曼:《法社会学》,宾凯、赵春燕译,上海人民出版社 2013 年版,第 309 页。

形式进行沟通的内容当作行动前提,那么决定就是正当的。[①] 也就是说,一个有约束性的决定可能是"说你是,你就是,不是也是",如果所有的第三方都规范性地期望所有受此决定影响的人都会认知性地采取"如其所是"的学习立场,决定就通过对接受的期待而被正当化。

在这里,卢曼的理论进路与传统对正当性问题的讨论就存在显著的差异:这一进路与绝对的规范或价值,或者与对绝对规范和价值有效性的普遍信念之间的关系被切断,在卢曼这里,对有效性的信念只能被作为一个变量来对待。这也意味着,卢曼的正当性理解不再诉诸一个给定的外在证成,并以此外在证成对政治系统施以限制。它只是系统自身实现的成就:具有垄断性质的与物理暴力的使用相关的决定生成,以及程序的组织化都是政治系统的成就——这些成就促进了约束性决定的顺利进行,因此也就促进了这些决定的正当性。[②]

这个思考进路当然是颇值得争议的,因为卢曼的理论前提在于首先假设人们会服从于那种具有无可争议的优势的物理暴力,并且任何第三方也会对此种服从产生期望。当然,卢曼也意识到,只是单独诉诸这样一种"强权即公理"的服从和期望机制是不可靠的,因为它可能会诱发普遍社会反抗。所以,通常会增加一些制度安排,以防止第三方对约束性决定产生一种强化的反感联想。这也就是法律上规定程序的主要功能所在,尤其是那些政治选择程序、法律生成程序和司法程序——人们因为参与而不得不服从于程序,自我约束的特征来自这样的事实:出现了对已公开计划的正式支持。(政治程序)向约束性程式形式的转化出现在法律生产的程序中,并在此为了单个的不同程式而寻求充分的政治共识。这些程序将法律上可能的内容与政治上可能的内容相结合,将可被吸收于现行法律秩序中的内容与通过调动政治支持的可能性而覆盖

---

① 参见[德]尼克拉斯·卢曼:《法社会学》,宾凯、赵春燕译,上海人民出版社 2013 年版,第 311 页。

② 参见[德]尼克拉斯·卢曼:《法社会学》,宾凯、赵春燕译,上海人民出版社 2013 年版,第 316 页。

的内容相结合,等等。①

七、法律的悖论

在以“上帝、理性等超越人的意志”②作为社会秩序价值基准的形而上时代,社会关于“应当”的价值整合主要是凭借以“信仰/非信仰”或“善/恶”为二值代码的宗教沟通及道德沟通而展开的。但这两类沟通只能够在高度同质化的伦理共同体或宗教共同体中维持规范性期待,而无法融贯伦理异质和宗教异质的现代社会。③ 在神灵失信、道德失范、价值多元分化的异质性社会,实证法已经不再可能寻找到能够统一整合外部指涉的“阿基米德支点”。科学上的真理或者道德伦理层面的正义可能与经济或政治的需要相冲突,这最终导致法律不可能诉诸更高层级的规范,而只能诉诸自身。④ 法律不再需要根据道德秩序原理进行任何的正当化,它仅仅按照自身的二值代码(合法/非法)发挥功能。⑤

在这个“法律如何成其为是”的实证化过程中,法律沟通的悖论亦就此展开:即便法律沟通的主体早已顺着时间之河朝向未来穿行而去,法律沟通却只能死死将其不断拉向身后的过去时态,那个作为沟通基准点的历史瞬间——立法时刻。在时空交错之际,异质的多元化社会悖论就此浮现:彼时谓之合法,此时已然非法;彼时谓之非法,此时已然不是非法。法律系统不可避免地出现套套逻辑与“合法即非法”的吊诡。

以德国告密者案为例:一位妇女因为外遇而希望除掉丈夫。她向当局告发说自己的丈夫在从部队返家期间对希特勒有不敬言论。丈夫被

---

① 参见[德]尼克拉斯·卢曼:《法社会学》,宾凯、赵春燕译,上海人民出版社2013年版,第314页。

② 参见朱振:《超立法原理:对哈耶克法治理论的重构与反思》,载《国家检察官学院学报》2016年第2期。

③ 参见鲁楠、陆宇峰:《卢曼社会系统论视野中的法律自治》,载《清华法学》2008年第2期。

④ 参见杜健荣:《卢曼法社会学理论研究——以法律与社会的关系问题为中心》,法律出版社2012年版,第134页。

⑤ 参见[美]马修·德夫林:《哈贝马斯、现代性与法》,高鸿钧译,清华大学出版社2008年版,第38页。

控有罪并被判处死刑,后来又被改判为在东线部队服役。1949年这位妇女和当时审理该案的法官受到追诉。对此案件,一种可能的处理策略是由法院诉诸"恶法非法"的自然法理论来判定被追诉人的行为性质。"恶法非法"是典型的套套逻辑(非法就是非法),而这是建立在掩藏"合法即是非法"之"吊诡"基础上的,因为无论是告密者还是纳粹的审判官,他们的行为按照行为时的纳粹德国法律都是合法的。在这里,"非法就是非法"是因为其掩藏了"合法即是非法";哈特则反对由法院来宣布纳粹法律无效,[①]其主张只能以溯及既往的法律来指控行为人的罪行。因为按照实证主义立场,"法律就是法律",法律的效力属性并不因其道德维度的瑕疵而遭到否定。"法律就是法律"是典型的套套逻辑(合法就是合法),但这一逻辑却又是建立在掩藏"恶法亦法"之"吊诡"基础上的,因为"恶法亦法"的符码化逻辑表述恰恰是"非法即是合法"。在这里,"合法就是合法"是因为其掩藏了"非法即是合法"。

按照系统论的观点,任何一种沟通只要在符号性层次上操作,便无法逃脱自我套用和自我矛盾的吊诡,法律系统概莫能外。[②] 告密者案的最终裁判结果亦在上述意义上陷入矛盾:一方面,战后德国法院宣布那位法官无罪,理由是不管人们认为法律本身是否道德,该法官是依据当时有效的法律作出判决的(合法不是非法);另一方面,告密者亦认为依据当时的法律,她仅仅是在使一个罪犯归案受审。但法院却以"妇女没有义务去告发,而法官却有义务适用法律"[③]为由认为妻子"背离了所有正派人的良知和正义感"[④]。在这里,产生矛盾的根本原因在于,法律系统在面对无法去除的吊诡时,采取了将吊诡掩藏的策略。而无论是法律

---

① 参见柯岚:《拉德布鲁赫公式的意义及其在二战后德国司法中的运用》,载《华东政法大学学报》2009年第4期。

② 参见鲁楠、陆宇峰:《卢曼社会系统论视野中的法律自治》,载《清华法学》2008年第2期。

③ [荷]托马斯·梅尔滕斯:《反思告密者案:拉德布鲁赫和哈特之争》,陶旭译,载雷磊编:《拉德布鲁赫公式》,中国政法大学出版社2015年版,第272页。

④ 谌洪果:《哈特的法律实证主义——一种思想关系的视角》,北京大学出版社2008年版,第104~105页。

实证主义还是自然法理论,实际上都无法在根本上去除悖论,因此只能通过复杂的法律论证与道德评判将之掩藏起来。

(一)法律解释学的限度

在处理德国告密者案的问题上,哈特说:“必须要明白的是,为了惩罚该女子,我们必须在两种邪恶之间进行选择:要么使该女子免受惩罚,要么放弃法不溯及既往这一大多数法律体系都接受的珍贵道德原则。”[①]在面对这类带有高度争议的两难问题时,“法官的选择既非任意适用道德原则,也非机械运用法律规则,选择体现了某些司法德性(judicial virtues),这些德性保证了裁判的可接受性,它们包括:权衡选择时的公正性与中立性;考虑到将受影响的每个人的利益;注意利用某些可接受的普遍原则作为裁判的推论基础”[②]。在上述意义上,哈特选择溯及既往的法律,是认为可以凭借司法德性来保证“持有内在观点的大多数认可对这样的非常情形的决断”[③]。

而德沃金基于建构性阐释的“原则立法论”实际上正是就如何处理哈特的道德选择难题而在方法论上做出的进一步推进。当然,除了尝试证明“原则”的存在之外,“关键之处在于,德沃金还必须证明原则是法律的组成部分而不仅是裁判德性”[④]。为了推进这一论证,在德沃金“随机选择”的埃尔默案中恰恰呈现了一个典型哈特意义上的道德选择困境:埃尔默毒杀祖父的罪行被定罪后,其是否有权获取其祖父在最后的遗嘱中提供给他的遗产?德沃金既不认为埃尔默应当有权继承祖父的遗产,但也不赞同通过制定溯及既往的法律来剥夺埃尔默的继承权。为

---

① [英]H. L. A. 哈特:《法理学与哲学论文集》,支振锋译,法律出版社2005年版,第83页。

② H. L. A. Hart, *The Concept of Law*: *Second Edition*, Oxford University Press, 1994, p. 205. 转引自朱振:《哈特/德沃金之争与法律实证主义的分裂——基于“分离命题”的考察》,载《法制与社会发展》2007年第5期。

③ 谌洪果:《哈特的法律实证主义——一种思想关系的视角》,北京大学出版社2008年版,第112~113页。

④ 朱振:《哈特/德沃金之争与法律实证主义的分裂——基于“分离命题”的考察》,载《法制与社会发展》2007年第5期。

了克服哈特所面临的两难问题，在这个案件中，外在开放的道德指涉被巧妙地转化成以“原则”为法律代码的内在证立：“所有的法律以及契约在其实施或效果上都可由一般的、基本的普通法律原则所控制。任何人不得因其自己的欺诈行为而获利，或利用其错误，或将任何主张建立在他自己的不义行为上，或因他自己的犯罪行为而获得财产。”[①]德沃金认为，通过整体性的建构性阐释而加以“发现”或“内在证立”的“原则”是现有的法律体系中既存的，这就规避了法律溯及既往的道德难题。

然而，如果法律解释可以凭借“原则”证立而向外在道德保持开放，并以此回避适用规范，那么，在道德分崩离析的后形而上时代，诉诸外在道德的法律就将注定只能拼凑出一幅碎片化的，并且经常自相矛盾的世界图景。也正因如此，德沃金必须要有一个“唯一正解”来充当整合法律内在统一性与外在合法性的阿基米德支点。当然，德沃金最大的理论困难也在于他的建构性阐释如何能够以一个可欲的“唯一正解”来建构“是”与“应当”之间的内在统一（按照拉兹的表述：“法律由基于来源的法律连同对于基于来源的法律之道德上最合理的证成组成。”[②]）。否则，在“疑难案件”中，超越文本解释的建构性阐释就会瞬间陷入“公说公有理，婆说婆有理”的困境中。这也意味着他必须依赖于一个形而上意义上的终极观察者（赫拉克勒斯式的“哲学家法官”）来提供关于“唯一正解”的经验想象：“接受整全性解释理想的法官经由以下方式判决疑难案件，他们运用某些融贯的关于人们权利义务的系列原则来努力发现对于他们社群的政治结构和法律学说的最好的建构性解释。”[③]

而这当然也是德沃金最受诟病之处，弗兰克·米歇尔曼是这样评论

---

① Ronald Dworkin, *Taking Rights Seriously*, Duckworth, 1977, p. 23. 转引自朱振：《哈特/德沃金之争与法律实证主义的分裂——基于“分离命题”的考察》，载《法制与社会发展》2007年第5期。

② Raz, “Authority, Law and Morality”, in Raz: *Ethics in the Public Domain*, Oxford University Press, 1994, p. 211. 转引自朱振：《权威命题与来源命题——排他性法律实证主义的一种论证理路》，载《法制与社会发展》2009年第3期。

③ 朱振：《权威命题与来源命题——排他性法律实证主义的一种论证理路》，载《法制与社会发展》2009年第3期。

的："德沃金创造了一个听讼判决活动的完美典型，却没有注意到受理上诉的法官席的那个可能是最普遍引人注目的制度特征：它的多数性。"[①]我们可以尝试通过犹太经典《塔木德》中的一个故事来说明这一点：在一场法律辩论中，伊列策拉比的详细、精致的被证明为正当的法律意见不被多数所接受……当一个天堂的声音的确确认了伊列策的观点，其他拉比们却摇着他们的头说："我们一点儿也不想听那从天堂来的声音，因为你自己在西奈山的《五经》里说：'一个人必须服从多数人的意志。'"于是上帝笑了，说："我的儿子们打败了我。"[②]

这个宗教故事深刻地揭示出了法律系统的运作：据以作出裁判的实际理由极有可能不是那个外在指涉的在形而上层面象征"终极合法性"的"唯一正解"。哪怕是"上帝"认定的"善"或正义也不足以从外部赋予法律以效力。法律对道德原理的外在指涉在根本上受制于法律程序的内在指涉——多数决，在像诸如告密者案、埃尔默案这样存在道德选择困境的疑难案件中，法院据以作出裁判的终极理由实际上并不是因为在这些案件中外在指涉或借助于法律原则的建构性阐释而内在证立的道德原理是"唯一正确"的（当然，德沃金是这么理解的），而只是因为这个外在指涉或内在证立的道德原理被合议庭的多数人所接受。并且，无论在何种出现争议的疑难案件中，事实上都存在伊列策拉比所面临的"无法说服"的潜在风险，哪怕他最终搬出了"上帝"的救兵。霍姆斯大法官之所以被称为是美国司法史上"最伟大的异议者"，正是因为他那后来被证明为符合历史趋势的裁判意见，在审判发生的当时恰恰就无法说服裁判席上的多数。伊列策拉比、霍姆斯大法官乃至于"上帝"这些最有可能提供"唯一正解"的赫拉克勒斯式的"哲学家法官"无一不是败在了世俗的多数手中，而这些极有可能是背离"唯一正解"的多数决裁决却依然是合法、正当的。这时，唯一的合法性理由就只在于这个裁判结论

---

① [德]哈贝马斯：《在事实与规范之间——关于法律和民主法治国的商谈理论》，童世骏译，生活·读书·新知三联书店2003年版，第275页。

② 参见[德]贡塔·托依布纳：《法律：一个自创生系统》，张骐译，北京大学出版社2004年版，第13页。

是法律正当程序的运作结果。

这也意味着,那个"可错"的裁判结论将无可争议地占据实际支配法律效力的独一无二的位置,法律必须将"合法"的符码配置给它。就此而言,无论是哈特的承认规则还是德沃金的建构性阐释实际上都无法在根本上去除隐藏在法律运作中的内在悖论,反而各自在一定程度上帮助掩藏了"法律自我正当化"的事实。哈特清楚地意识到法律的内在悖论是无法去除的,因此,他将悖论置于"空缺结构"这个法律效力的悬置状态之中,允许法官在这个领域行使自由裁量权。这其实也可以被视为法律实证主义的态度:对有争论的法律问题不可能有"正确"的答案而只有不同的答案。[①]

而德沃金则始终致力于用"唯一正解"来去除悖论,但 20 世纪中后期的现代思想家们已经意识到:悖论是无法消除的,不但悖论无法消除,而且悖论具有生产性。[②] 悖论只能在其没有被注意到的时候才暂时被去除。[③] 在伊列策拉比的例子中,甚至连上帝也无法消除自己亲手制造的悖论:他首先发布了一个抽象一般化的关于程序正义的命令(一个人必须服从多数人的意志),而后又在事实性的法律争议中发出了一个具体的关于实体正义的命令,正是这两个命令之间的潜在冲突造就了法律不可去除的悖论。对此,即使是上帝也必须承认:"我的儿子们打败了我。"这充分证明了法律运作中的"吊诡"——合法即是非法——确实是一个真值命题,并且正是这个真值命题构成了以"合法/非法"为二值代码的法律沟通的"元代码",法律的悖论生产就此展开。法律的不确定性也正是基于法律内在的悖论生产性而外在呈现于法律日常运作的经验实证层面。所以,当德沃金还在追求(唯一确定答案)的时候,卢曼只是说,法庭的判决只不过是在寻找功能等价物,这些功能等价物的可能

---

① 参见谌洪果:《哈特的法律实证主义——一种思想关系的视角》,北京大学出版社 2008 年版,第 131 页。

② 参见宾凯:《法律悖论及其生产性——从社会系统论的二阶观察理论出发》,载《上海交通大学学报(哲学社会科学版)》2012 年第 1 期。

③ 参见宾凯:《从决策的观点看司法裁判活动》,载《清华法学》2011 年第 6 期。

性空间受到了系统历史成就的约束,但是法官最后从这些功能等价物中究竟挑选了哪一个作为裁决的依据,那是一个偶在的结果。①

(二)法律何以合法:法律实证主义与自然法理论之争

如前所述,西方近现代法理学问题的核心是在"上帝死了"之后经历"祛魅"的异质并且多元的世俗社会,以及在从"以真理立国(教宗永无谬误)"到"以自由立国(每个人是自己利益的最佳判断者)"的巨大社会转型过程中,可以由谁来填补"上帝—自然法"的权威真空,并作为那个能够为一个符合自由主义价值观的社会秩序提供合理/合法性辩护的终极理由而存在。② 这个理由既可以是外在指涉的,也可以是内在指涉的。我们可以看到,正是上述问题背景催生了近现代西方法律思想史影响深远的"哈特-富勒"之争。

哈特与富勒在方法论层面产生分歧的焦点在于究竟应如何正确处理法律与外在指涉的道德原理之间的关系以符合自由主义的总体目标。哈特坚持法律与道德相分离这一核心观点,这被哈特表述为"法律与道德之间只存在偶然关系"——这也是法律自我指涉最为经典的表述之一。③ 这主要是因为法律实证主义已经意识到,随着"上帝"这一象征"终极善"的形而上学概念的解体与宗教秩序的崩塌,在神灵失信、道德失范、价值多元分化的异质性社会,实证法已经不再可能寻找到能够统一整合外部指涉的"阿基米德支点"。法律对道德维度的外在指涉将会严重破坏其所致力于建构的内在一致性,因此是不可欲的:在康德之后,

---

① 参见宾凯:《法律自创生机制:隐藏与展开悖论》,载《交大法学》2013年第1期。

② 这个问题是典型的霍布斯式的,霍布斯的核心关切与现代民族国家的历史崛起休戚相关。霍布斯本身开创了两个现代路向,其一是将古典整全秩序的自然正当转换为现代个人主义的自然权利,其二则是从个人对和平与秩序的需求中推出的强大的主权者及其实定法秩序。吴冠军:《正当性与合法性之三岔路口——韦伯、哈贝马斯、凯尔森与施密特》,载《清华法学》(第五辑),清华大学出版社2005年版,第47页。当然,在西方智识传统中,也有不同的思考方向,如"无需法律的秩序"或"自生自发的秩序"。囿于本文主旨,我们没有展开这个方向上的讨论。

③ 参见[德]尼克拉斯·卢曼:《法社会学》,宾凯、赵春燕译,上海人民出版社2013年版,"代译序",第19页。

不可能还有什么“终极性”和“整合性”的形而上学思想。[①]

而富勒的一个主要观点是：法律，无论是就其一般意义还是各种具体的表现形式而言，在本质上都是有目的的……这些实质意义和工具意义上的目的便是所谓“应该”的概念……因此这些目的也成就了价值的观念（虽然这里的价值不一定等同于善）。因此，富勒将法律看作具有目的性和价值负担性的。[②] 然而，在上帝已经不再充当终极行为规范的后形而上学时代，现代社会的世俗化与多元化已经不再可能将整个社会的精神支点立基于任何一种形而上学之上。[③] 此时，如何来赋予法律一个始终有效的终极目的以及凭何勘定法律的价值序列就成了最大的理论难题。无论是社会契约、主权者决断或是基础规范实际上都有可能或已经在历史实践中背离自由主义。因此，“如何既能够提供一种赋予现代法律以道德性的普适论证，又能够成功地将自我指涉的实证法体系涵盖其中，这成为自然法理论难以克服却必须面对的课题”[④]。

鉴于此，富勒试图从程序主义的立场提出一种结合法律道德性与实证性的方案，通过赋予具有高度形式化特征的“8 项法治原则”以道德内涵来解决这一问题：(1)必须具有足够的一般性；(2)必须被公开颁布；(3)必须具有足够的前瞻性；(4)必须清晰易懂；(5)不得包含矛盾；(6)必须在一定的时间内具有恒常性，以便于人们能够按照这些法律调整他们之间的相互关系；(7)不得要求不可能之事；(8)必须被官方言行一致地执行。[⑤] 富勒认为这 8 项主张之所以能够成为法的“内在道德”，其根源在于通过法律达到“使人们服从规则治理的事业”这一良好愿

---

① 参见[德]于尔根·哈贝马斯：《后形而上学思想》，曹卫东、付德根译，译林出版社 2001 年版，第 18 页。

② 参见[美]罗伯特·萨默斯：《大师学述：富勒》，马驰译，法律出版社 2010 年版，第 29～30 页。

③ 参见鲁楠、陆宇峰：《卢曼社会系统论视野中的法律自治》，载《清华法学》2008 年第 2 期。

④ 参见鲁楠、陆宇峰：《卢曼社会系统论视野中的法律自治》，载《清华法学》2008 年第 2 期。

⑤ 参见[美]罗伯特·萨默斯：《大师学述：富勒》，马驰译，法律出版社 2010 年版，第 50 页。

望，尽管“对这种道德的接受是实现正义的必要而非充分条件”。[①] 富勒认为，如果法学曾更多地关注法律的内在道德，它就不必求助于（高级法/自然法）这种（外在指涉的道德）概念来宣布残暴的纳粹法规无效。[②]

尽管富勒将实证法的自我指涉导向了法律的内在道德，并试图以此建构起一种赋予现代法律以道德性的自然法论证。但法律在形式上具有的内在道德是否能够自我证成其具有实质意义上的外在道德属性却仍然是不无疑问的。一部所谓的“恶法”也完全有可能满足富勒提出的8项形式要件。哈特评论道：“内在”一词的力量在于强调这样一个事实：这些形式的法律优点并非源于正义原则或与法律的实体目标或内容相关的其他“外在的”道德原则，而毋宁是仅仅通过一个非常现实的考量而获致的——这个考量是，对于有效率的实现引导人类服从规则的目的而言，什么才是有必要的。[③] 哈特据此批评说，即使符合富勒内在道德要求的法律同样可以“兼容于非常严重的不公”。[④] 富勒的辩解是：“（逻辑）连贯性与善良的关系比起（逻辑）连贯性与邪恶的关系更具亲和力……成文宪法并不能自行贯彻。为使其发生效力，不仅要求我们就像对普通法规那样对其表现出尊敬的服从，而且要求我们就像对道德原则那样，不仅为我们所积极信奉，而且努力实现意愿的一致。一个人可以作出适当的努力去修正一部宪法，但只要该宪法尚未被修正，此人就必须在其范围内活动，而不得违背或者绕过它。这相当于是在说，一部成文宪法要想有效力，必须是被认可为，至少是被暂定为不仅仅是法，而且是好法。”[⑤]

“哈特-富勒”之争最后亦交集于这样一个共同的现实关切问题上，即究竟应由何种法学方法论来对纳粹德国的专制暴政承担不可推脱

---

① 参见［美］富勒：《法律的道德性》，郑戈译，商务印书馆2010年版，第194页。

② 参见强世功：《法律的现代性剧场：哈特与富勒论战》，法律出版社2006年版，第186页。

③ 参见［英］H. L. A. 哈特：《法理学与哲学论文集》，支振锋译，法律出版社2005年版，第362页。

④ 参见［美］富勒：《法律的道德性》，郑戈译，商务印书馆2010年版，第178页。

⑤ 参见强世功：《法律的现代性剧场：哈特与富勒论战》，法律出版社2006年版，第161页。

的政治伦理责任。拉德布鲁赫认为,德国的法律职业正是因为受“法律就是法律”的思维之毒太深,所以才没有能力抵抗以法律名义而为的万恶暴行。拉德布鲁赫在战前本是德国实证法的代表,在经历了纳粹灾难之后,他转向了自然法。

但自然法未必就是解毒良药,哈特认为,自然法理论与纳粹暴政同样有着脱不了的干系。[①] 因为,现存法可能会顶着自然法的头衔取代道德而成为行为的终极标准,从而逃避批评。[②]

比如,纳粹曾通过各类法律阻止犹太人玷污日耳曼人的高贵血统。而司法界则鼓吹法官应以一种“健康的偏见”来处理案件,“作出符合纳粹法律秩序与政治领导阶层的价值判断”,强调纳粹刑法“更为关注的不是法律规则的明确性,而是实质的公正”;“纳粹主义以本质违法的概念代替了形式违法……因此,法律不再是确定罪与非罪的唯一依据(帝国司法部长居特纳语)”;“在判决政治犯罪时,规范和程序的运用只能意味着束缚元首的手脚,有利于反抗者。”[③](卡尔·施密特语)事实上,在 1932 年,施密特就已宣告“法实证主义的时代已经过去了”。所以,纳粹恰好是以民族正义来为纳粹专制提供合法性论证,这是一种典型的自然法路径下的合法性辩护。汉娜·阿伦特(Hannah Arendt)斥责纳粹在所谓“普遍美德”(common good)的名义下,证立了奴役和镇压的合理性。当代德国法哲学家诺依曼亦承认:纳粹德国的法律体系尽管内容上与传统自然法体系完全不同,但在方法上比实证主义更接近自然法思想。[④]

正如我们业已看到的那样,“哈特 - 富勒”之争的实际结果是谁也

---

① 参见谌洪果:《哈特的法律实证主义——一种思想关系的视角》,北京大学出版社 2008 年版,第 85 页。

② 参见[英]H. L. A. 哈特:《法理学与哲学论文集》,支振锋译,法律出版社 2005 年版,第 61 页。

③ 参见陈林林:《“正义科学”之道德祭品——极权统治阴影下的法实证主义》,载《中外法学》2003 年第 4 期。

④ 参见陈林林:《“正义科学”之道德祭品——极权统治阴影下的法实证主义》,载《中外法学》2003 年第 4 期。

无法提供一个有压倒性说服力的终极论证来证明谁的理论更有能力避免制度的恶，两种路向都有可能导向“强权即公理”的异化，并且都有可能被用来服务于某种邪恶的政治目的，有差别的可能仅仅是一个或然性问题。[①] 这主要是因为在法律的内在指涉与外在指涉之间存在无法去除的悖论。

一方面，正是因为“上帝死了”之后造成社会价值观分崩离析的“诸神之争”与“神魔之战”，诉诸外在道德的法律只能拼凑出一幅碎片化的、并且经常自相矛盾的世界图景，因此不足以建构一种“作为规范性行为预期的一致的一般化”。尤其是在后工业化时代的消费主义社会，在社会沟通中占据支配地位的经济系统之“支付/不支付”的符码沟通已经极大地模糊或遮蔽了日常社会沟通的道德属性与行为价值判准，套用一句电视剧台词：“两根金条摆在面前，你告诉我，哪根是道德的，哪根是不道德的？”

另一方面，我们按照分析实证主义法学的方式追问法律的效力来源，最后却发现“到头来只是画了一个奇怪的圆环并且正好回到了他出发的地方”[②]，那种为法律效力源泉提供最高担保的“基础规范”“承认规则”却是凭借最低规范的力量获得其效力的。[③]

我们可以看到，法律系统在面对无法去除的吊诡时，采取了将吊诡掩藏的策略。法律学说在很大程度上担当了这一任务，它们或者将法律的吊诡引向道德伦理的复杂讨论；或者将其引向政治统治的根基；或者干脆用具有科学主义色彩的“基础规范”、描述社会学意味的“承认规

---

① 富勒说，让我们设想一位致力于通过其判决实现某个会为大多数普通公民认定为错误或邪恶的目标的法官。这样一位法官有可能会通过公开援引某个“高级法”来悬置法规的字面含义吗？或者，他是否更有可能躲避在“法律就是法律”的格言后面，以看起来是法律自身要求的方式来解释他的判决？参见［美］富勒：《实证主义与忠实于法律：答哈特教授》，何作译，载北大法律网，【法宝引证码】CLI. A. 02465。本文认为都有可能，只不过其中一种也许会比另一种更有可能。但我们甚至都不好说哪一种更具可能性。

② 参见［德］贡塔·托依布纳：《法律：一个自创生系统》，张骐译，北京大学出版社 2004 年版，第 15 页。

③ 参见鲁楠、陆宇峰：《卢曼社会系统论视野中的法律自治》，载《清华法学》2008 年第 2 期。

则”来将法律的吊诡与矛盾集中在那里，以人们对“基础规范”和“承认规则”的学术性诘问换取人们对法律系统整体的认可。在卢曼看来，法律学说构成了“二阶观察”，通过这种二阶观察，法律学说援引道德的、实用的、伦理的、政治的各种理由，以论证一条法律规范为何具有正当性，从而感到它具有可接受性。①

（三）法律的未来：实证化与合法性风险

符合程序的立法就能成为法律，标志着现代法走向实证化，不再诉诸外部的永恒自然。鉴于程序本身即为法律，立法实证化实际上反映了现代法的自我再生产。更全面地说，不仅立法规范实证化，裁判和契约同样如此：即使违背政治意志和社会舆论，终审判决仍然具有既判力；只要未以合法方式解除，不道德的契约也能建立法律关系。总之，在功能分化社会中，现代法以效力为内部的动态衔接机制，形成了全面实证化的自创生系统。② 自创生的法律观意味着，法律系统在运行上是封闭的，包括道德在内的其他社会系统同样是封闭的，不同系统之间虽然可能交换信息，但是系统之间的不可穿越性阻止任何一个系统干预其他系统的自主运行。法律不再需要根据道德观点进行任何的正当化，它仅仅按照自身的二值代码（合法/非法）发挥功能。③

借此，合法性问题可以被化约为纯粹的合法律性问题。实证主义法学正确区分效力与实效，认识到现代法不因缺乏社会支持而丧失法律属性，却又误以为规则的效力源于上级规则。④ 而系统论的观点则认为，现代社会的法律自治是以“合法/非法”的二值代码作为“法律沟通”之基

① 参见鲁楠、陆宇峰：《卢曼社会系统论视野中的法律自治》，载《清华法学》2008年第2期。

② 参见陆宇峰：《“自创生”系统论法学：一种理解现代法律的新思路》，载《政法论坛》2014年第4期。

③ 参见［美］马修·德夫林：《哈贝马斯、现代性与法》，高鸿钧译，清华大学出版社2008年版，第38页。

④ 参见陆宇峰：《“自创生”系统论法学：一种理解现代法律的新思路》，载《政法论坛》2014年第4期。

础结构的符号性自治……没有任何外在力量能够打破法律的符号性自治——政治强力可以改变法律的运作方式，却不能消灭法律的符号；道德话语可以抨击法律运作的道德后果，却不能取消法律的二值代码。从这个意义上讲，法律的符号性自治恰恰是内在的、不可撼动的，是现代社会法律自治的灵魂和骨髓。①

法律的符号性自治可以保证其即使面临法律现实主义的严峻挑战，系统对生活世界的现实宰制却始终无可动摇——社会系统的控制是一种符号化的控制，这种符号化的控制产生了一种稳定机制。后现代符号化控制的社会中不会出现爆炸性的、颠覆性的革命，而只会出现“内爆”。② 法律运作在一致性层面的紊乱与某种程度上的确定性危机虽然一度导向了法律现实主义的解构思潮，但这种紊乱与危机的系统应对却恰恰可以转换为法律的自我稳定机制：系统一方面可以通过制造符号的内爆来释放合法性压力，另一方面可以不断通过用以填补“空缺结构”的符号再生产以及结构化的程序处理机制来维持系统的正常运作。

卢曼认为，法律系统的符号性自治为现代法律提供了独特的“意义”和“视角”，借助法律系统的操作性自治而自我创生，自创生的法律系统使法律能够发挥不可替代的社会功能，而这些都是合法律性命题的系统论表达。这种合法律性的系统论表达必须能够在不破坏法律自治的前提下尽可能地应对来自环境的复杂性，包括形形色色的规范性诘问，通过各种途径将合法性的批判性要求融入合法律性命题。③ 除非，系统遭遇系统性的合法性危机——革命。

这也意味着，本应被设想为保护公民权利的系统也有可能凭借其自我维持的符号结构机制而异化为宰制社会个体之存在意义的魔阵——

① 参见鲁楠、陆宇峰：《卢曼社会系统论视野中的法律自治》，载《清华法学》2008 年第 2 期。

② 参见王晓升：《“沉默的大多数”：后现代社会的政治图景——评鲍德里亚对西方民主制度的批判》，载《湖南社会科学》2013 年第 2 期。

③ 参见鲁楠、陆宇峰：《卢曼社会系统论视野中的法律自治》，载《清华法学》2008 年第 2 期。

在这一魔阵中，人被各种各样的代码所操纵，无所逃逸，代码决定了人采取的视角，对意义的理解，对世界的认知。[①] 在此意义上，法律的系统或是系统的法律越是确定，巨大的政治权力之刃就越有能力将多元性从社会骨架上剔除，并预先标识每一个社会个体的存在价值及行动意义。就像对待蝴蝶标本一样，用权力的别针将个体牢牢钉死在由“主权—摄政者”独断规划的政治行动结构或所谓的“现代文明秩序”之中！[②]

鉴于此，在实证法兴起的背景下，当“法律的合法性已被法律的合法律性所取代，在系统林立的现实‘利维坦’面前和人类自己编制起来的系统魔阵中”[③]，人类如何既依赖系统提供的稳定规范性行为预期又避免系统异化为对生活世界的殖民与宰制，系统又如何寻求合法性的救赎与超越以避免不可预知的系统性风险，始终是一个未竟与开放的问题。唯一可以确定的是，法律是一把“双刃剑”，它既可以“把权力关进制度的笼子”，也可以被锻造为能够把整个社会纳入权力之网的工具理性铁笼。如果从社会行动者的目的角度来界定法律的社会功能，法律是一种承载“目的理性”的社会工具。西方法治社会以符合“目的理性”的法律来追求现代性目标。然而，一旦“目的理性”发生异化，则会把人从法律主体变为客体，用形式上的正义遮蔽实质上的不公平，甚至把法律变为一群人压迫另一群人的工具（行动者把有助于自身目标实现的人和事物都当作工具来对待，异化成“为达目的不择手段”的工具理性）。“二战”时期纳粹及其法律就是惨痛的例子。韦伯看到了这种现象却苦于找不到破解之道，只能用“工具理性铁笼”作一声叹息。[④]

---

① 参见鲁楠、陆宇峰：《卢曼社会系统论视野中的法律自治》，载《清华法学》2008 年第 2 期。

② 参见陈洪杰：《法治如何实践——关于“法律人之治”的法哲学追问》，载《现代法治研究》2019 年第 3 期。

③ 参见高鸿钧：《通过民主和法治获得解放——读〈在事实与规范之间〉》，载《政法论坛》2007 年第 5 期。

④ 参见吴英姿：《司法的公共理性：超越政治理性与技艺理性》，载《中国法学》2013 年第 3 期。

八、可能的反思进路

在现代社会,功能分化导致了社会复杂性的增加,以及创造为了解决特定社会问题的功能系统,这些次系统具有特定的功能,因而无法通过诸如共同信念或者共同边界来进行整合。我们不再能够寄期望于追寻那种恒久不变、内在和谐地象征真理或正义的自然秩序。比如,科学上的真理或者道德伦理层面的正义可能与经济或政治的需要相冲突,这使得传统的社会整合机制逐渐失去规制全社会的能力,并最终导致法律不可能诉诸更高层级的规范,而只能诉诸自身。[①]

在法律实证化的背景下,权力的合法性(legitimacy)存在于其政治决定的法律性(legality)之中,存在于它对已经建立的合法程序的遵守之中。也就是说,伦理规范在政治推理和政治决策中不再起重要的作用。由于政治系统所追求的国家利益往往在意识形态上具有无可比拟的合法性优势,这样,什么是法律性,什么是合法程序,这些东西最终都由掌握权力的人们来规定。[②] 因此,对于现代国家来说,只要符合程序,“立法者”就可以按照在政治上被“正确”理解的“国家利益”来制定法律。正是在这一意义上,施密特认为,所有宣称“法治国”的人,到头来其实都是在追求“法律国”。

由此,如果“法秩序”之政治循环在人民主权国家不得不始于“摄政者”的权力决断;当“法治国”之理想被转述为政治语言;如果“法适用”之实践被化约为立法、执法、司法各层面上的形式逻辑取向;如果“法决断”之合法性在方法论上被转化为权力独白式的“好的判断”;那么,“这种法律无论具有形式理性的面相还是实质理性的气质,都不是源于生活世界的沟通而是源于政治系统的施加,都不是基于交往理性的商谈而是基于目的理性的命令,都不是出于法律承受者的真实意愿,而是出于法

① 参见杜健荣:《卢曼法社会学理论研究——以法律与社会的关系问题为中心》,法律出版社 2012 年版,第 134 页。

② 参见熊伟:《诠释与反思:法律后现代危机的现代性批判与启示》,载《金陵法律评论》2009 年春季卷。

律施加者的意志，都不是来自真正的民主程序，而是来自统治者的决断，其效力都不是得自社会成员的内在认受，而是凭借国家暴力的外在强制”[①]。国家的法律已经开始扮演父母和教师的角色，培养官方认为符合社会期望的态度。[②]

高鸿钧教授认为，在现代社会里，经济和政治系统借助法律代码来实现系统的整合与对生活世界的宰制。就内在而言，法律规则只具有合法律性而不具有合法性即正当性，它们只具有事实的强制力而缺乏规范上的有效性；就外在而言，法治国的法律统治只具有事实的强制性而缺乏规范的有效性或可接受性。[③] 在司法领域，法律的这种事实性和有效性之间的内在紧张表现为法的确定性原则和做出正确的判决之间的张力。[④]

在现实的法律沟通中，由于法官不得拒绝裁判，因此，当法律上的疑难案件出现，甚或即使是在规范论的逻辑推演已经失去有效性的法律的“空缺结构”中，法官仍要做出一个有效力的决定。卢曼认为，就法律系统的生存而言，就是要保持法律沟通之间持续不断的连接，[⑤]这个任务是由处于系统中心地位的法院来提供的：即便过去的信息不充分，未来也充满不确定性，法官最后都必须收敛到在合法/非法的二值之间进行选择。[⑥] 法院必须做出裁决，哪怕它没有能力做出裁决。无法裁决的裁决这个吊诡必须要被隐藏起来。[⑦] 这也意味着，悖论可以被掩藏，而沟通则

---

① 参见高鸿钧：《通过民主和法治获得解放——读〈在事实与规范之间〉》，载《政法论坛》2007 年第 5 期。

② 参见［美］伯尔曼：《法律与宗教》，梁治平译，中国政法大学出版社 2003 年版，第 173 页。

③ 参见高鸿钧：《通过民主和法治获得解放——读〈在事实与规范之间〉》，载《政法论坛》2007 年第 5 期。

④ 参见吴英姿：《司法的公共理性：超越政治理性与技艺理性》，载《中国法学》2013 年第 3 期。

⑤ 参见宾凯：《超越绝对主义与相对主义——以卢曼的悖论解决方案为考察框架》，载《上海交通大学学报（哲学社会科学版）》2013 年第 1 期。

⑥ 参见宾凯：《从决策的观点看司法裁判活动》，载《清华法学》2011 年第 6 期。

⑦ 参见泮伟江：《作为法律系统核心的司法——卢曼的法律系统论及其启示》，载《清华法治论衡》（第 12 辑），清华大学出版社 2009 年版。

不可中断。这既是法律系统维持自身的功能迫令,也构成了法律系统在面对悖论时主动“演化”出不同选择策略的内在张力。

按照系统论的观点,如果坦诚吊诡无法去除,则只能将吊诡掩藏。在系统的内部发展一套转移人们对吊诡注意力的方法,从而确保系统的自我指涉,而这成为自创生法律系统的一个组成部分。卢曼依靠法律自治的第四个维度——欺骗性自治来解决这个问题。法律的欺骗性自治是一套针对“套套逻辑”、吊诡与矛盾的隐藏技术,它通过二阶观察将人们对“合法/非法”这一源代码的诘问转移到其他的区划上,用法律理论内部对正义/不正义、道德/不道德的复杂讨论将法律系统自我指涉的真实情况掩盖起来,用法律理论对法律系统的内部批判来转化、缓解和消除人们对法律的外部批判;它通过对吊诡的时间化处理,发展出一整套的法律程序,通过将吊诡推向不确定的未来从而消耗和吸收人们对合法律性的批判与不满;但同时法律程序本身又是对合法性的一种时间性约束,它通过设定步骤,限制议程将合法性追问适时中断,以法律内部的必要决断将批判和反思造成的无限拖延中止——这样法律系统不仅不会牺牲自身的效能,而且会以可控制的方式满足合法性的要求。

对此,哈贝马斯则批评卢曼只见冷酷无情的系统而不见丰富多彩的生活世界,只见操作化的外在结构而不见具体化的个人主体,只见系统整体的功能迫令,而不见主体互动和商谈的潜在整合资源,只钟情于对社会系统的经验性描述和对现实合理性的诠释,而缺乏对现实不合理的批判和对应然的规范性追求,以及对未来理想化的超越。[①]

哈贝马斯指出,那种从单个主体的视角出发的目的理性,以自我为中心,以追求成功为指向,最终逃不脱把他人作为实现自己目标的手段和工具的“铁笼”。[②] 理性的公共运用需要通过自主的公民在公共领域的商谈过程来实现。因此,需要进一步分析交往性的预设条件,以及形

---

① 参见鲁楠、陆宇峰:《卢曼社会系统论视野中的法律自治》,载《清华法学》2008 年第 2 期。

② 参见吴英姿:《司法的公共理性:超越政治理性与技艺理性》,载《中国法学》2013 年第 3 期。

成意见和意志的商谈过程。[①] 它力求借助生活世界的背景共识和通过民主程序及理由来实现社会认同的正义,避免了实体价值标准多元、模糊而带来的“异议风险”。[②]

哈贝马斯认为,在后形而上学时代,理性已经分化。社会的合理化原则上存在两种可能性,一是目的行为和工具理性的制度化,即自我驾驭的市场和行政系统凌驾于个人之上,社会受金钱和权力系统的匿名统治;二是生活世界合理化和政治的民主化,人类生活的基本条件受到理性形成的公共政治意志控制。[③] 为了避免国家建制权力潜在的“僭越”,哈贝马斯尝试运用商谈理论来理解现代法治国家的人民主权原则:“在这个原则中,既包含机会平等地参与民主的意志形成过程这种主观权利,也包含公民自决的建制化实践这种客观法的创造可能性作用……法治国组织为之服务的目的,是一个自由、平等的公民联合体通过权利体系而构成的共同体的政治上自主的自我组织。法治国的各种建制应当确保具有社会自主性的公民有实效地运用其政治自主。”[④]

当然,哈贝马斯同样也认识到:对于公民运用政治自主来说,这反过来也造成了这样的结果:这种运用是融合在国家之中的——立法是作为国家之中的一种权力而构成的。[⑤] 这种自主性也允许每个人——作为公民——有平等机会利用其政治参与权利和交往权利。[⑥] 而根据其商谈论理解,人民主权原则本身即应该意味着一切政治权力都来自基于公民自

---

① 参见[德]于尔根·哈贝马斯:《通过理性的公共运用所做的调和:评罗尔斯的政治自由主义》,载谭安奎:《公共理性》,浙江大学出版社 2011 年版,第 335 ~ 375 页。

② 参见吴英姿:《司法的公共理性:超越政治理性与技艺理性》,载《中国法学》2013 年第 3 期。

③ 参见汪行福:《现代性与民主——批判理论的自由主义转向》,载《当代国外马克思主义评论》2002 年第 3 期。

④ 参见[德]于尔根·哈贝马斯:《在事实与规范之间——关于法律和民主法治国的商谈理论》,童世骏译,生活·读书·新知三联书店 2003 年版,第 207 页、第 215 页。

⑤ 参见[德]于尔根·哈贝马斯:《在事实与规范之间——关于法律和民主法治国的商谈理论》,童世骏译,生活·读书·新知三联书店 2003 年版,第 168 页。

⑥ 参见[德]于尔根·哈贝马斯:《在事实与规范之间——关于法律和民主法治国的商谈理论》,童世骏译,生活·读书·新知三联书店 2003 年版,第 213 页。

主行动的交往权力以及这一权力过程的建制化——作为政治公共领域中非正式的意见形成,作为政党内外的政治参与,作为对普选的参加,作为在议会团体中的商讨和决策等。一种同主观自由内在地交叉的人民主权再一次同国家权力相交叉,甚至是以这样的方式,即“一切国家权力来自人民”的原则,是通过一种建制分化的意见形成和意志形成过程的交往预设和程序而得到实现的。[①]

在今天,面对高度复杂并且正在经历巨大转型的中国社会,无论是以卢曼、哈贝马斯,或是其他西方思想巨匠的理论资源作为思考背景去对接中国社会演进这个独一无二的历史实践进程,都会面临一个共同的挑战,那就是如何在有效的对话、沟通基础上再生产自己的现实指向与意义结构。卢曼《法社会学》的译者宾凯博士曾经在译后记中转述卢曼的看法,认为沟通的过程是偶在的,至于下一个沟通中意义会如何分叉,这是事先无法预测的。在一个沟通连着另一个沟通并且不断发生意义分叉的系统演进过程中,我们如何在无尽开放的沟通可能性中锻造属于自己的意义之链,这无疑是中国遭遇世界最值得期待的复杂偶在性。

思 考 题

1. 如何理解法律和社会的关系?卢曼《法社会学》与经典法社会学的认识进路有何区别?

2. 如何理解自然法与实证法各自的特点?

3. 法律何以能在双重偶在性情境下稳定社会期望的生成?

4. 如何理解“合法即非法”的法律悖论?以及社会面对悖论的回应策略?

---

① 参见[德]于尔根·哈贝马斯:《在事实与规范之间——关于法律和民主法治国的商谈理论》,童世骏译,生活·读书·新知三联书店2003年版,第168页。

5. 如何分别从法学视角和社会学视角看待自然法学派与法律实证主义之争?

拓展阅读

1. [德]尼可拉斯·鲁曼:《社会中的法》,李君韬译,台北,五南图书出版股份有限公司2009年版。

2. [德]贡塔·托依布纳:《法律:一个自创生系统》,张骐译,北京大学出版社2004年版。

3. [德]贡塔·托依布纳:《宪法的碎片》,陆宇峰译,中央编译出版社2016年版。

4. [德]托马斯·莱塞尔:《法社会学导论》,高旭军等译,上海人民出版社2014年版。

5. [奥]尤根·埃利希:《法律社会学基本原理》,叶名仪、袁震译,江西教育出版社2014年版。

第十三讲

《乡土中国》导读

《乡土中国》初次出版于1948年的上海观察社，本导读以生活·读书·新知三联书店的《乡土中国》为依据。费孝通：《乡土中国》，生活·读书·新知三联书店2013年版。

费孝通先生是我国著名的社会学家，但他的知名度已远远超出社会学领域，在其他社会科学领域也有着广泛的影响。法学家苏力教授曾经称赞费孝通先生为20世纪华人中最伟大的社会科学家。[①] 在费孝通先生的诸多论著中，《乡土中国》有着独特的价值，它不仅是一本学术读物，更是一本产生显著公共影响的大众读物。《江村经济——中国农民的生活》（以下简称《江村经济》）使得费孝通走入世界学术前列，费孝通的导师马林诺斯基（Bronislaw Malinowski）在为《江村经济》所作序言的开篇即写道："我敢于预言费孝通博士的《中国农村的生活》（又名《江村经济》——译注）一书将被认为是人类学实地调查和理论工作发展中的一个里程碑。"[②]与之相比，《乡土中国》在很大程度上促使费孝通走向中国的大众学术。《乡土中国》各篇起初是刊登在报刊的评论文章，"本身是一种社会行为，会引起广泛的社会效果"[③]，最初出版时很快即发行超

① 参见苏力：《费孝通先生的学术与中国的法学》，载《南方周末》2005年4月28日。

② 费孝通：《江村经济——中国农民的生活》，商务印书馆2001年版，第13页。

③ 费孝通：《乡土中国》，生活·读书·新知三联书店2013年版，"重刊序言"，第2页。

过8000册。也许费孝通先生在写作《乡土中国》时,并未预料到数十年之后还有许多读者反复阅读这些文字,但这预料之外的影响,正体现了《乡土中国》的思想魅力。之所以可以将《乡土中国》作为一本法律社会学经典著作来阅读,很重要的原因在于,这本书为理解中国法治的社会基础提供了经典的理论范本。早在20世纪90年代,费孝通先生对"乡土中国"的诸多论述,已经成为许多学者讨论中国社会转型与法治构建的基本参照。时至现今,如何理解"乡土中国",仍然构成当代中国法治实践以及法学研究的基础性问题。《乡土中国》常读常新,时时会给人以"说到心坎"[①]的感觉。正因如此,费孝通先生有关"乡土中国"的刻画和阐述,依然能够为把握当代中国法治提供诸多启示。

一、费孝通生平

费孝通,1910年11月2日出生于江苏吴江。费孝通名字里的"孝"字并非按照家谱辈分排列的结果,而是因为著名实业家张謇与费孝通的父亲费璞安是世交,张謇的孩子是"孝"字辈,因此费璞安也将费孝通随"孝"字。至于名字中的"通"字,因为费璞安曾经在江苏南通教过书。1903年,张謇在家乡南通创办中国第一所师范学堂——通州民立师范(今南通师范高等专科学校),邀请王国维等十多位学界贤达担任教职。1905年,清政府废除科举制度,兴办新学,各省选派人员出国深造。费璞安于当年东渡日本留学,主攻教育专业。费璞安留学回国之后,应张謇邀请于1909年1月到通州民立师范执教。"孝通"这两个字,既流露出父辈之间深切的世交情谊,也饱含着父亲对教育事业的真挚情怀。费孝通的母亲杨纫兰是一位思想解放的新女性,毕业于上海务本女学,受过良好的教育,倾心于创办蒙养院(幼稚园)、撰写文章。父母的胸襟和见识,无疑对费孝通的早年成长产生了十分重要的影响。费璞安和杨纫兰夫妇养育四子一女,按年龄大小排序,长子费振东、独女费达生、次子

---

① 陈心想:《走出乡土:对话费孝通〈乡土中国〉》,生活·读书·新知三联书店2017年版,第42页。

费青、三子费霍、幼子费孝通。

青年费孝通起初想学医学，后来转向社会学。在回顾当时这一选择时，费孝通谈道："我在上大学时，先是想当个医生，好为人治病，免除人们的痛苦，于是我进了医预科。后来我觉得人们最痛苦的不是来自身体上的疾病，而是来自社会所造成的贫穷。于是我改学社会学。学一门学科总得有个目的。我是想通过学社会学来认识社会，然后改革社会，免除人们的痛苦。在学社会学的过程中，我明白了必须联系实际，到社会实际生活中去观察、分析、思考。"[①]1930 年，20 岁的费孝通由东吴大学转学到北京，放弃协和医学院，进入燕京大学。刚入燕京大学的费孝通尚不知晓社会学这门学科，最初考虑的是学习心理学，为此还给当时的心理学系主任陆志韦写了一封信。在入学第一周里，费孝通决定在拜访各系主任之后，再确定自己所选学科。在当时，社会学系主任许仕廉的谈话，对费孝通产生了特别的吸引力，促使他意识到自己最为适宜研读社会学。自此，费孝通开始迈入社会学之门。

在 19 世纪末和 20 世纪初，产生于欧洲的社会学传入中国，北京大学、厦门大学、燕京大学、清华大学、复旦大学、大厦大学、中央大学、沪江大学等 11 所高等院校设立社会学。费孝通就读的燕京大学社会学系创设于 1922 年。在当时，无论是研究还是教学，社会学主要是传授西方(尤其是美国)的理论知识，照搬照抄西方社会学理论的现象十分普遍。有的学校的社会学教师几乎都是美国人，课程用的全是美国教科书，课堂讲授引用的事例也都是来自美国教科书的国外经验。即便是一些留学归国讲授社会学的中国教师，往往也是如此，甚至也主要用外语授课。1936 年，费孝通在一篇文章中还专门谈及当时社会学存在的突出问题："过去'美国式'的社会学已不能再获得社会上，甚至学术界的信用，在大学课程里连喘息的机会也发生了问题了。对于过去中国的社会学怀疑是很合理的，因为在过去十几年中，'社会学'并没有对于了解中国社

① 费孝通：《关于人类学在中国》(1993 年 8 月 9 日)，载《费孝通全集》(第 14 卷)，内蒙古人民出版社 2009 年版，第 264 ~ 265 页。

会及改造中国社会有过任何显著的贡献,一个对于民族的生存上没有价值的东西,至多只能做个人的癖好,绝不能在社会中站立得很久的。过去社会学的肤浅空虚和没有用,早已注定要受社会怀疑的命运,所以现在很多大学取消社会学系,减少社会学课程,在我们看来,一点也不觉得奇怪,而且觉得是给社会学本身一个极好的转机。在这转机中,我们可以使一个充实的、深刻的、能帮助人了解中国社会的,及能作改造中国社会基础的新社会学得到发展的机会。"①针对社会学未能为认识中国提供有价值的启示,费孝通作出了深刻的反思:"现在中国念社会学的学生免不了有一种苦闷。这是苦闷有两方面:一是苦于在书本上,在课堂里,得不到认识中国社会的机会;一是关于现在一般论中国社会的人缺乏正确观念,不去认识,话愈多而视听愈乱……我们已受了相当社会学理论的训练,觉得我们应当走到实地里去,希望能为一般受着同样苦闷的人找一条出路。"②这种"苦闷"牵引着费孝通探索社会学研究的新进路。

在这种氛围中,吴文藻先生初上讲台时使用中国语言讲授"西洋社会思想史",深深触动了年轻的费孝通,以至于65年之后,费孝通先生对此还颇有感叹地谈道:"吴老师给我上的第一堂课留下了我至今难忘的印象。这个印象说出来,现在中国的大学生一定很难理解。我当时觉得真是件怪事,这位从哥伦比亚大学得了博士回来,又是从小我就崇拜的冰心女士的丈夫,在课堂上怎么会用中国的普通话来讲西洋社会思想?""65年前在燕京大学讲台上有人用中国语言讲西方社会思想是一个值得纪念的大事,在中国的大学里吹响了中国学术改革的号角。"③

吴文藻先生不仅以授课方式触动了年轻的费孝通,在后续交往中更是成为对费孝通的学术研究产生重要影响的第一位启蒙老师。吴文藻

---

① 费孝通:《写在〈汶上县的私塾组织〉的前面》(1936年8月12日),载《费孝通全集》(第1卷),内蒙古人民出版社2009年版,第479页。

② 费孝通、王同惠:《花篮瑶社会组织》,载《费孝通全集》(第1卷),内蒙古人民出版社2009年版,第431页。

③ 费孝通:《开风气 育人才》(1995年12月10日),载《费孝通全集》(第15卷),内蒙古人民出版社2009年版,第182页。

于1929年入职燕京大学社会学系,费孝通是1930年到燕京大学社会学系读本科,从时间的巧合来看,自费孝通选择社会学开始,吴文藻就已经对他起到明显的影响作用。在当时,吴文藻明确提出“社会学中国化”的倡导。在《社会学丛刊》的总序中,吴文藻旗帜鲜明地强调:“我们的立场是:以试用假设始,以实地证验终。理论符合事实,事实启发理论,必须理论与事实糅和在一起,获得一种新综合,而后现实的社会学才能植根于中国土壤之上,又必须有了本此眼光训练出来的独立的科学人才,来进行独立的科学研究,社会学才算彻底的中国化。”[①]在吴文藻的影响下,费孝通更加坚定要通过社会学研究来了解真实的中国社会。费孝通晚年时曾这样谈及吴文藻先生当时的“社会学中国化”主张:“这个人在当时的心情上必然已经立下了要建立一个‘植根于中国土壤之中’的社会学,使中国的社会和人文科学‘彻底中国化’的决心了”,“要使社会学这门学科能为中国人民服务,即对中国国计民生有用处,常识告诉我们,这门学科里所包括的知识必须有中国的内容”[②]。

在去英国留学之前的1930年至1936年,费孝通大多数时间在北平度过。在这段时间里,除了吴文藻先生的影响之外,还有几位国外学者对费孝通的学术研究有着突出的影响。1932年,吴文藻邀请美国社会学芝加哥学派创始人罗伯特·派克(Robert Park)到燕京大学讲学。派克的讲课给费孝通留下极为深刻的印象。派克不仅讲授西方的社会学理论,还亲自带领学生考察北平居民的实际生活。费孝通后来回忆道:“派克不仅在班上讲解人类集体行为的性质和社区的结构,而且特别引起我们这些学生兴趣的是他亲自带领我们去参观北京各种类别的居民区。他把我们带出了风光明媚的未名湖的世外桃源,让我们看到了天桥的贫民窟,甚至八大胡同的红灯区,这真正打开了我们这些在象牙塔中生活的小青年的眼界。世界上原来有和自己生活区别如此之甚的各种

---

① 吴文藻:《论社会学中国化》,商务印书馆2010年版,第4页。

② 费孝通:《开风气 育人才》(1995年12月10日),载《费孝通全集》(第15卷),内蒙古人民出版社2009年版,第182页、第183页。

各样的生活模式和思想类型,真是个见所未见、闻所未闻的广阔天地。我们这辈学生真感激他,把我们带出了书本,进入了活生生的现实世界。”[①]在当时,费孝通与杨庆堃合译《社会学家派克教授论中国》[②],费孝通还专门写了一篇名为《派克及季亭史两家社会学学说几个根本的分歧点》的文章展开讨论。[③]

从燕京大学毕业后,在吴文藻的安排下,费孝通到清华大学跟随俄国人类学家史禄国(Сергей Михайлович Широкогоров)学习体质人类学。史禄国希望费孝通在出国之前做一年的实地调研,然后再出去读书,带着调查资料出国研究,才会更有针对性地接受学术训练。史禄国注重测量的大量人体骨骼,对之进行分类并找出模式,这种学术训练对费孝通的学术研究影响很大,此后他对不同类型村庄、不同模式的研究正是受到这种训练启发。晚年的费孝通曾这样回忆道:“如果硬是要问我这一生在社区研究上有什么‘得力武器’,我想到的也许就是从史老师那里学来的‘类型比较法’。社区研究里的‘类型比较法’,就是在一个社区的社会结构里抓住某些相关项目,按着特具的搭配方式,综合成一个类型。然后再和不同社区里见到的不同类型进行比较,揭示出它相似和相差的由来和所引起的不同后果。这个‘类型比较法’不就是史老师在分析他的体质资料时应用的方法?不也就是我在60年前整天伏在统计方格纸上爬行所做的事么?当我自己发现这种联系时,我有点吃惊,早年的基本训练影响一个人的思想竟如此之深,甚至在应用时完全没有自觉地这样做了。”[④]在当时,恰好广西的教育厅有课题要了解广西大瑶山(今广西金秀瑶族自治县六巷乡)居民的来源,需要测量这些居

---

① 费孝通:《略谈中国社会学》(1994年8月7日),载《费孝通全集》(第14卷),内蒙古人民出版社2009年版,第249页。

② 参见费孝通等:《社会学家派克教授论中国》(1933年),载《费孝通全集》(第1卷),内蒙古人民出版社2009年版,第133~140页。

③ 参见费孝通:《派克及季亭史两家社会学学说几个根本的分歧点》(1933年),载《费孝通全集》(第1卷),内蒙古人民出版社2009年版,第141~168页。

④ 费孝通:《从史禄国老师学体质人类学》(1994年4月28日),载《费孝通全集》(第14卷),内蒙古人民出版社2009年版,第356页。

民的身体骨骼，于是在1935年夏天，费孝通和新婚妻子王同惠带着这个研究课题进入大瑶山开展调查。不幸的是，在进入大瑶山调查约两个月之后，两人在途中遭遇不幸，费孝通痛失第一任妻子。

在大瑶山调研受伤之后，费孝通到“江村”（江苏省吴江县开弦弓村）养伤。在此期间，费孝通对正在起步的中国乡村工业产生兴趣，对该村开展实地调研。1936年10月，费孝通带着在大瑶山和开弦弓村调研的资料，前往英国伦敦经济学院求学。在赴英国的轮船上，费孝通将收集到的资料加以整理。在英国学习期间，著名人类学家弗思（Raymond Firth）建议费孝通使用在开弦弓村调研的资料撰写论文。在马林诺斯基的指导下，费孝通完成后来广为人知的《江村经济》一书的写作，并获得该校博士学位。在《江村经济》序言中，马林诺斯基预言：“未来的人类学不仅对塔斯马尼亚人、澳洲土著居民、美国拉尼西亚的特罗布里恩德群岛人和霹雳的俾格米人有兴趣，而且对印度人、中国农民、西印度群岛黑人、脱离部落的哈勒姆非洲人同样关注。”“研究人的科学必须首先离开对所谓未开化状态的研究，而应该进入对世界上为数众多的、在经济上和政治上占重要地位的民族的较先进文化的研究。”①正是在这个意义上，马林诺斯基称赞费孝通的这一研究开辟了“一个民族研究自己民族的人类学”②的新方向。

1938年，完成学业的费孝通回到国内，加入吴文藻主持的云南大学社会学系。在吴文藻的支持下，费孝通在云南大学社会学系附近创设了一个研究工作站，后来这个工作站又搬到呈贡魁阁。魁阁吸引许多有志于开展实地农村调查的青年学者，他们在这里共同运用“社区研究”方法，深入理解中国社会。当时正逢抗日战争，战火纷飞，魁阁的工作条件十分艰苦。在这样艰辛的岁月中，费孝通仍然坚持带领一批年轻人开展调查，创造出多部有价值的学术作品，例如，张之毅的《易村手工业》《玉村土地与商业》《洱村小农经济》，史国衡的《昆厂劳工》《个旧矿工》，谷

---

① 费孝通：《江村经济——中国农民的生活》，商务印书馆2001年版，第15页。

② 费孝通：《江村经济——中国农民的生活》，商务印书馆2001年版，第13页。

苞的《化城镇的基层政权》以及胡庆钧的《呈贡基层权力结构》等。1943年,费孝通赴美国访问,将与张之毅、史国衡分别合著的书译介给国外学术界(*Earthbound China* 和 *China Enters the Machine Age*)。直到晚年,费孝通还十分怀念当时在魁阁的研究时光,他感叹道:"这一段时间的生活,在我这一生里是值得留恋的。时隔愈久,愈觉得可贵的是当时和几位年轻的朋友一起工作时,不计困苦,追求理想的那一片真情。以客观形势来说,那正是强敌压境,家乡沦陷之时,战时内地知识分子的生活条件是够严酷的了。但是谁也没有叫过苦,叫过穷,总觉得自己在做着有意义的事,吃得了苦,耐得了穷,才值得骄傲和自负。"①

在此之后,费孝通试图将此前调查所获得的对中国社会的经验认知加以总结提升,进而探索乡土中国的一般特质。这项工作并不是在当时就完成,而是在费孝通从美国访问回国之后才逐渐实现。1943年6月5日,费孝通开始初访美国的行程。在美国期间,费孝通不断比较和思索中西方社会的差异与联系,写了一篇篇"旅美寄言"寄回国内。在《乡土中国》后记中,费孝通也谈及美国之行对自己学术研究带来的影响:"去年春天我曾根据 Mead 女士的 *The American Character* 一书写成一本《美国人的性格》,并在这书的后记里讨论过所谓文化格式的意思。在这里我不再复述了。这两本书可以合着看,因为我在这书里是以中国的事实来说明乡土社会的特性,和 Mead 女士根据美国的事实说明移民社会的特性在方法上是相通的。"②1944年7月,费孝通结束为期一年的访美生活回到国内,在魁阁继续开展农村调查。从美国归来的5年(1944年至1949年)是费孝通的学术黄金时代,许多产生广泛影响的作品在这一时期形成,如《乡土中国》《生育制度》《乡土重建》《皇权与绅权》等。在这一阶段,与此前偏重于从具体村庄考察中国社会不同的是,费孝通开始对中国社会和文化进行整体性分析和理论建构。在《乡土中国》后记

① 费孝通:《〈云南三村〉序》(1987年10月13日),载《费孝通全集》(第12卷),内蒙古人民出版社2009年版,第377页。

② 费孝通:《乡土中国》,生活·读书·新知三联书店2013年版,第109页。

中,费孝通写道:“以我个人在社会学门内的工作说,这是我所努力的第二期。第一期的工作是实地的社区研究。我离开清华大学研究院之后就选择了这方面。……第二期工作是社会结构的分析,偏重于通论性质,在理论上总结并开导实地研究。《生育制度》是这方面的第一本著作,这本《乡土中国》可以说是第二本。我在这两期的研究工作中虽则各有偏重,但在性质上是联贯的。”[①]《乡土中国》这部著名作品最初是费孝通讲授“乡村社会学”的课程讲义,应当时《世纪评论》约稿,写成分期连载的14篇文章陆续发表,后来正式结集出版。这些文章的写作带有一定的探索性,并不是要传播已然确定的知识,而是采用讨论性的方式,“主要是在引导学生敢于向未知的领域进军。至于攻关的结果是否获得了可靠的知识,那是另一个问题。实际上在新闯的领域中,这样要求也是不切实际的”[②]。

二、《乡土中国》的研究方法

从学术渊源来看,费孝通写作《乡土中国》深受美国社会人类学家罗伯特·雷德菲尔德(Robert Redfield)的作品《乡土社会》(*Folk Society*)影响。1948年9月1日,在给雷德菲尔德的一封信中,费孝通就明确表示:“我已经阅读了你的文章《乡土社会》,事实上我在我的新书《乡土中国》中采用并且发挥了你的思想。这本书在中国发行已经超过8000册。”[③]雷德菲尔德的《乡土社会》一文发表于1947年1月的《美国社会学杂志》,在这篇文章中,“乡土社会”这一概念是作为与“都市社会”相对立的概念而提出的。从信中所说的来看,费孝通认同雷德菲尔德对“乡土社会”的阐述,认为这些观点对于把握中国乡村社会也有许多启发。除在思想层面上的联系之外,费孝通与雷德菲尔德还有直接交往关系。通过吴文藻和拉德克里夫-布朗的引荐,费孝通与雷德菲尔德

---

① 费孝通:《乡土中国》,生活·读书·新知三联书店2013年版,第109~111页。

② 参见费孝通:《乡土中国》,生活·读书·新知三联书店2013年版,“重刊序言”,第2页。

③ See Robert Redfield, *China Travel Diary*, box 7, folder 3, Robert Redfield Papers Special Collections, Joseph Regenstein Library, University of Chicago.

建立联系。从 1943 年至 1949 年,他们之间有许多深入的交往,雷德菲尔德在学术上也给予费孝通许多帮助,雷德菲尔德夫人、派克的女儿玛格丽特还协助费孝通,将其此前在云南调研写成的几份报告修改、扩充并翻译成英文。[①] 当然,《乡土中国》并不是《乡土社会》的翻版,而是深刻地刻画了中国的乡土社会,费孝通将自己的中国生活经验和情感体悟带入到研究与写作之中。

迄至现今,距费孝通先生写作《乡土中国》已 70 余年,中国社会发生了翻天覆地的变化,即便是农村,也迥异于 70 余年之前。然而,现在再读《乡土中国》,几乎每一位读者都会觉得书中呈现的许多画面,似乎仍然存在于现实的中国社会。不仅如此,在学术研究层面,大量以中国社会为研究对象的著述,都会在不同程度或不同侧面与费孝通先生笔下的"乡土中国"展开对话。这正是一部经典著作的魅力所在,它对问题的解释富有洞察力,能够超越时代变迁,把握住一个社会中深层的、稳定的特质。《乡土中国》之所以会有如此强的生命力,可以从费孝通先生运用的研究方法中获得某种回答。

在《乡土中国》重刊序言中,费孝通先生谈到:"这本小册子和我所写的《江村经济》、《禄村农田》等调查报告性质不同。它不是一个具体社会的描写,而是从具体社会里提炼出的一些概念。这里讲的乡土中国,并不是具体的中国社会的素描,而是包含在具体的中国基层传统社会里的一种特具的体系,支配着社会生活的各个方面。它并不排斥其他体系同样影响着中国的社会,那些影响同样可以在中国的基层社会里发生作用。搞清楚我所谓乡土社会这个概念,就可以帮助我们去理解具体的中国社会。概念在这个意义上,是我们认识事物的工具。"[②]由此可见,费孝通先生笔下的"乡土中国"其实是对中国农村的一种抽象化或理念化提炼,并不完全对应于当时中国的任何一个农村,但又在不同程度上涵括当时中国

---

① 参见阎明:《中国社会学史——一门学科与一个时代》,清华大学出版社 2010 年版,第 179～180 页、第 268～271 页。

② 费孝通:《乡土中国》,生活·读书·新知三联书店 2013 年版,"重刊序言",第 3 页。

许多地方农村的主要特质,甚至还蕴含着对当时中国整体社会特质的某种概括。对此,费孝通先生明确指出:"我这种尝试,在具体现象中提炼出认识现象的概念,在英文中可以用 Ideal Type 这个名词来指称。Ideal Type 的适当翻译可以说是观念中的类型,属于理性知识的范畴。它并不是虚构,也不是理想,而是存在于具体事物中的普遍性质,是通过人们的认识过程而形成的概念。这个概念的形成既然是从具体事物里提炼出来的,那就得不断地在具体事物里去核实,逐步减少误差。"①

费孝通先生是如何做到"从具体事物里"提炼出"具体事物中的普遍性质"的?在后记中,他结合社会学的发展脉络,具体谈及所遵循的研究方法。《乡土中国》是一部"偏于通论性质"的著作②,其中对中国社会结构的分析是基于实地调研以及历史分析而建构的,在此过程中,源自西方社会学、人类学的概念、范式及方法成为重要的理论工具。具体而言,可以主要从如下三个方面把握其中的研究方法。

一是社区分析。费孝通先生将"社区分析"划分为两个紧密相连的阶段。前一个阶段主要通过调查来描绘特定社区的社会结构。在离开清华大学之后,费孝通就着手开展调研,先后独立或合作完成《花篮瑶社会组织》、*Peasant Life in China*(《江村经济》)、《禄村农田》、《易村手工业》、《玉村土地与商业》等以微观社区为研究对象的作品。在这些具体社区个案研究的基础上,费孝通开启"社区分析"的"第二期工作",侧重从社会结构展开分析。第二阶段研究的重要特点是开展类型比较,"在比较不同社区的社会结构时,常发现了每个社会结构有它配合的原则,原则不同,表现出来的结构的形式也不一样"③,"依不同结构的原则分别确定它所形成的格式"④。正如他后来所阐述的:"一切事物都在一定条件下存在,如果条件相同就会发生相同的事物。相同条件形成的相同事物就是一个类型。同一个类型里的个别事物并不完全一样的,类型不

---

① 费孝通:《乡土中国》,生活·读书·新知三联书店 2013 年版,"重刊序言",第 3 页。
② 参见费孝通:《乡土中国》,生活·读书·新知三联书店 2013 年版,第 111 页。
③ 费孝通:《乡土中国》,生活·读书·新知三联书店 2013 年版,第 116 页。
④ 费孝通:《乡土中国》,生活·读书·新知三联书店 2013 年版,第 119 页。

是个别的众多重复,因为条件不可能完全一致的。我所说的类型只是指主要条件相同所形成基本相同的各个体。”[①]对不同地方农村社区的分别考察并描述呈现,为费孝通从整体上把握中国农村积累了大量经验感知,他所提炼的“乡土中国”的类型特质也正是建诸这一基础之上。

二是历史研究。1948年前后,实地研究工作不得不停顿,费孝通打算“借此转变一个研究的方向,费几年读读中国历史”,“希望能实地研究的材料联串配合起来,纠正那些认为功能学派轻视历史的说法”。[②]为此,他与历史学家吴晗等人一起就中国社会结构展开讨论,相关讨论结集成册,并以《皇权与绅权》为名,于1948年由上海书店出版社出版,共收录费孝通、吴晗、袁方、全慰天、胡庆钧、王康(史靖)等人的16篇文章。如果从费孝通在当时的这种学术转向来看,作为同一时期的作品,《乡土中国》无疑也凝结着他对历史中国的理解,所呈现的“乡土中国”,既是现实的,也是历史的。从《乡土中国》的行文中,随处可以看出费孝通深受中国传统文化(尤其是儒家文化)影响,儒家经典所构设的中国社会秩序,成为对中国乡土社会展开考察和分析的重要参照。值得注意的是,费孝通对儒家思想的解说并不是文本式的,而是社会科学式的,他力图结合自己对中国社会结构的把握,基于历史或者社会语境,对儒家思想的正当性作出合理解释,向读者展现儒家思想得以产生和延绵的现实条件,阐述儒家思想对于传统中国社会的功能和必要性。正是因为有了历史维度的分析,费孝通先生的有关讨论更能逾越具体时间条件的限定,在宽阔的时间跨度中揭示中国乡土社会的深层特征。

三是功能主义分析。《乡土中国》的每一篇都或显或隐地运用了某种社会学理论分析框架。例如,“无为政治”这部分借助社会冲突理论和社会合作理论,讨论乡土社会中的“横暴权力”和“同意权力”。又如,对“差序格局”的讨论隐含着对西方社会学中“机械团结”和“有机团结”

---

① 费孝通:《人的研究在中国》(1990年7月25日),载《费孝通全集》(第13卷),内蒙古人民出版社2009年版,第345页。

② 参见费孝通、吴晗等:《皇权与绅权》,岳麓书社2012年版,第153页。

这一对概念的借鉴。对费孝通影响最大的西方社会学理论是功能主义。他接受了功能主义的积极价值,将其作为认识中国社会的理论工具。在出国留学之前,费孝通已经逐渐受到涂尔干、拉德克利夫-布朗等人的功能主义观点影响,在英国期间则进一步系统地接受马林诺斯基的功能主义理论训练。在费孝通看来,马林诺斯基"喜欢说文化是人用来满足生活需要的,所以说文化是有功能的。功能就是满足生活需要的能力。满足生活需要是文化所起的作用。人的生活需要首先是生物需要,所以说到底文化是从生物需要上发生的"[①]。与马林诺斯基注重文化的生物基础或者生物性的"基本需要"不同的是,费孝通更倾向于认为社会是与生物有区别的实体,应当从社会性的层面考察特定的文化。晚年的费孝通曾经谈及自己的功能主义观:"马林诺斯基着重文化的生物基础,他把一切文化和人的基本需要相联系,但除了那点之外他的思想接近于拉德克利夫-布朗。我的功能观点不完全和马林诺斯基相同,因为我不愿过分强调基本需要,在这一点上更接近于拉德克利夫-布朗,或者涂尔干。我不得不说我曾受到涂尔干的强烈影响,因为我一直接受这种观点。即社会构成一种和生物性质不同的实体,它不仅仅是个人的联合,也等于说,一加一不等于二,而多于二。"[②]依循所接受的功能主义,在考察中国乡土社会时,费孝通并不是将个人的需要看作起点,而是在社会生活中人与人的关系或结合上展开讨论。

如果按照费孝通先生当时所作的概括,他所倡导的社会科学的发展方向就是:"我们要一个综合的、实地的、对于本国的文化现象的认识。综合的是和分科专门的、各不顾各的、偏面的相反;实地的,是和凭空的捏造的、抄袭的、不足考实的、雇佣'劳工'间接搜集的相反;对于本国的是和对于外国的相反。最后一项是暂时的矫正,因为现有所谓'社会科学'是洋牌话匣子,在文章上可以引证一百个外国例子,而一句都没有提

---

① 费孝通:《从马林诺斯基老师学习文化论的体会》(1995年),载《费孝通全集》(第15卷),内蒙古人民出版社2009年版,第219页。

② 费孝通:《经历·见解·反思》(1987年10月),载《费孝通全集》(第12卷),内蒙古人民出版社2009年版,第433~434页。

及问题所在的本国。我们要外国材料,不过是做比较之用,着重还是‘自己’。”①总的来说,《乡土中国》采取社区研究方法,却并未局限于个别社区,而是对社区进行类型化提炼和比较,在对中国各地农村的比较中,探寻中国乡土社会的一般性特质;采用历史研究方法,却并未驻足于故纸典籍之中,而是深刻地理解和阐释了经典思想对现实问题的内在关切和回应,从而勾连起过往与当下之间的联系及断裂;采用社会科学研究方法,却并未停留于对西方社会科学理论的引介或重述,而是深入把握西方社会理论背后的经验基础,将这些理论分析和现实经验作为中西比较的参照线索,形成跨文化的对比,深入探析中西方社会结构的异同。

三、无讼社会与法律下乡

在许多人的观念中,中国古代社会,尤其是传统乡土社会是典型的“无讼社会”。在《乡土中国》中,费孝通先生也将“无讼”作为讨论现代法治与乡土社会关系的一个关键词。在讨论中国传统乡土社会,乃至探究当今中国农村问题时,许多研究仍会频繁援引费孝通先生有关“无讼”的论述作为理论支撑。在《乡土中国》中,费孝通先生对“无讼”的阐述体现在两个维度上:一是乡村与城市的比较;二是乡土社会的变化。

首先,从乡村与城市的比较来看,二者的社会性质存在显著的差异性,法律在城乡中的作用并不相同。都市社会是“法治社会”,都市生活的方方面面都可能涉及法律,法律是专门的知识,一个不明白法律的人,在都市社会也要受到法律约束。正因如此,法律职业者,尤其是律师有着十分重要的地位。作为“法治社会”,都市社会有两个重要的特点。首先,个人权利的观念极为普遍,为了保护个体权利,国家需要制定许多法律。与此相应的是,法官在案件审理中,主要并不是发挥“教化”作用,不用过多考虑道德、伦理观念,而应当以法律作为标准。其次,都市

---

① 费孝通:《关于〈动变中的中国农村教育〉的通讯》(1937年1月11日),载《费孝通全集》(第2卷),内蒙古人民出版社2009年版,第5页。

社会是一个“变动中的社会”[①]。在变动的社会中,法律不可能固定不变,一定会随着时间的推移而不断改变。正由于法律规则会因应社会变化而调整,普通人很难熟悉变化中的法律,律师因而也成为都市社会中不可或缺的职业。

与都市社会不同的是,乡土社会是一个“礼治社会”。尽管乡土社会并不主要依靠国家法律维系,但仍然有其较为稳定的秩序。在乡土社会,起到规则供给功能的是“礼”,而维持“礼”的是“传统”。费孝通并没有对“传统”作出本质主义的界定,而是将之理解为“是社会所累积的经验”。在乡土社会,“时间的悠久是从谱系上说的,从每个人可能得到的经验说,却是同一方式的反复重演。……经验无需不断累积,只需老是保存”[②],“人们有学习的能力,上一代所试验出来有效的结果,可以教给下一代。这样一代代地累积出一套帮助人们生活的方法”[③]。与都市社会相比,传统的重要性在乡土社会中更为显著。之所以如此,费孝通从功能主义的角度作出解释,指出传统的效力根源于乡土社会的静态性,在“生于斯、长于斯、死于斯”的社会中,“一年一度,周而复始。前人所用来解决生活问题的方案,尽可抄袭来作自己生活的指南。愈是经过前代生活中证明有效的,也愈值得保守”[④]。

在《乡土中国》中,费孝通先生对中国乡村社会的性质作出经典的描述和概括,揭示其中最为重要的特质即是“熟悉”,在人与人之间极为熟悉的环境中,法律的作用并没有太多发挥空间。“这是一个‘熟悉’的社会,没有陌生人的社会”[⑤]。如果说在陌生人社会中,法律在一定程度上起到的是维系社会信用的作用,是一种契约式信用,那么在乡土熟人社会中,信用机制并不依赖于法律来构建,“乡土社会的信用并不是对契

---

① 费孝通:《乡土中国》,生活·读书·新知三联书店 2013 年版,第 70 页。
② 费孝通:《乡土中国》,生活·读书·新知三联书店 2013 年版,第 22 页。
③ 费孝通:《乡土中国》,生活·读书·新知三联书店 2013 年版,第 61 页。
④ 参见费孝通:《乡土中国》,生活·读书·新知三联书店 2013 年版,第 62 页。
⑤ 费孝通:《乡土中国》,生活·读书·新知三联书店 2013 年版,第 6 页。

约的重视,而是发生于对一种行为的规矩熟悉到不假思索时的可靠性”①。与基于法律而形成的以抽象规则为基础的信用所不同,熟人社会中的信用是个别的、特殊主义的,无法形成普遍原则。这种特殊主义的信用集中体现为人与人之间交往更加注重人情的维系。正因如此,乡土社会虽然也会出现纠纷,但纠纷的解决通常都要以维系而不是破坏人情为基础,老人的权威和教化在纠纷化解中起到十分重要的作用。这种基于老人权威的权力结构,被费孝通称为是“长老统治”。②

乡土社会十分重视人情,但人情在维系乡土社会人际交往的同时,也会增加社会关系上的负担,进而影响人际交往的扩展,不宜维持相互之间权利和义务的平衡。正因如此,熟人之间不太适合存在商业关系,人们更愿意到远离邻里的街集上开展交易,“在这里大家把原来的关系暂时搁开,一切交易都得当场算清”③。商业关系中的这种信用与熟人社会中的信用明显不同,后者以“身份社会”为基础,前者则以“契约社会”为基础,这种契约是陌生人之间的约定。由此可以看出,尽管乡土社会实行的是“礼治”而非“法治”,但人们在交易活动中仍然会衍生出对以法律为基础的契约式信用的内在需求。正是在这一点上,村落与村落之间、乡村与城市之间产生商业联系,这种联系所依赖的规范与“礼治社会”的行为规范存在差别。

其次,从乡土社会的变化来看,现代法律的进入与乡土社会原生秩序之间存在一定的张力。在谈及礼治作用的同时,费孝通也意识到礼治得以存在的社会基础,认为“礼治的可能必须以传统可以有效地应付生活问题为前提”④。这意味着,一旦这种“前提”发生了变化,礼治的存续空间也会变化。在开始经受外部世界现代化因素冲洗的情况下,乡土社会处于蜕变过程中。在费孝通写作《乡土中国》时,这种变化正在发生,现代法治与乡土社会的张力开始出现,“现行的司法制度在乡间发生了很特殊

① 参见费孝通:《乡土中国》,生活·读书·新知三联书店2013年版,第7页。
② 参见费孝通:《乡土中国》,生活·读书·新知三联书店2013年版,第79~85页。
③ 参见费孝通:《乡土中国》,生活·读书·新知三联书店2013年版,第93页。
④ 费孝通:《乡土中国》,生活·读书·新知三联书店2013年版,第64页。

的副作用，它破坏了原有的礼治秩序，但并不能有效地建立起法治秩序”①。这种张力突出地体现在，法律下乡与旧有的伦理观念相差很大，在乡土社会中愿意去打官司的人，往往是乡间所认为的“败类”，“司法处在乡下人的眼光中成了一个包庇作恶的机构了”。这就造成“法治秩序的好处未得，而破坏礼治秩序的弊端都已先发生了”②。在这里，费孝通先生提出了一个非常重要的命题：“法治秩序的建立，不能单靠制定若干法律条文和设立若干法庭，重要的还得看人民怎么去应用这些设备。更进一步，在社会结构和思想观念上还得先有一番改革。”③换言之，这也正是法治的社会基础问题。就我国的法律社会学发展而言，正是由费孝通先生的这些思考开始，强调从社会基础层面考察“法律下乡”，逐渐成为法律社会学研究的一个重要进路和领域。苏力在20世纪90年代提出法治的“本土资源”，正是以费孝通先生的这一深刻洞察以及所提出的命题作为潜在的理论基础，表达了对“变法”模式的警惕。在这个意义上，与费孝通先生从社会基础的角度探讨现代法律与乡土社会关系相近的是，苏力重视现代法治的时间维度，认为时间的累积能够为法治的实行提供基础，并进一步强调：“中国现代法治的建立和形成最需要的也许是时间，因为任何制度、规则、习惯和惯例在社会生活的形成和确立都需要时间。”④

在当时，与法律下乡面临相近境况的还有“文字下乡”。如果从国家建构的角度看，无论是法律下乡，还是文字下乡，都是国家权力向基层、向民众延伸的一种重要方式。就文字下乡而言，乡土社会所需要的“知识”与以文字为载体的城市生活需要的“知识”存在不少差别，在“面对面社群”中，文字的作用比较有限，人与人之间交往中大量信息的传递并不依靠文字来表达和实现，人们在密切的生活中形成不依托于文字的“特殊语言”。在费孝通看来，这种特殊语言“不过是亲密社群中所使用的象征体系的一部分，用声音来作象征的那一部分。在亲密社群中可用

① 费孝通：《乡土中国》，生活·读书·新知三联书店2013年版，第72页。
② 参见费孝通：《乡土中国》，生活·读书·新知三联书店2013年版，第72页。
③ 费孝通：《乡土中国》，生活·读书·新知三联书店2013年版，第72页。
④ 苏力：《法治及其本土资源》，北京大学出版社2015年版，第23页。

来作象征体系的原料比较多。表情、动作,因为在面对面的情景中,有时比声音更容易传情达意"[①]。在这个意义上,费孝通先生强调并不能认为乡土社会中的文盲是出于乡下人的"愚",实际上这是乡土社会的本质使然。与讨论法治的社会基础相似的是,费孝通认为:"提倡文字下乡的人,必须先考虑到文字和语言的基础,否则开几个乡村学校和使乡下人多识几个字,也许并不能使乡下人'聪明'起来。"[②]由有关法律下乡和文字下乡的讨论可见,费孝通先生并不对此持反对态度,而是认为在现代化的过程中,国家权力向乡土社会的延伸应当虑及相应的社会基础条件,否则也会引发一些负面影响,上层构建的制度仍然无法在乡土社会中有效施行。

值得注意的是,《乡土中国》中有关"无讼"的讨论,并不完全是对中国乡村社会诉讼观念的实然呈现,其中也隐含着儒家经典著述"大传统"中所欲塑造的乡土社会秩序。如果从现实基础来看,《乡土中国》描述的"无讼"社会确实存在于中国古代社会之中。例如,日本学者夫马进教授通过对《太湖厅档案》(清朝同治年间)、《巴县档案》(清朝嘉庆至咸丰年间)等档案资料的研究表明,费孝通先生所言的无讼社会在太湖一带是普遍存在的。夫马进教授借此认为,《乡土中国》一书的主要经验基础来自费孝通先生儿时生长的江苏吴江一带的生活体验,以及在开弦弓村调研所获得的经验材料。《巴县档案》呈现的则是另外一幅画面,"在这里,诉讼给人的感觉就像是被卷入到巨大的黑色旋涡中一样","相比较而言,《太湖厅档案》所显示的,则可以说是一个与'诉讼社会'完全无缘的社会"。[③] 因此,在理解费孝通先生所言的"无讼社会"时,无疑应当考虑到"无讼"的现实条件,而不能简单地将"无讼"视为认知中国传统社会毋庸置疑的前提预设。按照范愉教授的观点,费孝通先生所描述的"无讼"社会依赖于多方面的条件,其中至少包括:其一,服膺于礼制规矩的乡村社会;其二,官府对地方民众的道德教化和有效治

---

① 费孝通:《乡土中国》,生活·读书·新知三联书店2013年版,第15页。

② 费孝通:《乡土中国》,生活·读书·新知三联书店2013年版,第16页。

③ 参见[日]夫马进:《中国诉讼社会史概论》,范愉译,载中国政法大学法律古籍研究所编:《中国古代法律文献研究》(第6辑),社会科学文献出版社2012年版,第5~6页。

理;其三,远离讼师(律师)的民众;其四,有效的地方自治,包括家族长老、乡绅等的调解;其五,最后十分重要的还有相对成熟和稳定的社会。[①]这意味着,如果这样的条件不具备,单纯强调"无讼""以和为贵"的传统文化,也不利于以切合实际的态度应对社会生活中出现的大量矛盾纠纷。

实际上,从比较法的角度看,"无讼"也并非仅限于中国的传统法律文化。譬如,日本比较法学家大木雅夫教授在比较日本与西方的法律文化时指出:"所谓日本人特别和睦或权利意识淡薄的说法,不过是学者们的童话罢了。反过来,两千年来教化西方人的《圣经》,一直在告诫人们应该谋求在神职者面前的和解,而不是把诉讼诉诸法律家和审判。……一般说来,诉讼会吞噬时间、金钱、安逸和朋友(Lawsuits consume time, and money, and rest, and friends),对于东西方而言,都是一种常识。国民性中的所谓'好讼'或'厌讼'倾向之说,恐怕归根结底还是起因于学者的分类癖。"[②]即便在近现代西方,也始终存在"诉讼"与"无讼"观念之间的调和或平衡。譬如,早在19世纪末,针对当时过于强调权利意识和诉讼所产生的社会弊病,德国哲学家弗里德里希·包尔生(Friedrich Paulsen)指出:"在这里,'为权利而斗争'并没有像它应当做到的那样带来和平,而是带来了最剧烈、最恶意的冲突","在每一件事上都坚持自己的利益的人,会使得生活对他自己和他周围的人都难以忍受。某种程度上的忍让是和睦交往的一个绝对的前提"[③]。在20世纪,自由主义代表人物约翰·罗尔斯(John Bordley Rawls)的理论学说也带有明显的社群主义倾向,更为强调从社会整体来实现分配正义。在西方社会,诉讼甚至也被不少人视为"具有负面价值"。[④] 由此可见,西方社会也在不断探寻权利

---

① 参见范愉:《诉讼社会与无讼社会的辨析和启示——纠纷解决机制中的国家与社会》,载《法学家》2013年第1期。

② [日]大木雅夫:《比较法》,范愉译,法律出版社1999年版,第129页。

③ [德]弗里德里希·包尔生:《伦理学体系》,何怀宏、廖申白译,中国社会科学出版社1988年版,第534页、第537页。

④ 参见[美]迈克尔·D. 贝勒斯:《法律的原则——一个规范的分析》,张文显等译,中国大百科全书出版社1996年版,第37页。

意识与义务、责任意识之间的平衡，而并不是单纯强调诉讼。

四、熟人社会中的“亲密”与“摩擦”

尽管并没有明确用“熟人社会”这个概念来指代中国乡土社会，但是经由费孝通先生的阐释，“熟人社会”成为描述传统中国乡村社会性质的经典概念。费孝通先生在《乡土中国》中谈到，中国社会的基层是乡土性的，乡土社会的生活富于地方性，是生于斯死于斯的社会，是一个“熟悉”的社会，没有陌生人的社会，“在一个熟悉的社会中，我们会得到从心所欲而不逾矩的自由。这和法律所保障的自由不同”①。

在对当代中国乡土社会法治状况的研究中，苏力较早开始援引费孝通先生对“熟人社会”的阐述展开讨论。苏力从费孝通先生阐释的“熟人社会”出发，结合吉尔茨所言的“地方性知识”，考察乡土社会中的基层司法的实践运作过程及产生的效果，分析并提出熟人社会对现代法治运行方式的调整、变动，反映出国家法律与村庄社会之间的融合、紧张以及冲突关系。在苏力看来，“熟悉”是熟人社会的重要特征，影响乡土社会纠纷的解决，苏力进而将之还原为制度经济学的基本原理。在对影片《秋菊打官司》和《被告山杠爷》的分析中，苏力从乡村熟人社会中人与人之间的亲密关系及以此为基础的相互长远预期出发，讨论现代法律的介入对乡村熟人社会中人们之间长远、紧密关系的破坏。② 此后，苏力、强世功、赵晓力等学者将“熟人社会”的理论模式融入对基层司法制度、司法技术、司法知识等问题的分析中。③ 在对中国法治总体进程的把握上，许多学者尽管未必总是言明费孝通的具体论断，但是《乡土中国》有关熟人社会的分析，已然融入诸多研究者的潜意识之中。

---

① 费孝通:《乡土中国》，生活·读书·新知三联书店 2013 年版，第 6 ~ 7 页。

② 参见苏力:《法治及其本土资源》，北京大学出版社 2015 年版。

③ 参见苏力:《送法下乡》，中国政法大学出版社 2000 年版；强世功:《乡村社会的司法实践:知识、技术与权力——一起乡村民事调解案》，载《战略与管理》1997 年第 4 期；赵晓力:《关系一事件、行动策略和法律的叙事》，载王铭铭、[英]王斯福主编:《乡土社会的公正、秩序与权威》，中国政法大学出版社 1997 年版。

值得注意的是,上述研究在为把握中国乡土社会法治图景作出智识贡献的同时,也存在明显不足,即忽略了一个重要问题,那就是中国乡土社会在变化。与费孝通先生写作《乡土中国》时的中国乡村相比,当代中国乡村社会已经发生了很大变化,已并非"熟人社会"可以概括,甚至可以认为熟人社会正在逐渐"陌生化"①。针对乡土社会发生的变化,社会学者贺雪峰教授用"半熟人社会"这一概念来解释改革开放以来随着农村社会流动加大、农村经济社会分化增加,乡土社会性质及人与人之间关系正经历着转型,由熟人社会向半熟人社会转变的情况。② 在其早期研究中,"半熟人社会"这个概念所要表达的是在行政村一级,村民之间没有高频度的日常交往,彼此之间不很熟悉。这主要是从信息透明度的角度来理解中国乡村的社会结构。此后,贺雪峰扩展了"半熟人社会"这一概念的意涵,并没有将之限于行政村一级,而是从"信息对称""地方性共识""行为逻辑"三个维度来考察乡村社会的性质,以突破社会科学界长期以来普遍接受的"传统—现代"二元框架。已经成为"半熟人社会"的中国乡村社区,体现出村民之间熟悉程度降低、村庄内部地方性共识弱化、村民对村庄的主体感日渐缺乏这三个方面的特征。③ 法学研究者陈柏峰教授阐述了熟人社会村庄秩序的内在机制,指出熟人社会不仅仅是"熟悉",更是"亲密",熟人社会这一亲密社区得以形成的基础是"人情"。熟人社会中的"人情"体现为感情、关系、规范、机制四个层面,在人情的作用下,熟人社会内形成了微观权力关系网,熟人社会因此被整合成对内纠纷较少、对外团结一致的亲密社区。陈柏峰将这种人情取向的行为规律称为"乡土逻辑",乡土逻辑主要体现在"情面原则""不走极端原则""歧视原则""乡情原则"等四个层面。④ 乡土逻辑能够保障乡村秩序的良性生产,维系乡村生活的道德秩序。但是,现在乡土

---

① 参见杨华:《陌生的熟人:理解 21 世纪乡土中国》,广西师范大学出版社 2021 年版,第 201 ~ 208 页。

② 贺雪峰:《新乡土中国》,北京大学出版社 2013 年版,第 3 ~ 6 页。

③ 参见贺雪峰:《新乡土中国》,北京大学出版社 2013 年版,第 9 页。

④ 参见陈柏峰:《熟人社会:村庄秩序机制的理想型探究》,载《社会》2011 年第 1 期。

逻辑日趋弱化变异，亲密社群逐渐解体，为村庄日益受到暴力和利益支配提供了可能性。

无论是费孝通先生所构建的熟人社会解释模型，还是贺雪峰所言的“半熟人社会”，抑或陈柏峰对“熟人社会”机制的阐释，所呈现的理想类型意义上乡土社会的秩序状态多是一幅纠纷较少、人与人之间总体上和睦相处的画面。在这样一幅画面中，尽管乡土社会存在一些纠纷，但是熟人社会的规范能够比较有效地消化这些纠纷，在熟人社会中也形成行之有效的纠纷解决机制。在此方面的研究中，尤为值得一提的是陈柏峰等学者构建了当代中国乡村司法的双二元结构，指出基层法官的司法有着形式法治化和治理化两种形态，乡村干部的司法则是治理化形态。乡土逻辑变化，反映的是农村社会结构和价值观念的剧变，农村社会出现了“结构混乱”，村庄内生力量难以实现对秩序的有效整合，国家法律日益成为维护村庄秩序不可或缺的力量，“迎法下乡”有了现实需求。[①]“双二元结构”可以呼应乡村社会的司法需求，回应乡村纠纷的延伸性和非适法性，适应中国乡村的经济基础。

这些探究熟人社会秩序的讨论多是建立在熟人社会是亲密社群的基础之上。对于理解熟人社会性质而言，仅仅看到熟人社会是一个亲密社群，或者仅仅看到熟人社会性质中的亲密性，并不能实现对熟人社会的全面认知。实际上，费孝通已经洞察到这一点，不过遗憾的是没有明确讨论这一问题。《乡土中国》中有这样一段话很值得琢磨：“熟悉是从时间里、多方面、经常的接触中所发生的亲密的感觉。这感觉是无数次的小摩擦里陶炼出来的结果。”[②]在这里，费孝通提到乡土熟人社会中会存在很多摩擦（“无数次”），人与人之间摩擦的频次非常高。可惜的是，费孝通对于乡土熟人社会中存在很多摩擦这一现象的内在机制并没有作出进一步说明，即便是谈及乡土熟人社会中有很多摩擦，也只是一笔

---

① 参见董磊明、陈柏峰、聂良波：《结构混乱与迎法下乡——河南宋村法律实践的解读》，载《中国社会科学》2008 年第 5 期；陈柏峰、董磊明：《治理论还是法治论——当代中国乡村司法的理论建构》，载《法学研究》2010 年第 5 期。

② 费孝通：《乡土中国》，生活・读书・新知三联书店 2013 年版，第 6 页。

带过。乡土熟人社会中的摩擦强度有大有小,摩擦原因也多种多样。实际上,无论是传统中国乡村社会,还是当代中国的农村,村庄中的摩擦(或者说纠纷)总是不断,几乎每个人都会在不同程度上卷入各种各样的摩擦(纠纷)之中,甚至有些摩擦(纠纷)的强度非常大,会结下数年乃至数代恩怨,以至于还会导致采用暴力方式解决矛盾。正像前面对"无讼"展开的讨论所表明,"无讼"的乡土社会更像是儒家传统教化所追求的一种理想,在许多地方也并非实际状态。除上述讨论引证的资料外,黄宗智先生的研究也表明,儒家思想表达的是无讼的世界,要求县官用道德教化子民,通过调解来解决纠纷,但是实际上乡土社会纠纷不断,明清以来更是健讼之风盛行,县官也主要采取判决而非调解的方式解决纠纷。①

由此可见,一方面,熟人社会中的人际关系具有亲密性;另一方面,熟人社会中的人际关系也具有紧张性。乡土熟人社会存在大量的摩擦,意味着不能只是以人与人之间的亲密性为前提,认为熟人社会是温情脉脉的,而看不到熟人社会中普遍存在的人际关系的紧张性。在乡村熟人社会中,熟人之间反目为仇、结下很深怨恨的现象屡见不鲜,"冤家易结不易解"。如果说熟人社会是充满温情的,为何熟人之间还"易结"矛盾和怨恨?熟人之间"易结"矛盾和怨恨,与熟人社会的性质存在怎样的关联?熟人社会的这种紧张性是偶然的,还是普遍的、结构性的?如果说,紧张性是熟人社会结构性特征的组成部分,那么带有紧张性的熟人社会结构又是如何作用于结构中的行动者,使彼此之间的行为容易产生矛盾和冲突?熟人社会中的亲密性与紧张性之间是什么样的关系?这些问题无疑都是在阅读《乡土中国》时值得思考的,由此能够洞察熟人社会的另一些特质。

---

① 参见黄宗智:《清代的法律、社会与文化:民法的表达与实践》,上海书店出版社 2001 年版,第 1 ~ 21 页。

五、差序格局及其拓展

“差序格局”是一个产生广泛影响的学术概念,甚至可以被视为目前为止,中国社会学贡献出的最为重要的概念之一。在《乡土中国》中,费孝通率先使用这一概念来概括和阐释中国乡土社会结构的特性。让我们来重温这些经典表述:“我们的格局不是一捆捆扎清楚的柴,而是好像把一块石头丢在水面上所发生的一圈圈推出去的波纹。每个人都是他社会影响所推出去的圈子的中心。被圈子的波纹所推及的就发生联系。每个人在某一时间某一地点所动用的圈子是不一定相同的。”①“以‘己’为中心,像石子一般投入水中,和别人所联系成的社会关系,不像团体中的分子一般大家立在一个平面上的,而是像水的波纹一般,一圈圈推出去,愈推愈远,也愈推愈薄。在这里我们遇到了中国社会结构的基本特性了。”②

与“差序格局”不同的是,西方的社会结构特性可以用“团体格局”来概括。费孝通同样用形象的笔触描绘西方的社会结构格局:“西洋的社会有些像我们在田里捆柴,几根稻草束成一把,几把束成一扎,几扎束成一捆,几捆束成一挑。每一根柴在整个挑里都属于一定的捆、扎、把。每一根柴也可以找到同把、同扎、同捆的柴,分扎得清楚不会乱的。在社会,这些单位就是团体。我说西洋社会组织像捆柴就是想指明:他们常常由若干人组成一个个的团体。团体是有一定的界限的,谁是团体里的人,谁是团体外的人,不能模糊,一定分得清楚。在团体里的人是一伙,对于团体的关系是相同的,如果同一团体中有组别或等级的分别,那也是先规定的。”③就团体与外部的关系来看,团体与团体之间的界限是清晰的,进入一个团体就相当于拥有相应的资格,而资格所对应的是每个人的权利。就团体内部而言,个人与团体之间的关系相当于是“分子对

① 费孝通:《乡土中国》,生活·读书·新知三联书店2013年版,第28页。
② 费孝通:《乡土中国》,生活·读书·新知三联书店2013年版,第30页。
③ 费孝通:《乡土中国》,生活·读书·新知三联书店2013年版,第26~27页。

全体”的关系,是个人主义的。在这种个人主义之中,有两个观念尤为重要,“一方面是平等观念,指在同一团体中各分子的地位相等,个人不能侵犯大家的权利;一方面是宪法观念,指团体不能抹煞个人,只能在个人所愿意交出的一份权利上控制个人”①。

具体来看,可以从两个维度比较“差序格局”与“团体格局”的差异性。首先是横向关系的比较。在“团体格局”中,团体内部个体与个体的地位相等,有着平等的资格,人与人之间要相互尊重彼此的权利,团体内的普遍标准可以适用于每一个成员。在团体格局中,“同一团体的人是‘兼善’的,就是‘相同’的”②。作为对这种团体格局的宗教教义表达,“为了要贯彻这‘平等’,基督教的神话中,耶稣是童贞女所生的。亲子间个别的和私人的联系在这里被否定了”。③ 在强调个体与个体之间平等的层面上,中国古代思想中与之最为接近的是墨家强调的“爱无差等”。与团体格局中个体与个体之间平等不同的是,在差序格局中个体与个体之间的关系是以亲属关系和地缘关系为基础,以己为中心画圈子,呈现出明显的亲疏远近。这种亲疏远近并不是固定不变的,而是带有一定的模糊性和伸缩性。在亲属关系上,与西方社会的“家庭”界限分明不同的是,中国人所说的“自家人”的范围是“因时因地可伸缩,大到数不清,真是天下可成一家”④。理解中国人的地缘关系的关键之处在于把握“势”或“势力”的变化,以自己为中心画出的圈子范围大小“要依着中心的势力厚薄而定”,也正因如此,费孝通指出“中国人也特别对世态炎凉有感触”⑤。横向关系上的差序格局,使得中国人在社会生活中更加看重的是特殊主义的交情、关系,许多以普遍主义、平等为基本价值导向的现代法律制度,都会在一定程度上因这种差序格局而失效或扭曲,“中国的道德和法律,都因之得看所施的对象和‘自己’的关系而加

① 参见费孝通:《乡土中国》,生活·读书·新知三联书店2013年版,第31页。
② 费孝通:《乡土中国》,生活·读书·新知三联书店2013年版,第42~43页。
③ 参见费孝通:《乡土中国》,生活·读书·新知三联书店2013年版,第37页。
④ 费孝通:《乡土中国》,生活·读书·新知三联书店2013年版,第27页。
⑤ 费孝通:《乡土中国》,生活·读书·新知三联书店2013年版,第29页。

以程度上的伸缩”[1],决定中国人对他人评判标准的并不是普遍的规则,而是具体的“关系”。

再来看纵向关系的比较。按照费孝通的解释,儒家所注重的“人伦”,“就是从自己推出去的和自己发生社会关系的那一群人里所发生的一轮轮波纹的差序”,“伦重在分别,在《礼记·祭统》里所讲的十伦,鬼神、君臣、父子、贵贱、亲疏、爵赏、夫妇、政事、长幼、上下,都是指差等。……其实在我们传统的社会结构里最基本的概念,这个人和人往来所构成的网络中的纲纪,就是一个差序,也就是伦”。与水波纹式的横向关系不同的是,纵向的差序格局更为强调尊卑等级。如果说在横向上,人与人之间关系的差序格局具有伸缩性,因而也具有一定的弹性或柔性,那么在纵向上,人与人之间的等级性则体现出差序格局具有的刚性一面,“这个社会结构的架格是不能变的,变的只是利用这架格所做的事”[2]。费孝通在阐述“团体格局”时谈及其中产生的宪法观念,言外之意也在于表明“差序格局”中的团体与个人之间关系与“团体格局”中的存在显著差异。前面所说的等级性也是要放在个体与团体的关系中来把握。在差序格局中,“团体格局”中的宪法观念是无法产生的,尊卑支配着位在上者与位在下者之间的关系。如果按照社会学者阎云翔教授的观点,这种讲究尊卑上下的差序格局依靠四个机制来维系,分别是通过权利与义务的失衡来维系尊卑大小的差别、通过对资源的控制来维系尊卑大小的差别、通过非正式的礼俗和正式的法律来惩罚敢于向尊卑上下差序提出挑战的社会成员。此外,同样十分重要的机制还体现在,通过某种制度化的社会流动渠道使许多人得以逐渐或突然改变自己的社会位置,从而获得更多的权利、权力、尊严,以及通过这些权利和权力的运作而得到更多人的服从。这些机制否定了人格平等的可能性,最终导致差序人格的产生。[3]

---

① 费孝通:《乡土中国》,生活·读书·新知三联书店2013年版,第42页。

② 参见费孝通:《乡土中国》,生活·读书·新知三联书店2013年版,第31页。

③ 参见阎云翔:《差序格局与中国文化的等级观》,载《社会学研究》2006年第4期。

"差序格局"这个概念常被用来讨论中西方在社会结构性质方面的差异,但是,如果细看《乡土中国》就会发现,在费孝通那里,"差序格局"并不是简单地指向中西之别。实际上,在"家族"这一篇中,针对前文提及的"差序格局"和"团体格局"这两个概念,费孝通特别强调这样一层意思:"我知道这些生疏的名词会引起读者的麻烦,但是为了要表明一些在已有社会学词汇里所没有确当名词来指称的概念,我不能不写下这些新的标记。这些标记并没有使我完全满意,而且也有容易引起误会的地方。……在这里我可以附带说明,我并不是说中国乡土社会中没有'团体',一切社群都属于社会圈子性质,……我在这个分析中只想从主要的格局说,在中国乡土社会中,差序格局和社会圈子的组织是比较重要。同样的,在西洋社会中差序格局同样存在的,但比较上不重要罢了。这两种格局本是社会结构的基本形式,在概念上可以分得清,在事实上常常可以并存的,可以看得到的,不过各有偏胜罢了。"①由此可见,费孝通的深刻之处正在于,敏锐地意识到不应将"差序格局"这个概念本质化的理解,在进一步的探讨中也并未将之作为对中国乡土社会的准确概括。因而,费孝通强调主要是在"概念上"区分这两种格局,在实际的社会生活中则很难作出这种非此即彼的划分。在这里,费孝通深刻地意识到若以"差序格局"和"团体格局"来界分中西方社会结构特性,也许并不是一个适宜的选择。

实际上,"差序格局"描述和呈现的这种社会结构特征,并非中国乡土社会独有,而是与传统社会受自然环境和技术条件所限,社会生活范围较小、社会分化较简单有关,在这样的社会条件中,亲属关系决定了通婚范围、礼仪交往、利益交换等基本社会行为,因而呈现为"同心圆波纹"的特点。例如,滕尼斯就曾用"多重同心圆"来说明家庭结构:最内圈的是由主人及其妻子组成,第二层由其子女组成,最外圈由男女仆人组成。② 社会学者孙立平教授进一步指出,"差序格局"不仅仅体现的是一种人伦模式,实际上更主要体现的是一种对社会稀缺资源进行配置的

---

① 费孝通:《乡土中国》,生活·读书·新知三联书店2013年版,第44~45页。

② 参见阎明:《"差序格局"探源》,载《社会学研究》2016年第5期。

模式和格局,在资源稀缺的情况下,沿着血缘与地缘关系展开资源分配相对有效,而这也正是血缘与地缘关系之所以重要的真正原因。[①] 尽管如此,并不意味着"差序格局"这一概念缺乏学术分析价值。实际上,费孝通在晚年时就曾扩展"差序格局"这一概念的具体运用。譬如,费孝通先生在谈及"人"与"自然"的关系时就认为:"对于'人'和'自然'的关系的理解,与其说是一种'观点',不如说是一种'态度',实际上是我们'人'作为主体,对所有客体的态度,是'我们'对'它们'的总体态度。这种态度,具有某种'伦理'的含义,决定着我们'人'如何处理自己和周围的关系,而这种关系,是从我们'人'这个中心,一圈圈推出去,其实也构成一个'差序格局'。问题的核心是:我们把人和人之外的世界视为一种对立的、分庭抗礼的、'零和'的关系,还是一种协调的、互相拥有的、连续的、顺应的关系。对这一问题不同的回答,反映出人类不同文化、不同文明中世界观深刻的差异。"[②]

一个概念自产生之后,在具体运用过程中,意涵会被不断地重新解释,而其之所以能够被反复演绎使用,也是源自概念本身具有的丰富解释空间以及形象和恰切程度。例如,法制史学者郝铁川教授曾用"差序格局"来形容不同国家公民权利的实现历史,指出从历史经验中可以发现一种规律:人们的权利实现参差不齐,权利主体逐渐扩大,不同权利种类的实现也是循序渐进,而决定权利实现差序格局的根本原因在于,社会经济发展不平衡所产生的不同主体所拥有财富的差异,同时也是市场经济所产生的主体之间差距与现代法治所追求的平等价值之间相冲突的表现。[③] 宪法学者田雷教授则借用"差序格局"这一概念阐述中国的宪法制度模式。在国家结构形式上,中央与各地之间的关系并不是均质性的,"省"是作为常规的省级地方而存在的,自治区、直辖市以及特别

---

① 参见孙立平:《"关系"、社会关系与社会结构》,载《社会学研究》1996 年第 5 期。

② 费孝通:《试探扩展社会学的传统界限》(2003 年 10 月),载《费孝通全集》(第 17 卷),内蒙古人民出版社 2009 年版,第 442 页。

③ 参见郝铁川:《权利实现的差序格局》,载《中国社会科学》2002 年第 5 期。

行政区都展示出了程度大小不等的“例外性”。[①] 这些对“差序格局”的重新阐释和运用,也进一步从不同侧面扩展了这一概念的学术生命力。

思 考 题

1. 法律社会学是否要实现“本土化”,如何实现“本土化”?对此问题,从费孝通先生的学术历程中,可以获得怎样的启发?

2. 从费孝通先生的研究方法中我们可以得到哪些启示?

3. 当代中国的熟人社会环境,对法治建设带来哪些影响?

4. 熟人社会中为什么也会产生大量纠纷?与陌生人社会相比,熟人社会中的纠纷以及纠纷产生机制有怎样的特点?

5. 借助“差序格局”这一概念,观察并分析社会生活中的一些现象。

拓展阅读

下面列举的是与《乡土中国》相关的著作,这些文献有助于拓展对《乡土中国》的理解以及对中国乡土社会的进一步研究。

1. 费孝通:《江村经济——中国农民的生活》,商务印书馆2001年版。

2. 张冠生:《费孝通》,群言出版社2011年版。

3. 贺雪峰:《新乡土中国》,北京大学出版社2013年版。

4. 苏力:《法治及其本土资源》,北京大学出版社2015年版。

5. 陈柏峰:《乡村江湖:两湖平原乡村“混混”研究》,中国政法大学出版社2019年版。

① 参见田雷:《“差序格局”、反定型化与未完全理论化合意》,载《中外法学》2012年第5期。

第十四讲

《中国法律与中国社会》导读

《中国法律与中国社会》初次出版于1947年的上海商务印书馆，本导读以中华书局《中国法律与中国社会》为依据。瞿同祖：《中国法律与中国社会》，中华书局2007年版。

一、瞿同祖生平

瞿同祖，1910年7月12日出生于湖南长沙的世宦家庭，祖父瞿鸿禨乃是清朝光绪年间的军机大臣，父亲瞿宣治则曾经在驻瑞士和荷兰的公使馆任职。1岁的时候，瞿同祖跟随祖父母和全家迁往上海，并由祖父开蒙阅读《论语》。[①] 13岁时瞿同祖父亲去世，后来由叔父将其接到北京读书生活。而他的叔父瞿宣颖则是一位深具国学功底的文学家和史学家，曾在南开大学、清华大学和燕京大学任教。瞿同祖自幼受叔父启蒙国学，打下了良好的国学根基。据瞿同祖自己回忆：

> 我叔父文学修养很好，他给我讲汉赋，别的都是我自己自学的。中学教的国文不够用，放学回来后每天晚上点书经，看

① 参见赵作栋、瞿同祖：《为学贵在勤奋与一丝不苟——瞿同祖先生访谈录》，载《近代史研究》2007年第4期。

正文，看注释，作为自学的课，这对我后来的古文功底有很大的帮助。[①]

上中学时，我叔叔请人给我和我的堂兄弟一起教中文，觉得中文学校不够用……有一件事印象很深，我在汇文读书时，自修古文，怎么办呢？自己拿了一本线装的《书经》，不带标点。《书经》是最难懂的一本书。我每天晚上自学，自己标点，不懂就看注疏，帮助理解。那时，《四书》、《左传》一类的书都已经看过了。[②]

正是瞿同祖在少年时代的读书经历，为其日后从事法律社会史的研究打下了深厚的古文献基础，这也使得其可以在缺乏资料的战争年代，于躲避飞机轰炸的间歇，凭借记忆写作出了这部法学、史学与社会学领域的传世名著。瞿同祖在《中国法律与中国社会》的"序"中回忆了这一段难忘的战争岁月："伏案写读，敌机不时来袭，有警辄匆匆挟稿而走，时作时辍，倍平日之力，始得竟其功。"[③]即使在如此恶劣条件下，瞿同祖所完成的这部《中国法律与中国社会》依然引用了非常丰富的史料，尤其是其中涉及了一些家谱、档案和稗官野史等传统法制史研究中所忽视的史料，用以说明古代社会"家族"的状况。故有学者评价："瞿老是从整体上把握中国法律的角度出发，运用社会学的研究范式，对包括经济史、文化史、社会史等诸多领域的文本材料进行分析总结，以探求中国古代法的精神实质；这种多向度、跨学科的撰写模式，无疑是该书与其他法律史著作的最大区别，也是其独特的学术贡献所在。"[④]

1930年瞿同祖从汇文中学毕业后被保送到美国在华基督教会创办

---

① 赵作栋、瞿同祖：《为学贵在勤奋与一丝不苟——瞿同祖先生访谈录》，载《近代史研究》2007年第4期。

② 王健：《瞿同祖与法律社会史研究——瞿同祖先生访谈录》，载《中外法学》1988年第4期。

③ 瞿同祖：《中国法律与中国社会》，商务印书馆1947年版，"序"。

④ 常安：《对一例学术史个案的考察——兼谈〈中国法律与中国社会〉的范式突破及启示》，载《法治论丛》2003年第2期。

的燕京大学主修社会学专业。当时的燕京大学社会学专业以师资力量闻名遐迩，诸如杨开道、雷洁琼、吴文藻、陶希圣等社会学的重要学者都在这里任教，瞿同祖也选修过上述学者的课程。瞿同祖曾在回忆其在燕京大学的学习生活时说：

> 我在燕京大学主修社会学，选读了以下课程：林东海先生的“社会学概论”，雷洁琼先生的“社会学原理”，许仕廉先生的“人口学”，杨开道先生的“农村社会学”和“统计学”，吴文藻先生的“人类学”、“家族社会学”及“西洋社会思想史”，张鸿钧先生的“社会工作”。美国芝加哥大学社会学系著名教授派克（R. E. Park）应邀来燕大讲学半年，开“社会学”一课，我也随同我系老师及同学听课。吴文藻先生任系主任时，因我校无“社会史”课程，特邀北京大学教授陶希圣来校开“中国社会史”一课，我旁听了。陶著有《中国社会之史的分析》等书，并主编《食货》杂志。我常去拜访他，谈论古代社会组织，并请他为《中国封建社会》作序，不料抗战初期，陶竟丧失民族气节，追随汪精卫投降日寇。后来又逃回香港，投靠蒋介石，作为“御用文人”。我深鄙其为人。[①]

后来瞿同祖又在吴文藻和杨开道的指导下，攻读社会史的研究生，硕士论文《中国封建社会》也成为其研究社会史的第一部著作。这本书曾被译成日文，也曾一度成为当时国内一些大学的教学参考书。但是，治学严谨的瞿同祖却认为这是他著作中最不成熟的一本，后来美国华盛顿大学有人希望将此书翻译成英文并在美国出版，最终还是被瞿同祖先生婉言谢绝。[②] 这也可以说明其对学术的严格要求和治学的严谨精神。

---

① 赵作栋、瞿同祖：《为学贵在勤奋与一丝不苟——瞿同祖先生访谈录》，载《近代史研究》2007 年第 4 期。

② 参见王健：《瞿同祖与法律社会史研究——瞿同祖先生访谈录》，载《中外法学》1988 年第 4 期。

瞿同祖在燕京大学学习生涯中，吴文藻对他的影响是十分深远的，尤其是在对学术与政治关系的处理上。有学者指出："终其一生，瞿同祖保持了学者的本色，与政治保持了相当的距离。但这并不表明他只是个'纯粹'的学者，从其选题来看，'阶级'、'意识形态'、'士绅'无不是当时的'热门'政治话题。"[①]然而，吴文藻对于瞿同祖的最大帮助还在于对其学业的规划上，介绍其参与来华访问的美国社会经济史学家魏特夫的研究计划中。这也促成了瞿同祖后来在哥伦比亚大学的研究经历，1944 年魏特夫邀请瞿同祖去美国，担任哥伦比亚大学与华盛顿大学合作设立的中国历史研究室研究员。据何炳棣先生回忆：

> (哥伦比亚大学东亚图书馆)书库及下一层较大的房间都被魏特夫所主持的"中国历史研究室"所占用……瞿同祖和王敏铨两位杰出学长负责两汉。……所有搜译的各朝代资料原则上仅供魏氏一人之用，这是使我非常惊异不平的。[②]

学者认为何炳棣的"惊异不平"乃是基于魏特夫利用大批中国学者为其搜集、整理、翻译基础资料，而假借这些"冰人"们(冰人为何意?)的成果，生产出优秀的作品。作为合作者的中国学者、学生而言，则难以避免"洋打工"的尴尬。[③] 不过一段史料往往反映出不同视角的问题，从另一方面看，也正是哥伦比亚大学东亚图书馆的图书资源和便利条件，使得瞿同祖可以在大量阅读材料的基础上继续自己的问题研究。在哥伦比亚大学期间，瞿同祖继续社会史的问题研究，出版了英文著作《汉代社会结构》。这本书从亲属、婚姻、妇女地位、阶级、豪族五个部分展开集中论述，学者认为该书完全接受了社会科学化的社会史套路写作，同时受

---

① 姜金顺：《在人类学与历史学之间——以瞿同祖为中心的阅读史个案：1934—1965》，载《清华大学学报(哲学社会科学版)》2012 年第 4 期。

② 何炳棣：《读史阅世六十年》，广西师范大学出版社 2005 年版，第 264 页。

③ 参见陈新宇：《人生何处不相逢——瞿同祖与何炳棣的命运对照》，载《比较法研究》2012 年第 3 期。

马克斯·韦伯的影响,强调“士绅”的重要性,从而对于汉代的“豪族”进行了较大篇幅的论述。[①] 也正是在这一时期,瞿同祖利用业余时间将《中国法律与中国社会》译成英文,并借助哥伦比亚大学图书馆的馆藏,弥补了在昆明写作中文版本时无法运用《宋刑统》这一基础资料的缺憾。

1955年,瞿同祖应费正清之邀前往哈佛大学任研究员,在东亚研究中心继续从事中国史的研究。这一时期,瞿同祖写成了《清代地方政府》一书。该书是运用社会学的方法研究中国清代地方政府的实际构成及其实际运作模式的著作,也是第一本系统、深入研究清代地方政府的作品。瞿同祖运用大量手本和札记等一手资料,同时结合官方文献,对清代地方政治或基层政府体制中的个人及其行为进行了深入研究,为我们完整地理解清代地方政府运作的图景提供了另一种视角。该书经范忠信、晏锋两先生译成中文,由法律出版社于2003年6月初次出版,2011年再次出版。

1965年瞿同祖怀着一腔爱国热忱回到祖国,但直到1971年才任湖南文史馆馆员。历经十几年的蹉跎岁月,1978年改革开放之后,瞿同祖才迎来了其“学术生涯的第二个黄金时代”。这一时期的瞿同祖数度重返美国,进行学术访问并参加学术会议。瞿同祖的早年著作被陆续出版,尤其《中国法律与中国社会》一书在中国开始屡次重印。然而,瞿同祖自己却感到遗憾:

> 读者从我的著作及演讲稿目录里可以看出,80年代以后,我便无专著问世了,仅有少量的论文及为参加国际学术活动而作的讲稿。有些学者比我年纪还大,仍勤于写作。我自愧不如,这就只能归咎于疏懒了。古人说,“少小不努力,老大徒伤

---

① 参见姜金顺:《在人类学与历史学之间——以瞿同祖为中心的阅读史个案:1934—1965》,载《清华大学学报(哲学社会科学版)》2012年第4期。

悲。”我则是老大不努力，无所建树。言念及此，感慨不已。①

其实所谓“老大不努力”实在是瞿同祖的自谦。1978年瞿同祖正式调入中国社会科学院近代史研究所之后，这位年逾七十的老人十分珍惜这第二次的学术生命，希望再写一本好书。为此，瞿同祖“每天坚持坐公共汽车去王府井和美术馆之间的中国科学院图书馆”去查阅材料，但是渐感力不从心，终于1981年因胃病复发难以治愈而放弃写作。

如果与传统的法制史学者——如沈家本、程树德——相比较，瞿同祖于传统制度史研究之外另辟蹊径，关注到法律在整个传统社会中的作用，并运用社会学与人类学的功能主义进路来分析传统社会中的法律。无论是《中国法律与中国社会》，还是《汉代社会结构》《清代地方政府》，瞿同祖所主要关注的恰恰是后人所谓“行动中的法律”，即注意到了现实运作中的政府行为与法律的“实效”问题。用瞿同祖先生自己的话来说则是：

> 法律与社会的关系极为密切。因此我们不能像分析学派那样，将法律看成一种孤立的存在，而忽略其与社会的关系。只有充分了解产生某一法律的社会背景，才能了解这些法律的意义和作用；也只有考察法律在社会上的运用，才能了解法律的实施情况。②

也正因如此，初次读到《中国法律与中国社会》的苏力感到了这本书与众不同的研究路径和写作范式，若干年后，苏力在一篇文章中这样谈起他的阅读体会：

---

① 瞿同祖：《瞿同祖法学论著集》，中国政法大学出版社1998年版，“自序”。

② 赵作栋、瞿同祖：《为学贵在勤奋与一丝不苟——瞿同祖先生访谈录》，载《近代史研究》2007年第4期。

> 26年前的春天，“大四”，撰写毕业论文，有关中国法律思想史，我阅读了新版的瞿同祖先生的旧作《中国法律与中国社会》；总体感觉“好”，与当时读过的诸多中国法律史、法律思想史教科书甚或学术著作不同，讲道理，有味道。将近10年后，在美国偶然阅读了瞿先生的英文著作《清代地方政府》，同样是这种感觉。会同改革开放以后的其他著作，它们大致确立了我喜欢的那种法律(而不是法律史)学术著作的直觉标准。①

苏力认为瞿同祖与此前法律史研究学者所明显不同的学术进路在于他所坚持的法律社会史研究方法，在功能主义法律观的影响下，瞿同祖摆脱了过去以传世法典和制度材料为线索进行法律文本的研究的路径，将视野聚焦于社会生活中的法律。而尤陈俊则认为：“瞿同祖所做的学术工作，用他自己的话来说，乃是‘用社会学的方法和观点去研究中国传统社会’，而并非只是细致考证社会史意义上的各种史实。”②正因如此，我们在阅读《中国法律与中国社会》一书时不能将其简单视作一本法律史著作，而应该从法律社会学的角度来分析。

从《中国法律与中国社会》的结构体系，可以清楚地看到瞿同祖这种社会学研究的安排，本书除了导论与结论以外，一共有6章，第1章和第2章是论家族和婚姻，在此瞿同祖主要谈到了家族的范围、特点，并着重阐述了家族主义精神与中国古代法律之间的内在联系。同时瞿同祖通过对中国古代婚姻的目的、禁忌和婚姻的缔结、解除的要件解读，以及妾在家庭中的地位阐述，在婚姻层面上更加具体地论证了家族化的特点。第3章和第4章是对阶级的论述。瞿同祖论述了各阶级在社会生活上的差异以及各阶级在法律上不同的地位与权利。第5章瞿同祖论述了巫术与宗教对传统社会与法律发展的影响。第6章瞿同祖首先界

---

① 苏力：《在学术史中重读瞿同祖先生》，载《法学》2008年第12期。

② 尤陈俊：《中国法律社会史研究的“复兴”及其反思——基于明清诉讼与社会研究领域的分析》，载《法制与社会发展》2019年第3期。

分了儒家思想与法家思想的异同,以及两者在社会发展过程中的消长关系。在结论中,瞿同祖指出了家族和阶级是中国古代法律的基本特征所在,而这两个基本特征最终归结于受儒家思想的影响。此外,附录中《中国法律之儒家化》一文就儒家思想对中国法律的影响作了进一步的论述。

二、儒家思想与法家思想

瞿同祖《中国法律与中国社会》一书背后隐含的主旨实际是"法律的儒家化"。他在 1948 年应北京大学国文系罗常培教授之邀为北大 50 周年校庆撰稿写作《中国法律之儒家化》一文时,就将书中的观点进一步凝练而提出"法律儒家化"的论断。1981 年中华书局重印《中国法律与中国社会》时将其作为附录一并出版。理解瞿同祖"法律儒家化"的基本论断之后,我们其实不难理解为何在《中国法律与中国社会》一书中他要将"阶级""家族"等问题作为理解中国法律和传统社会的抓手。瞿同祖先生在一次访谈中这样概括《中国法律与中国社会》一书的核心观点:

> 我指出,我国古代法律的基本精神及其主要特征表现在家族主义和阶级概念上。二者是儒家意识形态的核心和中国社会的基础,也是古代法律所着重维护的社会制度和社会秩序,在法律上占极为突出的地位。[①]

瞿同祖的《中国法律与中国社会》是一部以社会学研究方法分析传统法律特点的著作,在该著中,瞿同祖将传统法律在历史发展中体现的特点概括为"法律儒家化"。在瞿同祖看来,中国传统法律在秦汉之后的发展历程体现了鲜明的儒家化特点,儒家意识形态逐渐透过立法和司

---

① 赵作栋、瞿同祖:《为学贵在勤奋与一丝不苟——瞿同祖先生访谈录》,载《近代史研究》2007 年第 4 期。

法活动渗透至法律系统中,最终隋唐时期法律系统的主要特点已经完全由儒家意识形态所支配。而所谓儒家意识形态的主要内容,瞿同祖在《中国法律与中国社会》一书中专门以第 6 章“儒家思想与法家思想”来分析对比儒法思想的不同,其中儒家思想的主要内容即礼与德。

瞿同祖关于儒家礼与德的研究是在儒法对立的视域下进行的,从本章的内容看,儒与法的对立主要体现在两个方面:礼与法、德与刑。在瞿同祖看来,儒家关于法律的思想中最为核心的元素是礼与德,而法家则以法与刑来对应儒家的德礼主张。就儒法之间关于礼法的对立而言,瞿同祖突出了儒家之礼在差异性和伦理性方面的特点。在瞿同祖看来,儒家之礼具有三个方面的作用和意义:第一,儒家承认社会中天然存在贵贱、亲疏、贤愚的差异,礼的作用并不是消除差异,而是维护社会中天然的差别性。儒家之礼也因为人所处社会关系与地位的不同而表现出具体不同的内容和规则,故瞿同祖感慨:“可见合乎礼义与否,断不能离开行为人的社会地位而言,离开社会地位,礼便无意义可言,无所谓合于礼义,或不合于礼义了。”[①]第二,儒家强调以人伦中的亲疏关系来确定尊卑贵贱的社会秩序具有天然的合理性,而礼则是儒家用以维系伦常关系的重要社会规范。君臣、父子、夫妇、兄弟、朋友之间的伦常关系无不有相应的礼来加以约束。第三,瞿同祖对于儒家之礼的秩序的描述更加侧重定分止争的方面,瞿同祖认为:“禁绝争端原是一切社会维系秩序的最低限度,也是一切行为规范所同具的目的。”故礼的目的主要在于维系儒家所期望的社会秩序,以达到儒家心目中的理想社会。

瞿同祖关于儒家之德的研究则更强调教化的政治功能。瞿同祖在《中国法律与中国社会》中曾经这样阐释儒家的“德治”思想:“儒家既坚信人心的善恶是决定于教化的,同时又坚信这种教化,只是在位者一二人潜移默化之功,其人格有绝大的感召力,所以同德治主义又衍为人治主义。所谓德治是指德化的程序而言,所谓人治则偏重于德化者本身而

① 瞿同祖:《中国法律与中国社会》,中华书局 2007 年版,第 300 页。

言,实是二而一,一而二的。”[①]瞿同祖认为儒家“德治”的关键是由统治者对百姓自上而下实施教化,此种教化之所以能够得到实现,根本在于最高统治者自身的人格具有高度的道德感召力。因此,在瞿同祖看来,儒家的“德治”思想实质上存在“人治”的危险:社会治理的根本在于最高统治者的道德感召力是否足以教化万民。“德治”与“人治”其实只是一个硬币的两面,就教化的过程而言是德治,而就德治的本质而言则需要依赖人治的实现。瞿同祖关于儒家“德治”思想的认识是十分典型的,代表了近代学者关于儒家“德治”思想的主要看法。比如,民国法律学者王伯琦在《法治与德治》一文中说:“实则在我们的传统思想上,德治与法治的关系,重要的还是表现在人治与法治上面的。人治与德治是相通的,讲人治亦就是讲德治。”[②]同样持此见解的还有同一时期的杨乃昌,杨乃昌认为,与“礼治”相辅而行的是“德治”,而这种“德治”或“礼治”的极致就是“人治主义”。[③]

瞿同祖关于儒家之礼的认识影响了他对于传统法律特征的概括与描述,《中国法律与中国社会》一书主要通过婚姻、家族、阶级和宗教与巫术四个方面分析了传统法律所具有的特点,并且将这种特点的形成过程称为“法律儒家化”。其中,瞿同祖关于传统法律伦理性和阶级性的分析主要来自其对于儒家之礼的认识,既然儒家之礼主要体现了儒家对于理想社会秩序的追求,即贵贱有别、长幼有序的阶级化社会秩序,通过两汉以后儒生引礼入法的法律儒家化实践,逐渐将儒家意识形态植入传统的法律当中。在儒家意识形态中,家族的伦理秩序和阶级的贵贱等级是最为重要的两个方面,故瞿同祖指出:“法律之所以特别着重上述两种身份,自是由于儒家思想的影响。在儒家心目中家族和社会身份是礼的核心,也是儒家所鼓吹的社会秩序的支柱。”[④]

瞿同祖关于儒家之礼的差别性和伦理性的描述固然抓住了儒家思

① 瞿同祖:《中国法律与中国社会》,中华书局 2007 年版,第 316 页。
② 王伯琦:《法治与德治》,载《王伯琦法学论著集》,台北,三民书局 1999 年版,第 104 页。
③ 参见杨乃昌:《礼治主义与法治主义》,载《新动向》1934 年第 93 期。
④ 瞿同祖:《中国法律与中国社会》,中华书局 2007 年版,第 353 页。

想的核心特质,但是其关于儒家德礼的描述缺陷也十分明显。其一,是其关于儒家德礼的认识并未注意到儒家之所以强调德礼的重要意义主要是出于对社会与百姓的培育角度。正如梁启超所言,儒家之礼不纯为创造的,兼为发达的。所谓发达的礼,即是从礼所体现的社会习惯和价值观念角度而言,因此,礼所体现的秩序更多并非儒家所理想,而是社会所自然生成的。其二,其关于儒家思想特质的把握只从横切面观察,而未注意到儒家之礼也在变化之中。固然伦常与贵贱是传统法律的重要特征,但是从先秦时期的儒家经典中,我们并找不到其中有太多阶级和威权秩序的内容,君臣、父子之关系在先秦儒家的思想中大致均衡。因此,儒家思想也随着大一统社会的形成而在发展变化中,不可以一概全。

需要指出的是,瞿同祖对于儒家礼与德的研究是基于史料的客观分析和描述,虽难免有因主观意见而产生的误解,但其中关于儒家礼与德的分析是十分细致和深入的。尤其瞿同祖对于儒家礼治的评价:“所谓礼治,断不是说仅凭一些抽象的伦理上道德上的原理原则来治世之谓,这是我们所应该注意而深思的。”①瞿同祖引用古人将礼与政治关系比作为绳墨与曲直的譬喻来说明儒家之礼对于古代政治、社会秩序形成所起的重要作用。瞿同祖固然没有以法治或宪法之类现代概念来分析儒家的礼,但是其已经认识到礼对于政治所具有的规范功能和基础性作用。

毋庸置疑,瞿同祖的《中国法律与中国社会》一书主要是以法律社会史的方法进行写作的。但是,其中关于儒家思想与法家思想的论述,乃至于其中关于儒家“礼治”概念的理解深深地受到了梁启超的影响。故有学者指出:“梁启超提出的概念成了瞿同祖思考的起点,后者所理解的‘儒家以礼为维持社会秩序之行为规范,法家以法律为维持社会秩序之行为规范,儒家以德教为维持礼之力量,法家以法律制裁为推行法律之力量,儒法之对抗,礼治德治法治之不两立’,与梁启超的

① 瞿同祖:《中国法律与中国社会》,中华书局2007年版,第316页。

提法并无区别。”[①]梁启超关于先秦政治思潮的简单分类影响甚巨，尤其是其标签式、概括式的研究方法对后世影响深远，后世学者往往径直借鉴梁启超“德治”“人治”“法治”的思想分类方法而忽略了其实质内容。这种以“人治”和“法治”的简单对立来概括儒法两家政治法律思想之不同的分析方法对后世思想界、学术界影响巨大，尤其是对法学界的影响尤为明显。[②]

虽然，梁启超首倡“德治”“法治”相对立之观点，但是梁氏并未简单弘扬法家之“法治”，一味地贬损“德治”。梁启超关于儒家之“德治”实有独到之见解，儒家之所谓“德治”和“人治”并不是简单将政治之兴旺寄托于圣君明主的身上，而是希望君主能履行教化之责任，提高百姓的道德素质和自治能力。因此，梁启超说：“儒家固希望圣君贤相，然所希望者，非在其治民莅事也，而在其‘化民成俗’。”[③]可见，梁启超所理解的儒家“人治”或“德治”核心在于养成全民的政治道德，也就是现在所说的公民素质。就这个意义而言，儒家之“德治”与现代法治并不冲突，反而可以成为法治之补充。所以，可见瞿同祖关于儒家礼治与法家法治对立的认识，虽然从概念框架上受到梁启超的影响，但是关于传统儒家思想的认识却远不及梁启超深刻。

三、阶级与法律

社会身份与家族一起构成礼的核心，是儒家社会秩序的另一个基础。瞿同祖用两个章节来讨论阶级，一章讨论各阶级在社会生活上的差异，一章讨论各阶级在法律上不同的地位与权利。按瞿同祖的划分，社会阶级或阶层可分而为三：贵族官吏、良民、贱民。需要说明的是，瞿同

---

① 姜金顺：《在人类学与历史学之间——以瞿同祖为中心的阅读史个案：1934—1965》，载《清华大学学报（哲学社会科学版）》2012 年第 4 期。

② 有学者根据梁启超的分类方法而将先秦的政治思想分为四类：德治主义、法治主义、无治主义、人治主义。参见李绍哲：《儒家德治主义与礼治主义述略》，载《青年与战争》1934 年第 10 期。

③ 梁启超：《先秦政治思想史》，天津古籍出版社 2004 年版，第 99 页。

祖的这种阶级划分同马克思主义阶级划分方法有所不同,他所强调的主要是社会成员身份的不同,以及各种身份的人在法律上的待遇不同,也即礼之差异性在传统法律和社会上的体现。这种身份差异在社会和法律上的体现,是儒家伦理的另一个重要影响。

瞿同祖首先将古代中国的阶级分为特权阶级和非特权阶级,并强调这种分野在历代都是客观存在的,它们对社会存在、维持和发展极其重要。为此瞿同祖通过对不同阶级的生活方式、婚姻、丧葬及祭祀的比较来表明中国社会这种严格的阶级性。首先,在生活方式上,各阶级的饮食、衣饰、房舍、舆马等皆有明确的规定,不得违背,更不得僭越。其次,在婚姻上,起初是实行严格的阶级内婚制,隋唐以后,随着科举取士的盛行,婚姻上虽然严格门第观念逐渐减弱,但良民与贱民的区分及不通婚的禁忌则始终存在。同时由于阶级性的差异,不同的阶级在婚姻的缔结和婚姻仪式上反差也很大。再次,在丧葬方面,不同的阶级有崩、薨、卒、死、捐馆等不同的名称,同时丧葬的用器和仪式也有严格的区分。最后,在祭祀上,关于庙的数额和规模有严格的限制,此外,关于祭品和服饰也有不同的规定。

中国古代社会阶级的这种差别性在法律中也得到体现,这可以从不同阶级在法律上的不同地位与权利获得说明。首先,“礼不下庶人,刑不上大夫”是法律的基本原则。礼与刑作为两种不同的社会规范,在规范制定上遵循礼为有知制,刑为无知设,但这并不表明士大夫犯罪不受刑罚,而是采用与庶人不同的方式,尤其是肉刑等带有侮辱性质的刑罚更不得适用,以保证贵族作为一个整体在社会上的尊严和特殊地位。这使法律的基本原则充分体现了基于阶级的不同,法律的待遇也将不同。其次,在具体的法律规范上,贵族阶级与平民在法律地位是有严格区分的。中国古代的法律始终承认某些人在法律上的特权,这些特权阶级不受司法机构及普通法律程序的拘束。非经皇帝许可,司法机构不能擅自逮捕审问他们,他们也不受拘系和刑讯。更重要的一点是,审问以后,法司也不能以普通的司法程序加以断决。这些人依据官品或地位的不同而依法享有议、请、减、赎、当等特权,因此最终的结果大都是免于刑罚。而非特权阶级既不享有法律上赋予的特权,同时在不同阶级涉诉时法律的态度也是不同的。一般而言,特权阶级对非特权阶级的侵害采取减轻主义,相反非特权阶级对特权阶级的侵害采取加重主义。而减轻和加重的程度是根据受害人官品或地位的高低来决定的。最后,法律对良民和贱民也是区别对待的。法律上明确规定其社会地位不同于良民者,贱民不能应考出仕,不能与良民通婚。法律不但立有禁止良贱为婚的专条,对于违犯者加以刑事制裁,而且法律否认这种婚姻的效力,并予以撤销的处分。不仅如此,发生在贱民与良民之间的杀伤、奸非等行为,法律的认定原则是良犯贱,其处分较常人相犯为轻;贱犯良,其处分则较常人相犯为重。若良贱间又俱有主奴关系,则不平等的程度更为加大。

可见,社会生活之规定的差异性与社会秩序有着密切的关系,这种自然发生的差异性久而久之发展成社会之习俗,继而被规定进礼中,试图以教育、伦理、道德、风俗及社会制裁的力量维持之,且将这些规定编入法典中,成为法律。差异性是礼的一个重要特征,也是礼的一个主要内容,将礼之差异性规定进法律,可以看到儒家伦理对法律的另一个影响。

四、家族与法律

儒家思想是深刻影响中国传统政治法律文化的主流学说,而人伦则是儒家学说的中心内容。正如孟子在阐述其“王道”政治理想时所说的那样,“人伦明于上,下民亲于下,有王者起,必来取法,是为王者之师也”[①]。

何谓“人伦”?孔子将现实社会中具有典型性的人际关系提纲挈领地归纳为五大类:“君臣也,父子也,夫妇也,昆弟也,朋友之交也。五者,天下之达道也。”[②]孔子之所以将君臣、父子、夫妇、昆弟、朋友五类人际关系并称为“达道”,乃是因为此五者就本身的性质而言,都分别具有其

---

① 《孟子·滕文公上》。
② 《礼记·中庸》。

相对的特殊性；而对于整个人类社会而言，每类人际关系又各有其广泛的普遍性。儒家构建的整个社会人际关系结构都是以此“五伦”为基础的：家庭关系源自夫妇之道，《中庸》中有所谓“君子之道，造端乎夫妇”，故而儒家十分重视夫妇关系；有夫妇然后有父母子女和兄弟，伴随夫妇关系而来的，就是父母和子女之间、兄弟之间的血缘关系，其余家庭血缘关系都是由父子、夫妇、兄弟这三种关系派生而来的。简言之，以家族血缘为核心的五伦是传统社会关系的基本原则，家族作为其中最基本的社会单元，对传统社会结构的形成发挥了重要作用。从这个角度而言，瞿同祖选择家族作为中国传统法律特征的基本单元加以分析描述，是具有独到意义的。

瞿同祖指出，首先，中国的家族是父权家长制的，父祖是统治的首脑，家族中的所有成员都在他们的权力之下，经济权、法律权、宗教权甚至家族成员的生命权都掌握在他们手中。为了表明中国古代社会的这种家族性特征，瞿同祖指出祖先崇拜是家族存在的重要依据和活动的核心内容，祖先崇拜不仅可以保持家族的绵延、团结一切家族的伦理，而且家长权也因家族祭祀的身份而更加神圣化，更加强大坚韧。其次，层级清晰的家族伦理也是家族精神的支撑。这不仅体现在家族伦理对父权主宰家族认同，也体现在长幼之间、尊亲与卑亲之间对长者和尊者的伦理性倾斜。最后，以家庭为中心的婚姻是家族社会的保障。婚姻的目的只在于维护宗族的延续和祖先的祭祀，而与本人没有必然联系。这可以从婚姻的缔结到婚姻的解除中看出婚姻对家族的重要意义。

在瞿同祖看来，通过社会史考察出中国古代社会的家族性并非他的最终目的，他更为关心的是在家族社会中法律的作为以及法律与社会的关系。为此，他以不同朝代的实例为基础，从以下几个不同的角度考察法律在社会中的作用。

其一，父权在法律中的体现与作为。正如前文所言，法律给予父权强有力的支持。惩戒权是行使父权的重要方式，法律对扑责子孙都是认可的，并得到了法律的保护，只在非理殴伤处理上不同朝代的法律有不同的处理。送惩权是惩戒权的延续，在对待子孙不孝上，法律的直接惩戒同由父母送惩相比,前者的惩罚力度明显轻于后者。在财产权方面,禁止子孙私有财产在礼法上可以说是一贯的要求,法律对子孙私自拥有财产或处分财产的效力是不予承认的。法律对父权在财产权上的支持,其力量是不可忽视的。对子女婚姻的决定权是法律赋予父权的另一个重要方面,法律不仅承认家长的主婚权,并以法律的制裁做强有力的支持。

其二,法律中的家族伦理取向。从中国古代的法律中不难看出,定罪量刑严格以家族伦理为依据。法律在维持家族伦常上和伦理打成一片,以伦理为立法的根据,所以关于亲属间相侵犯的法律规定是完全以服制上亲疏尊卑之序为依据的。对于卑幼犯尊长,采取客观主义,不问动机和是非,只要有侵犯的事实,关系越近,处刑越重;对于尊长犯卑幼,采取主观主义,不仅关系越近处刑越轻,而且尊长的主观动机也是定罪量刑的重要依据。性的禁忌在家族社会中是非常严格的,历代法律对亲属相奸这种乱伦行为处分极重,法律对他们的制裁也不分尊卑长幼,对犯奸的双方处分完全相同。而对于发生在亲属之间的盗窃,则关系越亲处刑越轻,关系越疏处刑越重。同样对亲属相互容隐的认可与保护,对代刑、缓刑、减刑以及亲属复仇,甚至官吏的任免的法律规定无不体现维护家族伦理和家族秩序的宗旨。

其三,婚姻中的法律。毫无疑问,婚姻权是父权的重要表现,子女本人对婚姻没有决定权,只有服从的义务。关于婚姻的禁忌,早先的法律一般规定同姓不婚和尊卑辈分不同者禁婚,后来主要禁止族内婚,而默认同姓婚和辈分相同的姻亲。对于婚姻的缔结,父母的意志在法律上成为婚姻成立的要件,同时对于嫁娶违律的婚姻,法律责任是由直系尊亲属主婚人承担,而与嫁娶者本人无关。而在婚姻的解除中,无论是“七出”“义绝”,还是协议离婚,都在法律的许可范围之内。而这些充满家族伦理性的婚姻解除事由,又无不体现家族伦理对传统法律的影响以及法律对家族伦理的支持与维护。

五、法律儒家化

瞿同祖在《中国法律与中国社会》的导论中说道：

> 讲到法律史本身的问题，这是一部史的研究，无疑将溯及法律的发展过程，并注意法律的变化。各朝的法律不同，法典体制和内容、司法组织、司法程序、刑罚以及各种罪名的处分都有所不同。但本书所注意的是重大变化，而不是那些琐碎的差异，试图寻求共同之点以解释法律之基本精神及其主要特征，并进而探讨此种精神及特征有无变化。①

可以看出，瞿同祖对于中国古代法律的探讨关注点在于寻求法律的基本精神和主要的特征，他进一步指出自儒家化完成之后，中国古代法律的基本格局在家族和阶级两个方面就已经基本形成。瞿同祖提出：

> 自儒家化的过程完成以后，中国古代法律便无重大的、本质上的变化，至少在家族和阶级方面是如此。换言之，家族主义及阶级概念始终是中国古代法律的基本精神和主要特征，他们代表法律和道德、伦理所共同维护的社会制度和价值观念，亦即古人所谓纲常名教。②

在瞿同祖看来，中国法律发展的最重要的过程就是法律的儒家化。继在《中国法律与中国社会》中论述了这个过程之后，瞿同祖又专门写就了《中国法律之儒家化》一文，通过对中国法律儒家化过程的论述，向我们展示了中国法律发展的历史轨迹。

瞿同祖将儒法之争分为两个时期，“在先秦时代，儒法二家在政治上

---

① 瞿同祖：《中国法律与中国社会》，中华书局 2007 年版，第 2 页。
② 瞿同祖：《中国法律与中国社会》，中华书局 2007 年版，第 354 页。

争短长，优势成败尚未判明，儒家高唱礼治，法家高唱法治”[①]，这个时期是“学理竞争的时期”。等到法家得势，法律经他们制订后，儒家便转而企图将法律儒家化，这个时期被瞿同祖称为“实际争取时期”。在他看来，“所谓法律儒家化的过程也即是以礼入法的过程，换句话说，也就是怎样使同一性的法律成为有差别性的法律问题”[②]。

瞿同祖笔下的法律儒家化可以分为三个时期：

第一个时期，先秦至秦汉。秦汉以法家思想作为治国工具，儒法之争在这段时期以法家的胜出为结局。结果则是，秦汉的法律为法家所拟定，法律所贯穿的是法家之精神。瞿同祖指出，春秋、战国为封建天下，而儒家思想正是以封建制度为背景。在战国后期封建制度已由盛而衰，濒临崩溃。而那个时候，诸侯争霸，以富强为治国之急。法家思想在瞿同祖看来正是反封建的，正好与儒家处于敌对地位。当时法家在政治上占据优势，各国法律多由法家所制定，如李悝的《法经》以及商鞅的变法。

第二个时期，汉代独尊儒术之后。法律之儒家化始自于汉代。在汉武帝独尊儒术以后，法家逐渐失势，而儒家逐渐起势。但是，瞿同祖也指出，儒家在政治上重新占据优势，并不意味着儒家重新占据订制法律的地位，这是因为法律已经颁布，不能随便修改。但是，儒家同样可以利用在政治上的优势左右当时的法律，途径之一就是引经注律。儒家通过对法律的注释来改变法律的内容，借此机会，将儒家思想灌入律文之中。此外，不但法典内容为礼所渗入，被儒家伦理思想所支配，审判决狱也同时受到儒家思想的影响。

第三个时期，魏晋南北朝时期。直至曹魏，儒家才开始有系统地修改法律的政治环境。曹魏之后朝代换代频繁，每成立一个新的朝代，必制定一套本朝的法律。在这个时期，法典的编纂和修订落入了儒臣之手，“于是他们把握此时机，可以大刀阔斧的方式为所欲为，有更多的机

---

① 瞿同祖：《中国法律与中国社会》，中华书局 2007 年版，第 356 页。

② 瞿同祖：《中国法律与中国社会》，中华书局 2007 年版，第 356 页。

会尽量将儒家之精华——礼——糅杂在法律条文里，一直到法律全部为儒家思想所支配为止”[①]。这个过程从魏、晋便已经开始，北魏更是其中的关键时期，可以说中国法律之儒家化经魏、晋南北朝已大体完成，不待隋、唐始然。

自瞿同祖先生提出“法律儒家化”概念以来，法律史学界一直将之作为研究汉代以后传统法律发展的一条线索，进而认为原本强调法的平等适用的法家法律在汉代以后逐渐体现出注重保护家庭伦理与政治秩序的尊卑长幼等级的不平等特性。但是，先秦儒家人伦思想的核心是人内心之道德情感，并且认为各方的权利义务关系应该平衡。无论君臣、父子、夫妇，都不是单向度的绝对服从和尊卑等级，贯穿其中的伦理原则是“礼”。在先秦时期，子对父的简单服从并不被能认为是“孝”，臣对君的一味顺从也绝谈不上是“忠”。但是，在法律儒家化之后的传统法律中，如果父母呈控子女忤逆不孝请司法机关代为惩罚，司法机关一般都会按照父母的意思依律处断。甚至父母要求流放、处死自己的子女，司法机关也会同意。[②] 历朝的律典中也都有“子孙违反教令”的规定，如果子孙不听父母、祖父母的教令，父母、祖父母不仅有处罚权，而且如果合理地打杀了，也不承担责任。《大清律例》“殴祖父母、父母”条规定：“子孙违反教令，祖父母、父母非理殴杀者，杖一百。”根据律注的解释，所谓非理殴杀，是指祖父母、父母“不依法决罚而横加殴打”；而如果祖父母、父母是依法决罚，那即便在决罚中，下手过重或是失手打杀，也不在法律的惩罚范围之内。这里关于父母责罚子孙的规定显然与先秦儒家的态度明显不符。对于父母责罚子女过重的行为，孔子的态度很鲜明：“小箠则待，大箠则走，以逃暴怒也”，子女甘愿受过分的处罚反而是不孝的。较之于先秦儒家，大一统时期法律中的“孝”观念显然发生了变化。至于君臣关系方面，大一统时期的君主自立为“天子”，专制皇权日益扩

① 瞿同祖：《中国法律之儒家化》，载《中国法律与中国社会》，中华书局 2007 年版，第 362 页。

② 参见瞿同祖：《中国法律与中国社会》，中华书局 2007 年版，第 11 页。

大,相伴随的就是臣下地位的日益卑下。如果将这一切政治法律的发展变化都视为"法律儒家化"的结果,显然是说不通的。我国近现代著名法学家吴经熊先生就明确反对"法律之儒家化"的说法,他指出:

> 中国古代之法律制度成形于前汉(西元前206~23),而成熟于唐代(西元618~907)。嗣后各代则停滞不动,直到十九世纪末方才兴起改革运动。此一缺陷之法律制度,其成形乃受"阴阳儒家"之影响。该一学派将道德与法律两极化为政府之正反两面。道德立为行为之准则,法律则赋予惩罚违犯之权力。道德与法律如此结合,结果形成一种强迫之道德体制,乃是经由法家所树立之机构而强迫施行之社会伦理。孔子本身也会谴责此一怪异之结合。①

实际上,仔细考辨先秦时期原始儒家与法律儒家化时期法律中的人伦思想,我们可以发现其中已经发生了巨大的变化。贯穿这一变化的线索就是:先秦儒家的"道德情感—道德义务"的论证模式逐渐为汉代之后的儒者的"纲常秩序—法律义务"的论证模式所取代,人伦关系逐渐由双方权利义务相互平衡,各尽其职,各守其分的长幼、尊卑秩序转化为"君为臣纲、父为子纲、夫为妻纲"这样一种尊卑、长幼等级森严的纲常秩序。

很显然,这一切的转变并非"法律儒家化"这一历史概念所能够解决的。要回答为什么在法律儒家化的历史进程中会出现与儒家的基本思想与立场相互对立的制度与文化,就必须回到历史的原点加以考察,也即法律儒家化中的"儒家"是否是先秦意义上的"儒家"?按照余英时先生的看法,早在法律儒家化肇始之初,就出现了"儒家法家化"。他认

---

① 吴经熊:《古中国与现代中国政治法律传统中个人之地位》,黎登鑫译,载方东美等著,东海大学哲学系编译:《中国人的心灵——中国哲学与文化要义》,台北联经出版事业公司1984年版,第331~332页。

为,儒学之所以能够在秦灭亡之后兴起的第二个大一统王朝——汉代复兴,是由于其“政治性格”发生了重大的转变,其将这一转变过程称为“儒学的法家化”。[①] 所谓儒学的法家化,并不是指儒学中开始重视刑法在维持社会秩序方面的重要地位,而是指人伦关系方面的转变,尤其以君臣、父子两种重要人伦关系的转变。质言之,汉儒抛弃了先秦儒家“从道不从君,从义不从父”的思想,开始确立君对臣、父对子的绝对支配关系。

以人伦思想的演进而言,法家对人伦关系的主张是三纲:“臣事君,子事父,妻事夫,三者顺则天下治,三者逆则天下乱。此天下之常道也。”[②]这是法家从“主尊臣卑”的思想出发,否定先秦儒家关于夫妇、父子、君臣等双方之间基本对等平衡的关系,从理论上肯认了君、父、夫对臣、子、妻的绝对统治权力。汉儒之“三纲”说显然本自法家此一立场。汉承秦制,董仲舒为了适应大一统时代政治的需要,提出了“罢黜百家、独尊儒术”的口号,但是他对先秦儒学却作了重大的改造。在人伦思想方面,董仲舒直接继承法家韩非之说而提出了“三纲”的概念,并且以天道的权威赋予其合法性,认为“王道之三纲,可求之于天”。及至班固《白虎通义》中又提出了“三纲”的具体内容:“三纲者,何谓也?谓君臣、父子、夫妇也。”[③]又说:“臣顺君,子顺父,妻事夫何法?法地顺天也。”[④]这种片面强调下对上的义务显然就来自韩非子的《忠孝》篇。在法家化了的儒家思想中,“三纲”思想片面要求卑幼对尊长、臣下对君上的义务,而尊上对卑幼则具有绝对权威,而无所谓责任。这样,汉儒就对原始儒家的人伦思想进行了重大的理论改造,把原本具有合理性的内容改造为服务于专制统治的工具,从而影响中国法律传统达两千余年。

---

① 参见余英时:《中国思想传统及其现代变迁》,广西师范大学出版社 2004 年版,第 300 页。

② 《韩非子·忠孝》。

③ 《白虎通义·三纲六纪》。

④ 《白虎通义·五行》。

思 考 题

1. 根据瞿同祖的观点,中国传统社会法律的主要特点可以从哪些方面加以分析概括?

2. 法律儒家化的进程可以划分为哪几个时期?请试举出各时期法律儒家化的代表性成果。

3. 如何评价瞿同祖关于法律儒家化的论述?

拓展阅读

1. 王健:《瞿同祖与法律社会史研究——瞿同祖先生访谈录》,载《中外法学》1988 年第 4 期。

2. 瞿同祖:《瞿同祖法学论著集》,中国政法大学出版社 1998 年版。

3. 陈寅恪:《隋唐制度渊源略论稿·刑律》,生活·读书·新知三联书店 2001 年版。

法学新经典·书目

《侵权损害赔偿》（第六版） 杨立新
《我国民法典重大疑难问题之研究》（第二版） 王利明
《法律解释学导论：以民法为视角》（第三版） 王利明
《法的价值论》（第三版） 卓泽渊
《法政治学研究》（第三版） 卓泽渊
《法治国家论》（第四版） 卓泽渊
《刑事诉讼的中国模式》（第三版） 陈瑞华
《刑事证据法的理论问题》（第二版） 陈瑞华
《民法典总则之理论与立法研究》（第二版） 尹 田
《中国物权法总论》（第四版） 孙宪忠
《人格权重大疑难问题研究》 王利明
《实证研究：中国法学的范式转型》 左卫民
《中国法律的传统与近代转型》（第四版） 张晋藩
《行政法基本原则研究》（第二版） 周佑勇
《国际刑法学》（第二版） 贾 宇
《刑法客观主义与方法论》（第二版） 周光权
《诈骗犯罪论》 张明楷
《国际私法本体论》（第二版） 蒋新苗
《民法解释学》（第五版） 梁慧星
《当代刑法的理论与课题》 黎 宏
《量刑的个别化原理》 石经海
《中国传统法理法哲学论》 张中秋
《民法总则新论》 王利明

法学新青年·书目

《物权法的展开与反思》（第二版） 常鹏翱
《基本权利的规范建构》（增订版） 张　翔
《传媒监督的法治》 陈柏峰
《国家利益维护：国际法的力量》 何志鹏
《不动产登记法研究》（第二版） 程　啸
《证据法的理论面孔》 吴洪淇
《刑法归责原理的规范化展开》 陈　璇
《刑法与现代社会治理》 何荣功
《舆图换稿：明清之际的中国法哲学》 屠　凯
《中国特色行政复议制度的嬗变与演进》 曹　鎏
《行政诉讼类型构造论》 章志远
《侵权责任利益保护的解释论》 方新军
《刑事诉讼法的解释图景》 董　坤

法学原论·书目

《合同法总论》（第四版） 韩世远
《现代公司法》（第三版） 刘俊海
《侵权责任法》（第四版） 杨立新
《国家监察学原理》 李晓明　芮国强
《物权法原论》（第二版） 高富平
《刑法学：立法与解释原理》（上册） 李晓明
《刑法学：罪体与罪责原理》（下册） 李晓明

博观·书目

《社会契约论》 卢　梭

《法律的概念》（第三版）	哈　特
《普通法的精神》（中文修订版）	庞　德
《诉权与诉的可能性：当代民事诉讼基本问题研究》	赫尔维格
《民主与不信任：司法审查的一个理论》	约翰·哈特·伊利
《法律与革命》（第一卷）	伯尔曼
《法律与革命》（第二卷）	伯尔曼
《法律推理与法律理论》	麦考密克
《古代法》	梅　因
《旧制度与大革命》	托克维尔
《为权利而斗争》	耶　林
《法律制度：对法律理论的一种解说》	麦考密克
《政治哲学史》（第三版 上下册）	列奥·施特劳斯　约瑟夫·克罗波西
《论法的精神》	孟德斯鸠
《民事诉讼法重点讲义》（导读版）	高桥宏志
《纯粹法学说》（第二版）	凯尔森
《普通法》	霍姆斯
《论犯罪与刑罚》	贝卡里亚
《宪法设计与理性选择：公法经济分析基础》	罗伯特·D.库特
《法律的权威》（第二版）	约瑟夫·拉兹
《正确法：法伦理学基础》	卡尔·拉伦茨
《法律篇》	柏拉图
《论法律》	西塞罗
《刑事制裁的界限》	赫伯特·L.帕克

思想与人文·书目

《西窗法雨》（精装修订版）	刘　星
《法槌十七声：西方名案沉思录》（第二版）	萧　瀚
《文明与法治：寻找一条通往未来的路》	刘哲昕

《精英与平民：中国人的民主生活》 刘哲昕
《法治东西》 於兴中
《博登海默法理学》 博登海默
《法窗夜话》 穗积陈重
《正义之源泉：自然法研究》 吴经熊
《现代法政的起源：1900—1919》 董彦斌
《被误解的民主》 包刚升
《风骨：新旧时代的政法学人》 陈夏红
《斑马线上的中国》（第三版） 邓子滨
《生活在民法中》（第四版） 梁慧星
《乌合之众：大众心理研究》 古斯塔夫·勒庞
《我们律师》（修订精装版） 张思之
《我的辩词与梦想》（精装收藏版） 张思之
《法门穿行》 孙笑侠
《现代法治：沈家本的改革梦》 李贵连
《阿Q之死的标本意义》 张建伟
《续法窗夜话》 穗积陈重
《从传统到现代》 金耀基
《耶鲁精神：感受耶鲁大学及其法学院》（第二版） 冯建姝
《法律帝国的铸就：大英帝国法律史（1800-1850）》 劳伦·本顿 利萨·福特
《英国法的塑造者》 威廉·塞尔·霍尔斯沃思
《美国法律史》 劳伦斯·弗里德曼
《尊严：历史和意义》 迈克尔·罗森
《法官因何错判》 秋山贤三
《修行：生命的证悟》 泰戈尔
《看得见的正义》（第三版） 陈瑞华
《大地家族》 盖瑞·施耐德
《法律后面的故事》 梁治平
《生命与超越：一个命运共同体的理想》 刘哲昕

《霸权的黄昏：大国的衰退和收缩》	麦克唐纳　培伦特
《罪与罚：关于公正的19场激辩》	布鲁斯·N.沃勒
《民法的人文精神》（第二版）	徐国栋
《西口闲笔》	徐国栋
《明清法律与社会变迁》	邱澎生　何志辉
《案例、故事与明清时期的司法文化》（修订版）	徐忠明
《明清时期的民事审判与民间契约》	王亚新　梁治平　赵　晶
《儒家的世界》	董彦斌
《面包香里读哲学》	胡文·欧江
《大众装饰》	齐格弗里德·克拉考
《法学名著导读》	张志铭　于　浩

理论与方法·书目

《通往法治的道路：社会的多元化与权威体系》	季卫东
《法治、财税与国家治理》	熊　伟
《论法学研究方法》	陈瑞华
《民法总则：条文背后的故事与难题》	杨立新
《法学学位论文写作方法》（第三版）	梁慧星
《裁判的方法》（第四版）	梁慧星
《理论法学的迷雾：以轰动案例为素材》（增订版）	桑本谦
《司法体制改革导论》	陈瑞华
《辩无不胜》	盖瑞·斯宾塞
《侵权责任法：条文背后的故事与难题》（第二版）	杨立新
《司法改革的知与行》	蒋惠岭
《律师的客户管理术》	亚历山大·Y.本尼科夫
《中西法律文化比较研究》（第五版）	张中秋
《真实世界的法律思维：出乎意料的61堂法律微课》	黄文伟
《并购之道：赢家的65个商业逻辑与实战 》	张伟华

《中国民法典新规则要点》（修订版）	杨立新
《刑事审判原理论》（第三版）	陈瑞华
《实质法治：寻求行政判决的合法性》（第二版）	何海波
《行政诉讼法》（第三版）	何海波
《企业合规基本理论》（第二版）	陈瑞华
《如何讲个好故事：律师的必修课》	菲利普 · N. 迈耶
《法总工作手册：公司法律合规的三十六计》	沈悦志
《人工智能时代的算法治理：机制与方案》	张　欣